中華彭姓通志

彭定國　楊布生　著

文史哲學集成
文史哲出版社印行

國家圖書館出版品預行編目資料

中華彭姓通志 / 彭定國, 楊布生著. -- 初版
. -- 臺北市：文史哲, 民95
　頁：　公分. (文史哲學集成；518)
參考書目：頁
ISBN 978-957-549-690-6 (平裝)

1. 彭氏 – 譜系

789.2　　　　　　　　　　95019796

文史哲學集成　518

中華彭姓通志

著　　者：彭　定　國・楊　布　生
出版者：文　史　哲　出　版　社
http://www.lapen.com.tw
登記證字號：行政院新聞局版臺業字五三三七號
發行人：彭　　　　正　　　　雄
發行所：文　史　哲　出　版　社
印刷者：文　史　哲　出　版　社
臺北市羅斯福路一段七十二巷四號
郵政劃撥帳號：一六一八○一七五
電話886-2-23511028・傳真886-2-23965656

實價新臺幣四六○元

中華民國九十五年（2006）十月初版

中華彭姓通志

目　錄

《中華彭姓通志》溯源（代序）

古語「史不絕書」，書者史也，記述古人忠孝節義，綱常倫理，孝悌忠信，平生事跡，點點滴滴，如傳記文學，輯史成冊，供後人景仰楷模。

《中華彭姓通志》，含蓋彭氏族人尋根、源起、世系、流布、功業、典籍、文物、名人事跡、千古興衰盛事等項目，亦如史書、「族譜」的另一種表述方式。薈萃家族血緣網脈，先祖豐功偉業，碩德逸事，人文、史事、社會、倫理，范圍廣泛，意義深長，或藉以敦親睦族，相互勉勵，發揚中華固有倫理道統，振我隴西彭氏家聲，留傳千古。

族譜、家譜、家乘、宗譜、世譜、家史、姓氏通志，甚至我國古俗七月半中元節「燒包簿」等，雖各個名稱互異，但目的性質相同，皆屬紀事，記載家庭族人子孫繁衍，瓜瓞綿延的歷史往事，藉家廟、祠堂、祭祀、興學、獎掖、撫恤、家訓，族規，維系彼此家族人群關係，其中蘊藏無盡有價值的史料，為研究族群演變，人類發展軌跡，都是珍貴重要不可缺的瑰寶。

家族之始，肇源於家庭，各族相聚，形成國家。中國傳統社會亦即為一個大家族，上溯高祖，下至玄孫，子肖孫賢，生老相惜，相互扶持。由個人、家庭，衍生成家族，進而成為龐大宗族世系，演繹成全中國性各不同姓氏不同族群，家乘族譜志書，即誕生始出於茲。

我國「族譜」源自已宋歐陽修「歐陽氏譜圖」，與稍後蘇洵「蘇氏族譜」，後人採用兩氏合併格式，以世系圖表為骨幹，溯本求源。自古周代開始使用「族譜」，當時稱為「譜牒」。由官府編修，任命官員管理，唐代稱為「氏族誌」，高宗時改稱「姓氏錄」，簡稱「譜系」。

　　自周至唐，「譜牒」用以查考有若如今之「人事制度」、「人事資料」，選才任官，物色婚配，輔佐治權，更利用「譜牒」分類，按官員、庶民分別管理，至秦始皇延續了八百多年。劉邦依據「譜牒」選舉賢良，「譜牒」的作用，益顯功能。直至五代十國，長期戰亂，使漢代以來的門閥政治的傳統世族大戶，支離破碎，「譜牒」制度，趨於瓦解。

　　宋時歐陽修、司馬光、蘇洵等名臣，極力宣傳宗族的重要；重臣張載、程頤、程顥，尤熱烈響應。范仲淹更是劍及履及，設置族產，開辦義莊、義學，促使族人爭取功名，為宗族爭光。此時，宗族及家族的組織，不是唐時官宦巨室大族，而是聚族而居，有族長、族譜、族產、族規、祠堂，結合的各個家族，作為凝聚族群情感力量的重要工具。

　　宋代修譜，建祠堂，置族產，聚族而居，使族權附屬於官權，以現任或退隱官員、士紳為族長，總握家族權力，族權在官權之下，家族依附政治而存在，使「家族制度」成為協助政府發揮統治的功效。

　　家族組織的形貌，明、清時期演變，塑成以尊祖、敬宗、睦族為宗旨。尊祖必敘「譜牒」，敬宗當建「祠堂」，睦族則辦「祭祀、賑濟、興學」，於是，修譜、建祠、開辦義學、義莊、耕作義田、祠產管理，形成宗族重大事務，有專人執事，後人稱為「探會」、或「經理」，專責職司春秋祭祀祠堂大事，編修族譜。「族譜」的功能，由單純記載血緣世系，改變而為全面記載整體事務，內容與篇幅不斷增加。以血緣世系為骨幹之外，其他項目繁多。

　　數千年來，族譜、家乘、家族史書、傳記，在我國歷史上具有相當的地位與歷史價值。然譜牒檔案的典藏，殘缺散失，目前碩果僅存的尚古老譜，只有早年敦煌石窟出土的唐貞觀年間編修內容略異的兩冊，一冊存放在北京故宮，一冊還在英國倫敦大英博物館。近數百年來，禍亂頻仍，兵荒馬亂，族譜史書，更是銷毀遺失殆盡，長者識士凋零，年輕一輩茫然無知，史料資源渴缺，修譜、談史話，殊為不易。

　　木有本，水有源，慎終追遠，溯本清源，乃我後代子孫之天職。

烏鴉報母，羔羊跪乳。記取祖德史話修譜，理所當然。人人應皆知血緣，曉來自，識世系，悉派別，明輩份，承先啓後，不忘宗功祖德。當今海內外修譜之風鼎沸，然爲人詬病，又引人雌議著，諸多譜牒爲光宗耀祖，炫耀身世，故意移花接木，張冠李戴，添枝插葉，浮夸不實，失去修譜的真諦。南宋名臣文天祥在《廬陵文丞相全集》卷八，跋李氏譜即說，「家譜鑿鑿精實，百無一二」。清朝乾隆進士錢大昕，著有廿二史考異，詩文冠吳中七子，望重一時，對族譜的「偽造作假」、「私造官階，倒置年代」，強加撻伐，尤爲嚴厲。故編修譜牒志書傳記，應審慎客觀，觀今宜鑒古，期求考證務實，客觀公正，憑真史敘事。

　　當今科技資訊進步神速，然崇尚四維八德，孝悌忠信，禮義廉恥，則思想式微，高堂奉親者少，家庭立牌祀祖者鮮見，熱衷族譜者更是罕聞，甚至有譏評修譜寫史何用？落後思想？冷漠不關心。新潮流時尚，男女平等互惠，家族觀念日形淡薄，男婚女嫁，同姓通婚，出姓入贅，收養認領，姓氏雜陳，血統不如往昔嚴謹，族譜素重血緣系統，意義日漸消失，此亦乃談家史、修族譜之危機。

　　《中華彭姓通志》誕生，爲族譜史書新創一格，另一種紀實家族史書，振奮族人心靈，留傳佳話，供後人研讀，數典不忘祖。復甦舊有倫理道德，重振中華文化精神，恢復昔日的道統美德，可喜可賀，特綴數語，以爲之慶。

彭建方 於台北

二〇〇四年八月八日

讀「中華彭姓通志」感言

　　西元二〇〇四年十月七日下午三時，湖南師範大學教授彭定國、楊布生賢伉儷，爲彭氏族譜先祖世系事專程來寒舍走訪，云望城縣有族人彭炳炎藏有彭氏老譜，三人遂於十月九日走訪望城縣騎龍村藏譜人。該譜爲民國十四年西元一九二五年編修之「信迹堂彭氏五修族譜」，共卅四本，爲椿年公之子壽公支譜，末尾二冊蟲蟻蛀蝕破損；復悉永興村彭維壽宗親亦擁有該譜，乃於十月廿四日又三人行前往探詢，路上坐拖拉機、機車，再步行半小時，始達彭維壽宗親家，因爲路面高低不平，車輛顛簸，左右搖晃，頗爲勞累，但獲得前缺二本，誠如至寶，合起來湊成一完整譜牒，喜出望外，身心愉快，疲累頓失，至感快慰。蒙彭定國教授幫忙影印，全部帶回台灣交建方宗弟，整理入「中華彭氏源流譜」。

　　彭定國宗親夫婦教職榮退，但退而不休，十年寒窗，日以繼夜，筆耕「彭姓通志」，各處奔波蒐集探詢彭氏譜牒家乘，整理成冊，共百萬字，備極辛勞，可助彭姓裔孫尋根問祖，修輯譜牒參考。愚芻言「中華彭姓通志」，該通志告成後，託余趁返台之便，帶交台北文史哲出版社長彭正雄宗長發行。

　　趁彭定國宗親提供帶回之「信迹堂彭氏五修族譜」，捧讀時發現譜中先祖有「壽公」之人，如斯，根據其他譜牒記載，有兩個「壽公」存在，但兩者相隔十代：

　　第一個壽公：德顯公之子，構雲公九世孫。

　　第二個壽公：延年公之弟椿年公之子「壽公」，構雲公十九世孫。

「信述堂彭氏五修族譜」中明顯記述，構雲公十七世邦躍公生三子：

長子「祖年」，任福建邵武府教授，子一應綱。

次子「延年」，宋淳熙己酉三月十七日子時生，德祐乙亥八月初三日辰時歿，壽八十七歲。

三子「椿年」，子一「壽」。

因之彭定國教授根據「信述堂彭氏五修族譜」史實，亦確認其為椿年公嗣孫，斯足證明祖年、延年、椿年兄弟，皆構雲公十八世。

少典一六六世彭祖一四九世江西始祖
構雲公四二世遷湘始祖淡公卅七世　　嗣孫　**彭伯良**（延杞）　謹識

民國九十四（二〇〇五）年十二月廿四日　時年八十有二

前 言

　　彭姓，在中華民族大家庭中也是較大的一支族姓。她命氏最爲古老，且以壽星望族著稱。相傳她是五帝時期長壽明星彭祖八百秋的后裔，得姓已四千三百餘年了。她在百家姓中，早已排居第 47 位。但據學者袁義達、張誠著的《中國姓氏：群體遺傳和人口分布》一書的記載，彭姓是中國 50 個大姓之一，在長江中上游地區占有優勢。彭姓人群大約占了中國當代人口的 0.49%，即每萬個中國人中姓彭的人至少有 49 位，總人口大約近 600 萬，躍居全國第 39 位，誠不失爲中華民族的煌煌巨姓。

　　在綿延四千多年的崢嶸歲月中，彭姓世代子孫，人才輩出，能文能武，忠誠耿直，清正廉明，心繫百姓，胸懷天下，始終與國家民族同呼吸、共命運：他們先後湧現出了同王侯宰相一級的有商彭伯、楚彭仲爽、漢彭越、彭宣、北齊彭樂、明彭時、彭華、清彭元瑞、彭蘊章等 9 人；同將帥一級的有漢彭寵、唐彭濼、五代彭玕、彭瑊、彭彥章、彭士愁、明彭澤、清彭玉麟、彭三元、彭毓桔、民國彭家珍、彭宗佑、彭智芳、彭士量、彭戰存、彭孟緝、共和國彭德懷、彭紹輝、彭嘉慶、彭林、彭明治等數十名；還有無數名垂青史、光昭日月的政治家、軍事家、思想家、教育家、文學家、藝術家、科學家、實業家、等等，他們在維護我們偉大祖國長期統一穩定，抵御外侮，血戰沙場，促進民族經濟、文化事業的繁榮昌盛，啓迪人類文明與社會進步等方面，都作出了卓越的貢獻，誠不愧爲世界人類的一支生力軍。今天編纂的這部《彭姓通志》，就是歷史的見證。

　　然而，話又說回來，要真正編纂好一部反映煌煌巨族的《中華彭

姓通志》，不是一件輕而易舉的事。先從主觀上來說，我夫婦倆都不是
研究史學和譜牒學的，爲學識水平所限，實在有力不從心之感；再從
客觀上來說，近 600 萬眾的彭姓，可謂是千枝萬派，人事紛繁，很容
掛一漏萬，或撿了芝麻，丟了西瓜，很難反映彭氏全貌；再加上代遠
年湮，史料佚沒不彰，很難稽考，特別是先秦以前史料，堪稱奇缺，
即使有一鱗半爪的資料上了國史，或見諸神話傳說，如與家譜記載相
雜糅，就很難作出科學的判斷。如眾所周知的彭姓始祖彭祖八百秋就
是如此。其人其壽，撲朔迷離，不知所云。人的壽命究竟有多長？據
《創世紀》記載，人類始祖亞當享壽 930 歲，他和妻子夏娃同住在伊
甸園中。《聖經》記載，洪水滅世後人類的新始祖亞並享壽 950 歲。《舊
約全書》中傳說的高齡中瑪士撒拉活到 969 歲。這些有關國外長壽星
的傳說，因其資料源於宗教，荒誕難稽。但人世間活上一兩百歲的人
還是有的。據近年一些科普著作的報導：英國的托馬斯・佩普活了 152
歲，更令人驚異的是，他曾在 120 歲時第二次結婚；匈牙利有個叫約
翰文的活了 172 歲，他的子約翰沙拉亦活了 164 歲；南美洲的碼卡蘭
珠活了 203 歲，是女性中的最長壽者；還有英國的弗姆・卡因男壽星，
壽高 209 歲，經歷了 12 個英國王朝。不過，像上述這些長壽星，在彭
姓中也不乏其例：如西周藥物學家彭宗，年高百五而不衰老；還有唐
末五代長壽之家的彭產昭將軍，活了 119 歲；如今的廣東羅定彭氏，
據 1994 年統計，12 世至 20 世，90 歲以上的計有 66 名，其中百歲以
上的有 7 名，彭俊才妻張鳳英 109 歲，仍很健在，目力不凡，能幹些
輕微勞動，如煲食、晒谷，照看小玄孫等；號稱中國長壽城的彭祖故
鄉四川彭山縣，這裡的彭山人世世代代都爲有德高望重、奇功蓋世的
壽星彭而自豪。據 1990 年人口普查，彭山縣人均壽命比解放前增長了
一倍以上，每十萬個人中有百歲以上健在老人的比例，高出全國平均
水平的 17 倍，名列全國之冠，當時全縣有百歲老人 17 名。然而，要
像彭祖那樣，真正活到 800 歲，還是個謎，不可想象。據現代學者錢
歌川依據《竹書紀年》的記載考證，說彭祖活了 767 個甲子，這個甲

子是以日計數的，折合有 46020 日，即 126 歲，爲彭祖實際年齡，這就很合理了。按現代醫學家的研究證實，人的壽命可活到 120 歲至 175 歲之間，所以彭祖活上 126 歲，一點也不稀奇，何況他還是個養生學家呢？如果按彭祖氏國存在 800 多年計算，他得傳 30 代左右，所以有的學者推測，彭祖娶了 49 妻，了 54 子，不是指彭祖個人而言，而是指彭祖氏這個部落（或諸侯國）歷代相傳中，有 49 名夫人和 54 位酋長（首領），這才是科學的，令人信服。

　　還有一個懸而未決的問題，這就是彭姓世系問題，我們雖然在第三章編了個《彭姓世系》作代表，但這個代表世系，正如在導語中所說的，編纂這一章，是難度最大的一章、最感頭痛的一章，也是將信將疑的一章，更是引人注目的一章，但作爲探討每家姓氏來說，覺得這又是不可或缺的一章。然而事與願違，由於我國歷經幾千年，縱橫幾萬里，代遠年湮，天災人禍，加之信息不通，資料匱乏，不僅是彭姓族譜，幾乎所有的姓氏族譜，編纂出來的家族世系，或年代顛倒，或祖孫失序，或張冠李戴，或移花接木，或代跨年限過長，或同姓同名相混，如此等等，未免有失笑噴飯之嫌。因此我們採用前賢今彥的研究成果，編好這章後，仍然是誠惶誠恐，如履薄冰。我們總覺得唐宋以前的彭姓世系，很難百分之百的徵信，唐宋以後的世系，雖可資徵信，但仍有不少缺限和疑點，如筆者潭州世系的推子山彭家，其始祖彭椿年究竟是北宋時彭延年的兄弟，還是南宋時彭龜年的兄弟？其間顛倒的幾代，究竟是怎樣編織成的？誰也難的說清楚。這些遺留問題，只能待來賢們去進一步考查和訂正。

　　還有，在彭姓流布方面，介紹也很不全面周詳，有顧此失彼之嫌。這是由於徵集譜牒資料不夠的原因。徵集得夠的，像川渝彭氏，就得力於彭天富等宗長主編的《川渝‧彭氏宗族譜》，介紹得較爲詳明。在全國彭姓的流布目前主要集中於湖南、四川、湖北、江西四省，大約占彭姓總人口的 58%；其次在廣東、雲南，這兩省的彭姓又占了 12%。遺憾的就是雲南沒有介紹一家彭姓，即使是介紹了的省也不平衡，

這就有待於獲此書訊的彭姓宗親繼續幫我們提供譜牒資料，在此後的修訂中再不斷的補充和完善。

上述這些囉嗦話，無非是想說明要寫出一部全面、準確、精當的《中華彭姓通志》，且融科學性、思想性、知識性、可續性於一爐，筆者是不敢吹此牛皮的，說不定裡面還有許多謬誤和紕漏。因此，書成之後，總是戰戰兢兢地面對廣大讀者及數百萬彭姓宗親，希望諸君多提批評指導意見，並提供新的譜牒志書及相關史料給我們，以便再版時增刪完備，以償夙願。不勝區區感激之至。

作　者

於湖南師范大學仰岳樓書屋

第一章　彭姓尋根

　　我國上古史的三皇五帝時期，沒有文字記載，它那些編纂出來的史料，都是從民間口頭傳說中脫胎而來，且富有神話色彩。民間傳說，實質上是人類幼年時期的口碑檔案。因此，要探尋一個姓氏的始祖，也勢必牽涉到一些民間傳說，作爲彭姓始祖也不例外。相傳彭姓始祖爲長壽明星彭祖八百秋，他經歷了唐虞夏商和西周五個時代（約西元前 2333 年至前 771 年），是人們所說的「在商爲守藏史，在周爲柱下史」，是個掌管文書檔案的官；另一說是經歷了唐虞夏至商的中葉（約前 2457 年至前 1281 年），實際上有 1562 年或 1176 年的歷史。他娶了49 位妻子，又生有 54 個兒子，真是說的神乎其神。人間有如此神奇的人物嗎？我們不妨先來讀讀下面一些有趣的傳說和資料吧！

一、傳說故事中的彭祖形象

　　彭姓是長壽明星彭祖錢鏗的後裔，這在民間傳說中有許許多多動聽的故事和優美的傳說，現擇其一二介紹如下：

　　在彭祖出世的徐州市銅山縣有這麼一則故事說，上古時候，華夏祖先黃帝有孫顓頊，顓頊有曾孫陸終氏。這年，陸終氏娶鬼方之女過門，當年便身懷六甲，陸終氏非常高興。可誰料到她卻只懷孕而不分娩，家人十萬驚異。事隔十一年，不得不剖腹而產，結果生下了六個兒子。而其中的第三子，長得天庭飽滿，地閣方圓，更是逗人喜愛。家人紛紛給他取名，可最後還是沒有取個滿意的，只得作罷。一眨眼，孩子長到了十歲。他既聰明伶俐，又好學進取，而且身體也長得很健

壯。他常常領著一群小夥伴到他家東面的一座高山坡上去玩。爲了熱鬧，他動手做了一面大鼓，用曬乾的牛皮作鼓面，鼓身用鐵皮包裹，又用兩根竹棍包上兩塊布絹做成兩隻鼓錘。他把鼓架在高坡上，放開臂膀擂起鼓來。鼓聲鏗鏘，嘭嘭作響，應上山谷回聲，十分雄壯。從此，人們就叫他彭鏗（即嘭嘭作響的鏗鏘聲）或籛鏗。舊時籛即竹，是指用兩根竹棍做成的鼓錘。人們預料他將來定能成其大器，有嘭嘭鼓聲之望。後來，他果然被仁君堯帝重用，堯帝把徐州一帶地域分封給他，號曰大彭國，他就成了大彭國的第一代國君，他的那個部族也被稱其爲大彭氏。他逝世後人們又尊稱他爲彭祖。傳說他是個長壽明星，活了 880 歲。

如今，在江蘇省的連雲港市還流傳著長壽明星《彭祖活了八百八》的故事。故事的梗概是：海州朝陽南大山下面，有個烏龍潭，烏龍潭南面的山坡上，古時候那兒叫彭家園，相傳彭祖就住在那裏，他自己搭茅屋，紮籬笆，開小園，種桑麻，過著神仙般的日子。可是他對人從來不說他有多大歲數，連姓什麼，叫什麼，也守口如瓶。當地的一些八九十歲的老人都說，他們小時候就看見南山坡上有這個老頭，他的老婆都死了好幾個。他的老婆到底有了多少？那時候就有人幫他統計過，說有 48 個。一個女人過門時，少少的年紀，老了死去，再娶一個，也還是少年姑娘，就這樣左一個，右一個地續娶，一共死了 48 個老婆。可這彭祖呢，人老心不老，體態也不老，又托人找了個紅花丫頭。這就是那第 49 個媳婦，能講會說，死人都能叫她說活；又會迷人，不論什麼樣的漢子，她都能把他迷住。這位彭祖呢，年紀雖是大了些，更是被她迷得服服貼貼，心裏有什麼，嘴上就跟她說什麼，藏在心裏的秘密也說給這個女人聽了。小媳婦聽過後，十分委屈，心想，老頭子 880 歲了，前面的 48 個女人都死了，俺也不活了！我要去找閻王老爺告他。說著，竟忽然地死去了。

閻王爺聽了彭祖小媳婦告的狀，十分驚訝，人的常壽是 3 萬天，百 10 年，可彭祖在世有 31 萬天了，陰法不容。於是閻王爺馬上差兩

個小鬼，前往雲臺山去捉拿彭祖。小鬼知道彭祖 880 歲了，料想是老態龍鍾，行動不便，那還不好尋找嗎？誰知到處打聽，竟無人知曉。兩個小鬼四處私訪緝拿，多少天也不見眉目，又怕回去交不了差，便成天在雲臺山前後轉悠搜索。有一天，兩個小鬼往華蓋山去查聽，剛到牛王廟東頭，見到路上一塊黑糊糊的東西，以爲是塊烏金，可撿到手裏卻很輕。到底是什麼東西？牛王廟東頭正好有條河，兩個小鬼便把黑東西拿到河去洗乾淨。洗呀洗的，把碧清的河水洗得一片汙黑。仔細一瞧，這塊東西原來是塊木炭。

　　說來也巧，這時候，彭祖從東鄉回家，正好從東向西走上橋來。他看到橋下兩個小夥子把河水弄得汙黑，就問：「你這兩個小東西，幹什麼的？把河水弄成這個鬼樣？」兩個小鬼聽到問話，把頭一擡，看到橋上站著個老頭，看樣子六十上下，精神抖擻，以爲是附近莊上的老農，就如實相告：「我們洗刷一塊木炭！」彭祖一聽，哈哈大笑：「老漢活了八百八，未見木炭用水刷！」兩個小鬼一聽，心裏想，他活了八百八，不正是閻王爺叫拘捕的那個彭祖嗎？兩個小鬼高興得從河裏沖將上來，木炭也不要了。他們掏出繩索，一股勁地往彭祖頭上一套，說：「爲了尋找你這不死的老鬼，我倆的雙腿都要跑斷了！走哇，閻王爺請你！」從此後，牛王廟的東大街，就叫「刷炭橋」了。橋下河水一直黑糊糊的。朝陽南山上的彭家園，彭祖一去也只空剩幾間草屋了。久而久之，草屋一倒，只是一片葡萄園了。那個刷炭橋，在 20 世紀六十年代的「文革」中，被破「四舊」撤掉，改爲水泥橋了。

　　象上述這樣兩則故事，在江蘇、四川、浙江、福建、廣東、河南諸省份廣爲流傳，情節雖有大同小異，但都保存了長壽明星彭祖的主要特色。其中有的也銘刻著彭姓子孫對始祖彭鏗的崇敬與懷念。這是因爲彭祖的故事，在彭姓中流傳得更爲深廣，可說在彭姓家族史中，是家喻戶曉，老幼皆知。如果有人問他們的始祖是誰？彭姓人都會自豪地異口同聲地回答說：「是彭祖八百秋！」

二、歷史文獻中的彭祖其人

民間傳說具有口碑檔案的作用，我國的上古史，基本上是根據這種口碑檔案纂錄而成。但傳說終究是傳說，是人類發展史上幼年時代的產物，是歷代勞動人民集體創作的結晶，是難以作為信史的。就彭祖故事所塑造的人物形象來說，在某種程度上講，是因為人們向往這樣的，喜愛這樣的人物，需要這樣的人物。然而，在現實生活中，是否彭祖其人？這就要從歷史文獻中或考古發掘中去查考。

時賢朱浩熙先生，憑著他深厚的文史根基和泛舟典海的興致，於1994年在徐州市舉辦彭城文化節前夕，他編著了《彭祖》一書（作家出版社出版）作為獻禮。這部書正如程大利先生的《序言》中所指出的那樣：「從浩熙著述和編纂出的二三十萬字中，已經清清楚楚地看出他（指彭祖）是這樣一個人：一個偉大的人道主義者、一個老百姓的朋友、一個道行頗深的氣功師、一個烹飪高手、一個養生專家、一個厚道的行政官員、一個避開名利恬淡自守的隱士……這還遠遠不是彭祖的全部。」

在《彭祖》一書的下編中，作者索隱鉤沈，援引了孔子、莊子、荀子、呂氏、列子、淮南子、潛夫、抱樸子等「諸子言彭」；還有《春秋》、《左傳》、《竹書紀年》、《世本》、《汲塚周書》、《國語》、《大戴禮》、《史記》、《漢書》、《新唐書》等「史書記彭」，以及漢代劉向、晉朝葛洪、幹寶、宋時李昉等學者所撰寫的《彭祖傳》。這一系列的言談和記錄，雖有詳有略，但都證實了彭祖確有其人，而且是個偉大的人物。現綜述如下：

彭祖，原姓姬，後封姓為彭，名籛，字鏗，一說姓錢，名鏗。古彭城人，今屬江蘇省徐州市銅山縣夾河鄉大彭集村人。人們為了紀念這位遠古賢哲，在大彭集村建有彭祖廟，塑有彭祖像，1994年10月徐州市舉辦彭祖文化節時，在徐州南郊又修建了彭園彭祖祠，第二年

在彭園又塑有花岡岩質材的彭祖塑像，身高 4.6 米。元代詩人楊少愚曾寫詩讚頌彭祖說：「七七鸞弦續未休，韶光八百去如流。當時若解神仙術，更許春齡億萬秋。」

關於彭祖的身世，《世本》、《大戴禮》、《史記》等史書的記載，儘管不盡相同，但大體還是一致的，與上節民間傳說中的彭祖也大體相似。彭祖是黃帝的後裔，顓頊帝的玄孫。他的祖父叫吳回。吳回的哥哥叫重黎。帝嚳高辛氏當權時，任重黎為火正官。重黎在取火、存火、用火和管火方面，很有一套辦法，造福天下立了大功勳。後被封為祝融火神，居住在今陝西華縣。湖南南嶽衡山 1300 多米的頂峰叫祝融峰，上面有一座祝融廟，裏面供奉著祝融神，就是重黎。重黎因平叛共工氏造反不力而被殺，天子以其弟吳回繼掌火正祝融之職。重黎死後葬湖南南嶽衡山下。他沒有後代，後人所說祝融氏之後，實際都是吳回的後代。吳回生子陸終。陸終娶鬼方氏女為妻，為鬼方氏統帥之妹稱女嬇氏，實際上就是陸終的女貴人。鬼方是我國古代一個極為強大的民族，其活動區域大致在中原的西部和北部一帶。以後又叫混夷、獯鬻（即玁狁）和戎狄。戰國之後又稱胡、匈奴。那時，鬼方氏不時侵犯中原，與炎黃部族發生廝鬥。女嬇氏之所以來到中原，無非有兩種可能，一是兩個部族和親的結果，二是在戰爭中被炎黃部族作為勝利品擄來。如果是前者的話，陸終與女嬇氏的結合，屬於炎黃部族與鬼方部族上層人士之間的通婚。女嬇氏倒是一位民族團結的友好使者！這位女嬇氏，就是彭祖的母親。

據《世本》等書記載，女嬇氏曾一胎生有六子：老大叫樊、老二叫惠連、老三叫籛，也就是後來所稱的彭祖，老四叫求言、老五叫晏安、老六叫季連。這六子是「孕三年而不育，剖其左脅，獲三人焉；剖其右脅，獲三人焉」。古書上有西方少數民族剖脅生產的記載。女嬇氏剖脅生子，很可能是她從鬼方部族帶進中原的絕技，也是我國第一例剖腹產子的紀錄。女嬇懷孕三年，不生則已，生則驚世，一胎六子，可說是件奇事。然而，在女嬇氏懷孕時，她的丈夫陸終卻離開了人世，

六個孩子成了遺腹子。更不幸的是，孩子們剛剛三歲，女嬻氏又離開了人間，致使六個孩子孤苦伶仃，十分可憐。正在此時，原來的鬼方氏已改名犬戎，由於女嬻氏之死，與炎黃部族又劍拔弩張，一場不可避免的戰爭爆發了。而位於現在陝西華縣的祝融氏之家，正是犬戎部隊進攻和搶掠的首要目標，幼小的彭祖也就被犬戎俘虜到了西域。彭祖後來講述自己的經歷時，也有「遇犬戎之亂，流離西域」的痛楚之言。然而籛鏗畢竟是女嬻的親生骨肉，與犬戎氏有甥舅關係，犬戎氏也不忍將他置於死地。這樣，他無依無靠，只能寄人籬下，長年忍饑挨餓，強食膻腥，牧馬放羊，受盡煎熬。但出於生存的本能，他便留心各種各樣的養生之道，拜青精先生和宛丘先生爲師，成了一名出色的養生里手。在犬戎捱過了百有餘年，倒覺越活越年輕，看上去只有五六十歲的樣子。這時炎黃部族已經到了唐堯時代，進入了西元前 24世紀。犬戎早已放鬆了對彭祖的看管。一日，彭祖不辭而別，東歸故土，回到了闊別已久的父母之邦，並受到帝堯的重用，官封諸侯，在大彭之墟即彭城立國。而後歷虞舜、夏禹、商湯至殷末，年高八百餘歲，娶 49 妻，生 54 子，後裔分爲 18 姓。

彭祖性善良，好寡欲，能悟理，內外兼修，常食桂芝，善導引行氣而修內功，成延年益壽之大道。他不僅身爲諸侯，學識淵博，而且人格高尚，爲世人及後世學者所欽佩，稱他爲「商賢大夫」，與商初賢士仲傀並列。尤其是至聖先師孔子以其自己之「述而不作，信而好古」的治學風度，「竊比于我老彭」。西漢經學家、史學家劉向在《列仙傳》中對他的評價是：「遐哉碩仙，時維彭祖。道與化新，綿綿歷古。隱倫玄室，靈著風雨。二虎嘯時，莫我猜侮」。這裏說的是「歷陽有彭祖仙室。前世禱請風雨，莫不輒應。常有兩虎在祠左右。祠訖，地即有虎迹雲，後升仙而去」。可見，彭祖成仙後，還有興風作雨，庇佑萬民，真乃永垂不朽的偉大人物。如今彭祖後裔以農曆每年正月二十二日爲彭祖生日，六月十二日爲忌日作盛節紀念。其兒孫昌盛，遍佈神州及環球各地。

三、彭祖長壽之謎的養生法

「彭祖八百秋」，這是個長壽之謎。然而，這個長壽之謎，是與他的「養生法」息息相關的。彭祖的養生法，是在原始社會後期，由他親身實踐而總結出的保健醫療學問。當然，它不可能與現代發達的先進醫療保健相提並論。但可斷定現代醫療保健的進步是踏在原始保健醫療的基礎上發展起來的。追溯這個漫長的原始基礎，自然會聯想到長壽明星彭祖其人。因爲古籍和近年出土的漢代醫書《引書》和《十問》等，都記載有關於彭祖養生的言論，所以我們說彭祖是奠定我中華民族養生文化的始祖也非妄言。毛澤東也稱他「是歷史上有文字記載的第一位養生學家」。

仔細研討彭祖的養生法，對彭姓尋根有很大的幫助。有關學者，包括晉代道學家葛洪和當代學者朱浩熙，大致可把它歸納爲如下五個方面：

一曰彭祖攝養術。這是講究修身養性的長壽方法。彭祖在《攝生養性論》中說：「神強者長生，氣強者易滅。」強調人的精神因素的重要。自己要把自己看成是精神的強者，威武勇猛而不屈，就會體壯身強不易害病。氣盛的人，則易發怒，積憂憤，生悲傷，致使喜怒哀樂無節制，就容易生病，毀滅自己。要怎樣去「攝生養性」呢？彭祖提出了十二忌：「久言久笑傷臟腑；久坐久站傷筋骨；久睡不眠則傷肝；生氣過勞則傷脾；用力過猛傷筋骨；攀高涉低易傷腎；過量飲酒嘔吐易傷肺；食飽偃臥易傷氣；賓士疾行易傷胃；高聲喧叫和破口怒罵易傷膽；無男女性愛調節機體易生痱瘡；房事過度易發勞瘵。」至於如何除去這十二忌？彭祖又提出了如下具體要求：「是以養生之法，不遲睡，不驟行，耳不極聽，目不久視，坐不至疲，臥不及極，先寒而後衣，先熱而後解。不欲其饑，饑則敗氣，食戒過多；勿極渴而飲，飲戒過深。食過則症塊成矣，飲過則痰癖結聚氣風。不欲甚勞，不欲甚

逸，勿出汗，勿醉中驟奔，勿飽食走馬。勿多語，勿生餐，勿強食肥鮮，勿沐髮後露頭。冬不欲極溫，夏不欲極涼。冬極溫而春有狂疫，夏極涼而秋有瘧痢。勿露臥星月之下，勿饑臨屍骸之前，勿睡中搖扇，勿食次露頭，勿沖大熱而飲冷水，勿凌盛寒而逼炎爐，勿沐浴後而迎猛風，勿汗出甚而便解衣，勿沖熱而便用冷水淋身，勿對日月及南北斗大小便，勿於星辰下露體，勿沖霜霧及嵐氣，此皆損傷臟腑，敗其神魄。五味不得偏耽，酸多傷脾，苦多傷肺，辛多傷肝，甘多傷腎，鹹多傷心。此並應於五行，潛稟四體，可理可究矣。志士君子，深可慎焉！」

　　二曰彭祖導引術。這在《道藏》盡字三號的《彭祖導引圖》和《彭祖穀仙導引法》、《古仙導引按摩法》中有詳細記載。「導引」又稱「道引」，是我國古老的醫療體育養生的方法。現在民間廣爲流傳的八段錦保健功，就是後人在彭祖導引術及我國早期導引術的基礎上發展而成的健身功。彭祖導引術分坐引、臥引兩種。坐引法爲：「導引服，解髮，東向坐，握固，不息，一通；舉手，左右導引，以手掩兩耳，以指掐兩脈邊，五通。令人目明，髮黑，不白，治頭風。」臥引法爲十節：「（一）解衣被，臥，伸腰，填小腹，五息，止。引腎，去消渴，利陰陽；（二）伸左腳，屈右膝，內壓之，五息，止。引脾，去心腹寒熱，胸臆邪脹；（三）挽兩足指，五息，止。引腹中，去疝瘕，利九竅；（四）仰兩足指，五息，止。引腰脊痹，偏枯，令人耳聞聲；（五）兩足相向，五息，止。引心肺，去咳逆之氣；（六）踵內相向，五息，止。短股，除五絡之氣，利腸胃，去邪氣；（七）掩左脛，屈右膝，內壓之，五息，止。引肺，去風虛，令人明目；（八）張脛，兩足指號，五息，止。令人不轉筋；（九）兩手牽膝，置心上，五息，止。愈腰痛；（十）外轉兩足，十通；內轉兩足，十通，止。復諸勞。凡十節，五十息，五五二百五十息。欲導引，常夜半至雞鳴平旦爲之，禁飽食沐浴。」

　　三曰彭祖服氣術。這種術，亦即氣功療病術，是從大氣、日光中吸取營養的辦法。有的又把它看成是我國最早的辟穀術。辟谷術亦稱

斷谷、絕穀,即不食五穀的意思。練此術能治療消化道疾病,通過清除「體內垃圾」,控制病源,讓消化器官得到適當的休息。其法大致為閉氣、服氣、導引閉氣、以氣攻病四個步驟。梁代道學家陶弘景《養性延命錄·服氣療病篇》對此作了專門介紹:「彭祖曰:常閉氣納息,從平旦至日中,乃跪坐,拭目,摩搦身體,舐唇咽唾,服氣數十,乃起行言笑。其偶有疲倦不安,便導引閉氣,以攻所患,心存其身、頭、面、九竅、五臟、四肢,至於發端,皆令所在,覺其氣運行體中,起於鼻口,下達十指末,則澄和其神,不須針藥灸刺。凡行氣欲除百態,隨所在作念之,頭痛念頭,足痛念足,和氣往攻之,從日至時,便自消矣。時氣中冷,可閉氣取汗,汗出輒周身則解矣。行氣、閉氣雖是治身之要,然當先達解其理,又宜空虛,不可飽滿。若氣有結滯,不得空流,或致發瘡,譬如泉源,不可壅遏。若食生魚、生菜、肥肉,及喜怒憂恚不除,而以行氣,令人發上氣。凡欲學行氣,皆當以漸。」

四曰彭祖房中術。這是指導男女性生活的方法。在彭祖眼裏,男女交接之道,對人的壽命影響是很大的。葛洪《神仙傳·彭祖》中,采女問延年益壽之法於彭祖,彭祖回答說:「欲舉形登天,上補仙官,當用金丹……其次當愛養精神。服藥草可以長生,但不能役使鬼神,乘虛飛行。身不知交接之道,縱服藥無益也。」交接之道可概括為有時、有度、勿暴、勿濫,以和諧為貴。所謂「有時」,主要是指氣候變化而論,即避大寒、大熱、大雨、大雪,日月蝕、地動、雷震等;所謂「有度」,是指交接時間不可過長,過長則「傷氣」。另外,務須謹於泄漏;所謂「勿暴」,是指交接時不宜魯莽粗暴,男子其所以有氣傷、肉傷、筋傷、骨傷、體傷「五衰」,是「皆由不徐(緩慢也)交接,而卒暴施瀉之所致也」;所謂「勿濫」,是指切戒縱性食色,淫聲美色,否則「猶如破骨斧鋸,徒有減年損壽」,「好淫所以使人不壽者,未必鬼神所為也。或以粉內陰中,或以象牙為男莖而用之,皆賊年命,早老速死」;所謂「以和為貴」,是指「交接之道,無復他奇,但當從容安徐,以和為貴。玩其丹田,求其口實,深按小搖以致其氣」。至於房

中術,是否有藥石可服呢?有!「彭祖曰:使人丁強不老,房室不勞損,氣力顏色不變者,莫過麋角也。其法取麋角,刮之為末,十兩,輒用八角生附子一枚合之,服方寸匕,三日,大良。亦可熬麋角令微黃,單服之,亦令人不老,然遲緩,不及內附子者。服之二十日,大覺。亦可用隴西頭伏苓,分等搗篩,服方寸匕,日三,令人長生,房內不衰。」

五曰彭祖烹調術。彭祖又是一位烹調的創始人。烹調行業奉彭祖為其祖師爺,受到歷代廚師們的尊重,且代有傳人。他們手創的名菜作法,雖然不少失傳,但也有不少流傳下來。尤其是品嘗「彭祖長壽宴」,即可領略其味美無窮的魅力,又可收食補、食療益壽之功效。「長壽宴」的功能表為:熱菜有雉羹、八味美碟、人參燉龜魚、麋角雞、羊方藏魚、雲母羹、珊瑚喧蛙、白芍明蝦、翠西蘭花、黨參鞭花、金絲銀杏;坐菜有一品五福涮鍋、甜品水晶餅;主食有四喜燜面、富貴金銀飯、魚羊蒸餃;水果有哈密瓜、香蕉。現舉四盤古典名菜如下:

一為「雉羹」,俗稱「野雞湯」,被譽為「天下第一羹」,能滋腎補陽,延年益壽。最為堯帝享用,以滋補身體,後被歷代皇帝所珍視,如清朝的皇帝每年的「秋獮大典」,都要在淡泊城殿,特賜王公大臣「野雞湯」,並器皿一件。此湯原料主要是野雞一隻(300克),配以水發香菇30克、熟爆醃肉40克和青菜心30克,襯以黃蛋糕兩片,輔以精湯2500克,放入砂鍋熬制而成。再調以食鹽6克,白胡椒粉20克,蔥薑汁30克,料酒10克。其滋味濃郁,鮮香宜人。

二為「雲母羹」,俗稱「雲母湯」。雲母是一種礦物質的總稱,商業上多稱「千層紙」,工業上用途廣泛,其中雲母石可供藥用。此羹的作法為把雲母粉20克、薏苡米60克、鮮肉丁90克、芝麻粉50克、薑汁20克,同時放入砂鍋中,傾入鮮湯2千克,大火燒開,小火熬至湯汁滋濃味厚時,著食鹽3克而成。具有下氣、補中、止血、虛損及開胃等功效。

三為「羊方藏魚」。此菜是將鮮鱖魚一條600克,置於割開的大塊

鮮羊肉（肋方）1000 克之中，再配以熟火腿 50 克、香菇 4 片、青菜莢兩棵、蒲菜頭 40 克同燉而得名。味道以鮮為主，一般用於高檔筵席，除用砂鍋上桌外，亦可用湯盤，四季皆宜，被譽為「天下第一菜」。據說「鮮」字，就是由這道菜而創造出來的，有益氣補虛，清熱解毒的功效。

四為「麋角雞」。麋角即指麋鹿頭上的角。麋鹿是鹿的一種，俗稱「四不象」。製作方法是先將麋鹿洗淨、母雞燙盡毛，豬肋肉切成條，而後將鹿茸和豬肉從雞左肋填入腹中，加佐料後，與雞同放入砂鍋中，傾入清水，大火燒開，小火溫燉至酥爛，再放入食鹽、料酒、菜莢之類，整形離火，原鍋上桌即成。特點是營養豐富，醫、食兼優，具有溫腎壯陽、生精補血、補髓健骨之功效。故《列仙傳》說：「彭祖善和滋味，好恬靜，惟以養神治生為事，並服麋角、水晶、雲母粉，常有少容」。

據 2003 年 3 月 26 日的《中國旅遊報》報道：近十幾年來，徐州市烹飪協會挖掘整理出了相關的彭祖烹飪理論和科學的營養搭配菜點。由徐州二星級的彭城飯店率先開發出高中低三檔彭祖營衛宴，計 66 道菜點。其中大菜無不遵循史籍所載，且用現代調料烹製出「羊方藏魚」、「麋角雞」、「茅根魚片」、「金玉羊球」、「雲母鯽魚」、「拔絲銀杏」和「彭城魚丸」等名菜。2002 年初，彭祖營衛宴被《中國食品報》、《中國烹飪》雜誌認定為中華大宴而飲譽四海。（王文正文）

第二章 彭姓源起

有的姓氏學家在介紹姓氏源起及其分類時，將姓源分爲九種，即號、謚、爵、國、官、字、居、事、職，說出了命姓氏的基本原則與類別。而彭姓究竟源起於何時，而又屬於何類呢？《鄭樵通志》說她是「以國爲氏」，並注明這種國是「夏商以前」的國，「彭氏即大彭之國，在商紂爲侯伯，古祝融氏之後有陸終氏六子，其中第三子彭祖建國于彭，子孫以國爲氏」。按照這種說法，彭姓的雛型在夏商以前就形成了，到殷武丁滅大彭時，她已經歷了自西元前的 24 世紀至西元前的 13 世紀中葉這段千餘年的漫長歲月。這段歲月，從彭姓的封侯、封伯來看，也是極爲風光的，他曾爲中華民族的歷史寫下了輝煌的一頁。

一、堯封彭祖于大彭

據傳百餘歲的彭祖從西域犬戎歸來後，受到當時在位的帝堯的重視，被封於大彭國。受封的時間，大約在西元前 2457 年至西元前 2384 年這段時間內，因爲帝堯是在這段時間內在位的。

帝堯是位仁君。他爲傳說中原始社會末期部落聯盟的首領，姓伊耆（ㄑㄧˊqi 其），一說姓祁，名放勳。他是熟練的制陶技師出身，13 歲受封於陶，今山東省荷澤縣南陶丘，15 歲又受封於唐，今河北省唐縣西北，故又號陶唐氏，也稱唐堯。據傳他是一位愛民如子，極有德行的仁君，活了 118 歲，在位 98 年。可是，不幸的是，他在位的時候，並不風調雨順，國泰民安，而是水旱頻仍，刀兵不斷，魔怪蹁躚，使他不勝其擾。首先是嚴重的旱災，據說曾有十個太陽一齊出現在天空，

又有猰　、鑿齒、九嬰、大風、封豨、修蛇等怪禽猛獸殘害人民。大旱之後，接著又是大水。這一次的大洪水，經過的時間至少有 22 年。中原大地一片汪洋，人民沒有居住的地方，只得扶老攜幼，東漂西流。有的爬上山去找洞窟藏身，有的就在樹梢上，學鳥雀一樣做窠巢。水患最嚴重的地區是黃河中下游。與此同時，又有南方的部族稱「三苗」的，發動了對唐堯的戰爭，延續的時間也很長，直到堯的繼承人舜，才把三苗征服。彭祖就是在這一種解民倒懸的時代背景下受封的，可說是臨危授命，而不是無功受祿，更不是無能濫位的頭領。

在彭祖受封之前，按現代話表達，他是帝堯的「生活秘書」，替帝堯安排伙食，也可以稱之為「禦廚」吧！由於天災人禍的侵擾，帝堯憂心如焚，身體極度疲乏，加之營養匱乏，身染重病，處在奄奄一息之中，是彭鏗用一勺勺味道鮮美的野雞湯，稱之為「雉羹」的，一滴滴喂入帝堯嘴裏，有如甘露，使生命垂危的帝堯獲得了新生。帝堯蘇醒後，見彭鏗守候在他的身邊，以「雉羹」相喂，好生感激，同時也很敬佩，認為彭鏗是個了不起的人物和人材。這就是彭祖受封于大彭國的主要原因。然而最早揭示這個原因的是戰國時期楚國賢大夫屈原。他在《楚辭‧天問》中寫道：「彭鏗斟雉，帝何饗？受壽永多，夫憂

何久長？」翻譯成現代文是：「彭鏗調製的雉羹，帝堯為什麼要享用？

帝

很敬佩，認為彭鏗是個了不起的人物和人材。這就是彭祖受封于大彭

何久長？」翻譯成現代文是：「彭鏗調製的雉羹，帝堯為什麼要享用？彭祖壽命何以如此久長？」從這裏說出了彭祖得到帝堯賞識的一條重要資訊，即彭祖把味道鮮美的「雉羹」進獻給帝堯享用，而建立了大功。漢代學者王逸在為《楚辭‧天問》作注時，把事情說得更清楚明白了。王逸注釋說：「彭鏗，彭祖也。好和滋味，善斟雉羹，能事

帝堯，帝堯美而饗食之也。言彭祖進雉羹於堯，堯饗食之以壽考。彭祖至八百歲，猶自悔不壽，恨枕高而唾遠也。」洪興祖補注進而說：「彭祖姓籛名鏗，帝顓頊玄孫，善養氣，能調鼎，進雉羹于堯，封于彭域。」從帝堯享用彭祖進獻的雉羹賜彭祖長壽，進而明指帝堯因食用雉羹封彭祖于大彭國。後世學者及彭姓後裔大都是這樣說的。

　　大彭國究竟是個什麼概念，疆域有多大，人口有多少？因代遠年煙，無法詳說。但根據地理學家和歷史學家的考證，大彭國位於今江蘇徐州一帶。徐州古稱彭城，簡稱古彭，歷史上又曾稱彭祖國、彭城郡、彭城縣等，蓋出於堯封彭祖于大彭國，亦稱大彭氏國而來。上古時代，帝堯所領導的臣民是個比較大的部落。彭祖所封之國，不過是這個大部落中的一個小分支的小部落而已，疆域不會太大，人口也不會太多。彭祖所擔任的職務，僅是大彭國這個小部落的酋長。而彭祖與大彭國誰先誰後？是先有彭祖，後有大彭國，還是先有大彭國，再有彭祖呢？這就要研究「彭祖」這個詞的含義了。漢代文字學家許慎的《說文解字》說：「祖，廟也。從示，且聲。」孔穎達疏：「祖者，始也，己所以始也。自父之父以上皆得稱焉。」可見，「彭祖」者是「彭之始也」，也可以說成「彭祖就是大彭國的創始人，是始祖」。無彭祖即無大彭之國，無大彭之國即無彭祖，二者是同時相伴而產生的，不可強分其先後。

　　至於何謂「彭」？彭字從何而來，有何含義？這就只能借助文字學家和考古學家們的研究成果來說明。《說文解字》說：「彭，鼓聲也，從壴、彡聲。」它是個形聲字。「壴，陳樂立而上見也。」王進珊《釋彭》引《甲骨文集釋》羅振玉、郭沫若、唐蘭等諸家考證，皆認為「壴」為「鼓」之初字，為象形字。有的說「『壴』字從中從豆」；有的說「壴，樹鼓之象，中，其上羽葆也，象形」；有的說「壴，樂器類，草木簍豆，非所取象。其中蓋象鼓，上象設業崇牙之形，下象建鼓之虞」；有的說「鼓、瞽、彭皆從壴，是其明證，壴上從中，與聲同意，中口象鼓，下象虞，與樂同意」；有的說「古體彭字方式是壴模樣，原義上面有雙

鉤在征戰時可鉤住戰車中央『○』的鼓中心，下邊是鼓座架，平時可安置地面，擂鼓必有三通『彭，彭，彭』，故右邊加三支鼓槌連擊於鼓心。」這些都說明，在我國古代，壴爲鼓字，鼓爲打鼓，彭爲打鼓發出之聲。還有的學者考證，彭字源於顓頊帝時代的壴鼓邑。該邑乃古代製造鼓類的地方，宮廷鼓、征戰鼓、報晨鼓等等出產於此。故壴鼓邑人民生活水準比他地優裕。由於古代民族遊牧者衆，都窺視壴鼓邑爲肥居，引來各處遊勇素常成群結隊侵進劫掠，造成重大損失。陶唐堯帝視此情形，在朝議事席間，征問諸侯防衛壴鼓邑良策，這時籛鏗上前主動請纓平遊勇，並築城防衛成功。堯帝封爵籛鏗爲武安君統治該城，定名彭城，號大彭氏國。由此可以推斷，在大彭國的古先民，是善於擊鼓的，或者是善於造鼓的，或者是以鼓聲來驚嚇敵人、猛獸用以自衛的。當籛鏗封到這塊地方之後，就以鼓聲那威武雄壯的彭彭聲作象徵，而命以國名是順理成章的，就如此在地平線上出現了以籛鏗爲領袖的大彭國或大彭氏國。

二、大彭國的治亂興衰

彭祖籛鏗受封於大彭國之後，披荊斬棘，篳路藍縷，歷唐虞至夏商（中葉），開創八百餘年之基業，這在古代諸侯國中是少見的。其間經歷的艱難險阻和治亂興衰，也是可想而知的。彭祖後裔，清代學者錢謙益在《與族弟君鴻論求免慶壽詩文書》中曾說：「（吾祖）疏封之後，洪水滔天，吾祖憂墊溺焉；十日並出，吾祖憂燒灼焉；九嬰、封豨、窫窳、禱杌之徒，磨牙交蹠，吾祖憂扈抵突焉。自是以降，彝羿斟尋之覆滅，南條牧野之改革，吾祖之閱世蓋多故矣。已爲守藏吏，子官錢府，則固未免於失封也。既而避國王之難，遁迹流沙，則憂犬戎之餘殃也。」這段文字基本描畫出了大彭八百年的興衰史。

首先，我們來看大彭國開國後是怎樣進行艱苦創業的？在唐堯虞舜兩代，彭國主要是與旱、水、兵三害作艱苦卓絕的鬥爭，並在鬥爭

中千方百計的改善人民的飲食條件和提高人民的健康水平。上節所陳述的彭祖的五種「養生術」，就是爲了適應這個艱苦的年代而摸索修煉出來的，也不是彭祖爲了個人或者是單純爲了唐堯而修煉此術，從某種意義上說，是在彭祖率領下的大彭國全體人民共同修煉的結果，是集體智慧的結晶，這就從根本上保證了大彭百姓的身體健康，爲大彭國的自立強盛打下了堅實的基礎。

在洪水滔天的日子裏，據說帝堯曾乘著刳木之舟，順獲水而東，至二水交流處再順泗水南北巡察。這裏有三處急流險灘，就是後來所說的秦梁洪、百步洪和呂梁洪。浪高十丈，流水湍急，波濤澎湃，令人驚懼。帝堯佇立岸邊，耳中聽到鏗鏘不盡的彭彭鼓聲，眼中看到群群不斷的彭彭人體。比較起來，這裏的百姓比較健壯，他們一邊擂鼓，一邊奮力抗洪搶險。這種銅鼓彭彭，波濤彭彭，人體彭彭，給帝堯留下了極爲深刻的印象。經打聽，方知是在籛鏗治理的地方，是籛鏗率領他治下的老百姓在戰勝洪災。堯於是命名這塊神奇的土地爲大彭，責成籛鏗負責開發好這片土地，稱彭祖。彭祖爲了效命帝堯，經多方考察，便將都城遷徙到獲水與泗水交彙南流之處的西側。這裏岡嶺四合，水道縱橫，依山枕河，交通方便，便於監視水情，也有利於百姓生活。現徐州統一街北頭西首有彭祖宅，庭中有彭祖井，相傳爲彭祖自大彭山下遷來時的寓所。後人將彭祖宅改爲彭祖祠，四時祭祀，以昭景仰。

大彭之土，群山纏繞，獸迹鳥道縱橫域中，不時對人們的生命造成危害，彭祖便發動大家，一面狩獵，獲鹿雉以調羹湯，一面築城，沿聚居之地周圍，挖成深溝，沿溝內築土牆，並架上樹枝、石塊之類，使人們增加了安全感。這便是原始的大彭之城。

由於彭祖的勤政愛民，導民有術，大大地改善了大彭國的生存環境，迎來了堯天舜日的大彭大治的大好光景。到西元前 21 世紀的夏禹朝，按水系將天下劃分爲九州時，大彭國屬於徐州之域，融入了與夏聯合的華夏集團。夏禹任命彭壽爲大彭國的首領。《逸周書·嘗麥解》

載：「皇天哀禹，賜以彭壽，恩正夏略。」又《莊子・大宗師篇》載：「彭壽得之，上及有虞，下及五伯。」這是皇天的旨意，賜彭壽忠心輔助夏朝。由於占天時、地利、人和三方面的有利因素，大彭國富裕起來了。據《尚書・禹貢》記載，這裏田地屬於上中等（即第二等），而所交田賦僅為中中（第五等）。這完全是彭祖一方面引導人民開墾良田，一方面儘量減少人民負擔的結果。在國防力量方面，大彭國尤為強大。在禹子啓繼位後的十五年時，曾被啓放逐到黃河西岸的四兒子，時稱為季子的武觀，聚衆叛亂。啓派遣大彭氏國的彭伯壽作大將，帥師征西河，平定了武觀的叛亂，並捉拿武觀帶回夏的都城安邑（今山西夏縣）、交啓處置，贏得了天下太平，國家安定。這就是《竹書紀年》所記載的：「（帝啓）十五年，武觀以西河叛。彭伯壽帥師征西河，武觀來歸。」歷史的車輪滾滾向前，從唐堯至夏桀，五百餘年一轉眼就進入了西元前 16 世紀的商代。商是一個有著高度文明的奴隸制國家，商王是最大的奴隸主。屬於奴隸主階層的人，有王、諸侯、「多生（姓）」、「多子」、「邦伯師長百執事」，或「百僚庶尹」。這時的大彭國，已成為商統治下的諸侯國。由於國勢強盛，竟成了商代的五霸之一。如在商王外壬元年（前 1550 年），有居住在今山東微縣地方的邳和居住在今山東曹縣的姺，這兩個部族起來叛亂反商，侵擾中原 18 年，當時商王無力討伐。在河亶甲三年（前 1539 年），商王只得派遣實力強大的彭伯去平定邳人的叛亂。在河亶五年（前 1537 年），姺人侵入班方，商王又只得命彭伯等去征討。這兩次的平叛都取得了好的戰果，挽救了搖搖欲墜的商王朝；同時也提高了彭伯在諸侯中的地位和聲望。

三、武丁滅大彭與彭祖氏的分化

　　武丁是殷代中葉（前 1339－前 1281 年）極有作為的君主。他在賢相傅說的輔佐下，復興國勢，對西北的鬼方、土方、羌方、虎方等部落的頻繁用兵，又南擊荊蠻，擴大了政治影響，把同室操戈、風雨

飄搖的商王朝又推向了極盛時代。而他面對強大的彭國卻又惶恐不安。這是因爲鄰近大彭的刑楚、夷、祝融集團的微方（今山東微山和微山湖一帶）等部族勢力在不斷增強，千方百計想擺脫商王朝的控制，爭取獨立，對商王朝的安危造成了很大的威脅。而大彭國又正處於殷商都城的東南面與商鄰近。殷王武丁深怕彭祖氏國與這些想擺脫商王朝的部族聯合，起兵作內應反叛商朝，於是就在武丁四十三年（前1282年）滅了大彭。這就是《竹書紀年》上所記載的，「王師滅大彭」。據甲骨文記載，在滅彭前夕，武丁曾舉行過盛大的祭祀進行祈禱，並由卜卦的史官貞人占卜，得的卦辭是「辛醜葍亙貞乎取彭」。事隔十三天滅彭後，灼兆的卦辭又說：「癸醜王卜在彭貞」。這就是殷王朝滅大彭的歷史檔案史料所記錄的當時武丁滅大彭的情況。

　　大彭國的滅亡，也意味著彭祖氏這個氏族集團的覆滅。我們平常所說的彭祖八百歲，實質上是指彭祖氏族在大彭國存在了八百年，也就是講的彭祖創建的大彭國的壽命。正如清代學者嚴可均校輯的《全上古三代文》注《彭祖》條所說的：「合而斷之，知彭祖國名即大彭，夏商爲方伯，古五伯之一。唐虞封國，得傳數十世，八百歲而滅于商，此其實事也。」由此說明，彭祖國的創立到滅亡，是八百餘年。其國之主，世襲彭國，代代相傳，亦與國家同壽。彭祖國之不存，其一國之主自然消亡。即是說，大彭國在，彭祖即在；大彭國亡，彭祖即無。所以，壽八百之說，即指國家，也指這個國家的最高統治者。故此大多數學者認爲「彭祖」這詞，可指亦人、亦城、亦國、亦族、亦氏，這是科學的，實事求是的。這樣才能消除神話色彩帶來的奇談，恢復歷史原貌。

　　究竟開國的第一代彭祖籛鏗活了多少歲呢？據現代學者錢歌川在《樂享天年》一文中說，「我的老祖宗彭祖，……因善氣功，相傳他活了八百歲」，「所謂八百歲，當然是誤傳。《竹書紀年》上說：『武丁四十三年滅大彭』，證明大彭這個諸侯小國，確實存在了八百多年，而被誤爲開國的彭祖活了八百歲。西漢武帝時，魯恭王壞孔子宅，獲得了

大批古籀文的竹簡，其中便有對彭祖的記載，說他活了七百六十七甲
子，這個甲子是以日計數的，折合有四萬六千零二十日，即一百二十
六歲，爲彭祖實際的年齡。這就很合理了，當時的人活上百歲，是尋
常事，……彭祖活了一百二十六歲，一點也不稀奇。」

　　彭祖氏族在彭國相傳的八百餘年中，也不是一成不變的。經歷風
雨滄桑，也在不斷地分化和瓦解。特別在武丁滅彭的大動蕩中，彭祖
氏族也來了個大分化，大改組。根據姓氏學家的考證和綜合分析，彭
祖氏族所建立的大彭國滅亡之後，彭祖氏族沒有再度崛起，大彭國也
沒有再度興復，惟留下了一座古都彭城和分化成若干個新的族類或姓
氏，有的概括爲 28 種，有的概括爲 18 種或 14 種，即：彭祖、彭、籛、
錢、豕韋、禿、名、諸稽、諸暨、防、風、既等等。除彭姓外，現略
舉數姓如後：

　　（01）籛：廣東豐順《彭氏族譜》在考證籛鏗公時，就言及了彭
祖的兩個兒子籛武和籛夷。兄弟倆曾隱居於福建西北與江西鷹潭市的
東南交界處的山林裏，此山因武、夷兄弟而得名號武夷山。山的東麓
今設有武夷市、武夷宮。在從東麓武夷山發源的崇陽溪岸仍住有籛姓，
宋元有名人籛羅結和籛士。他們認定祖籍爲彭城，並以彭城爲郡望，
始祖爲彭祖。

　　（02）錢：這個姓在姓氏史上是挺著名的，列於《百家姓》的第
二姓。宋代《鄭樵通志》稱：「顓頊帝曾孫陸終生彭祖，裔孫孚，周錢
府上士，因官命氏焉。」這裏的「錢府上士」是周代專門管理朝廷錢
幣的官職，相當於今天的財政部長。「裔孫孚」，即彭孚，而成了錢姓
的始祖錢孚。明末清初的大學者錢謙益和當今的著名物理學家錢偉
長，均以「彭祖後裔」自命，錢謙益還自稱爲「籛後人」，並成了他的
別號，其族孫錢曾，亦自號「籛後人」。錢偉長還說：「錢姓之錢，可
能爲籛去竹字頭而來。」故錢姓以彭城、下邳、吳興爲郡望。

　　（03）豕韋和韋：據《唐書·宰相世系表》稱：「顓頊孫大彭爲夏
諸侯，少康封其別孫元哲于豕韋，苗裔以國爲氏。」而韋姓又源於豕

韋氏。西漢楚王傅韋孟是豕韋氏的後裔。他說:「肅肅我祖,國自豕韋。」看來豕韋氏從大彭氏分化出來比較早,但他們的關係很密切,商王河亶甲三年(前 1532 年)伐班方,就是派彭伯、韋伯一同出征的。韋姓以滑州(今河南滑縣東舊滑縣處)、韋城爲郡望。

(04)諸稽和諸暨:據《姓氏考略》,諸稽和諸暨,乃「彭祖後別封」。又據《漢書‧古今人表》,春秋時,越王勾踐大夫有諸稽郢、諸稽到。諸暨亦爲大彭氏所分支,即諸稽氏。

四、彭姓人的早期播遷與三建彭國

自殷王武丁滅大彭,彭姓從彭祖氏分支出來之後,又經歷了一段漫長的歲月,即從西元前的 13 世紀商的中葉至西元前的 3 世紀東周的末葉(前 1282 年至前 247 年)。在這千餘年的日子裏,是彭姓人大流亡、大遷徙、大開發的年代。結果他們仍然贏得了在莽莽神州大地上的生存權利與發展機遇,而不是像過去那樣偏安彭城一隅的小國寡民了。他們經過東南西北的輾轉播遷,和曾在隴西、荊楚、巴蜀三建彭國的拼搏中,再次展現了彭姓人的早期風采。從此,她也就獨立於中華民族的姓氏之林。發展到今日也就成爲了按人口數量排位處於全國第 39 名的姓氏。

(01)**播遷隴西與一建彭國**。大彭氏滅國後,她的遺民和一些不甘被征服的大彭氏貴族,究竟往何處去?只有撤退和逃亡出大彭才是唯一選擇的出路。往哪裡撤,哪裡逃?這是擺在他們面前的嚴重問題。當時商朝的統治區域已遠遠超過夏代。特別是在武丁的祖父盤庚遷都到殷(今河南安陽西北)以後,殷墟成了商代後期的統治中心。在商朝的統治網中,以王都爲中心,分佈著許多大小統治據點,有的規模和王都差不多。黃河中下游成了商王朝活動的中心地帶。今山東省直到蘇北,是商朝的後方。東南方面,商朝的統治從皖北到達江淮之間。在南方,商朝的統治達到湖北,甚至長江以南的湖南和江西。西南方,

商朝的統治達到陝西城固縣。西北方，達到靠近黃河的山西石樓、永和地區。因此，大彭氏的遺民要逃亡，在上述區域內是很難立足的。於是他們只可能遠走高飛，利用水道黃河，溯江而上，向隴西撤退。這裏既是少數民族雜居的地方，商王朝鞭長莫及，又是大彭國的姻親之家，大彭氏族與犬戎族曾是甥舅相稱。所以流亡到這裏是安全的，也是有發展空間的。他們又在這一方土地上推動著歷史車輪滾滾向前。

　　大彭氏遺民來到隴西後，在今甘肅省的慶陽縣西南八十里的地方紮下根來。當年這裏還是一塊原始未開發的處女地，彭人叫它「彭原」。他們與鄰居羅族人共同開墾這塊寶地，又揭竿而起建立一個新的彭國，並不斷地繁榮昌盛起來。到商末紂王時，原大彭氏國留下來的臣民，因不堪商紂王的殘酷壓迫和剝削，又紛紛西逃來到隴西。紂王派采女向彭祖討教長壽之道的故事就說明了這個問題。采女原出身於菜農之家，小時候學過一些養生知識，知道如何涵養性情，活到二百七十歲，看上去卻只像五、六十歲的樣子。紂王把采女請進宮中，安排在貼金鑲玉的豪華宅子裏，然後才和盤托出其用意，讓采女助自己長壽。後來當采女拜訪彭祖向他問道「房中之術」後，回宮向紂王傳授，果有靈驗。紂王是個極端自私的人，自己既習彭祖之術，又不讓更多的人去掌握彭祖養生之方，總想個人壟斷，以求長生不老。他向國人頒佈命令：發現有誰傳播彭祖養生之法，格殺勿論。紂王還想害死彭祖，使世人再也不能學會此道。彭祖察覺紂王的陰謀後，便悄無聲息地離家出走，不知去向。七十年後，聽說有人在流沙之國的西部見到過他。顯然，這裏的彭祖肯定不是帝堯時所封的籛鏗，只能是彭祖的後裔，是大彭氏國的遺民。

　　為什麼說「七十年後」見到過他（彭祖）？這要聯繫周武王伐紂的歷史事實去考察。周武王姓姬名發，是西周王朝的開國天子，是當時反抗商紂王殘暴統治力量的組織領導者，是推動歷史發展的偉大歷史人物之一。他於西元前 1029 年春，帥戰車 300 輛，虎賁（敢死隊）3000 人，甲士（披甲的士兵）4500 人，聯合庸、蜀、羌、髳、微、盧、

彭、濮等族和各方國兵力，正月甲子日，在牧野誓師攻滅商朝。這裏
所說的「彭」，就是隴西的彭國。他既是西周的鄰邦，又是殷商的死對
頭。在滅商中，它自然成了滅商的主將和武王的嫡系部隊。隴西的彭
國人懷著對商王的深仇大恨，勇猛殺敵，在滅商的進程中立下了不朽
的功勳。滅商後，周武王也絕不會虧待他們，在封侯封伯中自然會對
隴西的彭人優厚。因此，彭祖氏的子孫「七十年後」又可以在西周時
期揚眉吐氣了。即是說，人們又見到了彭祖在那裏（隴西）活動和嶄
露頭角。延續至今，在隴西地方以彭姓命名的地名亦能證實，如彭陽、
彭坑、彭原、彭城堰等等，足以說明在隴西的地平線上曾經有彭姓人
聚居過，在那裏彭姓人獲得了新的生存和發展空間，留下了自古到今
長久難以磨滅的足迹。在《中國歷史地名辭典》（江西教育出版社，1989
年7月版）中提到的「彭原縣」、「彭原郡」，很可能就是由原來彭姓人
居住過的地方彭原演繹過來的。「彭原」也有可能是當時所建的原始都
城。西漢時在今甘肅鎮原縣東設置過彭陽縣。北魏時移治今甘肅慶陽
縣西南。隋開皇十八年（598年）改名彭原縣，治所在今甘肅鎮原縣
東。唐天寶元年（742年）又以寧州改置彭原郡，治所在定安縣，即
今甘肅的寧縣。楊筠如撰《尚書核古》書中曾提到隨周武王滅商的「彭，
《漢志》定安有彭陽縣」，所指的就是這裏。彭衙邑：被稱春秋秦邑，
即今陝西省白水縣東北南彭衙村、北彭衙村。西漢置爲彭衙縣。唐詩
人杜甫《彭衙行》詩所言：「夜深彭衙道，月照白水山。」就是寫的這
地方。此外，在今甘肅涇川縣西北有彭坑，在北宋咸平六年（1003年）
置彭陽堡，即今寧夏回族自治區境內的固原縣東南的彭陽縣。因此，
當年彭姓在大彭氏國的彭城被武丁所滅之後，西逃「隴西」建國，實
際上包括了今天的甘肅寧縣、涇川、鎮原、慶陽和陝西省的白水縣以
及寧夏回族自治區固原縣、彭陽縣這一廣大區域。故彭姓後裔多數以
「隴西郡」或「隴西堂」作爲自己彭姓的郡望。這能在很多的彭氏族
譜中稽查考證獲得憑據。這也就是彭姓子孫所沿襲下來稱「隴西堂、
隴西郡」的來歷。

　　（02）**播遷荊楚與二建彭國**。在《中國歷史地名辭典》「848 面十二畫：彭中的第一辭條『彭國』，商、西周國，初在今甘肅慶陽縣境，後移今湖北房縣西南。」此辭條的前部分在第一建彭國中作了敘述。又據「彭國……後移今湖北房縣西南。」這一資訊，爲了敘說的方便，就作爲播遷荊楚與二建彭國來研討，是否能得到歷史學家和彭姓後裔的認同，這還是個未知數，因爲，無真實的文字作訂證，只能憑推理。武丁是商代中葉的君主，是西元前 14 世紀－前 13 世紀的時間段裏的事實，在一建彭國於隴西中言及的是周武王聯合庸、蜀、羌、髳、微、盧、彭、濮等族和各方國兵力討伐商紂王時是商朝末期西元前 11 世紀時所發生的事。而第二次彭人的播遷荊楚與二建彭國，從時間來說應是我國的西周時期。約在西元前 10 世紀至前 6 世紀之間。周武王滅商後，我國歷史進入了封建社會的初級階段，生產力獲得了極大的解放。西周初年，國勢強盛，出現了「文武成康之治」的局面。同時內憂外患也很嚴重，要不斷地東征西討。武王在世時，總是夜不安枕，老睡不著覺，日夜考慮如何安定天下的問題。成王即位（前 1026－前 996 年），周公旦攝政，就有紂王之子武庚，串通武王的弟弟管叔、蔡叔，聯合東方的徐、奄、熊、盈諸部，舉行大規模的武裝叛亂，即內有管、蔡的叛亂分子，外有殷族武庚的復辟勢力，致使周王朝不得不東征平叛。康王在位時，又不斷攻伐鬼方（今陝西西北部匈奴）和東南各地，掠奪奴隸和土地，分賞給諸侯大夫。有一次戰爭就俘虜了犬戎士兵 13000 多人。這場戰爭，無疑對隴西的彭國造成了很大的威脅，不得不重新思考彭人的生存問題。他們考慮到地理環境和人事條件的優劣，決定向靠近楚國的南方地區遷徙。

　　這樣，在隴西居住的大部分人彭人，於西周初年，南渡漢水，遷徙到今湖北南河一帶及今湖北房山縣西南的沔水流域地區。沔水，即今漢江，亦稱漢水，古時亦通稱沔水。彭人遷來此地後，將房山西南的沔水地域稱爲「彭溪」，將南河及其支流馬欄河稱爲「彭水」。這些以「彭溪」、「彭水」命名的水域，顯然留下了彭姓人在那裏聚居活動

的歷史足迹，也爲我們今人尋根溯源提供了歷史證據。

　　這次彭人南遷，又是彭姓人歷史上的一個大的轉捩點。因爲從此以後，彭姓人在富庶的江南紮下根來，爲彭姓人發展江南魚米鄉提供了活動的空間舞臺。在這裏，他們又與原聯盟的微、庸（今湖北竹山縣西南）羅等諸國相鄰，且與盧戎、百濮等少數民族雜居在一起，也逐漸和這些民族通婚融合，使自己的氏族不斷地發展壯大起來，在實質上已形成了一個「獨立王國」。因爲這地域夾在西周與楚國之間，可以任其發展。可是，事態總是多變的，不幸的是，到了西元前 6 世紀，鄰邦楚國強大起來了。楚文王時期，不斷侵淩長江、漢水流域的小國，小國都很怕它。這時的彭、庸、羅諸國，也在楚的虎視下，岌岌可危了。直至春秋魯桓公十二年（前 700 年），在楚師「伐絞之役」中，「楚師分涉于彭」。絞是春秋時的一個小國，在今湖北鄖縣西北，與彭相鄰。這裏所指的「彭」，就是彭人賴以生存的彭水。以後，彭就被楚兼併了，作了楚的臣民。

　　楚國原本與大彭國同宗，同是陸終氏的後代。前節闡述過，陸終生有六個兒子，其中老三叫彭祖，老六叫季連，楚國就是季連的後代。傳到周文王時，季連的後代，有一支叫鬻熊，鬻熊像兒子一樣侍奉文王，早死。鬻熊的兒子叫熊麗。熊麗生熊狂，熊狂生熊繹。熊繹當周成王時候，成王提舉文王、武王時勤軍王室的後嗣，就把熊繹封於蠻畿的楚地，給他子爵的土地，姓芈，居於丹陽，即今陝西、河南二省間丹江以北地區。當時，周王朝對他並不重視，因此楚國君主，歷代一直不臣服於周王朝。他們盤踞今長江流的湖北一帶，爲所欲爲，稱王稱霸，並自己提高爵位，立爲楚王（從楚武王始），並開始開闢濮地，今安徽淮北茨河上游，據爲己有。到楚文王時，開始建都於郢，即今湖北江陵縣西北紀南城。到楚成王時，周天子也得讓他幾分，向他說好話，說：「好好鎮守你的南方，平定夷越的混亂，不要侵擾中原。」這時，楚國的疆土已擴展到千里之廣。然而，楚對周天子不敬，但對他的祖先還是很孝敬的。它其所以要攻滅夔國，是因爲夔國不祭祀祖

先祝融和鬻熊。夔國在今湖北姊歸縣，春秋時遷至今姊歸縣東。所以楚之「滅彭」，能見諸史料記載的，就只有「涉彭」的記錄。看來，可能楚王是看在與彭同宗的份上，用和平方法來兼併彭國的，避免了戰爭的暴力，這也給彭氏在江南的發展提供了良好的契機。此後，隨著楚國的強大和擴邊，彭氏子孫也隨之發展到除湖北外的安徽、江西一帶。就安徽、江西的彭姓人來說這是個來源，另個來源也有可能是當年武丁滅彭時，彭城的部分彭人過長江南逃，落腳在此謀生存的，如今安徽的和縣，古稱曆陽，就有「曆陽彭祖石室」和「曆陽彭祖宅」，且在西北的曆陽山上有彭氏墳塋和住宅。又由於曆陽近長江西邊，借助長江水運，可溯江往西南而上，或渡江東行、東南行都很方便。部分彭人從這裏輾轉到今江西鄱陽湖，古稱「彭蠡」（li 禮）的。「彭蠡」又稱「彭蠡澤」，漢代在此東岸設置彭澤縣。彭澤縣內的西北長江南岸還有「彭郎磯」，在江西湖口縣，爲鄱陽湖入長江口處，古稱「彭蠡湖口」。在湖口縣南曾設置「彭蠡驛站」。據《中國歷史地名辭典》介紹：「彭蠡澤」「本在今湖北黃梅縣、安徽宿松縣以南，望江縣西境長江北岸龍感湖、大官湖和泊湖一帶」，「西漢中葉以後，彭蠡漸移而南，先是指江西鄱陽湖北部，北宋以後，隨著湖面的不斷擴展，遂指今鄱陽湖」。儘管滄海桑田，世事多變，但鄱陽湖曾有彭族人在這裏求生存，生活勞動過的事實是令人信服，而又毫無疑義的。不僅如此，彭人的足迹還到達了贛江流域。贛江由章水和貢水匯合而成。貢水有條支流叫桃水，它經江西龍南、信豐、贛縣注入貢水，古亦稱「彭水」，這也曾經是彭姓人在這方居住，他們活動足迹所遺留下來的證據。

　　這大概是由於楚國人與彭人自古有宗族關係的原因吧！故彭人在楚國能得到重用和提拔，彭人也樂於爲楚效命。如楚文王二年（前 688年）攻打申國（中原之國）時，楚王就把流亡在申國的彭仲爽，請回了楚國，滅申後，任命仲爽爲令尹。申國在今河南南陽縣北。鄧名世《古今姓氏書辯證》稱：仲爽「相楚有功，能滅申、息以爲郡縣，廣楚封畛，至於汝水，而陳、蔡之君皆入朝，故仲爽家世爲大夫。」後

又有彭名、彭生、彭更等彭姓名人揚名於春秋戰國時期。《左傳》魯成公十六年（前575年）載，「六月，晉、楚兩軍在鄢陵相遇。……步毅駕禦晉厲公的戰車，欒鍼爲車右。彭名駕禦楚共王的戰車，潘党爲車右」。這次晉楚遭遇戰，雖然楚國失敗，共王被射傷眼睛，但終究脫險，也有彭名的一份功勞。《左傳》魯昭公四年（前538年）又載：「冬，吳國攻打楚國，進入棘地、櫟地、麻地，以報復朱方的一次戰役。楚國的沈尹射到夏訥奔赴應命，箴尹宜咎在鍾離築城，薳啓疆在巢地築城，然丹在州來築城，東部地區發生水災，不能築城。彭生停止了賴地軍隊的築城任務」。這裏說明了彭生也是一位楚國有權威的大夫。彭更是戰國時期的著名學者，孟子的學生。彭更請問孟子說：「後車數十乘，從者數百人，以傳食諸侯，不以泰（奢）乎？」孟子並就「志」（動機）和「功」（效果）的問題，與彭更開展了深入的討論。上述事實說明，彭人臣服於楚以後，上層彭人的日子還是過得較爲順心的，與楚人同呼吸共命運，共同保衛國家、研討學術戰鬥在一起。

（03）**播遷巴蜀與三建彭國**。彭人的這次播遷，時間約在西元前7世紀的70年代，是西周和東周的交替時期。由於西周幽王荒淫無道，於是姜後的兄弟申侯，便聯合繒國、西戎、犬戎攻殺幽王，俘虜褒姒，奪取周王朝的首都鎬京，西周至此滅亡。申侯又與晉、鄭、衛、秦等國，帥兵護送姬宜臼入洛邑，是爲東周第一位君主，號稱平王。在這新舊交替和兵荒馬亂之秋，原生活在甘肅慶陽那邊的另一支彭人，乘機越過秦嶺，即從子午穀經今陝西長安縣子午鎮，南穿秦嶺到石泉縣的彭溪，再翻大巴山南遷入今四川的彭縣。他們又在這片沃野的成都平原上，定居繁衍，建立彭國。爲了敍說的方便，特稱之爲「三建彭國」。光緒《彭縣誌·沿革》稱：彭縣在周初（實指西周末）爲「彭國」。《太平寰宇記·彭州》引楊雄《蜀記》說：「李冰以秦時爲秦蜀守，謂汶山爲天彭闕，號曰天彭門。」汶山又叫天彭山，大彭又叫天彭，都是因爲在這裏曾經出現過彭國而得名。唐貞觀七年（633年），在今四川馬爾康縣東置彭州。唐垂拱二年（686年），在今四川彭縣設彭州，

天寶初改爲濛陽郡，乾元初復改爲彭州。明洪武十年（1377 年）降爲彭縣，治所仍在原彭縣位置。

在四川彭縣建立的彭國，後又南遷至今的彭山縣。彭縣、彭山縣，都在成都平原上。彭縣在今成都市的西北角，彭山縣在今成都市的西南角。據《水經注·江水》和《華陽國志》都提到武陽（今彭山縣）有彭祖塚，縣東十里有彭亡山、彭亡聚，又名彭模，在今四川彭山縣東南泯江東岸。原因是「周末（指東周末年）彭祖家於此而亡，因名」。這說明在四川建立起來的彭國，直至秦始皇統一中國後才滅亡，它存在了 500 餘年。又據《蜀中廣記》卷 74 也提到，彭祖「自堯曆夏、殷時，封于大彭。周衰（指西周末年），始浮游四方，晚復入蜀，抵武陽家焉。」武陽縣爲西漢所置，西魏改爲隆山縣，唐先天元年（712 年），以隆山縣更名爲彭山縣，治所即今彭山縣。這裏的所謂「彭祖塚」，並非帝堯時彭祖籛鏗的墳墓，而是彭祖後裔，仍以彭祖氏命名的部落首領的墳墓。而以「彭亡山」、「彭亡聚」命名者的地方，則實是彭姓人的祖墓群。故《史記·周本紀》的集解也說：「戎府之南，古徽、瀘、彭三國之地……有夔州、微、濮州、瀘府、彭州焉。」

據史學家何光嶽等考證，商末還有部分彭人，被迫西遷到今陝西白水縣東北四十里地的彭衙堡，包括南彭衙村和北彭衙村。春秋時稱「彭衙城」，秦置彭衙邑，西漢置爲彭衙縣。唐杜甫有《彭衙行》詩「夜深彭衙道，月照白水山」之句。又在今陝西白水縣西南高陵縣西北，唐時置有彭城堰，又名彭家閘，這兩處都曾是彭姓人聚居之地。自彭姓人西遷後，到東周初年，戎族散居於西周首都鎬京，即今陝西長安縣西北豐鎬村附近。西周末年，犬戎佔領鎬京後，彭人也隨之來到了彭衙這個地方，並與相鄰的戎族人居住的戲原（又稱戲方）融合起來，形成了彭戲氏。《史記·秦本紀》所載的秦武王元年（前 310 年）伐彭戲氏，就是征伐這支彭人和戎族人。他們由於經受不起強秦的擄掠，又只得離開彭衙戲原，退避到適合於他們生存的地方去，於是又有部分彭人南渡長江，輾轉散居到今湘鄂川黔邊界的崇山峻嶺之中，與土

著巴人雜居在一起，為巴彭融合打下了基礎，所以至今彭姓為土家族中五大族姓之一。從此，在黔地又出現了彭水和彭溪這些彭姓子民在這一地域活動留了足迹的地名。在今四川的忠縣內有彭溪、彭水。在忠縣的東南與貴州鄰近的地方，還設有彭水苗族、土家族自治縣。

上述彭人的早期播遷，主要是指武丁滅大彭後較為集中的幾次大行動而言，不可能包括零星和散居的在內。由於他們是避戰亂而尋找生存空間，有集中逃跑的，自然也免不了自己去找生路的，只要遠離滅國的戰火就能在夾縫中求得生存，因此，至戰國末年，富於鬥爭性和開拓性的彭姓人，已廣泛地分散在今江蘇、山東、河南、河北、陝西、甘肅、湖北、安徽、江西、四川、湖南、浙江、福建等省區，瓜綿椒衍地繁殖在世界的東方。

五、彭姓人的早期源流世系

在探討彭姓源起的過程中，姓氏學家與彭姓譜牒工作者，都理出了一個彭姓源流世系表，代次都很分明，並把彭姓的早期世系分為四個段落，即「徐州彭氏世系」、「（甘肅）麒麟谷彭氏世系」、「安慶彭氏世系」和「定陶彭氏世系」。加起來共36世。今根據《豐順彭氏族譜‧世系錄》的記載，梳理如後：

1 世，彭鏗：名籛，字鏗，一說姓籛，名鏗。黃帝裔孫，顓頊帝玄孫，祖父吳回，父陸終，母女嬇氏，孕三年剖腹而生。事帝堯，封諸彭城，創大彭氏國，人們稱其為「彭祖」。善養生，享年八百餘歲，娶49妻，生54子，長曰武、次曰夷、豕氏、豬氏、韋氏、太彭等。

2 世，太彭：鏗之子（這個「子」實應釋為其「後裔」，是殷武丁滅大彭氏前的最末一代）。生二子：昆泉、昆石。昆石改姬為姓。

3 世，彭昆泉：開創麒麟谷為彭族立氏之祖，也就是彭姓正式從大彭氏或彭祖氏分化出來而成為彭姓。生三子：房、亢、角。

（以上為「徐州世系」，表略）。

4 世，彭亢：生三子：癸、丁、辛（按：從其命名來看，肯定他們是商代時人，因爲商代帝王都以天干命名。第一代商湯就名「天乙」，甲骨文中稱「唐太乙」、「高祖乙」。末代商紂就稱「帝辛」。）彭丁生二子：矯、執。彭辛生子揆，官至商中軍禮將。彭揆生子慕登，官至州司牧職。

5 世，彭癸：商末時人。生二子：舉、朝陽。

6 世，彭朝陽：生二子：悟、覺。

7 世，彭悟：生二子：貞吉、貞泰。貞泰遷武陵。

8 世，彭貞吉：生二子：高陽、平陽。平陽生二子：研、礪。彭礪官至牧伯職。

9 世，彭高陽：生子籍。

10 世，彭籍：生子樂安。

11 世，彭樂安：生二子：翹娥、翹媚。

12 世，彭翹娥：生子疇。

13 世，彭疇：官至帝乙（商末，紂王之父，前 1209 年至前 1175 年在位）廷尉職。生二子：鶴年、昌齡。

14 世，彭昌齡：周穆王（前 1033 年至 983 年在位）時任漁陽史職。（按：彭疇與彭昌齡兩代年限相距 152 年，其代次肯定有誤，恐有 5-6 代之差）生二子：警、援。

15 世，彭援：生子英選。

16 世，彭英選：生子馥夷。

17 世，彭馥夷：任爲長正伯職。生二子：鎮江、觀瀾。鎮江生子燁。燁生子須。

18 世，彭觀瀾：生子爍，與兄鎮江及子爍，列爲三公名士。

19 世，彭爍：生三子：惲、惺、嶼。嶼生子桂香。

20 世，彭惺，生子桂芳。

21 世，彭桂芳：生子山欽。

（以上爲「麒麟縠世系」，表略）

22 世，彭山欽：生子琳。

23 世，彭琳：生二子：文彬、學聃。（按：從命名來看，為戰國初期人。）

24 世，彭文彬：生三子：璞、瑱融、瑩，皆隱逸之士。璞生旭。旭生二子：守訓、光宗。守訓生子啟疆。啟疆生二子：紹先、述先。紹先生二子：巇、嶽。岳舉進士，任州牧職。巇生維岱。維岱生愷，舉進士，任州牧職。

25 世，彭　融：生四子：時、穎、斌、博。

26 世，彭穎：生二子：尚程、容則。

27 世，彭容則：生二子：豫章、朝慶。豫章生二子：質、蒙，皆廷尉職。質生二子：藩、平。藩生榮登。皆鄉薦。

28 世，彭朝慶：生三子：經、贏、豐。

29 世，彭經：生子黎明。

30 世，彭黎明：生三子：湖、嶧、更。更為孟子高徒，戰國時的著名學者。

31 世，彭湖：生子文綿。

（以上為安定世系，表略）

32 世，彭文錦：生三子：泰、端、起。

33 世，彭端：生三子：封、越、密。封生子藩，淮陽司牧職。越，封梁王，被劉邦滅族後，存遺腹子淩雲，得昭理，徙居甘肅省隴西為始祖。

34 世，彭密：生三子：茲、黎、恭。黎生子椿年。椿年生子天眷，登鄉薦。恭任司馬史職，生子受爵。受爵生二子：天保、天佑。

35 世，彭茲：生子守昌。

36 世，彭守昌：生子宣，字子佩，封安漢王，轉為淮陽世系一世祖（以上為定陶世系，表略）

以上世系記錄的內容共 36 世，據譜牒的「注釋」記載，徐州世系與麒麟穀世系，「取自周代徐州玄孫鎮江撰記」；安定世系與定陶世系，

「取自漢代定陶玄孫守豐撰記」。意思是這些世系可足征信。然而,有的彭氏裔孫對此表示懷疑,說代遠年湮,荒遠莫稽,難以征信。事實也是如此,例如「徐州世系」的時限,至少經歷了 500 餘年,絕不會只有簡單的三、四個代次,應該起碼有 20 餘代到 30 代(每代以 25 年至 30 年計算)。如果按彭祖氏國存在了 800 多年計算,也得傳 30 代左右。所以有的學者推測,彭祖娶了 49 妻,生了 54 子,不是指彭鏗個人而言,而是指彭祖氏這個部落(或諸侯國)歷代相傳中,有 49 名夫人和 54 位酋長(首領),這才是科學的,令人信服。因此,這個源流世系,只能看作是彭姓人源起的一個粗略引子或者是象徵性的代表世系而已。

第三章　彭姓世系

　　編纂這一章，是難度最大的一章、最感頭痛的一章，也是將信將疑的一章，更是引人注目的一章。所以，在原先的初稿和寫作提綱中是沒有設置這一章的，只在第二章《彭姓源起》的尾巴上寫了很簡單的一節，即《彭姓人的早期源流世系》。但作爲探討每家姓氏來說，覺得這又是不可或缺的一章。因爲，根據中國人的傳統民族心理來看，你「有譜」，還是「沒有譜」，就是看你的血脈世系，看你家族的來龍去脈，看你有不有「種」，誠實不誠實，因此，歷代編纂族譜和家乘的先賢們，都是煞費苦心地在尋覓和搜索自己姓氏的源流世系，都力求把世系編得很系統、很完備。然而，事與願違，由於我國歷經幾千年，縱橫幾萬里，代遠年湮，千枝萬派，加之資訊不通，資料匱乏，幾乎所有姓氏族譜，編纂出來的家族世系，或年代顛倒，或祖孫失序，或代跨年限過長，或同姓同名相混，如此等等，未免有失笑噴飯之嫌。而筆者對彭姓世系也經過了十多年的艱苦探索，看了不少的彭姓族譜，直到 2004 年暑季，拜讀了臺灣彭建方、彭伯良兩位年登耄耋的老學者 2002 年編著的洋洋三百餘萬言的《中華彭氏源流譜》，和廣西師範大學彭會資教授、彭際澄先生 2003 年主編的《廣西益公系彭氏族譜》，以及重慶彭天富、彭俊修等先生 2003 年主編的《川渝彭氏宗譜》之後，吸收他們新的研究成果，才鼓起勇氣補編了一這一章。編好後，筆者仍然是誠惶誠恐，如履薄冰，不敢獻諸讀者，但是筆者又沒有確切的證據去割捨前賢今彥們的研究果實，反覺得他們新編的《彭姓世系》可信度大，特別是唐宋以後的世系，可資征信。故暫時還是承襲下來，只作些修修補補，公諸於世，以待來賢們去進一步考查和訂正。

一、三皇五帝時期的遠古原始世系

　　這一時期，據推算，自少典氏國君（部落酋長）西元前 3269 年壬辰建國起，至唐堯時彭祖籛鏗生於西元前 2328 年癸亥止。共曆 941 年，傳 17 世，代跨爲 55.33 年。但這個世系，不足征信。因爲它是從我國古代神話傳說中演繹出來的。只能把它作爲象徵性的世系看待。我們口頭上常說：「我們是炎黃子孫！」並以此而自豪。炎，即炎帝，系少典國君 1 世之子，又稱赤帝，薑姓部落的首領，原居渭水中游，後遷往四方。有一支發展到中原，經阪泉之戰，末代炎帝的薑姓部落與少典 11 世裔孫黃帝的姬姓部落聯合，從此炎、黃被認爲是中華民族各族的共同祖先，也就是「人文初組」。故絕大多數姓氏的世系從這裏開篇，彭姓世系又豈能例外。

　　（001）**第 1 世，少典：**亦稱少典氏，其生卒年、葬處均不明。傳說他是中華民族的開派始祖，伏羲氏時爲諸侯，又稱厲山氏、盧山氏、烈山氏，繼稱農皇，中華民族從此以農立國，也就是從漁獵時代進入了農耕時代。在位 23 年（前 3269〜前 3246 年）。一說歿葬隋州厲鄉，在今湖北隋縣北 40 里。少典氏族與有蟜氏長期通婚。少典氏國君娶有蟜女酋長爲妻，生下炎帝。（見《本源錄》）

　　但據後學考證，炎帝和黃帝不是同一個少典氏國君生的。歷代少典氏國君皆以少典氏爲自己的名號。不同的少典氏國君都娶有蟜氏的女子爲妻，先後生下炎帝和黃帝。有蟜氏也是一個歷史悠久的氏族部落，自黃帝之前一直延續到夏代。禹之妃女蟜，亦即有蟜氏之女。有蟜氏的蟜字，原指蜜蜂的幼蟲，這說明有蟜氏最初以蜜蜂的幼蟲爲圖騰。蟜字又指蛇虺之類特別是雙頭蛇（雙虺）。所以有蟜氏後來又以雙虺爲子圖騰。有蟜氏會造橋，故其後裔以橋爲姓。有蟜氏的族人可能有踏高蹻的習俗，因當地多蛇，用踏高蹻來避免蛇咬。有蟜氏的居地，當系黃帝所葬的橋山，在今陝西省黃陵縣西。因黃帝崩後，歸葬於外

祖母有蟜氏的家鄉，這是符合原始社會喪葬制度的。他的嫡系後裔為橋氏、喬氏、僑氏等。

（002）**第2世，炎帝**：名石年，又稱赤帝，少典國君長子，為炎帝神農氏。生於西元前3245年（推算的）丙辰，五月廿五日，卒於西元前3078年，壽168歲。由於他生於姜水，因而以薑為姓。姜水在今陝西歧山東，是渭水的一條支流。從渭河流域到黃河中游，是古代羌人活動的地方。所以，炎帝可能是古羌人氏族部落的宗神。羌人以遊牧為主，主要馴養羊群，當時正是母系社會末期，薑字的象形好像女性管理羊群之意，羌字這象形字好像人跪著一足在擠羊乳。後來這一支羌人由牧羊轉入農業生產，因此炎帝也被稱為神農氏。據說他的母親叫任姒，乃有蟜氏的女兒，又名女登，或叫安登，是少典氏的妃子。有一天，女登在華陽地方遊玩，忽然看見天上出現一條巨大的神龍的頭部，女登深受震撼，因而有孕，生下炎帝。據說炎帝是牛頭人身，可能他領導的部落以牛為圖騰。炎帝成長於薑水，他的部落崇拜火，可能是刀耕火種的緣故，因此他以火德稱王於天下，被推舉為黃河流域的部落聯盟首領。他娶奔水氏的女兒聽談為妃。生五子一女；又娶尊盧氏，生三子。他的子孫繼續擔任部落聯盟首領，承襲炎帝稱號，延續了500來年，約17代，其已知世系為：→炎帝→柱→慶甲→臨→承→魁→明→直（帝值）→厘（帝來）→居→節莖→克→小帝（參盧，榆罔）。

　　炎帝之弟名勖其，世嗣少典氏為諸侯。其部落與黃帝和炎帝的部落，同時存在長達千餘年之久，直到夏代。其嫡系後裔為典氏。《魏志》有典韋。他以公孫為姓。娶赤水氏之女聽沃為妻，生子炎居。

（003）**第3世，炎居**：勖其之子，生子節並。

（004）**第4世，節並**：炎居之子，生子戲器。

（005）**第5世，戲器**：節並之子，生子祝庸。

（006）**第6世，祝庸**：亦作祝融，又稱祝誦、祝和。戲器之子。生卒年、死因均不可考。傳說葬在湖南衡山祝融峰。屬於遠古三皇之

一。祝融氏乃遠古一個善用火的部落,其首領是帝嚳時代掌握火的官,名叫火正。死後成爲火神。廟號火神廟。火神祝融與水神龍王處於同等地位。又一說,他爲黃帝後裔,其世系爲:黃帝→昌意→韓流→顓頊→老童→祝融。但炎帝和祝融都代表火、南方和赤色。後世常以祝融配祭炎帝。有人認爲祝融氏族原是夷人,後來才融入華夏族的。祝融氏族最早活動在黃河北岸,因受蚩尤戰役的影響而南遷,在今河南新鄭縣一帶定居,古籍所說的「鄭,祝融之虛也」。後來受華夏族排擠,退居長江流域,與蠻族雜居。他的後代有八姓,即己、黃、彭、禿、壇、曹、斟、羋。彭姓衍生出彭祖、豕韋、諸、稽等姓。

(007)**第7世,共工**:祝庸之子。也是傳說中的三皇之一。炎帝後裔的一支。其生卒年不可考。傳說撞天柱而死,葬地在黃河中游。共工氏住在黃河中游的伊水和洛水流域,這塊地方古代稱爲「九州」。共工氏曾稱霸九州,領導炎帝系統的部落與黃帝系統的顓頊爭奪帝位,結果失敗,怒而撞不周之山,使支援天的柱子被撞斷,地的四角也裂開,可見當時炎黃兩系奪權鬥爭之激烈。又傳說共工亦與帝嚳、與神農、與祝融、與女媧相爭,說明上及遠古,下至虞夏,共工氏都是個顯赫的氏族。共工生子術器和勾龍。

(008)**第8世,勾龍**:亦稱後土,是共工的次子。古代平水土的部族君長。原名句龍氏。句龍是彎曲著身子的龍,即糾龍、盤龍。其生卒年、在位年代、死因、葬地均不明。因平水土有功,死後被尊爲後土神、土地神、社神,爲中國古代實行數千年的社祭的祭主,廟號後土祠或土地廟。古人將皇天與後土並稱,將後土擺在與天帝相等的地位。古時帝王常以後土配祭黃帝,說明後土在古代是個貢獻很大的部落聯盟領袖,值得和三皇五帝並列。勾龍生子噎鳴和信居。信居,娶蜀山氏,生誇父。

(009)**第9世,噎鳴**:勾龍長子,生十二子,即以十二地支名之爲:子、醜、寅、卯、辰、巳、午、未、申、酉、戌、亥。

(010)**第10世,啓昆**:噎鳴之子。《本源錄》說他是末代炎帝榆

罔（約前2752～前2698年在位，55年）時人。《神仙通鑒》說：「勖其九傳至啓昆，北遷于熊（今河南開封府新鄭縣），因改國曰有熊，故號有熊國君。」啓昆爲人剛健中正，娶有蟜氏之女附寶爲妻。附寶德性幽嫻，生子黃帝。

（011）**第11世，黃帝**：（前2728～前2598年）三皇五帝中均包括黃帝。他原姓公孫，字玄律，名白荼。長居姬水，因改姓姬。居軒轅之丘，故以爲名，又以爲號，稱軒轅氏。受國于有熊，亦號有熊氏。有土德之瑞，土色黃，故稱黃帝。帝者，花蒂也。古代華胥氏以花爲圖騰。華胥氏是華夏民族的始祖，華夏族每次祭祀祖先華胥氏時，必由酋長奉花而祭，叫禘，而進一步華夏族各支的領袖也稱爲帝。黃帝生而神靈，長而敦敏，成而聰明。炎帝末世，道德衰敗，諸侯相侵伐。他於亂世起兵，以德號召天下，攻殺蚩尤于涿鹿之野，代炎帝爲天子。建都於涿鹿山下。設置三公、左右太監，及列侯衆官。於海隅大澤選求賢能風後、力牧爲相。多次封禪祭祀天地，會諸侯于斧山，今河北懷來東。立四妃：嫘祖、女節、彤魚氏女、嫫母。生25子，1女，得姓者14人。在位百年而崩，活了131歲。其生卒年和在位年代，無法確定。辛亥革命時，用黃帝紀年，有以1911年作黃帝4609年、4622年、4402年三說。傳說黃帝最後乘龍升天而去。依據黃帝傳略：西元前2598年癸卯甲戌日，即鑄銅三鼎感於荆山屬河南省閿鄉縣南之陽，邁逢大地震，山川易位，大地崩裂，帝及群臣後宮從之者70餘人，走避不及，墜落罅隙而崩，應地裂而陟葬，地罅復合，遺骸不可尋。帝崩後七十日癸未，其臣左徹等，取帝日常習用之衣冠几杖葬橋山。其陵墓在今陝西黃陵縣橋山。廟號軒轅黃帝廟。傳說，黃帝的母親附寶，有天晚上，看見天上產生強烈的閃電，電光圍繞北斗星，一閃一閃的，把四野照得通亮，因而受了感應而有了孕，懷胎24個月後生了黃帝。降生地叫壽丘，在今甘肅省天水市東面70里的軒轅穀。

（012）**第12世，昌意**：生於前2681年庚辰。名庚，字伯陽，黃帝次子，嫘祖所生。因父長於姬水，遂以姬爲姓。金天氏時人。降居

若水，在今四川雅州榮經縣，擔任昌意氏族的首領。這個氏族崇拜太陽神，以雙日爲圖騰。卒葬大名城外。娶富山氏之女名女樞，又叫阿女、淖子的爲妻。傳說某天女樞擡頭看見天上的瑤光之星，十分明亮，心中有所感動，便生下了兒子顓頊。

（013）**第13世，顓頊**：（前2534年～前2437年）姓姬，前2513年戊辰登帝位，號高陽氏，又名窮桑帝。傳說中的五帝之一，繼黃帝而立爲炎黃聯盟的領袖。在位78年。傳說活了98歲，生卒年和死因不明。葬於今河南濮陽縣西南。漢水上游也有顓頊墓。死後成爲北方黑帝和天上的星宿。傳說鄒屠氏有個女兒，不踐踏龜類，熱愛小動物，顓頊帝便娶她爲妻，生了八個兒子，名叫蒼舒、伯益、檮演、大臨、龐江、廷堅、中容、叔達。這八個兒子都很有才幹，又有德行，造福社會，被稱爲八凱。子孫分爲八大氏族，夏後氏、有虞氏都奉其爲先祖。顓頊還有個兒驩兜是苗族的祖先。也還有個不肖子叫檮杌的，野蠻兇狠，胡作非爲，沒法教育，與饕餮、渾敦、窮奇混在一起，被稱作四凶。舜帝把他們流放到四夷去抵禦魍魅，後成爲荆楚蠻人的祖先。據譜牒記載，還娶滕隫氏女，生子稱，但與《史記》不符。

（014）**第14世，稱**：又名大稱、伯服，約生於前2617年。顓頊第10子。娶東成氏女，生子卷章（老童）。

（015）**第15世，卷章**：亦作老童，稱之子。約生於前2580年，壽300歲，曆事諸帝，兒齒童顏，故曰「老童」。但有的史書記載，老童乃顓頊娶滕氏奔的女兒所生，具有返老還童，死而復生的本領，壽命特別長，因而生了許多兒子，最有名的是祝融、重、黎、吳回等。譜牒記載爲，娶根水氏女曰女蟜，生二子黎、吳回。

（016）**第16世，吳回**：卷章次子，約生於前2543年。代兄黎之職爲祝融，即爲火正之官。娶東鷂雉氏女，生子陸終。

（017）**第17世，陸終**：吳回之子。約生於前2506年。他精忠報國，唐帝堯時封平原般縣陸鄉。娶鬼方氏國君之女曰女嬇，孕而不育者三年，啓其左肋，三人出焉，第三曰老彭；啓其右肋，三人出焉。

即剖腹生了六個兒子：長曰樊，封於昆吾，是爲己、蘇、顧、溫、董、胡、莒等姓的始祖；次曰參胡，名惠，封于韓墟，《大戴禮．帝系篇》說：「參胡者，韓氏也」；三曰籛鏗，封于彭城（詳見後彭氏第1世始祖）；四曰會人，名永言，是爲妘姓。別氏鄔、路、偪、陽、檜；五曰安，是爲曹姓，封於郲墟，別氏曰郲、曰斟；六曰季連，是爲芈姓，其後易芈爲熊，楚爲其苗裔也。

二、唐虞夏商時期的彭城、隴西世系

這一時期，自西元前2357年，堯帝即位起，至前1112年殷紂王被滅止。計1245年，傳47世。其世系較之前遠古世系靠近現實一點，但有的仍未脫離神話色彩，很難經得起科學的推敲和歷史的考證。比如說，彭祖800歲還是個謎，他的49妻和54子的姓氏名諱，最先保存在哪個原始典籍裏？這些都是很神奇的事。然而多數的彭氏譜牒又是這麼傳承下來的，包括近年來時賢們編修的《彭氏族譜》也是如此。故筆者也只能如此「人云亦云」。

（018）第1世，彭祖：又名籛鏗，陸終第三子，是全球彭姓公認的開派始祖。據清嘉慶十九年甲戌《湖南．彭氏族譜》木刻版記載，彭祖生於上古帝堯丙子歲（前2325年或前2265年），卒于商王祖辛十六年癸亥（前1498年），特高壽而不衰，即彭祖800歲的由來。另據彭世軒、呂梅清考證：彭祖約生於前2469年6月6日，卒於前2337年6月3日。帝堯時開始舉用作柱下史，敬雉羹於堯，堯封之于彭城，在彭城建立了大彭氏部落，後爲夏王朝方國。後嗣子孫則以國爲姓，大彭氏國曆夏至商末消亡。（詳情見一、二章）相傳彭祖娶49妻，生54子，還有5個女兒。其姓氏名諱爲：（01）元配有郃氏女姬，生子夜、完、㴸、韓、稽；生女適闕姓；（02）庸成氏，生子頹、高；（03）鬼方氏，生子起；（04）皇覃氏，生1女，適離婁姓；（05）蜀山氏，生子垕、牟；（06）東戶氏，生子桑、訓；（07）爽鳩氏；（08）飛龍氏，

生子東、杲；（09）散宜氏，生子翼；（10）蜀山氏，生子鋪；（11）豐
車氏，生子升；（12居龍氏，生女，適闕姓；（13）青雲氏，生子副、
階；（14）吉夷氏，生子農、略；（15）丹鳥氏，生子志、目；（16）啓
統氏，生子書；（17）塗山氏，生子並；（18）有莘氏，生子項、遂、
繚、呈；（19）鄒屠氏；（20）上敬氏，生子昭；（21）有娀氏，生子攸、
沮；（22）散宜氏；（23）握登氏；（24）鳳鳥氏，生子恒、　森；（25）
嫩訾氏；（26）伊祁氏，生子商、平；（27）女莘氏，生子任、亓；（28）
青鳥氏，生子夆、防；（29）元鳥氏；（30）有扈氏，生子宇；（31）庖
正氏，生子共；（32）祝鳩氏，生子烈；（33）有仍氏；（34）有虞氏，
生子律、騰；（35）彤城氏；（36）夏後氏，生子結、紬；（37）祝鳩氏，
生子巨；（38）有男氏，生子皈、闞；（39）空桑氏；（40）陶唐氏；（41）
蒼舒氏，生子道；（42）共工氏；（43）斟鄩氏；（44）牧正氏，生女，
適闕姓；（45）有鬲氏，生女，適闕姓；（46）窮桑氏；（47）高辛氏；
（48）公孫氏；（49）夏後氏采女，生子武、夷，後成爲福建武夷山山
神。（見 1928 年《青山彭氏敦睦譜源流圖》）

（019）**第 2 世，彭濼**：一名香保，官夏禹司徒（西元前 2205 年
至 2198 年）彭祖第 3 子。官虞舜時司徒，唐堯時因父封于彭城遂家焉，
開彭姓彭城世系。配伯趙氏女閨，生子伯福、伯壽。其兄彭夜，雅慕
奇峰，飄然遊昆侖之上，不知所終；四弟彭韓，夏啓時官大夫，配有
莘氏生子昆泉；五弟彭稽，夏封于諸稽，傳至商之末滅之。

（020）**第 3 世，彭伯壽**：名希祖，夏帝啓（前 2197-前 2189 年
在位 9 年）。時官司寇，西河武觀叛亂，伯壽師師征降之。配伊祁氏，
生子振祉（房）、振祥（角）、振禧（亢）。

（021）**第 4 世，彭振禧**：名亢，夏帝仲康（前 2159-前 2147 在
位 13 年）時賢大夫。配有窮氏女，生子僾康（癸）。

（022）**第 5 世，彭僾康**：名癸，又名政宇，夏帝相（前 2146-前
2140 年在位 7 年）時官司馬。配祝鳩氏女，生子養廉、季廉。

（023）**第 6 世，彭養廉**：夏帝少康（前 2079-前 2058 在位 22 年）

時官掌膳。配有鬲氏女，生子獻（梧）。其弟季廉，為夏帝少康牧正。

（024）**第 7 世，彭獻**：字義朗，夏帝杼（前 2057-前 2041 在位 17 年）時官掌膳。配有仍氏女，生子參正、矣池、寧帆、民求。

（025）**第 8 世，彭寧帆**：夏帝芒（前 2014-前 1997 在位 18 年）時官牧正。配有鬲氏女，生子夢熊。

（026）**第 9 世，彭夢熊**：夏帝不降（前 1980-前 1922 在位 59 年）時賢臣。元配公孫氏女，生子秉；又配有仍氏女，生子瓊。

（027）**第 10 世，彭秉**：夏帝不降時人，有「仙術」，晚遊四方，不知所終。配斟鄩氏女，生子可愛、可行。

（028）**第 11 世，彭可愛**：夏帝廑（前 1900-前 1880 在位 21 年）時官庖正。配豢龍氏，生子積古、莊漢、嚴真、木英、立吉。

（029）**第 12 世，彭積古**：夏帝孔甲（在位 31 年）時人。時孔甲好鬼神之事，肆行淫亂，不務修業，積古遂不事。配軒轅氏，生子頌新。

（030）**第 13 世，彭頌新**：夏帝發（前 1837-前 1819 在位 19 年）時官大夫。配禦龍氏，生子團。

（031）**第 14 世，彭團**：夏帝桀（在位 52 年）時人。夏桀無道，團與伊尹以堯舜的仁政來勸說桀，桀不聽。團棄妻逃于豳，今陝西西安府邠州。配禦龍氏，生子竭忠、靖忠。

（032）**第 15 世，彭靖忠**：商帝成湯（在位 13 年）時人。配伊祁氏，生子奇瑞。

（033）**第 16 世，彭奇瑞**：商帝太甲（在位 33 年）時官大夫，配丹鳥氏，生子道琮。

（034）**第 17 世，彭道琮**：商帝沃丁（在位 29 年，一說 19 年）。官夏膳禦。配仲氏，生子繼崧。

（035）**第 18 世，彭繼崧**：商帝小甲（在立 17 年）時官大夫。配顧氏，生子景敬、景敷、景政。

（036）**第 19 世，彭景敷**：商帝太戊（在位 75 年）時與費侯中衍

友善，官車正。配巫氏，生子愈崗、惠崗。

（037）第 20 世，彭愈崗：商帝太戊時官青州牧，配伊氏，生子伯。

（038）第 21 世，彭伯：字錫侯，商帝河亶甲（在位 9 年）時宰輔。河亶三年己丑克邳，五年辛卯伐班方，彭伯與韋伯一起助殷商復興。配巫氏，生子欽保、欽仲、欽仕、欽儀。

（039）第 22 世，彭欽保：為人多謀，略先計後，偕父討班方，速戰速勝，封班方伯，有古名將風。配姚氏，生子揆、度章。

（040）第 23 世，彭度章：商帝祖辛（在位 16 年）時人。享壽136 歲。配有熊氏，生子爾賢。

（041）第 24 世，彭爾賢：商帝沃甲（在位 25 年）時處士。配蔡氏，生子柏山、榮施。

（042）第 25 世，彭榮施：商帝南庚（在位 25 年）時人。在朝清正，事非禮不言，行非禮不動。配有辛氏，生子端肅。

（043）第 26 世，彭端肅：時商道衰微，國都又有河決之害，殷帝盤庚（在位 28 年），將都遷往今河南安陽西北，史稱殷商，端肅隨之。配費氏，生子制、列。

（044）第 27 世，彭列：殷帝小乙（在位 28 年）時人。從古公亶父征狄人有功，封邢都牧。配費氏，生子東侯。

（045）第 28 世，彭東侯：殷帝武丁（在位 59 年）時官司馬。三年己未，從帝伐鬼方勝歸。生子才華、暈、蓉郎。

（046）第 29 世，彭才華：殷帝武丁時人，有奇能，官中郎將。配姜氏，生子佐商。

（047）第 30 世，彭佐商：殷帝祖甲（在位 33 年）時官大夫。祖甲淫亂，佐商諫之不聽，遂不仕。生子音。

（048）第 31 世，彭音：字嗣征，殷帝庚丁（在位 21 年）時官士師。配姒氏，生子耀彩、輝彩。

（049）第 32 世，彭輝彩：殷帝武乙（在位 4 年）時人。武乙無

道，常用木偶神與之賭博，輝彩遂棄官隱居。配鄧氏，生子圭。

（050）**第 33 世，彭圭**：名伯藩，字炳煌，殷帝帝乙（在位 37 年）時人。賢大夫。配有崇氏，生子咸、成。

（051）**第 34 世，彭鹹**：字福康，殷紂王（在位 32 年）時賢大夫。時商紂無道，彭鹹諫之不聽，投水而死，世稱「天下第一諫」。配南宮氏，生子遵、祖壽、九元。彭遵：字悟明，殷紂王時為先行官，在界牌關陣亡；九元，字巨仁，殷紂王時官副將，在萬仙陣亡。

（052）**第 35 世，彭祖壽**：字紹賢，殷紂王時官豫州牧，封兗州侯，從周武王伐紂，戰死孟津河，武王追諡愍公。配首相商容之女，生子寶雲。

三、周秦西漢時期的安慶、定陶世系

這一時期，自西元前 1122 年己卯周武王建國起，至西漢宣帝元康二年丁巳（64 年）彭宣出生前一年止。計 1175 年，傳 44 世。這一世系（或稱譜系），學者吳建華認為，彭祖之後的先秦彭姓，還是「一個近於神話的譜系」，「從情理上講，每個姓氏都會有始祖開端，然而，過於詳盡的編排，終究惹人生疑：怎麼會這麼詳盡可知？」「因而所謂的彭祖世系，其實就是知道的史籍記載的彭姓人物的大會穿。」他的這種分析判斷是較為切實的。但是筆者還是把彭氏家族的新譜系照錄下來。因為「在中國家庭的歷史上，用這種做法建造的認知體系，缺乏客觀真實的依據，的確很平常，司空見慣了。它在人類學、社會學、民俗學、心理學上很有研究價值，比在歷史學上的價值都要大。」

（053）**第 36 世，彭寶雲**：西周武王（前 1122-前 1116 年在位 7 年）時官司馬。配大夫散宜生之女，生子後農、士懷。

（054）**第 37 世，彭士懷**：西周成王時官司徒。元配鄂氏，生子淇；次配商氏，生子治。

（055）**第 38 世，彭治**：西周成王時（前 1115-前 1079 年在位）

官大夫。配姜氏，生子類超。

（056）**第 39 世，彭類超**：西周康王（前 1078-前 1053 年在位）時官兗州伯。配虞氏，生子爲達。

（057）**第 40 世，彭爲達**：西周昭王（前 1052-前 1002 年在位）時人，曉天道，識星象。配蔡氏，生子自昭、自明。

（058）**第 41 世，彭自昭**：西周穆王（前 1001-前 947 年在位）時人，官大僕正。配畢氏，生子程、科。

（059）**第 42 世，彭程**：西周穆王時奉禦旨隨造父徙山西趙城。配畢氏，生子昶。

（060）**第 43 世，彭昶**：西周懿王（前 934-前 910 年在位）時官豫州牧。配造父之女，生子觀凝、靜凝。

（061）**第 44 世，彭觀凝**：西周孝王（909-前 895 年在位）時人，善觀日月天象。配呂氏，生子丁、甲。

（062）**第 45 世，彭丁**：西周夷王（前 894-前 879 年在位）時人，從虢公帥六師伐太原之戎，至於楡泉，獲馬千匹。封常勝大將軍，官大司馬。配唐氏，生子寅。

（063）**第 46 世，彭寅**：字耀祖，西周厲王（前 878-前 842 年在位）時官大夫。配姚氏，生子能運。

（064）**第 47 世，彭能運**：字興，西周厲王時人。從虢仲帥師征淮夷不克，徙于齊，今山東昌樂縣。配殷氏，生子愚岑、百皇、貴山。

（065）**第 48 世，彭貴山**：西周宣王（前 827-前 782 年在位）時人。宣王元年甲戌，同尹吉討伐西戎，官至大夫。配尹氏，生子和美、祥真。

（066）**第 49 世，彭和美**：西周幽王（前 781-前 771 年在位）時官司寇。配滕氏，生子友燊。

（067）**第 50 世，彭友燊**：東周平王（前 770-前 720 年在位）時官司旅將軍。配杜氏，生子文、韜、武、略、富、貴、發、達。

（068）**第 51 世，彭略**：東周平王時人，博學多才，屢詔不仕。

配蘇氏，生子太郎、小郎。

（069）**第 52 世，彭太郎**：字趲，東周桓王（前 719-前 697 年在位）時卿士。配蘇氏、秦氏，生子榮。

（070）**第 53 世，彭榮**：字懷美，東周莊王（前 696-前 682 年在位）時人，喜修煉術，徙居於楚，今湖北江陵縣。配莘氏，生子忽。

（071）**第 54 世，彭忽**：字國炳，東周莊王時人，積學能文，精于書法。配熊氏，生子仲爽。

（072）**第 55 世，彭仲爽**：字定文，東周僖王（前 681-前 677 年在位）時官楚文王令尹。配熊氏，生子建周、建夏。

（073）**第 56 世，彭建夏**：東周惠王（前 676-前 652 年在位）時官楚司寇。配蘇氏，生子俊宜。

（074）**第 57 世，彭俊宜**：周襄王（前 651-前 619 年在位）時爲晉大夫。配黃氏，生子西林、東柏、義伯。

（075）**第 58 世，彭西林**：東周定王（前 606-前 586 年在位）時掌百正之官。元配子車氏，繼配公孫氏，生子名。

（076）**第 59 世，彭名**：字世成，東周簡王（前 585-前 572 年在位）時爲楚共王駕車。配子車氏，生子宏載、繼名。

（077）**第 60 世，彭宏載**：東周靈王（前 571-前 545 年在位）時人。滿腹經綸，專致教育。配顏氏，生子益開。

（078）**第 61 世，彭益開**：字生，東周景王（前 544-前 520 在位）時官楚靈王大夫。配李氏，生子元果、元杲。元杲，名橋，官楚大夫，配李氏，生子祺、俞、穎。

（079）**第 62 世，彭元果**：名殷卷，東周敬王（前 519-前 476 年在位）時官楚大夫。爲人立品端方，順親睦族。元配李氏，次配顏氏，生 17 子，訓彝、訓乘（餘 15 子佚名）。

〔案〕衡山傳忠公曰：「既明受姓，后紀郡望，我隴西彭氏，自仲爽公後分爲五房，若侗、若俛，爲殷卷子；若祺、俞、穎疑爲橋之後。楚未滅時，五房居楚，號稱大姓。秦滅楚，遷大姓於隴西。」《本源錄》

雲：「隴西禹貢雍州之域，天文井鬼分野。戰國時西羌所居，秦屬隴西郡，漢爲天水，晉爲狄道，明爲鞏昌、臨洮二府是也。秦時彭以隴西爲郡，蓋始於此。由秦而漢，遞傳至宣公，以明經官左馮翊，封長平侯，居淮陽（今河南陳州太康縣）。故吾族郡望，又以淮陽郡稱，自漢長平侯宣公昉然也。」

（080）**第 63 世，彭訓彝**：名侗，東周敬王時官楚大夫。配孟氏，生子七：敖、教、政、敬（三人佚名）。

（081）**第 64 世，彭敖**：名榮軒，東周貞定王（前 468-前 441 年在位）時仕魯爲司空，遂家于魯，今山東曲阜縣。配林氏，生子百、千、萬。

（082）**第 65 世，彭萬**：東周威烈王（前 425-前 402 年在位）時著名學者，積學不仕。配田氏，生子嗣恢、嗣慎。

（083）**第 66 世，彭嗣慎**：號謹齋，東周對烈王時官大夫。配林氏，生子時梁。

（084）**第 67 世，彭時梁**：東周安王（前 401-376 年在位）時人。12 歲能文，稱「神童」，年未 30 而卒。配闕氏，生子君實。

（085）**第 68 世，彭君實**：東周烈王（前 375-前 369 年在位）時人。隱而不仕。配畢氏，生子更、蒙。

（086）**第 69 世，彭更**：字子端，東周顯王（前 368-前 321 年在位）時，孟軻弟子。配孟氏，即孟子之女，有淑行，生子金元、金和。

（087）**第 70 世，彭金和**：東周顯王時官兗州守。配任氏，生子紹更。

（088）**第 71 世，彭紹更**：東周慎靚王（前 320-前 315 年在位）時處士。配姜氏，生子寶吾、宜吾。

（089）**第 72 世，彭宜吾**：名甸南。東周赧王（前 314-前 256 年在位）時官山陽令，遂家山陽，今山東昌邑。配侯氏，生子文台。

（090）**第 73 世，彭文台**：名德，字正芝。博學多才，尤善書畫。時當周秦鼎革，兵戈擾攘，故不仕。配孔氏，生子令昭。

（091）**第74世，彭令昭**：名明德，秦始皇（前246-前210年在位）時著名歌師。配張氏，生子珅、琨。

（092）**第75世，彭珅**：名禹卿。官秦始皇尚書僕射，諫始皇勿焚百書，嬴政不從，遂棄官而隱。配周氏，生子越、趙。彭趙，字叔西，漢高祖時官護軍都尉，後被仇人誣告謀反罪，連兄越長子綏榮同遇害。

（093）**第76世，彭越**：（前246～前196年）字仲。秦始皇時人，助漢高祖劉邦滅秦封梁王。劉邦征討韓信、陳征而徵兵于梁，越稱病以拒，劉邦以越謀反遣西蜀。後聽呂後讒言，越被殺害。配張氏，誥封一品夫人，生子綏榮、綏華。生女適齊相國曹參之子、禦史大夫嗣平陽侯曹窯。《史記》有傳。

（094）**第77世，彭綏華**：字紫陽，漢高祖九年癸卯（前198年）官大中大夫，因叔與兄同遇害，逃奔于淮陽陽夏，今河南陳州太康縣，免於難。卒後與祖妣合塋。配相國鄷侯之女肖氏，生子斐然，生女適闕姓。

（095）**第78世，彭斐然**：字成章。西漢文帝（前179-前157年）時人。聰穎好學，博覽群書，因避難以處士終。卒葬陽夏。據長沙市馬王堆漢墓出土文物記載：西漢文帝丁醜（前164年）彭祖越公第三代，配劉氏，生卒（缺），葬淮陽陽夏。劉氏生子佑奎、佑張。

（096）**第79世，彭佑奎**：字石孚，漢景帝（前156-前141年在位）時人。力學不倦，守身必忠禮法。隱居不仕。卒葬淮陽陽夏。配劉氏，生子世瓊，生女適晉陽武城侯王離次子陽州刺史封武德將軍威。

（097）**第80世，彭世瓊**：字瑞瑤，漢武帝（前140-西元87年在位）時官博士。配曹氏，生子紀、綱、維。

（098）**第81世，彭維**：字鳳藻。西漢昭帝（前86-前74年在位）時官右將軍贈金紫光祿大夫，與祖妣合葬淮陽陽夏。配施氏，誥贈一品夫人，生子懋勳、績勳。績勳，字弼臣，漢元帝時官大夫，徙居南陽宛城，今河南南陽縣。卒葬南陽。配何氏，生子宏、寅。

　　彭宏：名偉，字子寬，號玉度，行君二。西漢哀帝（前 6～前 1
年在位）時官漁陽太守，因王莽專權，與蜀郡何武、上黨鮑宣一併遇
害（《漢書》有載）。配大夫鮑宣之妹，生子寵，生女適闕。彭寵，字
伯通（《漢書》有傳，略），配何氏，生子午、申。卒葬南陽宛城。彭
寅，字子衷，號玉同，行君三，漢哀帝時官大夫，配周氏，生子嘉。
彭嘉，字伯厚，新莽時官太守，配朱氏，生子充、灄。彭充，字世強，
東漢光武帝時官大夫。彭灄，字世盈，東漢光武帝時官副將，陣亡。

　　（99）第 82 世，彭懋勳：字輔臣。西漢元帝（前 48～前 33 年在
位）時官禦史大夫，誥贈金紫光祿大夫。配韓氏，誥贈一品夫人。生
子宣。生女適張姓。與祖考妣同葬陽夏。

　　〔附注〕①彭會資在《益公系彭氏族譜》的《編者按》36 頁中說：
「彭祖至宣公譜系，《彭氏淵源集》殘缺，只說彭祖娶 49 妻，生 54
子，其支派蕃衍，渺遠難記。今選自世界彭氏宗親聯誼會彭氏淵源研
究組彭高衡宗親編寫的《遠祖世系由彭祖至延年公直系線》初稿，作
爲補充。據編者稱，此稿將臺灣彭伯良的《彭氏源流通譜》、湖南彭建
偉的《彭氏族譜》、江西彭偉佐的《遠祖世系吊線圖》、廣東彭光環的
《子順公族譜》、梅州彭欽文的《梅縣彭氏族譜》、第三屆彭氏宗親聯
誼大會特刊的《彭氏族譜》等加以匯總、比較、選擇而編成。其選編
原則是去偽存真、求同存異。所選編的直系或旁系的名字，如彭更、
彭陽、彭蒙、仲爽、令昭等，較多見於古籍所處朝代、所任官職亦大
體與史實相符，只是少量尚需斟酌。我們選用時，參照有關文獻作了
校勘。近年來，夏商周斷代工程研究成果表明，堯舜時代距今大約 4500
年。在西元前大約 2500 年間，爲堯舉用而受封于彭城的彭祖，傳至宣
公爲 83 世，這與孔子的後裔在 2500 年間傳至 75 世（最近 60 多歲的
一位孔氏學者自稱）較爲近似。

　　②彭俊修在其編著的《彭氏源流族譜》第 36 頁的《說明》中說：」
以上世系錄自廣東省陸河縣商賢家廟 2000 年庚辰歲的出版的《商賢之
光彭氏源流族譜》所載。該族譜有從少典氏國君、軒轅黃帝、籛鏗彭

祖、漢長平侯宣公、唐征君雲公、惠潮始祖延年公、及受章、受進、受春弟兄始，七種連通編代格式，珠貫絲連、世系完整。前三種編代，本人不敢苟同，原因是：（一）我國甲骨文紀事出現在商殷末年，要在此之前即有完整的歷代列祖列宗的世系記錄，是根本作不到的；（二）百家姓氏約在一千五六百年前開始有譜牒雛形，唐、宋年間才大力推而廣之，故後人能經過歷代上溯口傳者，亦不過三、四百年，或更長一點，亦不過兩千年左右。如萬世師表孔聖家族之譜所敘世系，亦不過二千五百餘年。故我族大多數族譜從宣公編代是相對確切的。

四、東漢至初唐時期的河南淮陽世系

這一時期，從西漢末年的漢宣帝元康三年戊午（前63年）彭宣出生時算起，至初唐中宗景龍三年己酉（709年）彭景直止，共772年。歷傳25世，平均約30年1世，是較爲確切的。彭氏絕大多數譜牒的世系，都是從這裏開頭的。他們都把始祖界定在漢代淮陽彭宣的根基上。如《江西萍南牛氏塘彭氏族譜·宣公世紀》就能代表全體萍城彭氏對自己前期先祖譜系的認同。把它與《湖南湘潭花園彭氏四修族譜》的老系相對照，兩者基本相同。雖有些差別，但經姓氏學者吳建華考證、增補，書之于《中華姓氏譜·彭姓卷》（25～28頁）。它爲彭姓尋找老根留下了比安徽安慶地區彭譜較爲可信的譜系。今參照《彭姓卷》與其他彭氏族譜，將淮陽世系的彭宣作爲第1世彭姓始祖羅列如後：

（100）**第1世，彭宣**：（前63年～15年），字子佩，號玉徵，行君一。仕漢成帝（前32～前7年在位），任大司農、光祿勳、右將軍。漢哀帝（前6年～前1年在位）時，官至左將軍、光祿大夫、禦史大夫、大司空、長平侯。王莽改元後乞歸，未幾年遂薨，諡頃侯。世居淮陽之陽夏。配何氏（一說配施氏），生子武、威、聖。生女淑賢、靜賢（《漢書》有傳）。彭武，官至右將軍，豫章太守；彭威，官至左將軍，南郡太守。

（101）**第2世，彭聖**：字希賢，一字賢元，號淑成，行臣三。西漢孺子嬰居攝時任魏郡太守，嗣長平侯。配淮陽王女劉氏，生子業、閎。卒葬淮陽陽夏，諡節侯（見《漢書・諸侯年表》）。

（102）**第3世，彭閎**：字世閭，後漢書桓榮傳注引續漢書曰閎字作明，一字士平號鏡瑩，行定二，少習歐陽書東漢世祖建武時二十年甲辰西元四十四年沛郡博士、桓榮薦門生彭閎入朝拜議郎，生卒葬闕，漢書有傳。配何氏生卒闕，按舊譜載鄔氏誤更正，子一脩本脈，生子脩。

（103）**第4世，彭脩**：字子陽，號進德，行鼎一。東漢明帝永平七年甲子（64 年），仕郡爲功曹後作吳令，其後張子林作亂，從太守起兵討賊飛矢交發，公蔽太守中流矢而斃，賊素聞其恩信，即殺弩中公者。餘悉降散，言曰，咱爲彭君故降，不爲太守服也。葬會稽毘陵，漢書有傳。配曾氏，生子寶，女二，俱適姓闕。

（104）**第5世，彭寶**：字楚書，一字友山，號惟善，行珍一。東漢和帝元興乙巳（105 年）時，官禦史大夫。曾任南康太守和南康刺史。配侯氏，生子端鍾、端鑒。卒葬南康城外。

（105）**第6世，彭端鑒**：字玉明，號璉初行德二。東漢安帝永寧（120 年）時官巴郡太守。配黃氏，生子一淮，女四俱適姓闕。

（106）**第7世，彭淮**：字翰林行宗二。配鄔氏，生子極文，東漢順帝永建時任度州宰，生卒闕葬度州。

（107）**第8世，彭極文**：字繩武，行純一。東漢桓帝延熹六年癸卯（163 年），官拜左龍韜上將軍。漢獻帝（190～220 年在位）時，曆官建平、北海、長沙太守，封宜春侯。配胡氏、李氏（喬氏），生子賜恭、賜敏、賜忠（賜又寫作仕）。賜敏，字惠甫，儒學教授，配林氏，生子兼；賜忠，官南郡太守，配褚氏，生子綺。卒葬宜春台下，開啓宜春世系。

（108）**第9世，彭賜恭**：（仕恭），名伯，字仲鼎（雍廷），號德之，行心一。東漢靈帝光和（178～183 年）時拜議郎，配龔氏，生子

慎名季聰。

（109）**第 10 世，彭季聰**：名慎，字敏言（雍廷），蜀漢後主建興十二年甲寅（234 年）以軍功授葛陽縣令。配穆氏，生子永昌、順昌、景昌、茂昌。順昌，後漢尚書令，贈保義郎；景昌，吳曆官至中護將，卒葬宜春鳳形山，坐東朝西。

（110）**第 11 世，彭永昌**：後漢後主（258～263 年在位）時任衢州太守、丹陽內史。配吳氏，生子爵、鬱。卒葬衢州西城外。

（111）**第 12 世，彭鬱**：字鶴嵩，行秀二。西晉惠帝時（304～305 年在位）時由茂才舉晉陽參軍。配左氏，生子二隆簡、隆略。

（112）**第 13 世，彭隆簡**：名丙，字迪康（靜卿），行明一。東晉元帝大興二年己卯（319 年），以軍功授馬步軍指揮使。長沙賊亂時被害。配薛氏（李氏，萍鄉世族），生子沂、沿、治。

（113）**第 14 世，彭沿**：字億鈞行百二。東晉穆帝什平（351～361 年）時任洛陽縣令。配柏氏，生子希進。

（114）**第 15 世，彭希進**：（熙進），字德修，行順一。博學力行，遇事果敢，有古人風度。東晉孝武帝太元九年（384 年）拜為宣議郎（一說為保義郎）。配穆氏，生子抗、拒。抗，字武陽，居江蘇武進，大興時舉孝廉，累官兵部尚書左丞。

（115）**第 16 世，彭抗**：字武陽，行壽一。居蘭陵今江蘇武進縣官至兵部尚書、左丞相。配周氏，生超、赴、起、趙、趨。超，累官至廣武將軍、兗州刺史，賜爵關內侯；起，字仲遠，南郡學正；趨，字仲進，學士，隱居泰山。趙字仲遵行方四，早殤。

（116）**第 17 世，彭赴**：字仲適，號堯封，行方二。宋孝武帝孝建（454～456 年）時任晉陽參軍。配張氏，生荏。

（117）**第 18 世，彭荏**：字桐扶，行和二。家居陝西西安府（稱京兆）。梁武帝天監（502～519 年）時任鄴城都護，累贈驃騎大將軍。配歐陽氏，生子樂。卒葬鄴城外蛇形山右、蝦蟆穴，巳山亥向。

（118）**第 19 世，彭樂**：字子興，號福安，行聰一。家居安定。

驍勇絕世。北齊天保元年（550 年）五月封陳留王。配夏氏（會稽世族），封陳留郡夫人，生子龍韜、龍文，生女入宮爲武後。唐睿宗景雲二年辛亥（711 年）追諡樂爲文宣侯，廟祀。《北史》有傳。

（119）**第 20 世，彭龍韜**：字德中（叔略），行敏一。北齊時官至雍州刺史、賀州太守。配鮑氏（高氏，渤海世族），生子君德、君用。君德字見龍號在田，行俊一。

（120）**第 21 世，彭君用**：字安富，號尊榮，行俊二。陳文帝天康（566～582 年）時任官吏部尙書。配何氏，生子履眞。

（121）**第 22 世，彭履眞**：字復臨（協和），號南薰，行揆一。隋煬帝大業（605～618 年）時官龍州尹、瀛州尹，後擢升瀛州刺史，遂居瀛州河間，今河北滄州河間市。配譚氏（竇氏，扶風望族），生子仲敬、仲德。仲敬，隋授官新餘縣令，後歸宜春。卒葬河間鳳頭嶺巽山乾向。

（122）**第 23 世，彭仲敬**：名坤元，字方直（偉行），號子義，行福二。品學高博，以孝友名聞。唐高宗永徽（650～655 年）時官光祿大夫。配黃氏（王氏，太原世族），生子明遠。卒葬瀛州河間。

（123）**第 24 世，彭明遠**：字鏡高，號毅儂，行英一。幼通文學，樂善好施。唐中宗景龍三年己酉（709 年），以子景直貴，例授吏部侍郎，誥封金紫光祿大夫。配朱氏（房氏，清河世族），生子景直。

（124）**第 25 世，彭景直**：字美正（介休），號品方，行端一。瀛州河間人，後徙居宜春，爲人「通理內融，含暉外靜，文尙典雅，學窮精博。」登唐中宗嗣聖元年（684 年）甲申科進士、則天帝載初元年（689 年）己醜科狀元。景龍二年（708 年），由太常寺博士升禮部郎中，轉禮部左侍郎，累加金紫光祿大夫。配鄧氏（徐氏），生子構雲。卒葬河間集雲峰下。名列《唐書·儒學傳》。

〔附注〕《彭俊修說明》：以前通譜斷至景直公後，從 26 代構雲公自瀛州河間遷江西開基爲始祖重新編代，易造成漢、唐七百多年間 25 代先祖不知所云矣。此次抄錄，注明始遷之後，世系脈貫絲連，不脫

序也。

五、盛唐至當代時期的宜春、潭州世系

這一時期，如若從盛唐睿宗景雲元年庚戌（710 年）算起，至當代 2004 年甲申止，共曆 1295 年。在這段時期內，是彭姓人大繁衍的時期。而從我們今天所能找到的彭氏族譜來看，特別是在江南諸省份，彭姓人都說是構雲公的後代。他們都以彭構雲爲遷江西始祖，且有板有眼地作爲信史載諸譜端。如筆者所在的湖南望城推（堆）子山彭家，於民國乙丑年（1925 年）編纂的《五修信述堂彭氏族譜》就是如此。他們在譜敘中認爲，從漢長平侯彭宣算起，已去彭籛將近數千年，中間世系略，無考見。而舊譜帙保存彭祖以下世系，大概必成于南朝宋齊時代。當年司筆墨者還有刪書斷自唐堯虞舜開始的用意。但是，從長平侯敘起，更能從信。不過他們還是懷疑，「因而沿仍，另記一帙」，爲《漢長平侯歷代世次圖》，很簡略，只記了彭宣至彭景直的 9 個世次。而他們則遵循宋侍郎江西彭思永纂修的家乘，尊征君彭構雲爲太祖而演繹其世系。傳至筆者彭定國爲構雲公 42 世裔孫。

（125）**第 1 世，彭構雲**：（715～767 年），彭景直之子。號廷鑑，別號夢鯉，行乾一。唐處士，賜號征君，江西彭氏始祖。生於唐玄宗開元三年乙卯（715 年）正月十五巳時。開元二十三年（735 年）登進士第，二十五年（737 年）任袁州刺史，二十八年（740 年）定居袁州宜春合浦。通經史，曉易義，精天文，秉節蹈義，唐天寶時被召而拂衣林下，隱釣震山石岩不仕，時人號曰彭徵。天寶中被再召赴京，十三年（754 年）辭歸故里，遣中使房嘉送歸，加賜束帛副衣，號其鄉曰「徵君鄉」，即今江西宜春縣合浦村東塘里上嶺村。歿于唐代宗大曆二年（767 年）十月初一日子時，享年 53 年。葬袁州郡東原三十里上嶺村。刺史鄭審志墓碑；清乾隆十六年（1751 年），河南夏邑縣裔孫布政使彭家屏重新修墓立碑。《唐書》有傳。

　　配歐陽氏（711～803 年），誥封一品夫人，加廬陵郡君，諱瑞香。生於唐睿宗景元二年辛亥，三月初三寅時，歿于唐德宗貞元十九年癸未二月十六申時（一說貞元十一年五月初十午時），享年 93 年（81 歲）。生子東里（涇）、南容（治）、西華（江）、北叟（海）、中理（滋）。生 4 女，俱適宦族名卿，姓氏佚。

　　(126) 第 2 世，彭滋：（755～841 年）名中理，字世臣，號文在，別號元吉·行坤五。生於唐玄宗天寶十四年乙未九月初九辰時。唐憲宗元和二年丁亥（807 年）登進士第，任洪州（南昌）進賢令。明代解縉作《彭譜·序》說：「三子伉、倜、維嶽（儀）皆進士，在德宗貞元七年（791 年），父滋登第在其後。蓋滋十七生伉，十八生倜，倜登進士年方十九，滋登第時年五十二，相去十六年耳。子以年少榮升，而父差遲晚遇，世固常有此也！」歿于唐武宗會昌元年（841 年）十月六日辰時，享年 87 歲，葬東原上嶺村。

　　配李氏（752～847 年）。生於唐玄宗天寶十一年壬辰二月初四戌時，生子伉、倜、儀。伉倜兄弟同登貞元辛未科進士。伉，字維嵩，號岳高，行興一，歷官石泉令、嶽州錄事參軍、大理寺評事，配張氏，生子轅、軾、輙；儀，字維嶽，號如天，行興三，貞元乙酉科進士，官大理事評事。歿于唐宣宗大中元年丁卯十月二十九午時，享年 96 歲。與夫合葬東原上嶺村。

　　(127) 第 3 世，彭倜：（772～851 年），字維賢，號越卿，行興二。生於唐代宗大曆八年癸醜十一月初三辰時。與兄同科進士，官江西袁州府宜春縣令。唐文宗太和五年辛亥（831 年），因宦官竊柄，棄官隱居廬陵五十九都隱原山口，開彭氏廬陵世系。歿于唐宣宗大中五年辛亥（一說爲鹹通七年丙戌）臘月初三子時，享年 78 歲（93 歲），與祖考妣合葬廬陵五十都佐護鐵芒碭旗形令字穴，朝金華山第二峰，坐北朝南。敕授儒林郎，以子輔貴，誥封金紫光祿大夫。

　　配郭氏（779～865 年），出身廬陵旺族。生於唐代宗大曆十四年己未九月初十寅時。生子輞、輔、軸。輞（808～889 年），字致政，

號安成，行寶一，卒葬東江鄉小田盒形，配張氏，生子景豫、景兌；軸，名霽，字雲蒸，行寶三，咸通進士，配何氏，生子敬先。郭氏歿于唐懿宗鹹通六年乙酉臘月初六巳時，享年 87 歲。

　　（128）**第 4 世，彭輔**：（812～886 年），字國相，號宜城，行寶二。生於唐憲宗元和七年壬辰正月二十五寅時。唐武宗甲子科進士，官信州長史，敕授金紫光祿大夫。歿于唐僖宗光啓二年丙午十月初二午時，享年 75 歲。歿葬廬陵五十八都七里相公坪，坐北朝南。傳說此爲風水寶地，地仙楊救貧鈐記說：「七里相公坪，有似戰船形（田里系排形）。前有登舟岸（前有覆船案），後有雙槳鳴（鳴一作迎）。五子十五孫（十一孫），個個坐京城。」輔生五子，第四子玕一人就有十一子，成爲一時豪傑，似乎應驗。相公坪即在今江西吉水縣北九十里的仁壽鄉。

　　配李氏（811～887 年），生子珏、琳、璋、玕、瑊。珏（827～898 年），字叔琳，號伯琪，唐鹹通壬午科進士，官大理寺少卿轉江西袁州刺史，遷南康軍節度使，特進檢校司空，誥封金紫光祿大夫，居廬陵五十九都山口老杠樹下。配陳氏，生子瀠，封隴西郡開國侯，自號旭湖老人，後唐同光二年（924 年）徙居長沙，成爲長沙青山大田彭氏始祖；瑊（838～911 年），字叔庚，唐僖宗庚子科進士，任江西進賢縣丞，五代梁開平時官檢校司徒、湖廣辰州、溪州刺史，誥授金紫光祿大夫。子孫世襲永順、保靖土司八百餘年。配周氏，生子彥晞。

　　（129）**第 5 世，彭玕**：（836～933 年），被彭姓人尊爲江西廬陵始祖。字叔寶，號國勳，別號國材，行章四。生於唐文宗開成元年丙辰，二月十五日。唐懿宗丙戌科進士，唐僖宗乾符年間起兵，授東面指揮使，轉吉州刺史兼江淮制置使。檢校司空、兵部尚書加左僕射、同中書門下平章事。官終後唐太尉，封安定王，食邑萬戶，實封四千五百戶。他以疾辭不受。卒於五代後唐長興四年癸巳三月，享年 98 歲。奉敕葬潭州長沙縣善化鄉集賢里蓮花崗，後四年歸葬江西吉水縣折桂鄉二十九都豐口傑原，風吹羅帶形，酉山卯向。有五配，生 11

子 13 女。

元配夏侯氏，封譙國夫人，與夫合葬折桂傑原，生子彥武、彥文。彥武，官楚武平靜江軍左廂都押衙、馬步軍都指揮使，封開國侯，祖居廬陵山口；彥文（旼），官朝儀大夫，靜江軍節度使、掌書記。

繼配郭氏，封原國夫人，葬永豐沙溪台。生子彥暉、彥昭、彥珣、彥珦、彥成。彥暉，官楚光祿大夫、靜江軍右廂軍押衙使、郴州刺史、檢校太傅、陝西行營統軍；彥珣，官光祿大夫、禮部尚書、楚邵州刺史；彥珦，官兵部尚書、武安軍左先鋒、兵馬使，改工部尚書；彥成（晟），　官楚辰州刺史、兵部尚書。

側室張氏，葬廬陵老岡。生子彥琳、彥琛。彥琳，官光祿大夫、刑部尚書、楚柳州刺史；彥琛，官光祿大夫、檢校吏部尚書、岳州刺史。

側室易氏，葬吉水赤石洞。生子彥規，官金紫光祿大夫、武安軍右押衙都局使、道州刺史、太子賓客。

側室劉氏，葬永新固塘。生子彥澄，官光祿大夫、工部尚書、楚賀州刺史。

　（130）**第 6 世，彭彥昭**：（860～978 年）字仲穆。生於唐懿宗咸通元年庚辰（一說爲大中十三年己卯），累官金紫光祿大夫、刑部尚書、步軍指揮使。遷鎮南軍節度使行軍司馬、武安軍衙前兵馬使、檢校太保、兵部尚書、辰州刺史。後漢乾祐二年（949 年），徙居廬陵沙溪。卒於北宋太平興國三年戊寅十二月，享壽 119 歲。葬吉水縣折桂鄉明善里小佘原（今吉水縣白沙鄉螺田村）蟠龍形，兌山酉向。配 11 妻，生 15 子、13 女。

元配闞氏，封天水郡夫人，葬沙溪北岸立旗山株柵伏兔形，生子師庠，官至唐州推官，沙溪北岸的彭氏祖。

繼配張氏，封清河郡夫人，葬小佘原幡龍形夫墓前岡。生子師璉、師建。師璉，字元器，沙溪杜園、中街等的彭氏祖；師建，字元立，爲赤岸長潭的彭氏祖，生子德明。

繼配諸葛氏，封琅邪郡夫人，葬豐口傑原安定王墓左手山。生子師奭。

側室闕氏，生師遇、師旺、師孔。師遇，字元遠，官招信縣丞，為小溪山口的彭氏祖；師旺，字元明，同楚王馬殷入湖南為都知軍馬指揮使、持節鎮守柳州，卒於永興鄉九都平步嶺，並葬其山。生子德洪、天益，為安福彭山的彭氏祖；師孔，字元道，為隴頭雙櫓派的彭氏祖。

側室肖氏，生子師簡，字元略，羅城香江的彭氏祖。

側室蔡氏，生子師服，字元功，居廖源，早逝。

側室辛氏，生子師旦，字元清，18世孫彭教中明憲宗甲午科狀元。19世孫彭傑、彭桓中明孝宗庚戌科進士。傑官布政使、桓官參政。為吉水瀧江的彭氏祖。

側室韓氏，生子師孟，字元賢，為撫州蘭源的彭氏祖。

側室龍氏，生子師亮，字元憲，為沙溪浣背的彭氏祖。師亮生子簡、郴、郁、印、抵。郁居萬安龍江，生子教、敏、致，十三世後徙居栗灣。

側室葉氏，生子師浩，字元瀚，赤岸長潭的彭氏祖，生子機宜，為郡城的彭氏祖。

側室孔氏，生子師範、師俊。師範，字元訓，先居折桂鄉老屋，後居永豐沙溪中街、清江、臨江等地，生子國春、國泰；師俊，字元傑，官虔州司法參軍，生子郖、邦、　　NFDBD　　、郯、郇、鄙。

（131）**第7世，彭師奭**：（886～917年），字元召，唐僖宗光啓二年丙午八月十六辰時生，通五經，以子尙主，特贈金紫光祿大夫。後梁末帝貞明三年丁丑六月二十子時歿，年方32歲。葬山口北山五龍戲珠形，即今威德靈侯正殿亭子大石下。元配諸葛氏，特贈丹陽郡夫人，與夫合墓居左，生子允顥，由繼母吳氏扶養成人。吳氏特封延陵郡夫人，與夫合墓居右。

（132）**第8世，彭允顥**：（907～974年）原名德顥，字子昂。生

唐天佑四年（後梁開平元年）丁卯三月初三。官南唐附馬都尉、廣陵
節度使、累進金紫光祿大夫。歿于宋開寶七年甲戌二月十六，享壽68
歲。葬新淦縣（現新幹縣）五十七都黑虎廟前魚塘口龜形，壬山丙向。
配李氏，南唐烈祖李昇之女，封丹陽公主，與夫合墓。生子吉、壽、
堯、嘉、喜（文吉、文壽、文堯、文嘉、文喜）。

（133）**第9世，彭文壽**：（926～990年）原名壽，又名潛，字德
夫，又字用藏。生於後唐明宗天成元年丙戌十月初一。南唐時曆官檢
校太保、舒州刺史行營四面招討使、廣陵節度使，特進銀青光祿大夫。
歿于宋淳化元年庚寅七月十二日。享年65歲，葬山口石隴湯坑，乾亥
山巽巳向。配李氏（925～976年），生子嗣邦、嗣興、嗣簡、嗣慶、
嗣元、嗣藹、嗣嚴（嗣又寫作儒）。封隴西郡夫人，與夫合墓。

（134）**第10世，彭儒元**：原名嗣元，字康國，號元亨，又名士
善。原居廬陵山口，宋太宗時徙居袁州分宜漳源，生後周顯德四年丁
巳西元957年，卒葬寺岡下金龍窟前路邊。配劉氏，生子彭次。

（135）**第11世，彭次**：嗣元之次子，配劉氏，生子頤、順、頌、
顯。

（136）**第12世，彭顯**：（《中華彭氏源流譜》載爲彭龜年之子，
南宋咸淳時進士），字宜叔，配戴氏，生子疊、景、昌。

（137）**第13世，彭昌**：配謝氏，生子覺、安、期、稽。

（138）**第14世，彭期**：配劉氏，生子淵、衛、忠念。

（139）**第15世，彭忠念**：字君實，南宋高宗元年（1127年）會
元，授朝奉大夫，配李氏，生子昭、偉。

（140）**第16世，彭偉**：配萬氏生子邦躍、邦實、邦定、邦基、
邦介。

（141）**第17世，彭邦躍**：彭仲長子，字吉峰，行五十。初授大
理寺評事加奉議大夫。配周氏，生子三祖年、延年、椿年。祖年，任
邵武府儒學教授，生子應綱，任臨江府教授；延年，南宋純祐三年癸
卯（1243年）舉人，登甲辰（1244年）進士，初任福建推官，次任大

理寺評事，三任秘書；四任寺丞，五任潮州刺史告歸，是爲潮州之祖。

（142）**第 18 世，彭椿年**：邦躍之三子，官授武職，自江右來衡州府酃縣第四郡地名銅口灣落業。生子壽，後徒長沙，居坪山。

（143）**第 19 世，彭壽**：字應貴，元大總戎，生沒失詳。葬堆子山（推子山）祠堂屋後，子午兼壬丙向，有石墓碑表。至明洪武二年己酉（1369 年）四月，徒長沙，落業本邑坪山，「今敬房所居西沖灣其舊址也，故子孫稱之爲宗堂雲。」配許氏，元封夫人，生沒失詳，葬堆子山上手譚沖壩口原莊屋後龜形山，子午兼癸丁向，有碑表，生子燦子、燧子、楚子。

（144）**第 20 世，彭燦子**：字克商，生沒失詳，葬龜形山，伴母共塚同向。配歐陽氏，生沒失詳。葬祠堂後壽公墓下左側，亥山子向，生子仲亨。

（145）**第 21 世，彭仲亨**：字乾一，生沒失詳。葬坪山沙坪王才坳蛇形山，酉山卯向，有界石碑記。配王氏，生沒失詳。生子鑒、鑄。

（146）**第 22 世，彭鑄**：字銘盤，生沒失詳。葬牛欄沖鵝形山辛山乙向，有碑。配葛氏，生沒失詳，與夫合葬。生子子榮、子魁。

（147）**第 23 世，彭子榮**：字啓明，生沒失詳。葬龍回塘黃土坡，癸山丁向。配呂氏，生沒失詳。葬坪山西沖灣宗堂屋後右手竹山嘴，丁山癸向，有碑，生子志能、志賢。

（148）**第 24 世，彭志能**：生沒失詳。葬梅溪灘彭家塘公祠莊屋後山，申山寅向，有碑表，附圖記。配金氏，葬赤竹鋪，今呼橋頭鋪牛角灣椅子山，有碑表。附圖記，生子瑤、球。

（149）**第 25 世，彭瑤**：字玉維，明代舉人，任饒州通判。生沒失詳。歸葬六都叢凝沖老屋對岸山內，癸山丁向，有碑表，附圖記。配朱氏，生沒失詳。生子仕奇、仕仲、仕選、仕輝、仕感。

（150）**第 26 世，彭仕奇**：明代邑廩生。生沒失詳。配韓氏，生沒失詳。生子芳、陽。

（151）**第 27 世，彭芳**：生沒失詳。葬叢凝沖老屋對岸山內。配

楊氏，字秀鸞，生子應宿、應知、應造、應軫。

　（152）第28世，彭應知：（1564～1632年）字山川，明嘉靖四十三年甲子生，明崇禎五年壬申歿，享年69歲，葬牛角灣，又名椅子山祖山與兄合塚。配任氏（1571～1625年），明隆慶五年辛未生，天啓五年乙丑沒，葬與夫合塚。生子文開、文啓、文哉。

　（153）第29世，彭文哉：（1603～1673年），字明楚，明萬曆三十一年癸卯生，清康熙十二年癸醜沒，享年71歲。葬長邑巫山塘尾寮葉塝，乾山巽向。配王氏（1610～1670年），明萬曆三十八年庚戌生，清康熙九年庚戌歿，享年61歲。葬牛角灣未山醜向，有彭氏祖墓總碑、華表。生子守賢。

　（154）第30世，彭守賢：（1627～1671年），明天啓七年丁卯生，清康熙十年辛亥歿，葬簡家塘右側蛇形嘴，寅山申向。配陳氏（1631～1690），明崇禎四年辛未生，清康熙二十九年庚午沒，與夫合葬同向，生子思智、思禮、思德。

　（155）第31世，彭思智：（1652～1724年），字次誠，清順治九年壬辰生，雍正二年甲辰歿，享年73歲。葬上長田灣老屋右側井塘坡，子山午向。配陳氏（1656～1718年），清順治十三年丙申生，康熙五十七年戊戌歿，享年63歲。葬赤竹鋪牛角灣祖山，未山醜向。生子振先、效先。

　（156）第32世，彭效先：（1687～1769年），字良應，清康熙二十六年丁卯七月十四日辰時生，乾隆三十四年己醜歿，享年83歲。葬赤竹鋪牛角灣祖山，午山子向。配陳氏（1687～1758年），清康熙二十六年丁卯生，乾隆二十三年戊寅歿，享年72歲。葬牛角灣三排中，與夫合塚。生子正乾、大乾。

　（157）第33世，彭大乾：（1715～1786年），字萬資，清康熙五十四年乙未生，乾隆五十一年丙午歿。配同氏（1716～1788年），清康熙五十五年壬辰午生，乾隆五十三年戊申歿。與夫合葬粑粑嶺山，子山午向，生子湘化、湘傑、湘讓、湘禹、湘遴。

（158）**第 34 世，彭湘傑**：（1737～1787 年），字士俊，清乾隆二年丁巳九月二十七申時生，乾隆五十二年丁未九月三十巳時歿。配易氏（1737～1817 年），清乾隆二年丁巳生，嘉慶二十二年丁醜十月沒，享年 81 歲。葬七都粑粑嶺葛公塘右側。旌入邑志，旌表節孝。生子國桄、國棣、國相、國橫；生女二：長適殷士道，次適黃。

（159）**第 35 世，彭國棣**：（1763～1833 年）字光鄂，清乾隆二十八年癸未十一月初一亥時生，道光十三年癸巳十一月十四酉時歿，享年 71 歲。葬羅湖村青皮壩尾油麻塘山，庚山甲向，有碑。配譚氏（1764～1830 年），清乾隆二十九年甲申四月二十九亥時生，道光十年庚寅正月初四辰時歿，享年 67 歲。葬長邑青天寨楊家灣屋後左側。生子之燦、之煥；生女一：適歐陽。

（160）**第 36 世，彭之燦**：（1791～1873 年），字三英，號西堂，清乾隆五十六年辛亥正月二十二申時生，同治十二年癸酉九月二十四丑時歿，享年 83 歲。葬河西七都真人橋對岸車田灣住屋右手廟坡塘山內，酉山卯向，有碑有墓誌。墓誌曰：」公性樸質有古風，持躬謙讓，不與物競，鄉里交稱爲長者。子孫蕃衍，督率有方，或事詩書，或勤耕鑿，咸安分守業，克振家聲，一堂之中，雍雍穆穆。居家喜清潔，庭除淨掃，案幾生明，芳草盈階，時花滿架。怡情適性，步履康強，晚景豐饒，優遊自得。享壽晉八十，同堂見五代，猶兒齒童顏，鬚眉不老，非厚德曷克臻此。「續配潘氏（1793～1854 年），清乾隆五十八年癸醜五月初九丑時生，咸豐四年甲寅十月初四辰時歿。享年 62 歲。葬真人橋對岸車田灣住屋左側鹽私蔭山內，丁癸兼醜未向，有碑。生子上均、上增；生女三：適羅、適劉、適何。

（161）**年 37 世，彭上均**：（1810～1866 年），字蓋吾，號鶃榮，別號蔗邨。清六品軍功。清嘉慶十五年庚午九月初七卯時生，同治五年丙寅六月二十一辰時歿。葬真人橋上手木魚山屋前木魚嘴，辰戌兼乙辛向，有碑。生子瑞鍾、瑞欽、瑞玲；生女四：長殤、二適劉、三適李、四適鄭。

（162）**第38世，彭瑞鍾**：（1830～1889年），字秀征，號伯琴，別號麓齋。清道光十年庚寅九月十一亥時生，光緒十五年己醜正月三十寅時歿，享年60歲，葬車田灣住屋後山。配羅氏（1832～1917年），清道光十二年壬辰五月初十亥時生，民國六年丁巳五月初六戌時歿。享年85歲。葬車田灣住屋後山。生子家漢、家潤、家濬、家溥、家溢。女二，適張、適劉。

（163）**第39世，彭家潤**：（1855～？年），字澤生，號樂民，別號子連。清鹹豐五年乙卯七月十一醜時生。卒葬未詳。配歐氏（1855～1944年），清咸豐五年乙卯五月二十一寅時生，民國三十三年申申歿，享年90歲。生子運杞、運桐、運梓、運隆（出繼廣房家勳為嗣）。

（164）**第40世，彭運梓**：（1879～1938年），字良材，號文華，別號菊麟。清光緒五年己卯正月十七午時生，民國二十七年戊寅十二月遇車禍身亡，歸葬老家福沖塘。為人誠信，商居長沙市尚德街，經營」斐章衣社「（曹廣楨翰林書）與肥兒糕店致富，業績可觀，且能為街鄰排難解紛，口碑很好。配何氏秀姑（1886～1957年），清光緒十二年丙戌四月十五子時生，1957年3月15日逝世，享年72歲。葬車田灣老屋後竹林角上，生子維義、維善。生女群貞，19歲歿。

（165）**第41世，彭維義**：字綏文（壽文），別號通考。中山大學畢業，曾任湖南省立五中、長沙育群中學、禮陵一中及湘潭一中等校生物教師。民國四年乙卯五月二十一酉時生，2004年1月17日晨5時於株洲縣淥口鎮醫院仙逝，享年89歲。與妻合葬雷鋒鄉楓樹鋪村王家灣南塘窩之金雞孵崽形，辛山乙向。其盟兄弟王成格有詩贊曰：」吾愛彭夫子，風流天下聞。自幼性聰穎，記憶尤過人，與君一夕話，檔案存於心。郡校老學友，行蹤無不明。不論老和少，不論親與鄰，幫忙幫到底，從不畏艱辛。為我借課本，跑遍長沙城。心疼鍾女士，千里送衣裙，古誇孟薑女，今推彭壽翁。倭寇犯湘日，避難河西村，嘗以肥兒糕，逗樂衆孩童。或謂漢奸至，放毒害生靈，謠詠不脛走，鄉親欲斷魂。高中卒業後，負笈出家門，首先攻醫政，繼而學化工，

兩者皆悖願，矢志鑽昆蟲。登壇講生物，過勞傷腦筋，一病十餘年，康復更精神。高談驚滿座，博古又通今，贈號曰通考，非諷實爲崇。衣履均求儉，舉止如濟公，我行自我素，坦蕩若秔生。夫人性賢淑，高產三千金，個個承庭訓，才德逸群倫。孫兒皆俊秀，先後露崢嶸。東床尤足譽，學府吐奇芬。未嘗積財寶，未嘗入仕林，美名揚四海，遐爾仰高風。壽必追乃祖，德可比雷鋒。吾愛彭夫子，風流天下聞。壽哥壽晉耋齡，書以爲賀，癸酉仲夏成格弟拜祝。」配羅氏（1916～1994年），號秀蘭，又號彭韻珍，民國五年丙辰三月二十二午時生，1994年甲戌二月十四午時（11時50分）仙逝，享年79歲。葬王家灣娘家與夫合塚。生女定國、淑坤、彭立。

（166）第42世，彭定國：（1935年—），民國二十四年乙亥七月二十九日辰時生。湖南師範學院生物系畢業。歷任平江四中、時豐中學、長沙師範和湖南師大教師。曾被評爲優秀教師和三八紅旗手。配湖南師大楊布生氏，生女岳平、闆平、九娣、特英，均大學畢業。岳平生子印文，闆平生子漢詩、漢文，九娣生子楊平、生女冠雅，特英生女華乃、生子漢也。與夫合著《中國書院與傳統文化》、《中國書院文化》及《楊姓通書》、《楊姓通史》、《楊姓史話》、《彭姓通志》等著作。名錄1997年巴蜀書社出版的《中國百科學者傳略》722頁等名人錄。

六、宋明至當代時期的廣東潮州世系

　　這個世系的始祖爲彭延年。他爲少典氏第142世、黃帝第132世、彭祖第125世、彭宣第43世、彭構雲第18世裔孫。（按：有幾種新修的《彭氏族譜》，把彭延年考證爲彭構雲的12世裔孫，有誤。）他開創「潮州世系」後，至如今有裔孫200餘萬，派衍全球，占了彭姓總人口的三分之一強，爲彭姓的一大望族。現根據彭會資、彭際澄主編的《廣西陸川、博白、浦北益公系彭氏族譜》所編纂的代表直系例舉

如後：

（167）**第1世，彭延年**：邦躍次子，字舜章，號震峰。系彭椿年兄弟，爲廣東「潮州世系」的始祖。裔孫200餘萬，占了彭姓總人口的三分之一強。原籍江西省吉安府廬陵縣延福鄉老崗村五崗盤。退休時誥賜紫衣金帶一襲，食邑田百畝，隱居廣東揭陽浦口村，置梅江都官石徑田一百畝，並免差徭。其仕潮事功俱載《潮志》，永祀潮府名宦祠。配許氏，繼配黃氏，誥封江夏夫人。他與二夫人合葬揭陽浮邱山寶鴨形，坐丁未向癸醜，庚子庚午分金。墓及浦口村道俱立石碑。另有生壙二穴，一在梅江都官田徑，一在潮州西湖石屋右，也有石碑。生六子：銓、鎡、鋭、鉞、鑠、鑒。

（168）**第2世，彭鋭**：字三士，號益治。博士。配羅氏，合葬洗馬潭。生子瀹。

（169）**第3世，彭瀹**：字永堅，號永乾。由浦口遷居海陽（現潮安）三鳳坊鱷溪（意溪）。配朱氏，生子桂坤。

（170）**第4世，彭桂坤**：又名桂，字秀實。配劉氏，生子五郎。

（171）**第5世，彭五郎**：配李氏，生子永。而江西《贛湘粵閩桂蜀台彭氏聯宗譜》，多次提到五郎後裔的情況，說五郎有三子：長念三，名永，又名貴，號軒豁，配歐氏，遷居福建莆田，生三子：漢龍（子順）、漢輝、漢鳳；次念四，遷福建中州；三念五，諱賢，號天祿，福建同安祖，配吳氏，生三子：伯福、子安、伯效，伯福與伯公念三同爲莆田開基祖。子安墓在金門島，1994年爲其在同安、臺灣的後裔所重修。子順、子開、子安同爲彭構雲18世孫（有誤，應有24世孫）。

（172）**第6世，彭永**：配林氏，生子彭子順、子開。

（173）**第7世，彭子開**：遷福建汀州，生子允成、思。

（174）**第8世，彭允成**：生子慈廉。

（175）**第9世，彭慈廉**：生子景商。

（176）**第10世，彭景商**：元配鄺氏，生子弘、應霄、益。弘爲容縣始遷祖，應霄爲平南縣始遷祖。繼配黃氏，生子榮、儒、鵬、忠。

　　（177）**第 11 世，彭益**：又號彭益賜郎，明朝貢生。因世亂由閩
粵遷居陸邑（今陸川）良田文里村，爲當地開基始祖，」傳至 6 世，
分枝各三縣，統數千後裔，士農軍政，行行顯赫。「卒葬蓮塘排橫嶺，
灰墓，庚龍入首，立乾山巽向兼巳亥分金，水口出甲。配藍妙仙，與
夫合葬，生子旺。

　　（178）**第 12 世，彭旺**：又稱彭旺二郎，字繼緒。葬橫嶺頂上，
灰墓，庚龍入首，立乾山巽向兼巳亥吉度分針。配邱妙賢，葬鮮水坡
嶺頂，午山子向（一說庚酉龍入首，立丁山癸向兼未醜分針）土墓，
生子所廼，所獨。所廼：字教宇，授職彭臣一郎。葬大路排龍頸，亥
龍入首，立壬山丙向兼子午分針，水口出乙辰。配丁氏，葬白雞潭中
央坡，午龍入首，立丙山壬向正針。生子彪、輝。彭輝，遷葬浦北縣
平南麓。其妻葬博白縣甯潭李子埇，生子廼禮，廼進。

　　（179）**第 13 世，彭所獨**：字敬宇，葬三公埇，灰墓，丁龍入首，
立坤山艮向兼未醜吉度分針。元配李氏，與夫合葬，生子賜、亮。繼
配馮氏，葬于鮮水陂尾嶺，生子貴。

　　（180）**第 14 世，彭貴**：字莊厚。法職彭清三郎。葬凍背坑左單
提灰墓，立坤山艮向兼醜未吉度分針。元配陳氏，抱養子廼翔，繼配
郭氏，與夫合葬，生子廼顯。廼翔字守義，生子澤瓚、澤璽、澤珽、
澤璋、澤琮。

　　（181）**第 15 世，彭廼顯**：字素位。葬沙頂埇嶺上百寮塘。元配
丁氏，與夫合葬，生子澤　、澤玨、澤瑜。繼配黃氏，生子澤正、澤
琇、澤璠、澤玿、澤瑤、澤瑄。

　　（182）**第 16 世，彭澤瑜**：（1694～1783 年）字殷敏，生於清康
熙三十三年甲戌正月十四寅時，官至昭武都尉，卒於清乾隆四十八年
癸卯。享年 89 歲。葬於書房坡。爲博白縣嘉里美彭氏的開基始祖。配
劉氏，1693 年生，與夫合葬。生子佐成、勤儉、性鏗、純鏗。

　　（183）**第 17 世，彭性鏗**：字成興。監生，例授修職郎。葬于石
山塘坡。繼配祁氏，生子廉正、剛正、蘭、湘。

（184）**第 18 世，彭剛正**：（疑爲豫章，監生，例授修職郎），葬於坡心結子壩。配熊氏，葬于黎亞坡屋背高嶺頭。生子志敦、志輝、志康、志嵩。

（185）**第 19 世，彭志康**：生子頤年、有年。

（186）**第 20 世，彭頤年**：生子錦蘭。

（187）**第 21 世，彭錦蘭**：生子慶昌、英昌。

（188）**第 22 世，彭英昌**：行九。葬于山心高嶂，坐東向西。繼配廖妙和，葬于塘埡窩，坐南向北。生子際雲、際塾。際雲出繼慶昌。

（189）**23 世，彭際塾**：行七。生於 1912 年 9 月 13 日酉時，卒於 1989 年 12 月 28 日下午 3 時 20 分，享年 77 歲。葬於竹窩口，座西南向東北。到老屋花廳讀夜校。務農兼多種經營。1960 年被評爲博白縣勞動模範。配張氏，生於 1912 年，病故於 1946 年五月初三。享年 34 歲。葬於尾塘排，坐東向西。生子會賓、會資、會能，亞七。生女光群，出嫁長春農場黃紹炎。繼配黎桂芳，生於 1912 年 6 月 16 日，卒於 1993 年 11 月初四，享年 82 歲。葬於燻狗堝，坐南向北。生子會雄。生女光媛，出嫁周屋周名貴。

（190）**第 24 世，彭會資**：行四。生於 1935 年十一月初四。大學本科畢業。廣西師範大學教授，文藝學碩士研究生導師，中國作家協會會員，中國古代文學理論學會理事。還兼任多種學術團體的理事、委員或副會長等職務。他所主編的《中國文論大辭典》、《中國古典美學辭典》、《中國古代文論教程》等著作，均榮獲有關部門的獎勵。2003年主編的《廣西陸川、博白、浦北益公系彭氏族譜》，獲得族內好評。並多次應邀出席國內和國際學術研討會。被美國國際研究院人物傳記研究所提名爲「1997 年度傑出人物」。有關業績被載入《中國作家大辭典》和《世界名人錄》等典籍。配秦宏文仙女士，中學一級教師。生子強華、強民、強宏，均已成材。強華生女萊，強民生子星明。

第四章 彭姓流布

　　找到了彭姓的源起和世系，還得進而瞭解彭姓這一煌煌巨族是怎樣流布天下的？我們不妨先讀一讀南宋紹興三十年（1160 年），龍圖閣學士王十朋撰寫的《彭氏宗譜序》。序中說：「按彭氏之先，出自顓帝。陸終第三子曰籛鏗，即彭祖，堯封之彭城，以國爲氏。自三代以來，其爲名世也遠矣！皎然，翹然！天下知有彭圮，秦漢之時，裂而複合，合而復渙，其間四布，而不紀矣！傳至唐之太宗，准奏天下譜牒，退新門，進舊望，左膏粱，右寒畯（指貧窮的讀書人），193 姓，1851 家，而彭氏與有稱焉。乃及漢高祖開國功臣，官拜大梁王越爲奕世祖，子孫宦遊不一，往往徙居他郡：有居天中、太原、洛陽、永興、始安、羊城、東魯、蜀郡、楚黃、武昌者；有居新安、婺州、歙州、鄂州、星渚、彭城者；有居豫章、宜春、阜陽、連城、汝水、繡谷、饒陽、吉州、信州、蒲溪、餘幹、金華、芝城者；有居鍾陵、鄱陽、建武、瑞陽、閩中、鉛邑者。皆出自隴西之派也。曆傳至我皇宋，文定德業，名宦繩繩，步武功名，事迹昭耀，宇宙赫然、煥然，鹹稱海內名族，固知世胄之家，世德格天之厚所致也。」這段文字，基本上勾畫出了北宋以前，彭姓在我國大部分省區流布的情況。又據當代學者袁義達、張誠著的《中國姓氏》的統計，宋朝時期（960～1279 年），彭姓大約有 38 萬人，約占全國人口的 0.5%，排居 42 位。在全國的流布主要集中於江西、湖南、四川，它們占彭姓總人口的 65%；其次流布于廣西、福建，它們大約又集中了 14% 的彭姓，形成了長江南側中下游的贛湘川的彭姓聚集區。明朝時期（1368～1644 年），彭姓大約有 50 萬餘人，約占全國人口的 0.54%，仍居 42 位的大姓。明朝的江

西仍爲彭姓第一大省，約占彭姓總人口的 37.7%。在全國的流布主要集中於江西、湖南（12.3%），它們大約占彭姓總人口的 50%；其次流布於四川（5.7%）、廣東（5.2%）、湖北（5.2%），這三省的彭姓又集中了 16%。全國重新形成了贛湘鄂的彭姓人口聚集區。當代彭姓人口 588 萬，躍居全國第 39 位，約占全國總人口的 0.49%。在全國的流布目前主要集中於湖南、四川（含重慶市）湖北、江西四省，大約占彭姓總人口的 58%；其次在廣東、雲南的彭姓，又占了 12%。湖南占彭姓總人口的 18%，爲彭姓第一大省，占湖南省總人口的 1.7%。全國形成了長江中上游川鄂湘贛的彭姓高密度聚居區。本章試以世系發展及地區遷徙先後爲線索，分別介紹彭姓在得姓後大體的流布情況。

一、彭城世系與蘇魯彭姓

在第一章尋根中就談到了，彭城，即如今的江蘇徐州市，故今人又稱爲「徐州世系」，是彭姓人的發祥地。殷武丁滅大彭後，彭姓人雖被迫西去和四處逃散，但彭城終究是他們的故鄉、大本營，他們或者藏匿未逃，或者逃而復歸，或者數百年乃至數千年，又遷徙回了彭城。總之，在蘇魯一帶彭姓人還是很多的，有如下例：

（001）**江蘇徐州彭氏**：這裏曾有西周人彭宗，字法先，今江蘇銅山縣人，是彭祖氏滅國後的彭祖傳人，人們稱他爲藥物醫學專家。他長期隱匿山中，拜藥師杜沖爲師，以打樵采藥爲生。如有鄉民上山采藥、打樵，不小心掉入深谷，周身受傷，甚至昏厥不省人事，或被毒蛇咬傷，只要經他們師徒醫治，服以丹丸就能妙手回春，轉危爲安了。相傳周厲王（前 878 年～前 842 年在位）曾遣仙官迎彭宗進宮，敕封他爲太清真人，住在赤城宮作禦醫。據說當時他已年高 150 多歲，但粗看起來倒象 20 多歲的年輕人。因此，又有人認爲，彭宗不應該是單個的彭姓人，而又是象彭祖一樣，是代表住在彭城的一個多少代彭人的集體名字，因爲「宗」與「祖」同義，可引申爲彭姓人的祖宗。

還有北宋時的兩浙提舉彭戫，亦是徐州人。但此人淡泊名利，不願作官，他馴養了一對鶴以怡情。在他離開官場時，曾爲餞行者賦了「扁舟載雙鶴，萬卷貯群書」兩句詩以明志。

（002）**江蘇揚州彭氏**：這裏曾有元代學者彭罙（ㄕㄣ shēn 深），字仲愈。他無書不讀，通五經，性行尤純謹，學者多師事之。著有《仲愈集》。還有明代副總兵彭天翔，字鵬父，萬曆癸醜（1613 年）進士。他分析了當時的軍事情況，寫下不宜發動對遼東的戰爭的奏摺，陳述了「五不可」，而違背了朝廷的意旨，被捕下了大獄。後因遼東師潰，中了他的預言而被官復原職，並受命到山東征討白蓮教，獲大捷。當時爲權奸魏忠賢建生祠成風，他不往拜，被再度削職，直到他的上司魏忠賢的爪牙魏璫垮臺後，又再度復官。他的兒子彭以功，是明崇禎辛未（1631 年）進士。

（003）**江蘇蘇州彭氏**：這支彭氏，是江南的著名望族。在明清時代，既是教育世家，又是仕宦門第，爲官者不少。據清道光、光緒兩朝所修的幾部《蘇州彭氏宗譜》記載，這支彭氏的原始祖，亦系「彭城世系」的彭鏗，而近祖乃「宜春世系」的唐代彭構雲。明洪武四年（1371 年），遷蘇州始祖彭學一的故里，爲江西清江的崇學鄉，在崇學鄉的彭氏祖廟裏，是把蘇州彭瓏、彭定求的神位和彭氏先世的神位一起並祭的，是南宋彭龜年的裔孫。在蘇州彭氏家廟中，族祭時的主獻神位從第 1 世彭學一開始，2 世仲英，3 世彥洪，4 世淳，5 世時（南窗），6 世天秩，7 世（？），8 世汝諧，9 世德先，到第 10 世定求夫婦；附祀從第 4 世彭浩到第 18 世彭泰，共有 72 位家族先賢。故清初宋之繩在《彭德先六十壽序》中稱：「彭故江右甲族，明興，隸籍吳門，兩地科名，聯綿標映。其在吾吳者，人人善書，且能詩，潔清自好。吳門固多高閥，然數門第者，必首推彭氏雲。蓋以敦詩禮，重清德也。」特別是到了清末，功名大發，文武留學回來的「洋舉人」（贈舉人銜）33 名，進士 14 名。更爲驚異的是「一門六進士」，祖孫會元、狀元，全國獨一無二，還有探花郎都在一家。據不完全統計，明清兩代的各

種秀才，不算舉人、進士在內，多達 176 人。沒有任何功名，而擁有各種職務官銜的人還有 107 名。其突出人才有：明崇禎知縣彭行先，貢士出身，因世亂沒有赴任，明亡則隱居授徒，傳授晉唐兩代詩文，與當時金俊明、鄭敷教齊名，稱「關中三老」；清初教育家彭定求，順治進士，康熙間會試廷對皆第一，授修撰，歷官侍講。他爲人爲學，奉守忠實，以不欺爲本，重於實踐慎行。他以明代孫獻章、王守仁、鄒守益、羅洪先、顧憲成、劉宗周、黃道周 7 位教育家爲榜樣，一生從事教育，育徒爲最切實負責，桃李滿天下。定求從弟彭甯求，字文治，號瞻庭，康熙進士，由編修，歷侍講，勤於其職。定求子彭啓豐，字翰文，號芝庭，自號「香山老人」。雍正間，廷試第一，授修撰。乾隆時，官至兵部右侍郎。他立朝垂四十年，試士之典，無不在列。歷任滇南、中州、江右、山左、浙東、浙西等地主考官，所至皆稱得士，亦即被錄取的舉子都很合格。他善工山水畫，詩古文俱有家法，碑版文尤推重於世。啓豐子彭紹升，字允初，號尺木，又號知歸子。乾隆進士，善工古文。初慕賈生之爲人，思赫然樹功烈。後讀先儒書，尤喜陸王之學。嘗與吳縣汪搢、瑞金羅有高等遊，大量閱讀《藏經》，居深山習靜，素食持戒甚嚴。欲以撤儒佛之樊，不久回到家中而逝。紹升同輩彭紹謙，乾隆舉人，官至曹州府桃源（今山東荷澤縣）同知。啓豐族弟彭進，字晉蕃，號浚凡，又號「愚穀子」，貢生，善畫山水人物，是著名畫家。啓豐曾孫彭翊，字仲山，承家傳，學唐人技法，善畫花卉，工隸書，也是清代著名畫師。啓豐又一曾孫彭蘊章，字宗達，一字詠莪，道光進士，授工部主事、鴻臚寺少卿，1848 年升工部侍郎、武英殿大學士。原本家學，誦法洛、閩，爲朝野所推重。蘊章子彭祖賢，號芍亭，以蔭生授戶部主事。同治間，官至湖北巡撫。平居徐言緩視，粹然儒者，至遇大利害，侃侃不撓，必得其當而後已。

（004）**江蘇溧陽彭氏**：這支彭氏與蘇州彭氏聯繫密切，也是當地的名門望族。據民國《惇敍堂溧陽彭氏宗譜》記載，始姐亦爲唐征君構雲，天寶間自河間瀛州徙居宜春合浦。三世彭倜遷居廬陵，傳至十

九世彭顯，于宋末元初遷溧陽，是爲始遷祖。從第四世彭勉開始的明清溧陽彭氏愈加發展壯大，並向全國擴展。彭勉（1336～1414），字仲勤，號燕山處士，生六子：伸、侑、玘、倬、偉、彝。五世彭侑（1360～1443 年），任鄉飲大賓十餘年，生三子：憲、濟、洪。還有長子彭效，本姓張，是外甥。因效家遭難，恩義與父相同，但因宗譜嚴格世系，故分開另立溧陽南門彭氏一支。彭玘（1362～1423 年），招贅江蘇宜興，生四子：晉達、晉英、晉傑、晉能，另開宜興一支。彭玘後徙居江甯正陽門內，爲金陵（南京）始祖。彭彝（1381～1451 年），字公敘，號退翁，授邵武府同知。彭伸，字公直，其子孫居西門，前宋、華笪、周城、胡橋等地。彭偉，字公讓，其子孫居華嚴庵側。及傳到第六世，人口大增，男丁已 50 餘人，遍居蘇州城內及招賢、下河、金巷、灣里、堰前、夏林、下林埠、淦東及梅園等地。還有遷南京、長沙、建平、廣德、新昌、甯國、宣城縣、高淳、宜興、武進、無錫、河南許州等地的。像第九世鄉飲大賓彭倬一家，居溧陽城西，子孫四代，人才輩出，冠蓋雲集。計有庠、貢生以上功名的 46 人。其中有彭謙、彭程萬進士兩名。有知縣、州同以上官銜者 7 人。可謂盛矣！

　　（005）**上海松江彭氏**：這個家族，文化根底較深，擅長詩文。明代有比部主事彭輅，少年穎異開朗，學會了作對聯，且有造詣，被當地人一時稱絕。登明嘉靖丁未（1547 年）進士，長期在教育部門任職，爲朝廷考察選拔人材。又有學者彭賓，字燕又，一字穆如，明崇禎舉人，入清任汝寧推官。他與夏允彝、陳子龍是好朋友，而文章則各成一格。遺著大多散佚，康熙間，其孫彭士超，掇拾殘篇，輯成《搜遺稿四卷》傳世。還有清代詩人彭師度，字古晉，號省廬，吳偉業稱其與吳兆騫、陳維崧爲「江左三鳳」，著有《彭省廬詩文集》。又有詩人彭開祐，字孝緒，號椒岩，登康熙進士，官武岡知州，工詩，著有《彭椒岩詩稿》。

　　（006）**山東泰安彭氏**：在周代春秋戰國時期，山東爲齊魯之邦，它緊鄰蘇北的徐州地區。因而譜牒學者認爲，山東的彭姓是直接從徐

州遷徙過去的，早在先秦時期就出現了彭氏的「定陶世系」（見第二章）。定陶，即今山東定陶縣，秦署，治所在今定陶縣西北。「定陶世系」的第一世祖爲彭文錦，是彭鏗（彭祖）的 32 世孫。（新譜系爲 75世）然而再往上推，在春秋時期，泰安就有了彭姓人彭名，據湖南青山彭氏敦睦譜隴西彭氏源流圖卷二宗系二 25 葉記載：彭祖五十九世西林之子「名」字世成，東周簡王時（西元前 585～572 年）官楚共王善御，見左傳，娶子車氏之女，子二長宏載本脈次繼名。（新譜系爲彭鏗 60 世孫），他是楚共王羋審的警衛軍頭領。據《左傳》記載，魯成公三年（前 589 年）冬，晉與魯、衛、曹聯軍擊敗齊國，楚、鄭伐衛救齊攻魯，魯成公害怕起來，向楚國求和，獻給木工、縫工、織工各百人，並在今山東泰安市東南與秦、宋、楚等 14 國國君舉行了盛大盟會，盛況空前，達到了楚王稱霸的頂點。這一戰役，彭名在楚國是建立了功勳的。魯成公十六年（前 574 年）的五月底，晉與齊、魯、衛聯軍攻打鄭國，楚救鄭，戰於今河南鄢陵縣西北。晉楚兩軍對壘，擺好陣勢。彭名駕馭楚共王的戰車，潘党爲車右。步毅駕馭晉厲公的戰車，欒鍼爲車右。由於楚軍將領子反醉酒而導致楚軍大敗，楚共王被對方射瞎了一隻眼睛，幸虧有彭名保鏢駕車而免於難，最終沒有被晉軍俘虜。

（007）**山東諸城彭氏**：這支彭姓人是屬於正宗的「定陶世系」。在秦漢之交，有梁王彭越雄逞山東。彭越，字仲，昌邑人。昌邑在今山東諸城縣金鄉西北。他是彭鏗的 34 世孫（新譜系爲 77 世），彭端次子，彭文錦之孫。他助漢高祖劉邦討楚，多建奇功。項羽死後，劉邦封彭越爲梁王，定都定陶。劉邦誅韓信、擊陳豨，徵兵于梁，越稱病不應，只派遣部將往邯鄲。劉邦怒，責越存反心，廢爲庶民，遣西蜀。呂後對劉邦說：「彭越是個壯士，留下來恐生後患」，遂殺彭越及其家眷，僅存遺腹子彭淩之得昭雪後，徙居甘肅省隴西縣爲一世祖，後彭越子孫稱其郡望爲「隴西」。彭越的其他族類，卻仍在山東繁衍開來。

（008）**山東滕縣彭氏**：滕縣，今屬滕州市管轄，秦代置，治所在

今山東滕州市西南。金大定二十四年（1184 年），改滕陽軍置滕州。
它與江蘇省的豐、沛兩縣相鄰，只有微山湖一水之隔。所以它也是「彭
城世系」的彭氏擴展之地。如今滕縣彭氏集中居住于莊里、大彭莊、
南彭莊、馮李堂、朱莊、宗村、孔寨、大張莊、韓橋、賈莊、姬莊、
來泉莊、前孟、兩滿莊、黎墟、郗山、北彭莊、苗莊、兩水泉等 19
個村莊。他們的始祖爲五代的彭永昌。據《莊里祖塋譜碑·故朝奉大
夫墓誌銘》）介紹，滕縣彭氏的祖先，在殷夏時有豕韋氏，春秋時有楚
令尹彭仲爽，漢有大司空彭宣（彭鏗 37 世孫，新譜系爲 84 世）。至五
代顯德年間（954～959 年），有高祖彭永昌，世居江蘇豐縣華山，穎
悟博學，舉顯德進士，始爲丞邑令，察判兗州，官至朝奉大夫，「生四
子，金、溫、宗、讓。讓生海。海生端、恭、宗。端無嗣。恭起家河
南，生二子，進與立宗。置產河北，生六子，揮、厚、珪、近、希、
存，因號河南北彭家，性各豪邁，權握鄉村，人皆敬畏」，「數百年，
起三十餘家，雁序列行，百五十餘人，子孫蕃衍，詵（shan 身，眾多
貌）未有若此之名者」，「接公門雄傑，余皆力農積富，性行孝篤，皆
風所生。自高祖（永昌）至同，凡五世，至實、濱六世，皆進義校尉。
實，享年 98 歲」。如今滕縣彭氏已歷數十世。1962 年修譜續 24 世至
43 世排行字 20 派：「宗邦宜顯厚，惟慎延世長，賢愚登文殿，輝恭光
大祥」。又據《豐縣誌》1994 年 3 月版村莊記載：西南片村莊里有劉
玉樓鄉榮莊村的彭莊及范樓鄉幸福村的彭莊寨（1958 年更名爲躍進
寨）；東南片村莊里有趙莊鎮任莊村里的大彭莊、小彭莊，和在陳集村
里的彭莊；西北片村莊里有馬樓鄉大李莊村的彭樓，因彭姓人在此居
住建村蓋樓。西北片村莊里有常店鄉孔莊村的前彭莊和後彭莊；師寨
鄉、古廟村的彭莊，薛、彭莊村里有彭莊；東北片村莊里有歡口鎮的
彭姓人集居地彭莊村，歡口村里亦有彭莊。他們是否爲世居江蘇豐縣
華山彭永昌這支彭人的後裔，還有待考證。

（009）**山東臨沂彭氏**：據山東《沂州誌》記載，在明末有彭文炳，
字太嚴，由沂州衛指揮，歷任順天（今北京大興縣）巡撫標下遊擊將

軍，駐守今河北遵化縣，於明崇禎二年（1629 年）邊徼之變，清貴族大舉侵進遵化，彭文炳及巡撫都禦史王元雅戰死。當時文炳弟文煒、文炯、文燦，子遇颺、遇颭，闔家死於這場戰爭災難中，成爲山東臨沂地方滿門英烈，在地方誌及彭族史上寫了悲壯的一頁。

（010）**山東章丘彭氏**：據山東《章丘縣誌》記載，明末有彭敬叔，字叔儀，一生在最高監察彈劾機關工作，最後在湖北監察部門退休。在回家的路上，被義軍所抓。他寧死不屈，罵不絕口。後朝廷追贈他爲兵部尚書隴西侯。

二、淮陽世系與豫皖彭姓

淮陽，即今河南淮陽縣，漢初建爲淮陽國，而後又稱淮陽郡。它位於淮水之陽，是彭姓人早期播遷西去的必經之道，也可以說是彭姓往西撤的第一站。故有的彭姓人稱他們的郡望爲「淮陽郡」，其分支稱「淮陽世系」。這個世系，在彭姓中影響很大，歷經漢魏六朝至唐中葉，770 餘年，傳 25 世，世代爲官。繁衍的人口也最多。唐宋以後，徙居江西、湖廣和雲貴等省的彭姓人，很多都出自這個世系，有如下例：

（011）**河南淮陽彭氏**：西漢與東漢之交，淮陽世系始祖彭宣，系彭鏗 37 世孫（新譜系爲 84 世），字子佩，諡頃侯，淮陽國陽夏人。陽夏，即今河南太康縣。彭宣少年時，勤勉發憤研習《周易》，拜張禹爲師，被推薦爲博士，東平國太傅。後張禹爲皇帝的老師，又由他推薦說彭宣精通經典、有威望，可以委任政事。於是漢成帝劉驁（ㄠ 奧，西元前 32～前 7 年在位。）詔彭宣進京，任右扶風、廷尉、太原太守。後又進京作大司農、光祿勳、右將軍。至漢哀帝劉欣（西元前 7－1 年在位）即位時任左將軍，任職多年後被罷官，以關內侯身份回家。最後又啓用爲大司空，封長平侯。配施氏，封郡國夫人，死後葬陽夏。宣長子彭聖，嗣長平侯爵位。次子彭威，從小飽讀詩書，明經理，任南郡太守。外戚王莽代漢後，他與東郡太守翟義、嚴鄉侯劉信謀劃興

兵誅王莽，立劉信爲天子。聚兵 10 餘萬，奪城池，戰車驛，聲勢浩大，最後被王莽彈壓，死於非命。彭宣三子彭武，任右將軍。嗣長平侯爵位的彭聖，曾任魏郡太守。魏郡治所在今河北臨漳西南鄴鎮，娶淮陽王劉欣之女爲妻。其後 3 世，彭閎、彭業，皆彭聖子，閎爲東漢諫議郎，業爲東郡太守，嗣長平侯。4 世彭修，彭業子，永平（西元 57－75 年）中仕郎爲功曹。5 世彭寶，彭修子，仕南康節度使。6 世彭端鍾、彭端鑒，皆爲寶子，端鍾爲儒學教授，端鑒登元興元年（105 年）進士，官紹南節度使。7 世彭洪、彭淮，皆爲端鍾子，彭洪官至光祿大夫，彭淮官至虔興州軍。8 世彭極文，爲彭洪子，東漢桓帝延熹中（158－167 年）拜上將軍。9 世彭仕恭、彭仕敏、彭仕忠，皆極文之子。仕恭爲宣義郎，仕敏爲教諭，仕忠爲南郡太守。10 世彭季聰，爲縣尹。11 世彭永昌、彭順昌，皆爲季聰之子。永昌爲衢州太守，順昌贈保議郎。12 世彭爵、彭鬱，皆永昌子，爵爲左衛太守，郁舉茂才，官至晉陽參軍。13 世彭隆簡，彭爵子，官爲馬部軍都指揮使。14 世彭沂、彭沿、彭治（早逝），皆隆間子，沂爲洛陽尹，沿爲教諭。15 世彭希進，彭沂子，爲宣議郎。16 世彭拒、彭抗，皆希進之子，拒爲宋、魏、齊三朝尙書、左丞相。抗舉孝廉，累遷尙書左丞。17 世彭赴、彭超、彭趙（早逝）、彭起、彭趨，皆爲拒子。彭赴，字仲適，晉陽參軍。彭超，字仲達，涿郡太守。彭起，字仲元，爲學正。彭趨，字仲進，隱居泰山。18 世彭荏，彭赴之子，任鄴城都護，家京兆。19 世彭樂，彭荏子，字子興，仕北齊（550～577 年）左命功臣，東魏並州刺史，神武勇悍，進大都督，封陳留王，居安定，配夏氏，生子龍韜。20 世彭龍韜，彭樂之子，爲將仕郎，賀州太守。21 世彭君材，彭君用，皆龍韜之子。君材爲柳州太守，君用，爲南康節度使。22 世彭履真，爲君材之子，官龍州府尹。23 世彭仲德，彭仲敬，皆爲履真之子，仲德爲泉州太守，仲敬官光祿大夫。24 世彭明遠，仲德之子，以子彭景直貴，唐中宗（683～684，705～710 兩次當政，共在位 6 年）吏部侍郎。

（012）河南南陽彭氏：南陽有彭弘（宏），亦作彭閎，據考證：「淮

陽世系」彭宣的孫子，彭聖的長子，系彭鏗 39 世孫（新譜系爲 86 世）。漢哀帝劉欣（前 26～前 21 年在位）時，爲漁陽（今北京市密雲縣西南）太守，身材高大，儀錶堂堂，飯量很大，在邊疆地區很有威望。可是，在安漢公王莽輔漢帝孺子嬰攝政時（西元 6～8 年），誅殺不服從自己的人，彭宏與何武、鮑宣一同遇害。還有南陽的彭偉及郡國中的豪傑受牽連被處死者有幾百人。他的兒子彭寵，年輕時爲郡吏，新王莽地皇中期（20～22 年），爲大司空士，跟隨王邑（王莽親信）東拒漢軍。到洛陽時，聽說同母弟在漢兵營中，懼怕遭到王莽的誅殺，與同鄉吳漢逃到漁陽，歸附其父彭宏的故吏。漢淮陽王劉玄更始稱帝（23～24 年）後，派使者韓鴻持符節使北州歸附。韓鴻來到漁陽，會到昔日的同鄉老友彭寵與吳漢，於是拜彭宏爲偏將軍，行漁陽太守事。拜吳漢爲安樂縣令。劉秀是劉玄的部屬，彭寵、吳漢歸附於他，被劉秀按當時的制度封彭宏爲建忠侯，賜號大將軍。彭寵在配合劉秀奪取政權稱帝的過程中，負責後勤供應，轉運糧草軍需物品，自始至終，從沒間斷，爲劉秀政權的建立作出了貢獻。然而劉秀並沒有看重他的功績，在論功行賞時，沒給彭寵增加半分權力和地位，而由他領導的部下吳漢、王梁，卻被晉升爲三公。他曾當面對劉秀說：「陛下，您忘記了我啊！」光武帝劉秀曾派他的堂弟子後蘭卿前來勸說他，彭寵卻趁機留下子後蘭卿，發兵造反，接連打敗朱浮、鄧隆軍隊，奪取了幾個縣城，並北聯匈奴單于，南聯涿郡太守張豐及富平獲索諸豪傑，聯盟攻克薊城，自立爲燕王，與光武帝劉秀抗衡。但不幸被家奴出賣，家奴提彭寵首級拜見光武帝時，被封爲不義侯。寵有二子彭和、彭淳。而有的彭氏譜牒記載，彭弘、彭寵非彭宣後代，彭寵亦非彭弘之子，只與彭宣共祖彭文錦，屬彭氏「定陶世系」，根據老譜系單傳爲彭文錦（彭鏗 32 世孫）、彭端（彭鏗 33 世孫）、彭封（34 世）、彭藩（35 世）、彭守豐（36 世）、彭士元（37 世）、彭乃鼎（38 世）、彭寵（39 世）、彭和、彭淳（40 世）。《後漢書》有《彭寵傳》傳世，卻載彭寵爲彭弘之子。

（013）**河南夏邑彭氏**：夏邑地處河南邊陲，與安徽接壤，距徐州彭城不遠，而這裏的彭氏，卻是由江西廬陵（今吉安地區）輾轉遷來。廬陵彭氏亦系「淮陽世系」。據《夏邑縣誌·鄉耆久塘公傳》記載，夏邑始祖彭悠久，號久塘，明弘治中（1488～1505 年），由江西廬陵遷居夏邑東北司道口鎮，「上世祖玕（彭鏗113世孫，彭宣30世孫），刺史吉州，留家永豐沙溪，再傳分徙各邑」，「公生廬陵七十四都冷水塘，其先分自水口，祖琢，父仲寬……子二，伯名悠遠，公居仲，在抱而父見背，母張氏，年二十四，忍死守節，模植兩孤，以長以教，幸及成丈夫。母又四十四歲背」。又據《夏邑始祖欽和先生久塘府君傳》記載，彭悠久年二十三歲，「憶太夫人言，生時有冠雞升屋之祥，當南北之所以大吾彭也」，遂負劍遠遊，先西行入楚，認爲地薄人囂，不足以居，去之。後「經鄂渚，出武關而東，徜徉于梁宋之間。夏邑司鎮，襟黃流而帶芒阜，地脈雄厚，有先王之遺風，遂蔔築焉」。悠久人品高尚，時有「望重閭里，賓於膠庠，德可移星，道堪化俗」之譽。逝世後葬夏邑還鄉村。其長子彭中美，明嘉靖乙酉（1525年）舉人；次子彭中孚，歲貢生，瑞金王府教授。中美子彭好古，明嘉靖丁酉（1537年）進士，知慕州，頗有政聲，逝世後被追贈太常寺少卿。好古有子八人，其中彭健吾，進士，任涇陽縣令；彭端吾，特別知名，有多種詩文著作傳世。端吾孫彭舜齡（彭堯泰子），進士，清文林郎，曾任浙江嘉興、山東登州府推官。舜齡子彭溶，任貴州都匀知府，政績卓然；孫彭家屏，康熙辛醜（1721年）進士，官至湖南按察使、順天府尹及江西、雲南、江蘇布政使，乾隆二十三年（1758年），因文字獄自盡，轟動全國，後被昭雪。以上可見，夏邑彭氏出了不少人才，家風、政風影響很好，堪稱名門望族。自明以來，已傳20餘代。其世次爲：「悠中古吾，堯舜禹湯，文武周孔孟，儒承道統，世衍心傳，修齊誠正，裕後光前，治平和善，德高智遠，天人合一，大同實現。」到了清代，河南夏邑彭氏這支，還出了詩人彭樹葵，字觀之，號水南，乾隆進士，由編修累官總督倉場、戶部右侍郎。遇事情勤，凡所區處，必盡其當，

而大意務以實惠及人，有詩文集傳世。還有臺灣臺北彭育才等十餘戶彭姓人，1949 年前後自大陸遷去，亦為河南夏邑彭氏。

（014）**安徽潛山彭氏**：在戰國時代，安徽就有了彭姓人活動的足迹。大儒學家孟子的高徒彭更就生活在今安徽潛山縣。彭氏譜牒稱其為「安慶世系」（見第二章）的後代，為彭鏗 31 世孫（新譜系為 70 世）。因為南宋紹興十七年（1147 年），改舒州置安慶軍，治所在懷寧縣，即今安徽潛山縣，南宋慶元元年（1195 年），又升安慶軍為府，治所亦在今潛山縣。安慶的第 1 世祖為彭山欽（老譜系為彭鏗 22 世孫），彭桂芳之子，2 世祖為彭文彬，3 世祖為彭瓌融，4 世祖為彭穎，5 世祖為彭容則，6 世祖為彭朝慶，7 世祖為彭經，8 世祖為彭黎明，9 世祖即彭更。他曾隨孟夫子一道遊說諸侯，他們師生還曾進行過一場精闢生動的討論，在儒學史上傳為佳話。

（015）**安徽蕭縣彭氏**：蕭縣與江蘇徐州的銅山縣相鄰，更是彭家聚居的縣份。在南宋與北宋之交時，曾有顯赫的彭昱一家。昱在金統治區先為一名副將，由於有功，後升授為懷遠大將軍。他有 5 個兒子：老大彭旺，鎮守兩淮等處；老二彭防，為金阿元帥議事郎；老三彭敦，為武州判官；老四彭端，為蕭縣尹；老五彭德，為金鄉縣（今山東嘉祥縣南）主簿。

三、隴西世系與秦隴彭姓

彭姓人寓居隴西，最早始于商武丁滅大彭氏以後，這在第二章已進行了詳述。然而，彭姓人顯赫于隴西，並形成郡望，則在漢魏時期：有的彭氏譜牒從西漢梁王彭越的遺腹子彭淩之為甘肅省隴西縣始祖；有的則以東魏陳留王彭樂為甘肅省安定縣始祖，並稱「安定世系」。他們的子孫繁衍在甘肅、寧夏、內蒙和陝西、山西一帶，到唐代才有的子孫由瀛州南遷至江西，形成宜春與廬陵世系。有如下例：

（016）**甘肅襄武彭氏**：襄武在今甘肅省隴西縣東南。西晉時有彭

祈，爲州別駕從事，曾歷任西郡（治所在今甘肅永昌縣西北）、酒泉（治所在今酒泉縣）、弘農（治所在今河南靈寶縣東北故函谷關城）、略陽（治所在今甘肅秦安縣東南）四郡太守。最後進爵封爲晉侯。這是隴西彭氏最早出現的顯赫人物。

（017）**甘肅涇川彭氏**：亦稱安定彭氏，因西漢時置安定縣，治所在今甘肅涇川縣北的涇河北岸，西晉時的安定郡的治所亦在這裏。因此，有的彭姓人稱自己的郡望爲「安定郡」，也是指的這裏。南北朝時有彭樂（彭鏗102世孫，彭宣19世孫），字子興，安定人，勇健猛悍，善於騎馬射箭。正值北魏孝明帝元詡正光年間（520～525年）四方兵起，天下大亂時，彭樂先投杜洛周部下。在葛榮吞併杜洛周時，他又投奔爾朱榮在滏口打敗葛榮。以都督職銜跟隨神武帝高歡與行台仆射於暉在瑕丘打敗羊侃。不久他又背叛高歡，投奔了韓樓，被封爲北平王。韓樓爲葛榮餘黨，爾朱榮派都督侯深將其斬首，彭樂即投靠侯深又回到了爾朱榮部下。高歡率兵攻山東，彭樂又歸順了高歡，以戰功被封爲樂城縣公、汨陽郡公，任肆州刺史。東魏天平四年（537年），彭樂跟隨高歡討伐西魏，以戰功告捷，俘虜了西魏的臨洮王元東、蜀郡王元榮宗等和督將僚佐48人，西魏大敗，封陳留王，居安定。配夏氏，生子彭龍韜，爲賀州太守，孫彭君材，爲柳州太守，曾孫彭履真，爲龍州府尹，至6世孫彭景直（彭鏗108世孫，彭宣25世孫），居河北河潤及山東瀛州。嗣聖元年甲申（684年）登進士第，永昌元年己醜（689年）中狀元，官太常寺博士。武後（武則天）時任禮部尚書。唐中宗景龍二年戊申（708年）任禮部侍郎。故彭姓人又以出身「安定世系」而自豪。

（018）**甘肅蘭州彭氏**：在明代，蘭州有彭姓人彭澤，字濟物，弘治三年（1490年）進士。初任工部主事，後轉任刑部郎中、徽州知府。正德初年，任河北真定知府，後升任浙江副使、河南按察使、右僉都禦史，巡撫遼東和保定。因平賊有功，晉升右都禦史、太子少保，蔭封其子孫爲世襲錦衣百戶。最終提升左都禦史、兵部尚書、太子太保。

彭澤做官，廉節正直，參與國家大事，孜孜不倦，忠心報國。但被人誣陷，曾一度削職爲民，閑住家中，鬱鬱不樂而終。死後五年，即隆慶初（1567年）被平反昭雪，恢復官位，賜諡襄毅。

（019）**甘肅枹罕羌族彭氏**：枹罕爲今甘肅臨夏縣所轄，古時曾設縣、設郡和設鎮。西漢時置枹罕縣，在今甘肅臨夏縣西南，西晉廢，十六國前涼（317～376年）年復置，西秦國王乞伏熾磐（412～428年在位）曾建都於此。晉代有枹枹罕羌人首領彭奚念（？～409年），于東晉孝武帝太元十四年（389年），率羌人歸附鮮卑族西秦國王乞伏乾歸（熾磐之父，388～412年在位），任北河州刺史。十七年（392年），奚念打敗氐族後涼國王呂光（386～399年在位）之子呂纂的進攻。後遭呂纂襲擊，兵敗枹罕，退回甘松（今甘肅迭部縣一帶）。東晉安帝隆安元年（397年），奚念被乾歸任爲鎮衛將軍。安帝義熙三年（407年），他卻歸降鮮卑族南涼國王禿發傉檀，而與西秦結怨，終被西秦乞伏熾磐打敗身亡。

（020）**甘肅安定羯族彭氏**：源出西漢少數民族瀘水胡（亦稱安定胡）。它原本是匈奴族統治下的羯族月氏。這裏的世代瀘水胡酋（首領）由彭氏充任。他們進入邊塞後，與羌族彭姓雜居通婚，形成了一支較爲龐大的彭氏族群。在五胡十六國時期，有後秦鎮軍將軍彭白狼、揚威將軍彭蟜，後涼張掖太守彭晃等，名盛一時。還有，瀘水胡首領彭沛谷，東晉孝武帝太元十二年（387年），他與休屠胡（屠各胡）董成、張龍世、新平羌雷惡地等起兵，附從前秦大司馬苻纂，擁有屬衆十餘萬。但後來終被後秦國王姚萇（384～393年在位）打敗，丟失彭沛谷堡，奔向杏城（今陝西黃陵縣西南故邑），歸降後秦。他的子孫與漢族融合後就在陝北一帶繁衍。

（021）**山西忻州彭氏**：據2003年彭還計《彭氏通訊·我所知道的忻州彭氏情況》介紹：這支彭氏系516年前，從朔州遷移而來。朔州最初爲北魏時所置，治所在今內蒙古和林格爾縣西北土城子，後移置今山西文水縣東雲周村，一說在今山西祁縣東，北齊後，治所在今山

西朔縣西南。彭氏來忻州後分佈甚廣：北至播明、北趙、頓村、河拱，南至山京、左磨、關城、亞羅，西至奇村、東香、紫岩、東村、市中心和東、西街、南街、南關、樊野，人丁興旺，家族龐大，被稱爲「貴門中人」，很有威望，特別是樊野最爲突出。目前忻州彭氏在世最高的爲 18 世，其中樊野彭氏輩份最高；最小的爲 27 世。據忻州的彭氏家譜記載，忻州始祖爲彭孝禮，是明洪武二年（1369 年）從朔州遷民而來的，家譜中對他的功名表注是「太學生贈修職郎」。他有一子二孫，其功名爲一進士兩大夫。從家譜統計，一至八代中有學位和居官者占51%強。

四、宜春世系與贛浙彭姓

彭氏自彭鏗商賢大夫得姓後，荒遠莫稽。長平侯宣，起任于漢成帝鴻嘉元年（前 120 年），至彭景直，在唐中宗景龍二年（708 年）爲侍郎，相距 720 餘年，譜牒無征，惟顯名列祖，雜出於史傳百家之書，前人考錄 25 世，先居淮陽、京兆，後居安定、河澗。至彭征君構雲，自河澗瀛州徙豫州宜春合浦，人們稱爲「宜春世系」。這個世系，在彭姓中影響深廣。凡江南和西南地區的彭姓人多出於此。有如下例：

（022）江西宜春彭氏：江西始遷祖彭構雲，號征君，唐中宗朝禮部侍郎彭景直之子（彭鏗 109 世孫，彭宣 26 世孫）。天寶中再被召赴京，天寶十三年（754 年）辭官歸故里，唐玄宗遣中使房嘉送歸，加賜束帛副衣，號其鄉曰「征君鄉」，即袁州（今宜春市）合浦人。

第五子彭滋，德宗朝進士，任洪州進賢令。生三子：伉、倜、儀。彭伉字維嵩，彭儀字維岳，兄弟同科，登唐德宗貞元七年辛未進士。彭儀早逝。彭伉寫有《珠還合浦賦清雲》詩，官至大理寺評事。遷太和陽塘。

彭倜（ti 剃），登德宗朝進士，官宜春令。因宦官竊柄，棄官隱居廬陵五十九都隱原山口，即今之古住場。生三子：輯、輔、霽。彭霽，

登唐僖宗進士。彭輔，登唐懿宗朝進士，官至金紫光祿大夫，信州長史。生五子璋（班）、珏、琳（彬）、玗、瑊。彭璋，又名慮方，僖宗朝進士，授武昌軍節度使，太尉，郴州刺史。彭珏，登僖宗朝進士，授南康節度使，金紫光祿大夫，檢校司空，袁州刺史。彭瑊，進士，金紫光祿大夫，辰州刺史。成爲當地的宜春望族。

（023）江西廬陵彭氏：古之廬陵郡，治所在今吉安市，爲彭構雲5世孫彭玕的發祥地，即彭玕爲廬陵彭氏之始遷祖，彭姓人又稱之爲「廬陵世系」。這是個彭氏的顯赫家族。彭玕，登唐懿宗丙戌科（866年）進士。歷朱梁、後唐，任吉州刺史，官至金紫光祿大夫，左龍韜上將軍節度使，行軍司馬，特進檢校太尉，封安定王。生十一子，十三女。十一子爲：（1）彭彥武，楚武平靖江軍左廂都押衙，馬部軍都指揮使，金紫光祿大夫，行刑部尚書，檢校太保，特進檢校太尉，封開國侯。廬陵山口始遷祖；（2）彭彥輝，楚光祿大夫，鳳翔府左廂都押衙，馬部軍都指揮使，檢校太傅，郴州刺史，陝西行營統軍；（3）彭彥昭（見下段文字）；（4）彭彥政，朝儀大夫，靖江軍節度使，掌書記；（5）彭彥晌光祿大夫，禮部尚書，邵州刺史；（6）彭彥晅，楚兵部尚書，武安軍左先鋒兵馬史，改工部尚書；（7）彭彥晟，楚朝儀大夫，檢校戶部尚書，韶州刺史；（8）彭彥琳，光祿大夫，檢校刑部尚書；（9）彭彥琛，光綠大夫，檢校吏部尚書，岳州刺史，道州刺史，太子賓客；（10）彭彥規，光祿大夫，武安軍左押衙，武平、武寧興二軍都局使；（11）彭彥澄，楚賀州刺史，吏部尚書。

彭玕第三子彭彥昭，唐昭宗朝散大夫，靖江軍節度使，受封太保、太傅、尚書令，檢校駕部郎中，賜金魚紫袋。後唐閔帝應順元年（934年），與兄彥暉奉詔統兵十萬，入江西袁州、吉州、撫州，逐檢量一道軍州。後漢乾裕三年（950年）徙廬陵沙溪居焉。此時他已是89歲的老人了，又在這裏閒居了30年。娶九妻，生十五子，十三女。其十五子爲：（1）彭師庠，永州推官，蔡州錄事參軍。爲遷沙溪北岸等派始祖；（2）彭師遇，官任招信縣丞。生二子臻、邵。有孫子鵬、子期。

裔居沙溪、鏡方、高礜、楊嶺、董田、田段、馬鋪前等地；（3）彭師簡，裔居羅城、香江等地；（4）彭師望，同楚王馬殷入湖南爲知郡軍馬指揮使。生子德洪、天益。裔居永新、彭山等地；（5）彭師服，居廖源，早逝；（6）彭師孔，爲隴頭、雙塘等地始遷祖；（7）彭師璉，裔居沙溪、北岸、社園、中街等地；（8）彭師旦，爲吉水、隴頭等地始遷祖。18世孫彭敬，中明英宗天順三年（1459年）己卯科解元，癸未會試二甲狀元，官至侍講。19世孫傑、桓，同登弘治庚戌進士，傑官至布政，桓官至參政；（9）彭師奭（shi 式）；（10）彭師孟，蘭源等地始遷祖；（11）彭師亮，生長京師，後歸隱原山口；生五子：節、郴、郁、印、邸。爲沙溪、城南、院背、韶江等地始遷祖；（12）彭師浩，其裔居永豐、沙溪、城南、赤岸、長潭等地；（13）彭師建，裔居赤岸、長潭、菰塘、社溪等地；（14）彭師範，生二子：國春、國泰。裔居臨江、塔前、折桂、南坑等地；（15）彭師俊，官至虔州司法參軍，生六子：國潤、國鎭、國祥、國臣、國賢、國寶。裔居表湖、黃坋、東羅、雙櫓、沙溪、小源、樂安、蘭原、寧都、廖源、馬源、大田步等地；師奭彭德顯（yōng 庸）。五代時，太尉彭玕與楊行密戰敗，從楚王於湖南，諸子隨之或分仕他國，惟太尉第三子彥昭居永豐沙溪，而隱原山口無彭矣。至是大郎德顯復還隱原山口，大興第宅，用永和窯燒碧琉璃瓦，內多孔雀屏及牡丹花，童稚有琉璃瓦謠，即今古住場地基見存，舊有臨清驛、禦書閣。生五子：（1）彭吉，官金陵，遷鄱陽。生二子：君邈、君遠。5世孫汝礪，中宋治平（1064～1067年）狀元；次汝芳，進士，知衢州；三汝霖，進士；（2）彭壽，南唐太保仕廣陵節度使；（3）彭堯，字欽夫，五代仕大理評事，生二子：英、程。程贈朝議大夫，曾孫思永，進士，知潮州，戶部侍郎；（4）彭嘉，自永豐雍和居吉水祁山，生三子：安、完、斌；（5）彭喜，居豐塘。生二子：太、興。自此，宜春彭氏又復興起來了。

（024）江西吉水彭氏：這支彭氏，實際上是廬陵彭氏的正宗或故鄉，因爲過去的廬陵郡是以如今的吉安、吉水兩縣爲中心的。廬陵始

祖、唐末五代時的安定王彭玕就葬在吉水故里的折桂鄉。這裏的彭姓
裔孫較多，且長盛不衰，是吉水的一大望族。據《吉水縣誌·歷代進士
名錄》記載：由宋到清初，吉水彭氏就出了 11 名進士，其中有兩名狀
元。這些進士是：宋大中祥符元年戊申（1008 年）科進士彭齊（姚曄
榜）；宋元祐六年辛未（1091 年）科進士彭開明（馬涓榜）；宋宣和六
年甲辰（1124 年）科進士彭浩然（沈晦榜）；宋嘉熙二年戊戌（1238
年）科進士彭正甫（周坦榜）；宋寶裕四年丙辰（1256 年）科進士彭
方回（文天祥榜）；明洪武四年辛亥（1371 年）科進士彭泰（吳伯宗
榜）；明天順八年甲申（1464 年）科狀元彭教（彭教榜）；明弘治三年
庚戌（1490 年）科進士彭傑、彭桓（錢福榜）；明崇禎十六年癸未（1643
年）科進士彭㘴（楊廷鑑榜）；清康熙十五年丙辰（1676 年）科狀元彭
定求（彭定求榜）。這在封建社會的科舉制時代，一個縣的某姓氏能在
這 600 多年的時間裏出這麼多進士，且有兩名狀元是很不簡單的。到
了現當代，據不完全統計，就有高級知識份子彭元芳、彭正夏、彭禮
賢、彭偉楠、彭偉炎、彭偉濤、彭朝映等 6 名；還有上校師長、老紅
軍彭海貴，享受軍區副兵團職離休，作有《溫心灑血爲人民》一文，
收入天津人民出版社 1977 年出版的《崢嶸歲月》一書中。特別是在土
地革命戰爭、抗日戰爭、解放戰爭及抗美援朝戰爭等戰役中，湧現出
的英烈、全縣就有 130 人。他們分別是：阜田鎮的彭惠成、彭得運、
彭仁禮、彭源達、彭炎生、彭四春、彭道知、彭文德、彭龍安、彭西
淺、彭生初、彭安民、彭連芳、彭尉南、彭邦珍、彭華珍、彭洪章、
彭偕平、彭家瑞、彭金桂、彭井仔、彭大和、彭瑞臣、彭思英（女）、
彭會保、彭會仔；楓江鄉的彭福貴、彭端雲、彭行仁、彭大生；盤谷
鄉的彭茂保、彭瑞秀、彭淦樹、彭放秀；尚賢鄉的彭子恢、彭遠仔、
彭文清、彭鶴軒、彭細英（女）、彭長仔（女）；西沙鄉的彭明先、彭
元早、彭之連、彭富生、彭梅仔、彭貢士、彭正益、彭思入、彭之書、
彭月輝；黃橋鄉的彭昌祥、彭年生；水田鄉的彭萬英（女）、彭和保、
彭洪元、彭友元；醪橋鄉的彭馬皮仔；葛山鄉的彭瑞江、彭金佐；富

灘鄉的彭煥武、彭昌喜、彭發仁、彭永惺、彭永煌、彭祖伸、彭顯敬、彭理場、彭理耀、彭理傑、彭位坤、彭學佐、彭理任、彭理和、彭振懷、彭理鑄、彭振金、彭振明、彭學森、彭理進、彭家源、彭善風、彭善修、彭善德、彭善餘、彭位潤、彭學賢、彭理明、彭理森、彭明坤、彭永富、彭明皇、彭昌財、彭俊文、彭祖珍、彭宗銓、彭源榜、彭家源；南水鎮的彭振民、彭存發、彭存檢、彭存仁、彭祖禁；邱陂鄉的彭存昌、彭存桃、彭禮賽、彭太德；白沙鄉的彭沛富、彭家學、彭沛文、彭世鈞、彭家兆、彭金元、彭世金、彭世鈞、彭培訓；木口村的彭順桃、彭毛仔、彭興選、彭興賢、彭興隆、彭興旺、彭培訓；明江村的彭順孝；螺田鄉的彭海信；丁江鄉的彭禮明、彭闊仔；烏江鄉的彭本江；還有抗日陣亡將士彭周生、彭敏紹、彭右生。一個姓在某一縣有這麼多的英烈也是罕見的。

　　（025）**江西鄱陽彭氏**：鄱陽，在先秦時期就有彭姓人的活動。至東漢末年，更有農民起義軍頭領彭虎，在自己家鄉鄱陽湖地區組織義軍數萬人，輾轉於鄱陽湖一帶與官軍戰鬥，殺貪官，濟貧困，後遭孫權部隊的征剿而失敗。在北宋時，又有彭汝勵兄弟一家三進士，在此形成了望族。彭汝勵，字器資，是「宜春世系」彭構雲的 13 世孫，北宋朝治平（1064～1067 年）狀元，歷任保信軍（治所在今合肥市）推官、武安軍（治所在今長沙市）掌書記、潭州軍事推官、國子直講、大理寺丞、太子中允、中書舍人、兵、刑、吏三部侍郎等職。其弟彭汝霖，亦進士及第，先後任朝庭秘書丞、殿中侍禦史，因依附新法代表人物王安石和曾布而受貶爲泰州知府和濮州團練副使。奸相蔡京受貶後，又調回京都任顯謨閣待制，直到卒于任上。其三弟彭汝芳，字宜老，由通判衢州（今浙江衢縣）而提升爲衢州知州事。當時北宋朝廷正處在風雨飄搖之中，宋徽宗迷戀書畫而朝政荒疏，以媚事蔡京而得官的朱勔，投宋徽宗花石之好，在吳中地區大肆搜取奇石異卉運往京師進獻，致使百姓苦不堪言。宣和二年（1120 年）十月，方臘在青溪（今浙江淳安）以除朱勔爲號召，聚師起義，第二年（1121 年）初，

義軍攻陷婺、衢、處三州。當時州郡無兵將可禦，爲官者大都潰逃，而彭汝芳全家 7 人，獨守衢州孤城 3 日，終因敵不過義軍而以身殉職，全家被殺。死後賜諡忠毅。

　　（026）**江西安福彭氏**：據《安福縣誌·人口篇》記載，安福縣的彭姓主要有 5 支：松田彭、嚴田彭、龍佳彭、洋門彭和西邊彭。元末（1367 年）彭容膝，由鄱陽濱田至安福縣灌溪入贅東溪周氏，建房松林田邊，是爲松田彭氏始祖；嚴田彭，宋開寶八年（961 年）南京彭慕蘭隱居嚴溪（嚴田）爲嚴田彭姓始祖；龍佳彭，明初（1368 年後），宜春彭氏來安福縣寮塘鄉雅澤立基；洋門彭，五代十國時（907～979年），由永豐沙溪遷彭山，始祖彭德洪；西邊彭，五代十國時，從吉安永陽玄溪遷安福縣寮塘西邊村立基。這 5 支彭姓中尤以「松田彭氏」爲巨族。松田彭是明代狀元、宰輔彭時的故鄉，它距安福縣城 7.5 公里。這家的顯赫，正如狀元祠中正堂柱上的楹聯所說的「兄狀元，弟會元，六年間，壓兩京一十三省豪傑；左太師，右少師，二房下，開四鄉千百萬代書香。」這一族的譜牒，至今還保存得相當完整，世系和代次都均清晰可考，尤以梅下彭氏《家三字經》更具特色。經雲（前略，見第七章《彭姓典籍·家乘譜牒》）：「因葍居，古梅下。生文二，爲十世。傳子賢，名正二。正三子，曰九有，曰國有，曰六有。六有公，精書法，爲國子，上舍生。生悅翁，次詳翁。詳三子：長芳永、次芳奕、三芳遠。悅翁乏、芳遠繼。伯古清，仲古春，叔復安，季復岩，此四祖，遠翁裔。古清公，營灌溪，贅周母，徙中溪。復安公，往智溪，代兄難，歿京邸。中溪祖，號容膝，公諱根，行敬一。子男二，分東西，務威公，東大房，務倫公，西大房。東六子，西七郎。敦孝弟，尙和睦，十三人，無爾我。從毓字，列行輩，仁義敬，信厚善。六祖下，是中房。智樂忠，高輝聲，並器七，西房名。東長房，號采芹，公諱琇，字毓仁，邑庠生，廿八齡。一子璿，儉莊公，純美字，僉事封，頎登科，仕大夫，任南京，都禦史，管河南，貴州事，遷廣東，按察司，靜軒祖，即其字。東二房，毓義翁，敬訓號，琚其

名，贅城南，王夫人，封尙書，兼翰林。傳三房，叹時復。時狀元，入內閣，總朝綱，司啓沃，謚文憲，相業多。孫嘉樹，超群倫，由拔貢，中舉人。東三房，祖諱琉，號愼庵，文學優，題雁塔，任編修。子純昭，艱於後，顗（–vyǐ蟻）公襲，無而有。東四獻，名毓信，號愚軒，七世盡。東五房，名毓厚，年廿五，赴玉樓。東六房，公諱理，工詩賦，號雙溪。傳二世，號情古，冠帶生，生六子。延修公，是長男，至四世，有利寰，客泰和，衍實繁。至十世，孫以瑤，勤舉業，明經老。第二支，貢士蟠，授訓導，官鉛山。有堂侄，字試堪，歲進士，經史譜。從侄孫，名學墉，授孝廉，書法工。第三支，七世萃，中鄉榜，官縣令。子願准，明經繼，堂再侄，字絢簡，賜舉人，沐恩覃。西長粟，名毓智，號梅古，行玉二。四世簪，號石屋，知靖州，入理學。堂兄黃，中鄉試，官福建，安溪事，調浙江，都司事。西二樂，公諱球，長子晚，沔陽州。西三忠，公諱瑜，號存心，四房裕。西四高，公諱璧，中鄉榜，官教職。孫延道，遷沔陽。世增公，徙簪江。惟崇輩，甲聯芳。峻齡會，惟輪鄉，孝服制，乃從堂。崇洪公，惟倫郎，登甲榜，姓字香。西五房，毓輝燦。第三代，沔陽派，有新化，有景陵，光二祖，移仙鎮。西六瓏，名毓聲，號耀西，通古今，徙州村，尋勝境，山水樂，交遊愼，教五子，盡篤敬。長歸松，青青挺。五世孫，有惟起，由貢生，官刺史。勃公下，七世孫，號紫閣，字笏榮，中恩科，任廣文。長子珣，本孝廉，修郡史，筆削嚴。西七器，祖諱璉。第四代，字輩能，三四五，家沔仙，敦古道，丁繁衍，班輩字，依祖編，長幼明，昭穆辨。吳楚隔，情纏綿。智溪祖，始復安。第三子，號蒼山。正統間，僉憲貫。至景泰，華會元。廿年間，科甲聯，滿廷笏，拜金鑾。撮其要，課後人，考指南，達本源。」這篇千餘字的《三字經》，把「松田彭」的顯赫及其衣冠人物，都概括出來了，真是好一個「世仰安城（即安福）第一家」啊！名不虛傳。

（027）江西萍鄉萍城彭氏：這支彭氏在譜牒中都認定並奉祀彭構雲爲始祖，並於 1922 年，他們彙集起來編纂了《萍城彭征君祠宗譜》，還

以著名的「三召堂」爲祠堂名號。從宋至清，構雲裔孫源源不斷地遷入萍鄉城內外，又不斷地向城外四隅以及本省的安福縣、宜春縣和鄰省的湖南醴陵遷徙，共形成固定的 75 支派。現今人丁 10 萬餘。其 75 支爲：①東路彭家坊，始遷祖爲 26 世（均從彭構雲算起）彭立璧。至其長子彭光正分居石塘，次子光詳仍居彭家坊；②東路江霞，明代始遷祖爲 29 世彭學四；③東路兩江邊，宋德裕間始遷祖爲 22 世彭盛五；④東路大安里東嶺，唐乾寧間始遷祖爲 8 世彭允繡。其子文衍，文衍子儒儀，儒儀子仕名分居田心，仕芳分居園背，仕宜分居五保，仕榮分居熊嶺；⑤東路開城源，始遷祖爲 27 世彭仁沖；⑥東路葛溪，宋祥興間始遷祖爲 19 世彭家文；⑦東路洋穀塘，清康熙間始遷祖爲 35 世彭祖壽；⑧東路鋪背，明洪武間始遷祖爲 23 世彭震遠；⑨東路山灣，始遷祖爲 32 世彭惟和；⑩東路易灣塘（附北路梓椴），始遷祖爲 33 世彭景熹；⑪東路九洲，始遷祖爲 29 世彭崇先；⑫東路石鼻上，始遷祖爲 33 世彭仲勉；⑬東路泉江堰（分西沖、茅背、多瓜窩），明萬曆間始遷祖爲 32 世彭祖言；⑭東路台洲上，明天順間始遷祖爲 29 世彭楚賢；⑮東路水峽源，清康熙間始遷祖爲 34 世彭茂昌；⑯東路大坪前，元至元間始遷祖爲 18 世彭世修；⑰東路天渚江，清乾隆間始遷祖爲 34 世彭民五；⑱東路覃田（附本路蘆溪），明洪武間始遷祖爲 23 世彭憲斌；⑲東路蛇峰嶺（附本路沈子），始遷祖爲 26 世彭巨弼；⑳東路陳家灣，清康熙間始遷祖爲 33 世彭輝鴻；㉑東路楊家田（分瑞源、張家坊），始遷祖爲 31 世彭榮坎；㉒東路喬嶺（附本路許家源），始遷祖爲 17 世彭鼎秀；㉓大西路長金里（分彭家村、橫嶺、井灣、馬沖、富里、美吉壠），始遷祖爲 18 世彭世範；㉔大西路彭家源（附北路秋江），始遷祖爲 35 世彭祚十；㉕大西路水美洲，明洪武間始遷祖爲 25 世彭泰旺；㉖大西路江嘴邊，元至正間始遷祖爲 21 世彭宗可；㉗大西路溫盤，清乾隆辛醜間始遷祖爲彭仕浚；㉘大西路湘東（分前街、後街、王家道），始遷祖爲 32 世彭應鳳；㉙小西路凰岡，元至正間始遷祖爲 22 世彭達詳；㉚小西路彭家沖（分東洲），宋祥興間始遷祖爲 20 世彭

名仲；㉛小西路愈佳坊，元至正間始遷祖爲 22 世彭吉叟；㉜小西路橫澤沖，清康熙間始遷祖爲 36 世彭良三；㉝小西路排溪，清順治間始遷祖爲 30 世彭處順；㉞小西路麻山，明代始遷祖爲 25 世彭仁傑；㉟小西路駱家塘（分城內磨盤石、大西路趙家店），始遷祖爲 32 世彭金策；㊱小西路山田，明崇禎間始遷祖爲 32 世彭楚盛；㊲小西路桐岡沖，清乾隆間始遷祖爲 36 世彭誠略；㊳南路牛氏塘，清順治間始遷祖爲 33 世彭啓六；㊴南路石上（含泉洽），清順治間始遷祖爲 36 世彭發；㊵南路田壟閣，清康熙間始遷祖爲 36 世彭景星；㊶南路妙泉，清康熙間始遷祖爲 30 世彭上迎；㊷南路火食沖，元至元間始遷祖爲 23 世彭萬；㊸南路長潭（分居丹江、彭家壩），明崇禎間始遷祖爲 33 世彭佑啓；㊹南路龍王橋（分夏嚴、江沖、易家坊），始遷祖爲 35 世彭功信；㊺南路源頭，如遷祖爲 27 世彭友習；㊻南路三山，清康熙間始遷祖爲 36 世彭元芳；㊼南路大沖（附本路長湖頭），始遷祖爲 30 世彭怡沿；㊽城內舊學前（分北路泉塘下、桐木、東路滄溪、西路橫江），宋祥興間始遷祖爲 22 世彭宣義；㊾北路邊塘，明洪武間始遷祖爲 22 世彭金聲；㊿北路蘆塘，明嘉靖間始遷祖爲 27 世彭秀遠；(51)北路上滸，始遷祖爲 26 世彭玟玫；(52)北路沽塘，明成化間始遷祖爲 26 世彭敬；(53)北路梘沖，宋鹹淳間始遷祖爲 18 世彭念祿；(54)北路白竹塘，始遷祖爲 21 世彭定可；(55)北路南山下（分仙迹嶺、神下），始遷祖爲 24 世彭美盛；(56)北路小塘，清康熙間始遷祖爲 34 世彭正甫；(57)北路石溪，宋景炎間始遷祖爲 19 世彭禹二；(58)北路石峽塘（附本路河口泉），始遷祖爲 34 世彭與崇；(59)北路赤山橋（分月山下、馬欄口、楓樹嶺、姚家山、西源），始遷祖爲 32 世彭煉；(60)北路山口，宋乾道間始遷祖爲 16 世彭大慶；(61)北路桐木（分古家坊、洞山），清康熙間始遷祖爲 32 世彭應一；(62)北路彭家橋（分雜下、長岡），清雍正間始遷祖爲 34 世彭惟賚；(63)北路上埠，清康熙間始遷祖爲 35 世彭星吾；(64)宜春中溪，宋鹹淳間始遷祖爲 17 世彭景山，其子平，孫成甫分爲東房，俊甫分爲西房；(65)宜春霞苑（分東路東石塘、北路暗田），宋景炎間始遷祖爲 21 世彭高。

其後 35 世彭原七遷東石塘，39 世彭文照遷暗田；㊿宜春塘霞，宋淳
祐間始遷祖爲 20 世彭保仁；㊿安福坳頭（分南路上南坑），明正統間
始遷祖爲 28 世彭工邱。至 37 世彭及莊遷上南坑；㊿醴陵石屏，明洪
武間始遷祖爲 22 世彭吉庚；㊿醴陵高灣（分南路禮讓坪），明代始遷
祖爲 25 世彭安生。傳至 40 世彭敦和遷禮讓坪；㊿醴陵水口（分小西
路井沖、黃泥湖），始遷祖爲 26 世彭眞男。而後長子貞義之裔彭潤盈
分居黃泥湖。次子觀寶之裔分居井沖；㊿醴陵柘塘坪，明洪武間始遷
祖爲 24 世彭繼寶；㊿醴陵黃沙，明洪武間始遷祖爲 24 世彭子英；㊿
醴陵插嶺關，明洪武間始遷祖爲 25 世彭辰保；㊿醴陵丁家坊，宋紹興
間始遷祖爲 15 世彭有言；㊿醴陵蓼田湖，宋祥興間始遷祖爲 18 世彭
世明。至 39 世彭萬卷分居普口市。（參見彭宜甦主編的《彭氏資料彙
萃》）

　　（028）浙江黃岩彭氏：在南宋時期，黃岩有教育家彭春年，少年
刻苦讀書，成爲博貫經史的學者，累官至樞密院編修，後任國子監教
師，很有敬業精神，爲罷黜浮華，推崇樸實雅潔風範付出了艱辛的勞
動，卓有成效，改變了當時的一代文風。

　　（029）浙江海鹽彭氏：這支彭氏是明代的當地望族。據清初海鹽
彭孫貽《彭氏舊聞錄》記述，孫貽自冠「淮南」二字，自認彭氏系出
顓頊帝之女孫籛鏗，封于彭城，稱爲「彭祖」，散處四方，代有聞人。
唐末尤盛於江西。元末有彭觀受自江西安福五十一都徙於安徽全椒，
是爲海鹽初祖。觀受子彭崇，字茂修，生子彭貴、彭禮。彭貴生子陸
芝、雲魁，卒葬全椒南山之左，是爲全椒彭氏始祖。彭禮生平越公彭
勝，爲海鹽彭氏始祖。彭勝於元至正十四年（1354 年），在朱元璋部
張成麾下從軍征戰，轉戰各州。洪武四年（1371 年）授青州衛管軍百
戶，昭信校尉，後調守代縣、密雲、眞定、壽州等衛，隨征雲南，歷
副千戶，加武略將軍。十九年（1359 年）十二月身故。升平越衛指揮
僉事。經再傳，調官任於海鹽，不再更調。從此世襲武職，世代成爲
海鹽人。到昭毅將軍彭紹賢，已有七世。武舉出身，膺官蘇松參將，

善於作詞，著有《擊壺集》。紹賢生宗孟，登萬曆廿九年（1601 年）進士，官終河南道禦史，巡按湖廣。宗孟生子五，其五兒彭期生（1593～1646），字孝弱，改字觀民，號弱水道人。母孕周年而生，故名。舉萬曆四十四年進士，授徽州教授，後遷國子博士。歷任都水主事員外郎中，又知南昌。崇禎初（1628 年），以父母故離職，孝滿補職濟南。由於他任職期內，有因犯越獄逃跑了，而貶謫布政司照磨量，後移應天推官，又轉南京主事郎中。十六年（1643 年），張獻忠起義，危及江西。期生遷升湖西兵備僉事，駐守吉安城，後義軍破城走贛州。期生在戰鬥中自縊身亡，家屬不論大小亦自沈于水，以效忠明王朝謚「節愍」。期生生三子：孫求，邑庠生；孫貽，選貢生；孫茂，邑庠生。彭孫貽，字仲謀，一字羿仁。明亡後杜門奉母，終身不仕，爲人耿直，克介自守，孝行聞於當時。卒後，鄉人私贈謚孝介，善工畫山水墨蘭，著有《茗齋詩餘》等著作傳世。明末清初，還有詩人彭孫遹，字駿孫，號羨門，順治進士，康熙中，舉鴻博第一，授編修，歷官吏部右侍郎。文才敏贍，善寫詩詞，著有《松桂堂全集》傳世。

五、潭州世系與兩湖彭姓

彭姓人最早涉足湖南是在五代後唐年間，人稱「潭州世系」。而大面積流布湖南，則是在元末明初「江西塡湖廣」的時期。其次是在清初遺民的康熙年間。根據 1937 年《湖南省志稿氏族志稿初編·彭姓氏族概況一覽表》的統計，在唐末五代進入湖南的彭姓只有 3 支，而元末明初進入湖南的就有 20 餘支。而流入雲貴的彭姓，大多是在清初，多數人又是由「湖廣塡雲貴川」而去的。有如下例：

（030）**湖南長沙青山彭氏**：這是湖南彭氏的一大宗，源于江西彭構雲。他的遷湘始祖爲彭澹。據《長沙青山彭氏大宗譜》記述：彭澹，（848～929 年），字漢霖，號旭湖，由彭城世居江西吉州之廬陵山口老杠樹下，爲唐保義郎封正侯。值江南黃巢亂，同招討使姻舅陳端、

蔣良傑共領兵征剿，以老疾辭官，六子皆隨侍。後唐同光元年（923年），偕陳、蔣及甥孫常鈞南行，至湖南長沙霧陽鄉火散橋，議曰「遇大則居」。旭湖家于青山大田鋪，陳家於大塘，常家於大賢，世稱甲乙丙族。旭湖卒時，禦賜生鐵數十萬斛，鑄造佳城寺庵後，中石外磚爲墓。配夫人陳氏，合葬爲塋。生六子：長子鄒，唐員外郎，居青山；次子鄭，任廬陵縣知縣，居湘陰乙山；三子鄙，居火散橋，後裔遷居西山洞田、張家灣、皂角樹、鵝洋山、瀏陽東鄉、湘陰封倉等處；四子翁，居平江高橋，子孫今居平江梅仙、石塘、茶山、汪坪、車田、青水江、邊龍洞、城內嶺上、城外高坪等處；五子圖，居平江，入贅單氏，子孫今居平江寨里、中洞甕江、黃茅村等處；六子道，居湘陰之獨珠坪，今名讀書坪，栗江上湘、鄭家坊，其裔亦繁。第3世子高（後取長子嫡傳單線）；4世正祖；5世伯輝（1002～1083年），進士，任浙江僉事；6世再榮；7世仁宗，次子守道子孫居陝西、蘭州衛兵部房下（爲明襄毅彭澤的高祖）；8世守暹，子孫有遷居沔陽州永定衛和澧州湖山毛家坊等地；9世思齊；10世文瑄，宋末析居長沙高倉，爲高倉始祖；11世公義；12世汝林；13世希源；14世應庚；15世天明；16世子旻；17世慶三；18世夢周；19世毅珍；20世文勝（1305～1425年），配鄒氏（1310～1463年），享年94歲，生六子：鑑、鐸、錧、鏗、銘、鋭；21世鑑；22世廷宣；23世時仁，徙湘陰洋沙湖，生三子：綸、選、潤；24世綸，徙居桂陽州，子孫昌盛，開桂陽一支；25世良季，徙居湘陰七都油麻塅；26世廣；27世四欽；28世繼山；29世思秀；30世守學。而後按其宗譜分成了147小支，到清雍正年間，已傳至35世有餘，不詳述。總之，這支彭氏，不僅人丁蕃茂，占的地域廣，而且出的名人也較多，除名臣彭澤外，還有嘉慶十四年（1809年）進士、歷任雲南州縣改戶部員外郎、崇祀名宦鄉賢祠彭永思；道光二十九年（1849年）副榜、候選教諭彭光第；同治三年（1864年）鎮壓太平軍，攻下金陵，以功授江蘇道加布政使銜彭椿年；統領定字全軍、歷任陝甘江浙各總鎮提督軍門彭泰定；同治三年舉人、刑部主

事彭樹森；同治五年（1866年）戰死的貴州都勻知府、賜恤贈太仆寺卿銜、敕建專祠崇祀的彭培垣；同治十二年（1873年）亞魁彭樹炳；光緒九年（1883年）進士、翰林院編修彭清藜；光緒十一年（1885年）兄弟同榜舉人彭言孝、經魁彭藝等，都是這支彭氏的裔孫。當代譜牒學者臺灣彭伯良，派名延杞的，也出身這支彭氏。爲少典166世、彭樂49世、彭構雲42世孫。他生於1924年五月十九日卯時。原籍湘陰縣清溪鄉，現改汨羅市銅盆鄉。少年從戎參加湘北會戰及長衡戰役，曾任上尉一級無線電臺台長和臺灣全民日報社電訊室主任。1977年退休後，潛心研究彭氏族譜，頗具心得，對彭氏宗族世系源流，有深入探討獨到之處，撰編有《彭氏源流通譜》，頗受族人敬仰。又協助湖南瀏陽彭士賢（建方）彙編《中華彭氏源流譜》，著眼寰宇世界彭氏源流。譜傳海內外，北京、上海圖書館均有珍藏，對彭氏子孫尋根問祖，有徑可循，明燈普照。其血緣世系爲：→①構雲→滋→侗→輔→珏→潊→鄹→子高→罡祖→介→再榮→仁宗→守遺→思善→文德→公雋→汝通→希廣→應龍→興海→子政→允堅→添弼→原繕→世宜→光憲→玉竣→仲果→龕→啓志→以吾→從明→必院→勝珪→永伸→正緒→廷本→清馥→源道→錫志→福鴻→㊷延杞（伯良）→慶平→景蒂、景佃→……

（031）湖南善化坪山彭氏：善化坪山，即今長沙市望城縣雷鋒鎮。這支彭氏，與長沙青山彭氏相鄰，子孫分佈也比較廣，他們源於「宜春世系」，多數又是明代的遺民。因爲分佈之廣，人口之多，人們把這一帶的彭姓人家也稱之爲「潭州世系」。潭州源自隋開皇九年（589年）改湘州爲潭州，治所在今長沙市，大業初改爲長沙郡，唐武德四年（621年）復爲潭州。故人們習稱長沙地區爲「潭州」。這個世系的源流較爲清楚，有筆者居住的望城堆子山（亦作推子山）彭家譜牒較全。（其血緣世系，詳見第二章《彭姓世系》）。筆者爲少典氏166世，彭祖氏149世，彭構雲42世，彭壽24世孫。從彭壽開派的派行詩爲：「壽考肇祥，厥志丕彰。人才蔚起，望重南湘。國之上瑞，家運維光（筆者爲光字

輩）。元本忠孝，世緒孔長。承先啓後，振紀立綱。修齊平治，樹德揚芳。式貽有穀，繼述永臧。積善篤慶，福祿爾康。有《〔善化〕彭氏五修族譜》34 卷，存上海圖書館（4552）及彭姓子孫家。是彭上瑾等主修、彭瑞彩等纂修於民國十四年（1925 年）的譜。其中紀述，彭壽於明洪武二年（1369 年）復自酃縣遷善化坪山，爲始遷祖。衍至 6 世，析爲廣、敬、能、達、遠、斌、源、全八大房。卷 1 譜序、卷 3 儀注、詩文、世次，餘卷俱爲行傳。有名賢朱熹、文天祥、王先謙等撰文題詞。

　（032）**湖南瀏陽彭家塅彭氏**：這支彭氏也源自江西的彭奇善。明洪武年間，彭構雲的 25 世孫思泉、思正兄弟來彭家塅時，其父文松（青茂）沒有隨來，仍留住江西豐城縣。彭思泉歿葬彭家塅，墳墓現今仍然存在。其碑文說：元末潭州（長沙）失守，瀏人誅戮幾盡，明朱元璋即位，詔書移民，我思泉公生父文松（青茂）偕弟文柏，從江西臨川白水寨之金堆，卜居瀏陽普迹之南七、八里虎形山下築巢，插草爲標，化地定居，後來族姓繁衍，屋舍連亙，故其地曰彭家塅。9 世祖啓高公，旋于清初分居瀏陽澄潭江上游硤石坑，餘者仍居彭家塅。繼而散居瀏陽黃洞、木來傅家、樟槽、碧溪等地，聚成巨族。」《中華彭氏源流譜》的編者臺灣彭士賢（建方、樹光），就是這裏的裔孫。他是彭構雲的 41 世孫。其血緣世系爲：→①構雲→滋→倜→輔→玕→彥昭→師奭→允顒→文壽→嗣興→仕明→思治→汝正→長→熊→護→餘遠→君佐→宏行→信卿→景榮→方賢→奇善→文柏（明宗）→思正→紹連→廷倫→時珍→書房→偉倫→興其→忠明→啓鏞→世英→應德→開涵→雯梁→運恕→觀常→光球→㊶士賢（建方）→業揚。士賢生於 1927 年丁卯二月初三卯時，畢業于臺灣中興大學，1992 年 5 月退休。退休後利用電腦編修族譜及《建方劄記》，頗受社會重視。該譜內容珍貴罕見，深受族眾歡迎，在 1999 年、2000 年、2004 年相繼發行三版。上海及湖南圖書館亦有珍藏。

　（033）**湖南瀏陽蕉溪－辛陂彭氏**：這支彭姓族人源自江西彭公

弼。元至正九年（1346 年），彭構雲的第 18 世孫公弼之子化龍（字登門）攜孟玱、伏玱、季玱 3 子來瀏陽蕉溪、水源一帶落業，其長子瑞祉配闕氏生子子貞，仍居江西豐城瓦子街。化龍歿葬瀏陽蕉溪嶺之北山腰金盆穴。子孫現已散佈于瀏陽北、東、西鄉，有的還西遷湘陰、寧鄉等處。其中孟玱公後遷龍口辛陂，即現今的淳口，其子孫在淳口、永安龍井村一帶落業生根。落戶在這些地方的彭姓人，世代以農為本，憑藉自身的智慧，勤勞耕種，艱苦創業，漁織為輔，迄時 600 餘年，下傳 24 代，如今有 6 萬左右人丁，成為當地巨族。現以孟玱公支派為例：他們的字輩為：再仕應廷，志泰伯方。伏日榮華，富貴金玉。懷仁行義，萬世永昌。賢能俊秀，忠孝純良。朝端顯慶，佳道興長。初撰《彭氏武夷堂六修族譜序》的彭石平，就是這支的裔孫。他是構雲公的 40 世孫。其血緣世系為：→①構雲→滋→倜→輔→璸→彥韜→師陶→允方→文繡→儒圭→仕東→思肇→汝合→忠漢→義敷→大典→公弼→化龍→孟玱→再生→仕彰→應祖→廷宗→志隆→泰瑛→伯倫→輝方→伏奇→日曜→榮用→科華→富仁→貴稷→金喜→玉崟→懷瑱→陶仁→行欽→義廉→⑩萬平（石平）→世勃（勃）→永瑩（世瑩）→……。這支彭氏，隨著歷史的發展，時代的變化，近現代培養造就了一批叱吒風雲的優秀專家、學者、軍事家、政治家：如名重桑梓的彭炳塈、名老中醫喉科專家彭允文、農運領袖彭南征、北伐將軍彭光閭、銀行行長彭湖、全國人大常委會副委員長、全國婦聯主席彭珮雲等。

（034）湖南平江梅仙彭氏：據平江《彭氏六修族譜》記述，遷平江彭氏先祖，為彭旭湖四子　與五子圖。彭　，字宗明，始遷今嶽州府平江縣，卒於北宋雍熙年間。又謂彭　長子峻林遷居平江，此鄉距縣城 40 里之橋頭；彭圖遷居平江西鄉。他們遷平江的年代，據推算當在同光之後、雍熙之前，迄今約 1 千年有餘。遷平江梅仙支祖為彭徐行，系彭　之後、旭湖的 26 孫，生於元至正二十年（1360 年）。明洪武二十三年（1390 年）前後自橋頭遷梅仙，迄今約 600 餘年。橋頭在汪坪以上，距梅仙 10 餘里，至今仍為彭姓聚居之處。原字派為「佑啓

天昌永，傳經德澤新，以和爲世貴，敦學紹先人」。其血緣世系爲→①旭湖→鄒→峻林→德懋→文思→明曜→光廷→騰雲→九威→有璠→尹衡→朝用→世良→公先→琪→俊相→子富→世錦→廣智→道希→啓改→宗騰→又祿→起瓊→天儀→徐行（梅仙始遷祖）→（永）駕鼇→（傳）名佐→（經）主遂→（德）鮮玉→（貴）星立→（新）典卿→（以）智慧→（和）蘿林→（爲）大貴→㊱根法→…。

　　(035)湖南湘潭九溪彭氏：這支彭氏的始遷 1 世祖爲彭景祥（泰祥），源自江西，爲彭構雲的 22 孫，是當代名將彭德懷的先祖。其血緣世系爲：→①構雲→滋→個→輔→玕→彥昭→師奭→允顯→文壽→儒邦→仕憲→思賢→汝襄→以功→雄飛→大年→公偉→世符→禧祖→啓論→層壁→景祥→汝賢→幫佑→宗智→孟龍→添敬→思聰→自誥→漢靈→興爽→朝式→世憑→代之→忠遂→良朝→臣坤→正勝→安恭→民言→㊶清宗（德懷）。

　　(036)湖南衡陽渣江彭氏：這支彭氏的 1 世祖彭顯明（1425～1502年），字聲楊，行大，祖籍江西太和月池，明賜進士光祿大夫，甘肅爲官，致仕遷湖南衡陽渣江崇善里（衡陽縣福安鄉何隆廟），爲清代名臣衡陽彭玉麟的第 1 世開基祖。因缺家乘古譜，先祖血緣世系不明。據推算玉麟爲少典氏 162 世，彭祖氏 145 世，彭構雲 38 世，彭　33 世。玉麟自認爲是彭　的後裔。曾撰書《長沙彭氏宗祠試館記》。此彭氏宗祠，即星沙省垣三泰街彭氏祠堂，「此乃唐郡侯旭湖府君裔孫所建以祀郡侯者也」其血緣世系爲→①顯明→有仁→思商→宗盛→祖德→惟越→待宦→福會→德元→興偉→良翰→才昱→啓象→億松→⑮兆冬（雪琴、玉麟）→永思→見綬→見綏→見緒→見紳→……

　　(037)湖南桂陽彭氏：這在湖南是一支較大的彭姓，流布面較廣。以桂陽縣清和鄉的起嶺彭家爲例，它的發派祖彭長髮，世居泰和，屬「廬陵世系」。長髮有 3 子、6 孫。其子名康健、康泰、康得。其孫名濟雄（開山東博山）、濟豪（開江西吉水）、濟傑、濟英（開四川綿竹）、濟美（開湖北宜昌）、濟華（開福建漳州）。濟傑有子聖言。聖言有子

明光。明光有子勻福。勻福有子均仁（開山西絳州）、均義（開廣西柳州）、均禮（居湖南茶陵）、均智（開江西贛州）。均禮生清遠（居茶陵）、清淑（開江左）。清遠生叟榮、叟賢（居茶陵）、叟文（居鯉魚塘）。叟榮生升佶、升右（開蓮塘）、升伯、升左（開湖南常寧）。升伯生順卿（開上溪）、順相（開卜溪）。順卿生景直、景仁、景高、景富。景仁生國慶、國祥（下取單線）。國慶生彥詵。彥詵生從貴。從貴生仕嶽。仕岳有孫元昌，爲起嶺彭家始遷祖，長髮至此爲 18 世。爾後 19 世元昌子祖潔，20 世宗遊，21 世廷作，22 世天興，23 世啓瀛，24 世應鬥，25 世時闊，26 世良洞，27 世洪升，28 世熙桂，29 世守任，30 世泰來，31 世晶森，32 世維淩，33 世加耀，34 世汝華，35 世養戩（雲峰），36 世航宇。從 1026 年生長髮公算起，至 2001 年止，共 975 年，傳 36世，平均約 26 年一代，是符合生育規律的，像這樣近千年代次不亂的家族還不多見（上述歷史由 34 世汝華提供家譜）。

（038）**湖南龍陽彭氏**：龍陽即今漢壽縣。據民國廿九年（1940年）《三瑞堂彭氏族譜》記載，始遷祖彭郁，明初自江西吉水縣遷湖南常德府龍陽縣大圍堤雲騰里；又據民國卅三年（1944 年）《述古堂龍陽彭氏合修族譜》記載，自明初至永樂間，由江西陸續遷常德龍陽縣之彭氏計有七大支系：（1）彭文茂遷龍陽大圍堤，近族六房，遠族居七荊障、大汛洲、崗塘坪、獠芽嘴，統稱「高冶系」；（2）彭俊東在洪武年間偕弟俊禮由江右先遷龍陽邑治南關外姚家沖，其子孫再遷翻水口，又徙窯台湖之樅陽樹，至其孫又分五大支，稱「窯台系」。至光緒十五年（1889 年）已曆 21 世，繁衍子孫以千數計；（3）彭伏敏原居江西吉安府吉水縣雙魯派下，生六子彭志學等，永樂間由江西全遷常德郡武陵縣（與龍陽縣緊鄰），除了四子彭志端遷九岡沖、六子彭志聰遷窯台湖外，均遷家港中坪，稱「港中系」；（4）彭宗一於永樂二年（1404年），率五個兒子由原籍江西吉水縣拖船埠，奉詔遷龍陽南鄉沙洋坪，稱「沙洋系」；（5）彭文壽自吉水拖船埠落籍龍陽小南門外，四孫程、升、沖、鸜分四房，稱「小南門系」；（6）彭尙遠自永樂間與諸公由吉

水縣卜居龍陽之五里塘，歷數十世，稱「五里塘系」;(7)彭德禮自廬陵遷龍陽善同鄉之南趕障，稱「南趕系」。它在各系中仕宦最盛:有四世彭勝紀，尚義捐資，修建大圍堤，詔賜八品冠帶;六世彭尚綱，任富民縣令、大理太守，北闈三中副車;七世彭退齡，任衡山教諭，彭天虞，諸生，誥贈翰林科道，崇祀鄉賢;八世彭橫山，名之風，中順治十五年(1658年)進士，擢庶吉士，任光祿寺卿;九世彭軍山任京山縣訓導、彭梅溪任贛榆縣令;十世彭瓊任江陰主簿等。今查得《漢壽縣地名志》，以彭姓人命名的村莊計有24處:有西竺山鄉的陳家塔村彭家港、玉花橋村的彭家堤和彭家巷，八角樓村的彭家灣;洲口鄉的新磶村彭家壋;罐頭嘴鄉的彭家灘村彭家灘;滄港鄉的烏珠湖村的彭家磶和金龍村的彭家堤;新興鄉的新興村彭家堤;聶家橋鄉的五三廟村彭家灣;岩嘴鄉的獅子山村彭家灣和福星村彭家灣，及自然實體中的彭家墩;株木山鄉的茶家園村彭家灣;崔家橋鄉的馬家村彭家壋和花山口村彭家灣，及自然實體中的彭華沖;三和鄉的寶塔鋪村彭家墩和自然實體中的彭家侖;龍潭橋鄉的臘樹灣村彭家灣和俞家橋村彭家灣;軍山鋪鄉的榮曉村彭家灣;明月潭鄉的木魚洲村彭家灣;陽南塘鄉的仙峰山村彭家沖。可見彭氏在漢壽分佈之廣。

　　(039)**湖南岳陽彭氏**:含岳陽、湘陰兩地的彭姓。後唐莊宗元年(923年)，有始遷祖彭萬甫，字本初，因兵燹，由江西南昌鐵柱觀遷岳陽縣之團頭港。裔孫散居于岳陽、臨湘、瀏陽等處，遞傳34代，人口約15600人(代數與人口均以當時統計的1937年爲界，下同);又有後唐同光二年(924年)，有彭　由江西廬陵徙居湘陰;而後在明代，又有彭鄭、彭灝、彭子傑、彭世安、彭夢堯、彭鳴珂、彭子英等7支彭姓人，分別由江西的廬陵、豐城、湖南的長沙、湖北的沔陽徙居湘陰。

　　(040)**湖南桃源彭氏**:明永樂二年(1404年)有五支彭氏由江西吉水遷入桃源。一是彭繼仔遷入桃源九溪，裔孫散居在黃石、高東、漆河、溫泉等村落，遞傳20餘代，人口約有1500人丁;二是彭權徙

居桃源之深水港，裔孫散居獅子山、金牛山、桐木港等處，遞傳 17 代，人口約有 2000 人；三是彭廷卿，徙居桃源縣東之杜青村和彭家河，遞傳 20 代，人口約 500 人；四是彭茂禎，徙居縣東之杜青村和彭家坡，其後裔孫散居潯陽坪、北門坪等處，遞傳 21 代，人口約 900 人；五是彭印，徙居縣東之蔡家堰、栗樹嘴、裔孫又徙居慈利和臨澧等縣，遞傳 22 代，人口約 300 餘人。

（041）湖南醴陵彭氏：這裏彭姓人較多，共有 13 支：（1）彭道宏，於明洪武二十年（1387 年），由湖南茶陵徙居縣之長獅嶺，裔孫散居于醴南水口鄉，遞傳 20 代，人口約 1000 人；（2）彭允和，由老塞戶徙居縣之丁家坊，裔孫散居五里墩、石家村等處，人口約 200 人；（3）彭富卿，於元末，由湖南茶陵徙居縣之水口山，裔孫散居湘潭、攸縣等處，人口約 800 人；（4）彭國盛，于明洪武初，由江西廬陵徙居縣之蓼田湖，裔孫散居箭竹山、萍鄉等處，人口約 400 人；（5）彭點亭，於明洪武六年（1373 年），由江西吉水徙居縣之西塘州，人口約 2000 人；（6）彭繼保，於明洪武間，由江西南昌徙居縣之柘塘坪，人口約 3200 人；（7）彭子英，于明洪武初，由江西廬陵徙居縣之黃沙州，裔孫散居金溪壟等處，人口約 200 人；（8）彭辰保，于明洪武初，由江西廬陵徙居縣之失鯉鋪，裔孫散居攸縣、萍鄉等處；（9）彭庚，明洪武間，由江西安福徙居縣之石屏，裔孫散居清水江、萍鄉等處，人口約 700 人；（10）彭安生，於清乾隆間，由江西廬陵徙居縣之高灣，裔孫散居東城、攸縣等處；（11）彭敬齡，于清嘉慶間，由縣之東鄉水口，徙居縣之帶江戶，裔孫散居仙石、豐田灣、梅村等處，人口約 100 人；（12）彭豐齡，于清咸豐二年，由縣之水口徙居縣之清江，裔孫散居王家坊等處，人口約 100 人；（13）彭仕興，由廣東徙居縣之鯽魚村，人口約 200 人。

（042）湖南邵陽彭氏：包括新化、武岡、城步等縣的彭氏，共有 10 來家：（1）彭與誠，於明永樂十二年（1414 年），由江西永新避亂至邵陽縣之永樂鄉朱良橋，裔孫散居于縣南、安化、華容、祁陽、湘

鄉乃至四川等省縣，遞傳 22 代，人口約 7000 人；（2）彭儒，於明正德年間，由江西廬陵徙居邵陽縣南之向日塘；（3）彭元芳，於明正德間，由江西太和徙居邵陽縣之小景沖；（4）彭光宣，于明成化間，由江西安福徙居邵陽縣之高梘沖；（5）彭才庫，于宋祥符九年（1016 年），由江西太和徙居新化縣之溫塘；（6）彭理，於明弘治中，由江西安福徙居新化縣之洋溪大陽；（7）彭忠應，由江西安福遷居新化縣之河溪；（8）彭剛，由江西廬陵遷居武岡；（9）彭政行，由江西廬陵遷居武岡；（10）彭明輔，不明何時何地遷入城步。

（043）**湖南湘鄉彭氏**：在湖南是彭姓人口最多者，有兩支：一是彭辛，於明初，由江西太和徙居縣之望春鄉，裔孫還散居峽山、白竹山、肖家沖等處，遞傳 20 代，人口約 20000 人；二是彭鋕，於明正統間，由湖南邵陽徙居縣之歸鶴鄉。

（044）**湖南新田彭氏**：這裏多數是清初遺民，共有 6 支：（1）彭源六郎，於元末，由江西避亂來縣之博大鄉梘頭，遞傳 20 代，人口約有 400 人；（2）彭千戶，于明初，由江西徙居縣之博大鄉梘頭，裔孫散居桂陽、吉城等處，遞傳 20 代，人口約 120 人；（3）彭雲耀，于清初，由湖南零陵徙居縣之中和鎮彭家村，遞傳 7 代，人口約 50 人；（4）彭文嵩，於清康熙年間，由湖南宜章避亂徙居縣之仁智鄉搓源，遞傳11 代，人口約 40 人；（5）彭國富，于清初，由湖南寧遠避亂徙居縣之仁智鄉環靈橋，遞傳 9 代，人口約 200 人；（6）彭景榮，於清乾隆間，由湖南零陵徙居縣之博大鄉螃蟹園，遞傳 8 代，人口約 68 人。

（045）**湖南宜章彭氏**：這裏較大的彭氏家族有 3 支：（1）彭統，于明初，由江西吉安因官徙居縣之近城鄉，裔孫散居臘樹坪、官坑沖等處，遞傳 22 代，人口約 1600 人；（2）彭如富，於明初，由廣東樂昌宦遊縣之近城鄉，裔孫移居廣東黃家洞等處，遞傳 23 代，人口約 3650 人；（3）彭元彤，於明洪武間，由湖南茶陵因官定居縣之黃沙堡，裔孫散居矮山腳、黃泥田等處，遞傳 20 代，人口 1716 人。

（046）**湖南芷江彭氏**：有彭瑊，屬「宜春世系」彭構雲的 5 世孫，

「淮陽世系」彭宣的 31 世孫。唐進士，官金紫光祿大夫。于唐懿宗間，由江西廬陵因官辰州刺史而定居縣之羅平鄉，裔孫散居永順、保靖等縣，遞傳 37 代，人口約 12000 人。

（047）**湖南桑植彭氏**：有彭宏先，於元泰定元年（1324 年），由江西吉水宦遊定居此縣之高堰台，裔孫散居慈利等縣，遞傳 24 代，人口約 10000 人。

（048）**湖南益陽彭氏**：它是湖南彭姓人口在 1937 年統計時最多的一支。始遷祖彭子祿，于明代初年，由江西吉水徙縣之箭樓坪，裔孫遍及益陽全縣各鄉，遞傳 20 代，人口約有 2 萬餘人。

（049）**湘西土家族彭氏**：這是彭姓在少數民族中最大的一支，也是中華民族相互交流融合中的一個巨大成果和結晶，人口以數萬計。據湘西彭氏族譜記載，他們源于江西吉水縣北 80 里「赤石洞蠻」（即赤石潭）的彭玕、彭瑊兄弟。五代朱梁開平四年（910 年），楊吳軍在赤石包圍彭玕、彭瑊兄弟的鄉勇民團，被馬楚軍相救。彭瑊投奔馬楚，授爲溪州（今湘西永順）刺史。他的兒子彭彥晞（一說名士愁），爲靖邊都指揮使，守溪州。彭瑊潛結勢力，聯合漫水司（今湖北來鳳縣）土官之弟向伯林，驅逐盤踞在今龍山縣的老蠻頭吳著沖、惹八沖，兼併其地，開啓湘西彭氏土司，歷宋元明清四朝，統治湘西 800 餘年。直至清雍正五年（1797 年），末代土司彭肇槐，主動獻土，改土歸流，回江西吉安老家居住。共襲任永順土司 34 代（從彭瑊始），其中有兄終弟繼，實際傳了 27 世。永順土司管轄的地方，相當於今湖南的龍山、永順和古丈三縣地。但據潘光旦、譚其驤等著名學者的研究考證，湘西彭氏是彭士愁的子孫，而士愁未必是彭瑊的兒子。意思是湖南彭氏又不盡是湘西彭氏衍生出來的，還有其他來源。這也是有道理的。

（050）**湖北龍泉彭氏**：龍泉，在今湖北江陵縣北。在元末，有著名農民起義首領彭大遠、彭文遠兄弟在這裏開展反元活動。元至正辛卯年（1351 年）正是元朝末年，人民不堪元統治者的殘暴統治，四處起義。彭氏兄弟及家族，與徐壽輝等團結起來攻吉安，大遠爲前鋒。

涉南州河時，恰遇風雨大作，後面的義軍來不及渡河，致使前鋒部隊勢單力薄，終被元軍打敗。大遠被俘，文遠及全家 19 人遇難，爲推翻元政權付出了慘痛的代價。

（051）**湖北竹山彭氏**：據《竹山縣誌》記載，有明代知府彭忠，爲竹山彭氏的傑出代表。他生相特異，喜歡讀書作詩文。登永樂庚子（1420 年）鄉榜。起先作縣令，後累遷至常州府知府。他爲政清廉，任勞任怨，政績爲畿輔（南京地區）第一。

（052）**湖北麻城彭氏**：麻城縣是彭氏聚居較多的縣份之一。有明代光祿少卿彭遵古，生性耿直，注重名節，曾與顧允成、褚壽賢上疏彈劾貪官房凡詆毀都禦史海瑞，以擅自議論朝政罪被奪官。還有明末副總兵彭漠，麻城白果人，少年家境貧寒，常受人侮辱，年長激勵向上從軍。崇禎辛未年（1631 年），他組織部隊救援登萊（今山東蓬萊縣）立大功，被崇禎授予副總兵。後回鄉里居抗清兵，以眾寡不敵而戰死。

（053）**湖北長陽彭氏**：這個號稱「書香門第」的彭氏大家族，清代初年出有大詩人彭秋潭。秋潭又名椒，晚年自稱方山居士。父兄皆能詩。乾隆三十六年（1771 年）中舉，直到 34 歲才步入仕途。據《長陽縣誌·彭秋潭傳》記載：「彭秋潭在江西知縣任上，居官清要，不事奔競。畢生勤奮，著有《秋潭詩集》、《秋潭外集》、《秋潭敝帚》、《秋潭竊言》等作品。」尤以《長陽竹枝詞》聞名詩壇。其兄彭淦在《竹枝詞序》中說：秋潭的 69 首竹枝詞，「大都陳風俗之淳樸，表土物之纖薄，概習尚之變移；語從質實，意存規勸，有風詩忠厚之遺，兼美人香草之意。」

（054）湖北鄂邑彭氏：鄂邑原屬武昌縣，民國改屬鄂城縣，今爲武漢市武昌區。這支彭氏的始遷祖爲彭善卿。他於明洪武十三年（1380 年），從江西遷居鄂城縣的葛仙鎮，故稱鄂邑彭氏。1936 年三修《武昌葛里彭氏宗譜》時，請時任國立湖南大學文學院院長楊樹達撰序稱，「葛里彭氏原籍江西，明初有善卿，以禮部尚書始遷湖北鄂邑葛仙鎮，

成爲葛里彭氏一世祖。歷明清以還，世凡二十有三，丁逾萬千，環居大江之右，門第繁昌，家聲濟濟，一直被人們稱爲巨族。」在他們的宗譜裏記載，彭善卿爲洪武三十年（1397年）丁醜科進士。善卿的獨生子彭文秀爲永樂二十年（1424年）甲辰進士。文秀的兒子彭仁政爲己酉科（1429）舉人，旋升布政使。而後傳到第四世永良、永瑞等八名男丁，皆爲舉人、國學生、邑庠生、歲貢生。其中永乾，以武舉授前步先鋒，後封忠義候；永容爲明燕王留守；永昌爲明魯王儀賓。第五世亦有八名男丁，爲璞、玹、琰、琬、珸、瓌、璋、璜，均取得了庠、貢生以上功名，真所謂滿門赫顯。經過五代的繁衍，第六世已有19名男丁，人口和家族不斷地壯大了，誠爲鄂城的一大巨族。

（055）**湖北沔陽彭氏**：民國卅一年（1942年）十月，彭進之編纂的《沔陽彭氏宗譜》中記述，自稱是彭祖的105世孫，是江西彭構雲的後代。彭祖第94世孫彭重，在明萬曆年間（1573～1620年），遷居湖廣竟陵（今湖北天門縣），第95世孫彭然又由竟陵遷居沔陽北部義禮村，稱沔陽彭氏。後因沔陽南臨長江、北跨沔水，號爲「澤國」，「十年九不收」，人口發展緩慢。到第11世彭進之時，族不到千戶，取功名者不到40人。他認爲居地不良，而把沔北老家400餘畝田地變賣，只剩百畝留養，由長子彭起超繼承，看守祖墓。其餘子女九人，移居武昌東湖鳳鳴山，開闢新的生存空間，又置田百餘畝，並修勞園（後改爲紫園）、超園、楚園、健園以自娛。所幸的是如今的沙湖沔陽洲，由於興修水利，已變成了「年年慶豐收」的江漢糧倉，並更名爲仙桃市，使世守故土家園的彭氏子孫，可摘取仙桃，向小康生活邁進了。

六、潮州世系與兩廣彭姓

「潮州世系」，由江西「宜春世系」衍化而來，是彭姓中一個較大的世系。廣東潮州自北宋彭延年開基以來，近一千年的時間內，裔孫

已蕃衍分佈於各省、市、縣及海外各地，約有 200 餘萬眾人丁。有如下例：

　　(056) **廣東揭陽彭氏**：揭陽始遷祖 1 世爲彭延年，字舜章，號震峰。彭鏗 37 世孫，「宜春世系」彭構雲 11 世孫彭躍之次子。1009 年 3 月 17 日，生於江西廬陵。宋仁宗嘉佑癸卯（1063 年）領鄉薦，英宗治平元年甲辰（1064 年）登進士第，受六道誥：初任福州推官，次任大理寺評事，三任秘書郎，四任大理寺少卿，五任潮州知府（1078～1083 年），六任大理寺正卿。因忤王安石變法，奏守潮州，後因平倭亂有功，聖召掌大理寺正卿。詣闕辭職，欽賜一品朝服，充使契丹正使。致仕時，誥賜紫衣金帶一襲，食邑田 100 畝，隱居揭陽浦口村，置梅江都官田石徑田 100 畝，並免差徭。元祐時，屢叠誥賜襲衣金帛、鈔幣。卒於 1095 年 8 月 3 日，享壽 87 歲，祀潮府名宦祠。配媛順許氏，誥封高陽夫人。繼配婉淑黃氏，誥封江夏夫人。與二夫人合葬揭陽浮丘山，坐丁未向癸醜，庚子庚午分金，名爲寶雞形。墓及浦口村道俱立石碑。另有生墳二穴，一在梅江都官田徑；一在潮州西湖石屋右，也有石碑。彭延年手建的彭園及彭氏裔孫所建的彭氏宗祠及震峰公墓，爲揭陽市文物保護單位和後人瞻仰的旅遊風光點。

　　延年生六子：（1）彭銓（1028～？）號益衡，太學生。娶歐陽氏，生子澄。澄生三子：樗，字秀山；傑，字秀水；植，字秀林。裔孫原居浦口村，後徙居潮安歸湖山洋彭及江西吉安、湖南湘潭等地；（2）彭鎰（1030～？），字伯仕，號益封，治平丙午（1066 年）科鄉試第二，任福建古田縣令。元配曾氏。繼配劉氏，生子濬，濬生棫，棫生炳、燦。夫妻合葬後浦村，有碑記。裔孫原居梅江都，後散居揭陽、揭東、潮州、潮安、潮陽、饒平等市縣；（3）彭銳（見後 2 世）；（4）彭鉞（1034～？）號益尚，府學廩生。娶王氏，生子湟，湟生有麟。有麟生頤、順。裔孫居潮陽、澄海、饒平等市縣；（5）彭鑾（1037～？）宋神宗熙寧己酉（1069 年）鄉試第一，任湖廣（湖南）桂陽縣令。卒葬于程鄉鬆口圩背，夫子彈琴形。娶王氏，生子澤。澤生梅、桂。梅

生自然、孔先。桂生油然。裔孫散居大埔、梅縣、蕉嶺、饒平、金安及福建上杭、寧化、香港粉嶺和廣西等地；（6）彭鑒（1040～1115 年），號益愼，太學生。由浦口遷居興甯黃桐鄉，建祠興寧縣城大門外。享壽 75 歲。娶李氏，生子諒。諒生校（秀鸞）、棋（秀鳳）。校生德興。棋生德隆。裔孫分居興甯、五華、梅縣、紫金、陸豐、海豐、陸河、揭亞、東莞、深圳、番禺、南海、新會、信宜、羅定、雲浮、臺山、惠州及廣西的北流、陸川、容縣、湖北的天門和臺灣、香港等地。再配張氏，生子詔，後裔遷居江西省。

　2 世彭銳（延年第三子，1032 年～？）字三士，號益治，博士。娶羅氏，夫妻合葬洗馬潭。生子瀹（-ㄝˋyuè 躍）。裔孫分居于豐順、梅縣、興寧、蕉嶺、五華、揭陽、揭東、揭西、饒平、澄海、朝陽、陸河、海豐、惠州、深圳、羅定等市縣，及福建的上杭、江西的吉安、龍泉、遂川，廣西的容縣、博白、賀縣、濱陽、來賓、貴館，湖南的湘潭等市縣。

　3 世彭瀹，號行乾，字永堅。配朱氏，生子桂坤，由浦江口遷居海陽（現潮安）三鳳坊、鱷溪（即意溪）。

　4 世彭桂坤，又名桂，字秀實，配劉氏，生子五郎。五郎配李氏，生子永。永配林氏，生子順、子開。子順爲廣東豐順始遷祖。

（057）廣東豐順彭氏：豐順的始遷祖爲彭子順，彭永之長子，行念七，諱漢龍，字震卿，生于 1174 年（南宋孝宗）淳熙元年。南宋甯宗年間（1201～1224 年）由潮安縣（原海陽縣）鱷溪（今意溪），徙居豐順縣龍崗（原海陽縣豐政都）族水坑開基。卒葬龍崗崗頭埔金星豬麻形乳穴，甲山兼寅，逆大溪水，每年清明祭掃。先娶餘氏，早逝。創居豐順後又娶劉氏名九娘，卒葬陥隍溪坑背公路面上，蛇形（又有說蜘蛛結網形），醜山兼癸，辛醜辛未分金。生 2 子思恭、思敬。思恭，諱增，字光乃。生五子：茲仁、茲慶、茲廣、茲定、茲義。思敬只生一女，嫁劉姓。茲仁，字君壽，諡裕興。生子福景。茲仁以下 4 兄弟情況不明，可有外遷或失傳。景福（1248～1306 年），府庠生，生子

盛子。盛子（1281～1359 年），謚諄篤。生子 6：君和、君德、君玉、君美、君端、君達。後分六大房。其裔孫主要聚居于豐順龍崗的 40 個村落、黃金的 39 個村落、仙洞的 31 個村落及豐良、徑門、砂田、隭隍、茶背、小勝、潘田等 11 個鄉鎮。外遷的裔孫則散落在臺灣省及廣東省的梅縣、梅城、蕉嶺、陸河、興甯、潮安和廣西省的賀縣、蒼梧等縣市。據 1996 年豐順《彭氏族譜》記載：以彭子順爲第 1 世開基，現已傳至 28 世。他們的輩序詩爲：「興（彭震峰起）爾奕世衍，昌熙朝國士。商賢隆德行，訓誥守家聲。鹹務詩書教，惟懷慈孝榮。義言謙有道，恩愛樂相親。心善澤斯厚，庭和利可興。勤儉爲孝子，富貴必依循。」按此推來，則彭子順爲「熙」字輩，如今已傳至「有」字輩。其衣冠人物亦很興盛，據不完全統計，當今有團級、處級、教授級、高工級和碩士學位以上人員 93 名，不失爲當今彭氏望族。

（058）**廣東羅定彭氏**：這支彭氏的開基祖爲彭華（1432～1508 年），是安福大學士彭時的族弟。他於明弘治八年（1495 年）從江西安福經湖南澧州到羅定，歷時 500 餘年，裔孫繁衍于粵西的十幾個縣市，有近五萬的彭姓人。據 2003 年彭有光《彭氏通訊‧廣東羅定始祖彭華》介紹：彭華，字彥實，號素庵，謚文思。原籍江西安福山莊鄉大智村，是江西彭構雲的 23 世孫。景泰元年（1450 年）中舉，景泰五年（1454 年）中會元。選翰林院庶吉士，參與撰修《寰宇通志》、《大明一統志》、《英宗實錄》和《續資治通鑒綱目》等典籍。曾主持過應天鄉試和擔任過經筵日講官，爲皇帝講史傳經。最後被晉升爲太子少保、禮部尚書。他在朝 30 多年，爲官正直，不畏權勢，故招忌于權奸劉瑾，不斷受到排擠，被迫於弘治二年（1488 年）托疾歸里。接著又不露聲色離開江西老家，過湖南、到廣東，隱姓埋名，卜居於羅定，先在素龍烏柏住下，繼在羅平林北建樓行樂、讀書（後人稱其爲「彭華樓」），自稱湖南澧州人。劉瑾黨羽追殺他時，竟潛隱于羅定羅鏡的一個小村龍岩，而激憤過度逝世，終年 76 歲。在老家安福有妻子劉氏，生子五：勉政、勉敷、勉學、勉肇、勉敬，都沒有帶離江西。到湖南

澧州後娶黎氏爲伴，生大紀、小紀兩兒。羅定是這兩個兒子的裔孫。

（059）**廣西岑溪彭氏**：早在北宋時期，廣西岑溪就有了彭姓人彭孫，年少勇敢自負，處事動之以情，曉之以理，有主見，很能讓人接受他的觀點。北宋仁宗（1022～1064 年在位）時，國家積弱積貧，土地兼併嚴重，加之西夏和遼的不斷入侵，戰禍降臨到百姓頭上，人民饑寒交迫，不斷暴發農民起義。彭孫就是在這種背景下被召募討伐起義軍的。由於他來自下層，深知下層人民的苦難，他沒有用硬的一手去鎮壓，而是憑藉他的膽識和勇敢，單騎深入起義軍的營壘，去做起義軍歸服朝廷的工作。於是多支起義軍在他的誠心規勸下放下武器，聽從彭孫的命令。因而他屢建奇功，累官萊州（治所在今山東掖縣）防禦使，封隴西郡侯。

（060）**廣西來賓彭氏**：據《萬姓統譜》記載，南宋朝請郎彭仲剛，字子復，平陽人。平陽即今廣西來賓縣。登乾道進士，最初任金華主簿，後調升臨海縣令。他爲官清廉，主持公道，深入民衆，深受百姓愛戴，召爲敕令所刪定官，升國子監丞、全州知府。在知府任上，能減輕郡費和放寬商務收稅。輸納租谷時，讓百姓自己稱量，相互信任，只要概數對了，少許短斤少兩的小數目，也不追究。還親自選拔師資辦教育，他自己也親臨執教，講解經義。仲剛父去世時，老百姓哭扶其靈柩送別他們全家至境外數十里，對他說：「何時又能得到象您這樣的太守啊！」仲剛在家服孝三年後，期滿放知豪州，未赴任，特令提舉浙東常平。與鄭玉道合作，同撰《琴堂諭俗編》傳世。

（061）**廣西平南彭氏**：清代有平南人彭昱堯，字子穆，一字蘭畹，道光（1821～1850 年）舉人。擅長古文詩詞。問業于永福呂璜、上元梅曾亮，以才氣雄放見長。又矜風節，曾經以文字受知于督學池生春。生春死後，他爲之經紀喪事，並爲他立專祠于桂林。著有《怡之樓稿》傳世。

（062）**廣西陸川文里彭氏**：這支彭氏流布在文里的彭屋村和大路排兩處。始遷祖爲彭延年 11 孫彭益賜郎，明代貢生，約于元末明初，

由閩粵遷居陸邑（今陸川）良田文里村開基。傳至6世，分支各地。在彭屋村有9支，即彭益4世孫彭賜房、4世孫彭貴後裔6世孫彭澤珏房、彭澤璿房、彭澤玿房、彭澤瑄房、彭澤正房、彭澤琇房、彭澤瑤房、彭貴子彭乃翔房；在大路排有6支，即彭益4世孫彭亮之裔6世彭澤球房、8世彭泰房、8世彭治房、彭濱房、彭泗房、彭海房。其輩序詩爲「澤鏗章志年錦昌，際會熙朝益顯揚；世育賢才爲宰輔，安邦定國振乾綱」。它是從彭益6世孫開始啓用輩序，6世即「澤」字輩，現已發展至18世「顯」字輩。其血緣世系爲→①延年→銳→瀹→桂坤→五郎→永→子開→允成→慈廉→景商→益（始遷祖）→旺→所廼、所獨→彪、輝、賜、亮、貴→⑮廼仁、廼義、廼禮、廼進、廼順、廼明、廼和、廼顯、廼翔→⑯澤璣、澤坤、澤璬、澤璟、澤瑛、澤珊、澤璋、澤珩、澤瑚、澤璉、澤珍、澤球、澤隆、澤煖瑷、澤正、澤珏、澤琇、澤瑜、澤璿、澤玿、澤瑤、澤瑄、澤瓚、澤璽、澤珽、澤瑋、澤琮→⑰……

(063) **廣西博白鳳山與沙河彭氏**：這支彭氏系陸川彭益後裔，他們流布在鳳山的嘉里美、水榕塘和沙河大仁軍營、佛子水四處。嘉里美和水榕塘均爲彭貴之孫澤瑜開基；沙河佛子水亦爲彭貴之孫澤鏗開基。大仁軍營社嶺則爲彭益4世孫彭彪之孫澤璣開基。

(064) **廣西浦北官垌彭氏**：這支彭氏亦系陸川彭益後裔。他們流布在官垌的平南麓、由來麓、獨珠田和石珠塘四處。彭益4世孫彭輝之孫6世彭澤瑛爲官垌開基祖。其後裔彭益10孫彭廣年、德年、泰年、隆年分居平南麓；生年、發年分居石珠塘；興年分居由來麓（牛賴麓）；11世孫錦財、錦贊分居獨珠田。

(065) **香港粉嶺彭氏**：這是香港北部地區一個古老的姓氏村落，現有人口2400餘人，幾乎全是彭姓人家。它源出廣東潮州揭陽彭延年支派，是延年曾孫彭桂（彭澤次子）的後裔。彭桂字秀華，在宋代末年（1190年）從廣東揭陽遷居今香港新界北部龍躍頭，是新安始祖。明萬曆年間定居粉嶺建村，造房42間，立祠堂於北便村。清初又分遷

至新界粉嶺圍、掃杆浦建村。彭桂生子迪然，迪然生子啓璧，啓璧生子覽山、松山、養拙，覽山生子松隱、懸隱、富隱。松隱生子思隱、懷隱，這是第六世。思隱傳至尚瓊（第十一世），生五子，子孫最爲昌盛。傳至十四世登朝，例贈儒林郎。生七子，第三子澤猷亦爲例贈。父子兩代靠財力捐買了功名，擡高了社會地位，強固了經濟優勢，成了香港新興的彭氏家族。他們父子于清道光年間（1846年），修祠宇，建祖墓，置祭田一百石，並親訪始遷祖彭桂老家，搬回了太始祖延年公的牌位，供祭在粉嶺彭氏祠堂，完善了家族結構和設施的基本建設（參見《中華姓氏譜·彭姓卷》）。

七、彭山世系與川黔彭姓

在第二章的一個節題中曾提到彭姓人「播遷巴蜀與三建彭國」的史料中，我們可以清楚地看到，四川也曾是彭姓人最早涉足的地方。早在東周時期，在今四川的彭山縣就出現了彭氏的「彭山世系」。後經幾度滄桑，幾度遷徙，特別是在清初的「湖廣塡四川」的大移民活動中，彭姓人更在川（含重慶市）黔大地繁衍開來。有如下例：

（066）**四川廣漢彭氏**：早在三國初年，今四川射洪縣人彭羕，字永年，就在蜀國爲官。他身高八尺，體態魁偉，容貌端莊，但生性高傲，不愛理睬人。唯敬重同鄉秦子勑，在他的推舉下，作了州里書佐類的小官。後被眾人誹謗，把他告到州牧劉璋那裏，劉璋罰羕剃了光頭作苦役。這時已是211年12月，正逢劉備入蜀，在龐統的幫助下，羕被推薦到劉備手下，傳達軍令行動、指導教授諸位將領，工作幹得出色，很合劉備心意。劉備賞識彭羕才幹，於是在214年作益州牧時，提拔彭羕爲治中從事。後諸葛亮在劉備跟前密報彭羕「心大志高，難保以後他會作出什麼來！」因此劉備就有意疏遠了彭羕，調他作了江陰（今四川瀘州市）太守。彭羕內心不快，因降職說了劉備的怪話，而下獄被除，時年僅37歲。補註：羕公是宣公之10世嗣孫、9世仕

敏之子。

（067）**四川成都彭氏**：北宋時期，益州華陰（今四川成都市）有彭姓人彭乘，年少以好學稱州里，生性純樸。進士及第後，嘗與同年生登相國寺閣，皆瞻顧鄉關，有從宦之樂。乘獨西望悵然曰：「親老矣，安敢舍晨昏之奉，而圖一生之榮乎？」翌日，奏乞侍養。居數日，授漢陽軍判官，遂得請以歸。久之，有薦其文行者，召試，爲館閣校勘。固辭還家，後復除鳳州團練推官。

（068）**四川丹稜彭氏**：在清初的四川丹稜縣，有個較大的彭氏家族，曾出了三名進士。一是教育家詩人彭端淑，字樂齋，雍正進士，官至吏部郎中。不久歸，獨肆力爲古文辭，其詩質實厚重，文亦如之。後主講錦江書院，名重一時。著有《白鶴堂詩文集》、《萃龍山記》傳世。二是詩人彭肇洙，字仲尹，雍正進士，官禦史，著有《撫松亭詩集》傳世。三是彭遵泗，肇洙弟，號磐泉，乾隆進士，官編修。著《蜀碧》一書，所載爲張獻忠在四川起義事。

（069）**四川綿竹彭氏**：據民國廿七年（1938 年）《新纂綿竹彭氏宗譜》記載，他們幾個歷史階段的始祖爲：彭籛，古代受姓始祖；彭宣，漢代淮陽始祖；彭玕，唐代江西盧陵始祖；彭延年，宋代粵東潮州始祖；彭子順，元代廣東豐順始祖；彭京，明代廣東潮州府豐順縣產溪社嶂背鄉始祖；彭永超，名萬能，自豐順遷四川綿竹始祖。其實他的第一代始祖爲彭永超四子彭億璋（1685～1771 年），系彭延年的 23 世孫，是清雍正五年（1727 年）二月，遷來綿竹縣南里新市鎮東林寺附近安居樂業的。生四子成文、成秀、成榮、成華，派分四大房繁衍生息。而後成榮考上邑庠生，成華捐資成國學生，以躋身士林，一改亦農亦商的門庭，而成爲綿竹的一大望族。

（070）**四川簡陽彭氏**：這是一支在清代全新發展起來的彭氏，但找不到老根，是因爲明末四川戰亂時，彭可興背負著父親彭繼業的屍體倉皇逃來簡陽山洞的，對先世茫然無知。直到清宣統三年（1911 年），其裔孫彭鍾模纂修內江市簡陽《彭氏宗譜》（續修本）時，才知

道發祥始祖彭繼業，生一子可興，已歷七世，是從湖廣麻城縣入蜀的。可興（1627～1701年），字友富，葬簡陽柏樹灣回龍山。生三子肇祖、耀祖、光祖。肇祖（1651～1722年），字堯臣，號子暹。歷任成都府城守左營千總。生四子商傑、商坒、商瓊、商璽。裔孫有彭誠，爲府庠生；彭世繹，恩授從九品，歷任廣東高州府信宜縣督捕廳右堂。彭耀祖（1650～1726年），字子榮，武庠生。生四子商祚、商燦、商琳、商璠。還有一支彭氏，是彭延年之子彭鑒22世孫彭善桂，於1752年遷入四川簡陽，有的後裔移居米易縣。其原用字輩爲「戰發朝正國，遠世榮光久，昌道家復興」。現最低字輩爲「興」字派。

（071）四川金堂彭氏：金堂爲現今成都市青白江區城廂鎮。據城廂鎮彭大將軍專祠管理委員會會長彭家祥提供，其始遷祖爲彭構雲的33世孫彭材柏，於清康熙四十九年（1710年），從湖南常寧縣南鄉水口老宅入蜀爲宦的，住縣東門外萬安鄉老虎頭。又傳至38世彭盛廣新建第宅于金堂縣姚渡鄉石籠三堰金雞窩。再傳至41世的民初烈士彭家珍。這裏建有「彭家珍大將軍專祠」，以資紀念。專祠管委會還保存有清光緒《金堂彭氏續修支譜》一冊。譜文中有《榮房裕派宦友世家》、《榮房學派楠支系》，特別是《慶榮祖裕公派分宦房第5子一支入川住成都府金堂縣萬安鄉齒錄》，對研究彭家珍的家族史，以及兩湖客家人入蜀定居的歷史，皆有重要參考價值。如今住在金堂縣的彭姓有千戶以上，他們集中住在金樂鄉。其派語爲「材開成能，美盛貞恒，家傳信述，紹道之先」。其血緣世系爲→①構雲……→⑬嗣邦→仕炳→思珠→汝楷→優正→振淮→遇賢→禮讓→世傳→勘慎→長漾→佩吉→永言→開新→慶榮→延桂→仕宜→大用→希禹→維達→材柏→開泰→成伸→能志→美典→盛廣→貞吉→復恒、乳恒→㊶家珍、家祥……

（072）四川川南彭氏：川南一帶的彭姓移民較多。其中有川南資中縣彭氏、川南井研縣彭氏，分別由明萬曆年間和清康熙年間遷入；川南宜賓縣有白馬鄉和橫山鄉的彭氏，分別有347戶和387戶之多；還有隆昌縣彭氏和資陽縣彭氏。在資陽金台鄉還保存有彭家祠堂珍貴

歷史文物。

（073）**四川大竹彭氏**：據《川渝彭氏宗族譜》介紹（下同），這支彭氏的遷蜀鼻祖，爲早期著名史學家彭大雅。他是彭構雲16代孫，嘉定進士，號太極翁，配諸葛氏。宋理宗嘉熙三年（1239年）任四川安撫制置使兼重慶知府。其4世玄孫均祥，字文聰，明太祖年間遂占籍鄰水（當時屬大竹一邑，至1466年始分爲鄰水縣）石船里老君山坎下龍洞溪、大竹縣四合鄉彭家壩。5世彭齡（1364～1449年），字永年，遊竹邑泮，登永樂丁酉科（1418年）進士，官終雲南大理府雲南縣知縣，享年85歲，移葬于石船里龍洞溪祖地。生子崇教、崇雲、崇京。崇教，字鎮都，號六，由貢士任湖廣衡州府衡陽縣知縣，卒後附葬祖地，今鄰水縣復盛鄉蓮花村彭家大灣後父墳之左。其後鄰水有思賢、思道、思通；大竹有文友、文寅。由大竹縣四合鄉而分居的有彭家壩、彭家梁、東河、西河、玉家山、陳家溝、古家場之彭家嘴、高穴場牌坊嘴之洗馬灘、姚市坡之王家灣、周興灣、斜坡場之江家壩、媽媽場甘家大地壩之葉家嘴等地；由鄰水縣石船里龍洞溪而分居的有袞市場之母豬石、肖家岩、蹇家場、王家場之石牛河、豐禾場之洲灘、麼灘場之長嶺岡、石稻場之章家河壩、涼水井、石永鎮、八耳灘之彭家口、荊坪場之章家岩、古路鄉之艾家溝、冷家嘴、桃子園等處。其血緣世系爲：構雲……仲榜→繼述→加才→貴臣→立亮→青烈→雲官→治祿→世端→㊸天富……天富，字思源，姚市鄉人，大學本科，主任科員，在大竹縣勞動保障局工作。所撰寫論文被省、市級有關部門及報刊雜誌發表40餘篇。大竹縣詩詞楹聯學會會員，川渝《彭氏宗族譜》主編。

（074）**四川鄰水彭氏**：這支彭氏爲入川始祖彭大雅之後裔思賢、思道、思通所開創，又同屬大竹彭崇教的後裔。彭思賢有子一憲、一章、一文、一武，武贅張氏承嗣，章、文之後尚未詳考，一憲後裔分居祖地牌坊灣，章家河壩等處；思道有子一洪、一湖，一洪後裔分居章家岩、冷家嘴、橫山子，一湖後裔分居辣子溝、章家河壩等處；思通有子一耀、一傑、一騰。母豬石爲一耀之後，洲泗灘爲一騰之後，

一傑後裔居祖地彭家口下灣和右路口八耳鎮等處。原字輩爲：「一良學正興，加貴立青雲，應試天明道，書中禮義成。」

（075）四川渠縣彭氏：渠縣金鑼鄉有一支彭氏，原籍湖北省麻城縣高坎堰。「湖廣填四川」時，落業于金鑼鄉石盤村彭家壩。原用字輩爲：「久登君國尙，雲松龍有德，家成天開化，朝庭永華達。」

（076）四川宣漢彭氏：宣漢縣有 6 支彭氏：①明月鄉彭氏，原籍重慶市開縣天白鄉尖山村尖山組（又名大象山），1933 年因軍閥混戰，旱災襲擊，民不聊生，彭永保帶妻兒逃荒至宣漢縣王家場（今紅嶺鄉）會家溝居住，1936 年遷于明月鄉二村。湘陰（屬湖南）口傳派語爲：「仁民有萬子孫光，定應諸賢元國房，志廷修幸崇豪顏，永遠世代顯名揚。」又有漢豐續修派語云：「永遠洪恩世代昌，文章經綸啓明良，書香繼美承家范，祖德相傳遺澤長」；②三河鄉彭氏彭權（千九郎 7世孫），字仲常、可亭，又號謹。娶餘氏，生子瓏、琥。彭權於 1641年冬季攜帶女祖余氏，兒媳孫子等若干人，由湖北省麻城縣孝感鄉高坎堰徙遷，經四川萬縣、開江、天生到東邑德里（今三河鄉）鐵溪溝北岸皂角壩和高岩洞之上岡家溪旁定居。彭琥遷開縣大錢山定居；原用字派爲：「權龍義陽，應學榮儉，仲可修澤，言作恩躬，德能光宗，良才守道，廷升必豐，其祥汝錫，開元廣紅，家邦定達，昌大永隆」；③黃石鄉彭氏，原籍開縣遷黃石鄉五村定居。原用字輩爲：「年山維祖澤，模仁仲應心，學正能開道，懷恭欲達天，公孫廣尙國，長髮紹忠先」；④馬渡鄉彭氏，原居四川省開縣中和鎮、三合鎮彭家坪等地（今重慶市所轄），有彭定純之孫祚坦、祚成、祚三、祚本、祚乾於 1935年遷來馬渡鄉七村劉家溝和六村歐家坪居住；⑤花池鄉彭氏，原居開縣中和、三合等鎮。1935 年，彭國斌之子祚明、祚先、祚權、祚盛、作祠及女祚鳳遷居花池鄉。原用字輩爲：「仕朝天玉定，國祚必昌興，……」；⑥上峽鄉彭氏，有彭茂生於清康熙四年（1665 年），自湖南湘鄉縣遷四川東鄉峽口場（今上峽鄉和涼風鄉）。原有字輩爲：「道安宗永泰，德大子長祥。修志承先烈，英明萬代光。忠貞國朝正，文

高本源清。和厚崇仁敬，榮發全家興。」

（077）**四川達縣彭氏**：達縣有兩支彭氏：①木子、申家鄉彭氏，經彭天富等考究《彭氏宗派》殘碑和彭程氏墓碑的落款和文字記載得知，這支彭氏入川爲康熙年間，約 1670 年左右。他們流布在申家、木子、馬家、雙廟四鄉和趙家鎮等地區 13 個村。木子、申家鄉的原用字輩爲「書曙經文永紹先，德成仁立志如天，自能大有三元貴，登仕朝堂定萬年」；趙家鎮的原用字輩爲「遠才正紹鳳，應永在公廷，一鵬九毓桂，主人慶中興，立志培先德，丕振大家聲」；木子鄉九村彭氏由萬縣城口遷入，其原用字輩爲「國正天心順，宮清聖懷安，德澤傳盛世，福祿萬代全，祠紹宗功遠，顯祖永長綿，富貴承上品，榮華滿金鸞」；②趙家鎮、碑高鄉彭氏，原籍江西、湖廣省，第一次入川者彭坤遠。在明朝時入東川青雲、定固居住，繁衍至 5 世鳳字輩時（同上字輩），四川戰亂頻繁，民不聊生，入川始祖帶其子孫遷離以上兩地，待四川戰爭平息後，約康熙十三年（1674 年）左右，第 2 次入川，由第 6 世應碧、第 7 世永興兩叔侄遷入達縣。應碧落業于趙家鎮的田家溝，分房於雙廟鄉、大竹縣二郎鄉等地；永興落業於碑高鄉的周家溝，分房於映山鄉，並建有彭家祠堂。後又有子孫遷居大竹縣二郎鄉羅家村、石河鄉、大竹縣城等地。趙家鎮祠堂的碑文上除刻有上述字輩外，還刻有一詩雲：「展譜問本原，咸曰商之賢，金剛長現世，壽高八百年。由江以及湖，明季入東川，青雲卜其居，發祥成萬千。海河嶽岱固，生養教訓聯，信古宜聖師，風韻足流傳」。

（078）**四川廣安彭氏**：這支彭氏有 9 支：①彭朝寶，於清康熙三年（1664 年）秋，奉旨由湖南永州府祁陽縣孝弟鄉（普樂鄉）十四都黃家渡遷入川東道廣安縣明月鄉伏龍里（今廣安區前鋒鎮大佛村 8 社）定居。時由 1 世祖彭朝寶、彭朝貴兩兄弟率兩家衆人走水路到重慶府，由官府分派，朝寶赴廣安州，朝貴到涪州。祖宅前有古堰，左右柏杉相拱，後爲臥牛山（洞梁子），先人擇其爲祥地，命名彭家大堰塘。原用字輩爲「國朝一字（仕）水，詩元萬代昌，文明光百世，福祿壽華

長」。彭構雲第 33 世，即「國」字輩，屬構雲第 9 世孫彭壽宗支；②
彭尙選（當時 48 歲）舉家奉旨於清康熙三十七年（1698 年），從湖南
永州府零陵縣遷入川東道廣安縣生勝堰塘定居，後取名彭家堰塘灣，
後分居廣福、化龍、朝陽、穿石等地。原用字輩爲「尙一成玉國，開
元啓永昌，朝廷有仕子，德志顯宗邦」。「尙」字輩爲彭構雲世系第 35
世；③三溪彭氏於清康熙五十年（1711 年），奉旨由湖北麻城縣高坎
堰入四川，初到夔府梁山（現梁平）居住，置業無成。後由梁山移居
廣安州三溪河劉碧灣定居。後裔還有居代市鎮長五鄉的。其字輩 40
字爲「在玉學雲水，開朝宗大興；仁壽昭祖德，善樹廣賢因。孝廉爲
家正，文有輔國君；明祿世光顯，福澤喜長存」。「在」字輩系彭構雲
第 35 世，該支屬構雲第 9 世孫彭壽後裔；④代市鎮彭氏於清乾隆五十
年（1785 年），由湖北麻城縣高坎堰入川東道重慶府廣安州代市鎮堰
塘灣定居。其 20 字輩爲「益尙辰宗祖，萬世永興隆；國泰皇恩大，時
懷地財長」。「益」字輩是彭構雲第 39 世，屬彭壽世系；⑤協興、太安
鎮彭氏，於清乾隆五十年（1785 年），由湖南麻陽縣入川東道重慶府
廣安州（今廣安市廣安區）協興、太安鎮定居。其字輩 20 字爲「宗元
永昌，洪開家章，先澤定國，繼紹文光，遠志久長」。「宗」字輩爲彭
構雲第 38 世，屬彭壽宗支；⑥彭永倫於清康熙五十一年（1712 年），
舉家奉旨由湖南麻陽縣入川東道重慶府廣安州馬壩、悅來、楊坪等地
定居。其字輩 20 字爲「永世維昌泰，興隆刻正家；高宗隆憲祖，福祿
壽天華」。「永」字輩屬彭構雲第 35 世，彭壽宗支；⑦彭自蛟攜子濱元，
於清康熙四十九年（1700 年），由湖南永州府零陵縣孝感鄉高坎堰峨
公大丘移居川北道順慶府（南充）廣安州廣安縣明月鄉省雲里麻柳灣
落業，爾後有部分人丁移居渠縣境內。由楚入川字輩爲「天星玉宗良，
富貴永華長」，後續 30 字爲「國正賢才輔，家和孝友揚。春光明海澤，
世代顯文章。清定熙潮治，敦仁啓德芳」；⑧東嶽彭氏原籍湖廣三楚衡
州府清泉縣長塘大坡堰，於清乾隆二十五年（1760 年）入川東道重慶
府廣安州（現廣安市）東嶽鄉定居。系元六郎後裔，原有字輩爲「萬

世大永興，宗祖維宋承。榮華光繼遠，輔佐聖明庭」。光緒十七年（1899年）重修譜後續字輩為「惠迪家聲振，美彰樹棟梁，積善啓綿遠，存心肇禎祥，乘規傳奕祀，簡書增琳琅，建譜儲鑫斯，謨烈壯紀綱」；⑨彭子通之子榮趙於清康熙五十七年（1718年），率子尚富、尚貴、尚友、尚福、尚壽，從原籍湖南衡州府衡陽縣重江鄉（第七甲）三都入川，居廣安州姚坪里（現協興鎮）鄭家溝耕田為業。由於身勤家儉，外敬內和，不數年人康物阜，於乾隆年間先後置白鶴嘴、爛大坵兩處田產，並在當地立祠堂，成為旺族。尚富、尚福分居爛大坵，尚貴、尚壽分居白鶴嘴，尚友無嗣。原用字輩為「庭正希子榮，尚應宗祖興。中懷天賜美，智仁信義存」。

（079）四川華鎣彭氏：華鎣市有 4 支彭氏：①雙帽碑彭清民的先祖，於乾隆五十六年（1791年），由湖北麻城縣孝感鄉遷入四川，因來得晚，無地方居住，便依附早入川的彭姓（天池）建房居住永興境內雙帽碑，故無祠堂。由入川第 2 代起，議定字輩 20 字為「國正天心順，官清民自安；朝廷文運選，世代永遠長」；②彭世柱遺孀周氏，原籍湖南衡州府衡陽縣金蘭鄉河塘里新興回龍土地人氏，於清康熙四十九年（1710年），率子大勝、大倫、大琦、大瑜入川夔府梁山，創業無成，後由子攜母骸骨入廣安州，大倫、大琦定居廣安長五鄉，大勝、大瑜定居重慶巴縣明月鄉伏龍里陳家溝，今華鎣祿市鎮內。入川前議字派 40 字為「必以朝天景，顯福紹良忠；世大承祖繼，文運永興隆。詩書達治道，禮樂振綱常，廣德聲名遠，鴻仁祿定昌」。「世」字輩為彭構雲 35 世；③彭傳慧（1620年生）之妻李氏，於清康熙十二年（1672年），帶長子彭信豪奉旨遷入四川重慶府廣安州廣安縣明月里仁和場（今天池鎮）老屋嘴建祠定居。其 20 字派為「傳信欽宗祖，志立更自祥；存心一代啓，文明永世昌」；④彭構雲 35 世孫彭宗鵬之子世惠、世敏，原籍湖南衡州府西鄉鹽田橋光政鄉梁川里大町，於清康熙四十一年（1702年），遷西蜀重慶府合川縣東里慶合場（今華鎣市慶華鎮）場西四腳碑芋河溝、椒子溝一帶。宗鵬次子世恩、三子世蔚之後代居

合川梅子塘。世敏之長子仁珍、次子仁珠、三子仁琦居合川苟家沖（寶華山）。原字派爲「文添原升政，九明時祖宗；世仁朝大科，萬技永興隆」。

（080）**四川岳池彭氏**：川南文武學校彭善春提供，這支彭氏又分喬家鎮和石垭鎮兩支。前支由湖南麻陽縣入四川東道重慶府廣安州岳池縣喬家鎮居住，字輩爲「善繼先君志，增榮世永昌；安成福德久，學位顯忠良」；後支亦由湖南麻陽縣入四川岳池縣石垭鎮（現彭家龍溝）落業，原字輩爲「朝興有仁德，良善益久長；富貴永隆昌，肯憲榮世代」。

（081）**四川武勝縣彭氏**：據《川渝彭氏宗譜》簡介，這支彭氏又分5小支：①彭構雲37世孫彭朝標（天壽），原籍湖南永州府祁陽縣下祁陽鄉楊家灣，於清康熙五十四年（1715年），入四川東道重慶府定遠縣（今武勝縣）包家壩定居，現流布在新學、秀觀、中心等地。原用字輩爲「泰仕成有定，鴻基何自肇；惟向書中尋，經典須詳閱；詞章務顯明，才高科捷發；時至級聯升，永遠逢隆世，長承聖主恩」；②彭愈祉（彭構雲第35世）於清康熙三十六年（1697年），奉旨從湖南永州府祁陽縣普樂鄉十四都鵝公大坵，遷入四川東道重慶府廣安州定遠縣沿口鄉岸灘橋畔定居，現流布飛龍、長安、白坪等地。字輩爲「愈國金朝廷，天生大德星；全家傳孝友，世代啓文明」；③彭構雲37世孫彭朝釗於清康熙三十一年（1691年），從湖南祁陽縣土橋鎮入川武勝縣興隆鄉彎刀橋定居；嗣後又有彭朝宗于清康熙五十一年（1712年），率家從湖南永州府祁陽縣彭家沖，入四川東道重慶府廣安州定遠縣（今武勝），居太山鄉、鳴鍾鄉、沿口鎮等地。字輩爲「朝永宗必達，榮昌世代期；文章純祖武，敏勉廣前基。運字深山遠，應多福壽宜；鴻財歡振啓，令聚樂交泥」；④彭構雲37世孫彭興元於清乾隆五十年（1786年），由湖北麻城入川定居武勝縣萬善鎮境內。字輩爲「啓守明在顯，民盛天運開；萬代文昌茂，國朝繼世才」；⑤烈面鎮彭氏於清康熙五十年（1711年），由湖北麻城縣孝感鄉花園村孫家灣入武勝縣，

建宗祠於烈面鎮境內。原字輩爲「國朝登水仕，禮承大家興；福壽重來久，榮華富貴有」。

（082）**四川內江彭氏**：彭構雲12世孫彭延年第2子彭銳的後裔彭伍友，于清康熙五十二年（1713年）從廣東和平縣玖水上塘遷入原四川榮昌縣（今屬重慶市）仁義鎮定居，其子彭國信又分居遷入今內江市東興區白鶴鄉姚家灣開基立業。原用字輩爲「友國文榮聯，繼志承先代，賢才應運隆，朝廷良正選，勳業萬年宗」。

（083）**四川隆昌彭氏**：流布在石碾鎮、響石鎮、油房鄉等地，現舉兩例：①彭延年子彭鑒的19世孫彭君祿，於1712年由原籍廣東乳源縣遷入隆昌，部分遷居瀘州市衣錦鄉。原用字輩爲「君萬振朝綱，榮華大吉昌，修成上國瑞，盛德煥文章……」；接著又有彭延年子彭銳的25世孫彭友仁，于1723年，由原籍廣東興甯縣南鄉五里遷入隆昌石碾鎮定居，原用字輩爲「有啓庭世大，德厚正祥光，雲程萬代興，富貴榮華盛，曆祖享朝爵，福祿與天長」。最後還有彭鑒的22世孫彭能振，於1751年由原籍廣東興甯縣南塘，入遷隆昌縣城。原用字輩爲「能朝如顯達，耀祖復光宗，積善照餘慶，學誠繼德風……」；②彭構雲9世彭嘉後裔千七郎8世孫彭重二（構雲27世），於1369年由原籍湖南遷入隆昌縣石碾鎮車家堰，落業居住，稱「本地彭」，原用字輩爲「大起光先志，宏開裕永基，高文明著世，英武績匡時……」。現最低字輩爲「英」字派。還有構雲37世、彭嘉26世、千七郎18世彭高榮，由原籍湖南寶慶遷入隆昌涼亭。原用字輩爲「大文高聰德，天光日月明，承宗開顯達，紹祖啓隆榮……」。現最低字輩爲「紹」字派。

（084）**四川宜賓彭氏**：彭延年之子彭銳的26世孫彭元麟，1759年由原籍廣東入遷宜賓，後散居貴州金沙縣禹謨。其原用字輩爲「元榮玉文必，正開光明星，仁義禮智信，科榜中先天」。現最低字輩爲「義」字派。

（085）四川屏山彭氏：彭瑩兄弟3人，於明末清初（1600～1660年）從原籍湖北黃州麻城縣孝感鄉東路高坎月爾池遷蜀。長房落業于

成都青石溪，二、三房入宜賓兩江上游。據傳彭瑩偕四兄弟在宜賓分開時，將一面銅鑼打成 4 大塊，各執一塊以作紀念。現宜賓縣白花區白馬場彭姓字派與屏山同。彭瑩二房先故於雲南，其子應祿、應祖後遷入屏山縣城西之富榮鄉（當時屏山名馬湖府，富榮爲洗油）的紅椿灣居住。第 3 世仕昌之子文通、文奎因故分居。文奎於清雍正四年（1726年）徙龍溪山（今龍華鄉）晏家山辟基而居，至今 260 餘年，傳 10代，流布於紅椿、龍華、喜捷等鄉村。由於入川時族譜被焚，只靠祖輩世代口傳，其字輩爲應昌文玉（王）大，世運永興隆，道德傳宗遠，儒學（詩書）訓千秋（儒書擇後良）。現最低字輩爲「學」字派。

（086）**四川富順彭氏**：彭構雲 31 世孫彭爵祿，於明末由原籍江西九江府湖口縣春橋鄉八橋村羅家渡，遷入四川富順縣，後來又有子孫移居貴州仁懷三台。原用字輩爲「祿世春正洪，子奇仕升崇，元朝興登發，文貴應光宗」。現最低字輩爲「宗」字派。

（087）**四川安岳彭氏**：彭三雲、彭仕成爲彭魁五郎 11 世孫，原籍湖南祁陽縣，他們於 1728 年，三雲從洪橋鋪入川，分居石羊鎮、頂新鄉，仕成從青竹堡入川居安嶽。他們的原用字輩爲「惠迪家聲振，美彰樹棟梁，積善啓綿遠，存心肇禎祥……」。現最低字輩爲「綿」字派。

（088）**四川巴中彭氏**：彭蔥亦爲彭魁五郎 11 世孫，由原籍湖南祁陽縣排山泉塘遷入四川巴中市明陽鄉，其原用字輩與安岳彭氏同。

（089）**四川犍爲彭氏**：始遷祖彭榮卿自明洪武二年（1369年），弟兄叔侄扶老攜幼數十餘人，由楚遷蜀犍爲縣落業三溪。至二十七年（1394 年），人煙漸繁難以共居，故將田糧分屬八房，爲當地盛族。長房彭必先分居和尙壩解下沖、粒子沖等處，今三溪鋪瓦場壩有彭大謨一支後裔；二房彭必進分居李子溪、桔寺院等處，今大井壩蓑衣氹有彭永仁一支後裔，還有桔寺院即今九皇廟觀罄便知其廟後中嘴上一支郎二房之後；三房彭必賢分居新塘棺木村，今雙流縣青扛壩有彭丹鼉一支後裔；四房彭必隆分居大岩灣等處，今有彭恩倖一支後裔；五

房彭必成分居棺木塘等處,今有西道彭忠一支後裔;六房彭必光分居道觀沖等處;七房彭必富分居桶塘等處,今有七房溝彭現璠一支後裔;八房彭必清分居土地壩等處,今有高嘴上彭永琦一支後裔。還有一些裔孫在明末避亂時,分遷雲南屏山、洪雅、青神、眉州、新津、溫江、雙流、武陽、峨眉、丹棱等處。其原用字輩爲「永大洪宗,世紹先德。商賢遠繼,同登長齡。」

(090) **重慶江北彭氏**:源于湖南邵陽彭氏。據重慶市文史研究館彭伯通提供的本房《彭氏太濟公譜》殘本所載,始遷祖彭太濟第4子元慶,字克吉,於清康熙五十年(1711年)隨元亨、元享兩兄及侄(元高之子)明瑞、明理等奉母入蜀,插占重慶府巴縣江北里毛家屋基,即今之渝北高嘴鎮。又據老《彭氏族譜·序言》所述,溯自明洪武四年(1371年),先祖彭伏五、伏六,自江西吉安府太和縣鵝頸大圯遷湖廣永州府祁陽縣,再遷寶慶府武岡州牛山橋上。後弟兄分開,彭伏五留原地,彭伏六再遷本府邵陽縣小江。伏六傳成旺、傳仕志、傳梓忠、傳宗顯、傳文富、傳廷逐、傳朝鸞、傳均啓。彭均啓生子太濟、太斌、太潤。彭太濟又生子元高、元亨、元享、元慶。彭明理又傳良擇、傳國棟、傳永祿、傳正德、傳孝文、傳友榮、傳胤權。還有彭太濟的兩個胞弟太斌、太潤及遠堂弟太羲亦在此前後遷來,成了邵陽彭氏在巴縣義里大會師。近300年來,他們的子孫在這塊土地上繁衍生息,世代興旺。今天的重慶市渝北區、江北區的太灣、高嘴、統景、石鞋、古路、王家、沙坪、石坪、唐家沱等各鄉鎮均有邵陽彭氏家族居住。唐家沱重慶46中學就是原彭家祠堂。其字派爲「成仕梓宗文,廷朝均太元。明良國永正,孝友胤光先。榮達宏通祚,祥開經裕賢」。

(091) **重慶梁平土墩壩彭氏**:據梁平縣土墩壩彭氏家譜記載,這支彭氏原居忠縣磨盤寨野鴨池。清康熙十四年乙卯(1675年)中秋,始遷祖彭貴林棄忠州移居梁山(今梁平)龍門鄉土墩壩(今樂勝村)。據傳,其始祖彭宥,由湖北遷四川忠縣南岸落戶,插標爲業。因祖輩有鑄造手藝,曾幫助當地王姓商人辦鑄造場所,生產犁頭,爲王姓商

人創造了很多財富,在忠縣東溪口修建王家祠堂,在陳家灣修建大院。後來王姓商人去重慶另辦大廠。爲感謝彭宥,將鑄造場地、王家祠和陳家灣大院低價賣給彭家,而彭家又繼續生產犁頭,逐漸富裕起來,置田阡陌,於各處修建房屋。並爲方便遠地商人來往住宿、吃飯等,又在山梁上修建幾間房屋供客商住宿,後發展成集市,每逢三、六、九日爲集期此稱「彭家場」。還在西南隅修建一四合院,陳放祖宗亡人靈位,春秋季節殺豬宰羊,祭掃祖墓,此稱彭氏宗祠。此後,彭貴林棄忠遷梁,有資本于龍門鄉土墩壩置業興族,迄今近 300 年,繁衍 14 代,4000 餘人,號稱「好男三千」,名人輩出。現有 1132 戶,分佈龍門、新盛、文化以及開江縣任市一帶。約建于嘉慶年間的彭家祠堂,位於拱橋場上,解放後改作鄉政府。原供於祠內祖宗牌位有七、八十塊,由彭道志保管珍藏至今,其中始祖牌位兩塊,陰刻鎦金楷書。原用字派爲「貴萬應仕學,純心樂善道,忠良定國安,孝友治家寶⋯⋯」。

　　（092）**重慶涪陵彭氏**:這裏有 4 支彭姓:一是仁義鄉大雅房彭姓,據 1948 年《增修涪陵彭氏大雅公族譜》記述:「查吾族自大雅公於前明嘉靖至隆慶年間（1522～1573 年）,由楚宦蜀二世祖宗祀、宗應、宗賢三公渝遷涪楊柳堂,應列大雅公爲入川始祖。」原用字派爲「（上才公派系）大宗單上,春儒祖家,書禮相傳,金玉光華。（上益公派系）大宗單上,春儒體單,德治熙正,隆慶道鹹」;二是仁義鄉朝興房彭姓,原籍江西,彭構雲 9 世孫彭吉的 8 世孫彭文傳,有子彭高,娶明氏,生 5 子:長子朝佐,居湖北宜昌;二子朝用,居江西婺川;四子朝彬,子孫散居定遠、彭水、武隆;五子朝榮,子孫居眉山之丹棱（即清代名人彭端淑一支）;惟三子朝興世居涪陵仁義鄉馬伏嶺。朝興生文通、文達,達生潭,潭生大田、大學,田生萬舟,舟生貴山,山生仲玉,仲玉生正心、義方,正心生里長,長生而述、而信、而好、而比。從此分爲 4 大房。原用字輩爲「子高開基,義方復業,啟賢時春,豫順學承,忠孝治家,詩禮相傳,克遵先志,世代光榮」;三是百勝、雙河鄉朝仁房的彭姓,其始遷祖彭朝仁,約 16 世紀中葉入川涪陵義和場。

其裔孫流布于百勝、北雁、雙河、隆興、羅家場等地。30 字字派爲「仲朝啓東仕，大文世學盛，榮德玉有貴，春揚金銀在，國正永興定，福壽明月開」；四是李渡鎮錫都房彭姓，由於時年久遠，譜牒遺失，無法對入川前的人名、年代、原籍等進行考證。

　　(093) 重慶長壽彭氏：這裏有兩支較大的彭姓：①黃葛鄉尙倫房彭姓，原籍湖北麻城縣（今紅安縣）縣城東南部孝感鄉（今雙橋鄉）高坎堰（劉河村）。彭尙倫、尙霞兄弟遷四川，尙倫落業于長壽縣黃葛鄉雙土村 5 社（彭家灣），尙霞失考。尙倫生子應年、應中、應鬥。應年居祖地彭家灣，應中落業於涪陵地域，應鬥落業于墊江縣硯臺鎮白雲村 8 社。其原用字輩爲「應顯簡卿相，啓元祖德長，萬代朝天子，學士大文章」；②古佛鄉正興、正發房彭姓，原籍湖北孝感鄉（今雙橋鄉）。解放前在長壽縣城後街有彭家總祠堂，民國年間族長爲彭采廷、松橋二人。清明節祭祀時的宗主爲正興、正發二公，估計爲該房入川始祖，裔孫居住白廟村彭家溝。進川後代傳有 12 世左右。開列字輩40 字爲「文愈維仲朝，元肇慶孫堂，志世同良佐，君臣和德彰，詩書崇甲第，忠孝必留芳，治國傳先祖，辭家厚克昌」。

　　(094) 重慶榮昌彭氏：這縣住的彭姓較多，計有 9 支：①伍友、桂松、璘玉房彭姓，源于彭構雲 9 世孫彭壽後裔延年之後。彭伍友原籍廣東和平縣玫水上塘，於 1713 年遷入仁義鎮，是彭銳的 25 世孫。其原用字輩爲「友國文榮元，仕一朝萬乾，中新高明久，富貴仁華宜」；彭桂松原籍廣東，於 1759 年遷榮昌縣河包鎮，是彭鑒 24 世孫。其原用字輩爲「永維世澤，宏發家祥，克繩祖武，茂著前方……」；彭璘玉原籍廣東興甯縣，於 1736 年入四川安賢、大足郵亭等地，是彭鑒的22 世孫。其原用字派爲「紹先宏祖澤，富貴永昌榮，世代炳忠信，邦家慶文明」；②太誠、萬富房彭姓，源于彭構雲 9 世孫彭嘉的後裔。彭太誠原籍湖南武岡，於 1697 年入四川榮昌縣直升鄉彭家岩，是彭千七郎 16 世孫。其原用字派爲「成仕梓宗文，廷朝均太元，明良國永正，孝友胤光先，榮達宏通祚……」；彭萬富原籍湖南道州，於明洪武二年

（1369 年）遷榮昌雙河落角灣，系彭千七郎 8 世孫。其原用字輩爲「祖啓思尙泰，守登三貴正，大仕明永基，高文名著世，英武績匡時」；③雙河鄉彭氏始遷祖彭登儒，於清康熙四十二年（1703 年），從湖南永州府道州進賢鄉城牆坪徙居榮昌高橋里四甲落角灣落業，即今雙河鄉永榮礦務局十礦井井口邊。他們按「永」字輩統一使用湖南彭氏 40 字派，即「大起光先志，宏開裕永基，高文明著世，英武績匡時，……」；④玉侮鄉彭氏始遷祖彭潛，系彭勝 11 世孫，于清康熙三十六年（1696 年），從湖南永州府零陵縣孝悌鄉魯塘入川，第 16 世孫開始列字派 16 字爲「宏大光明，登思仁義，再存德澤，永世其昌」；⑤峰高鄉彭氏始遷祖彭三寵，於康熙五十七年（1718 年），由湖南入川，譜序與彭潛裔孫一致，是彭勝的 10 孫。彭勝於洪武初以軍功從大田彭德，由江南瀘州府巢縣拓膏鎮，因奉調封湖南永州府爲指揮千戶，後裔居榮昌峰高鄉滴水村。20 字派爲「國正天心順，家和世澤隆，得仁崇紹述，廉善裕朝宗」；還有一支始遷祖彭永建，亦於乾隆三、四十年間，由湖南湘鄉縣入川，落業于峰高鄉千坵榜，原字派爲「富祖志太遠，孟應大永昌，安玉乾坤正，韓中光耀明」；⑥銅鼓鄉彭氏始遷祖爲彭家忠字輩的六弟兄，由原籍湖廣省桐木九架保楓樹大王祠下入川，原居銅鼓、保安、大足，後散居內江、榮昌。原字輩 40 字爲「忠信正尙，開必賢良，興祖德國，世代榮昌，永遠發達，文學增光……」；⑦石河鄉始祖彭辛九郎，原籍湖南永州府零陵縣福田鄉諫山嶺，9 世孫彭盈秀、藤秀、恒秀、挺秀四兄弟，于清康熙四十六年（1707 年）入川。盈秀落業于石河鄉高廟村核桃溝；藤秀落業於千佛鄉餘家橋；恒秀落業于響水灘；挺秀落業石河鄉胡家河壩。原字輩爲「一思秀仕世，大正有道國，元守天星悅，立志承先德，時思必自傑」；⑧油菜鄉始遷祖彭志金，爲入川始祖彭彥成之 6 世孫，生於清同治十年（1871 年），原籍廣東，入川時有族譜，文革中被收繳，不知下落，現裔孫分居在油菜鄉彭家坳。原字輩 40 字爲「財發應重貴，學成又再興，士彥宗祖顯，永遠志氣高，文章傳世澤，詩書紹先賢……」；⑨雙河鎮彭氏始祖，原籍湖南

永州府零陵縣福田鄉冒公塘，祭祀福主林塘馬子三郎祠下居住至8世孫彭一和，移居邵陽縣黃溪、順水二位尊神祠居住。清康熙三十六年（1697年）遷徙榮昌南門外二十里雙河鎮許正七甲高橋里梅石壩彭家巷子落業定居，至今已傳到13、14世。其30字派爲「一聯正仕世，大廷萬年安，福之從天佑，興旺久遠昌，學足惟守德，志高待時香。」

　　(095) **重慶永川彭氏**：這裏有3個房系：①彭再思房系，原籍湖南邵東，遷入永川紅爐鎮，是彭構雲7世孫師旺之後德洪之子悟的26世孫。原用字輩爲「濟思天源祖，仁永定安邦，文武再興隆，萬福啓泰康」；②黃瓜山彭氏房系，據傳清朝年間有位族人在朝廷做事，歿後送回黃瓜山安葬，並豎立一碑二燈杆，挾石碑於內。後裔現居黃瓜山斑竹灣，原用字輩爲「國正天心順，家和萬事興，必達文昌永，承繼應君恩」；③三教鎮、壽永鄉彭氏房系，入川始祖彭方才，原籍湖南寶慶府，現裔孫分居三教鎮、壽永鄉。方才爲第10世，進川近300年。原字派20字爲「崇顯思定永，志興萬全方，曰壽方武正，世代祖宗昌」，現已用完。

　　(096) **重慶合川彭氏**：這裏有4個房系：①魁五郎房系，是指合川市渭淪鎮彭魁五郎後裔第11世三思、三伯、三祝，第12世正祿房系，原籍湖南祁陽縣洪橋鋪。三思於1702年，三伯、三祝於1709年入蜀。第10世彭賓賢從祁陽縣八號坵遷入張橋鎮、九嶺鄉、小河鄉。第11世彭可仕從祁陽縣青竹堡遷入合川市。第11世彭梅、12世三友從祁陽新塘灣遷入張橋鎮、九嶺鄉。第13世彭惠聰於1706年從湖南清泉清茂鄉遷入合川太平鎮。各房原用字輩爲「惠迪家聲振，美彰樹棟梁，積善啓綿遠，存心肇禎祥……」；②玉庭房系，是指彭丞崧遷金陵後4世孫文進遷衡陽吳楚六府十三邑，明季年間構雲第32世「明」字輩由湖南衡陽徙蜀合川之安壩里相宅於禮渡河孫家溪西岸窩屋基。順治元年（1644年），張獻忠奪重慶，玉庭隻身乘牛尾巴沈浮，渡河得脫，避居長壽，繼投豐都，播遷流離在外19年，始歸井里。其後裔均分佈在合川孫家場及華鎣慶華鎮等地。其字派爲「玉金正良，明文

榮光，承廷燦國，仕朝安邦」；③江津市魁五郎房系，其始遷祖彭惠木、彭三雲，原籍湖南祁陽縣洪橋鋪，惠木是魁五郎 13 世孫、三雲是 11 世孫，于 1728 年入川，落業四川江津市。原用字輩爲「惠迪家聲振，美彰樹棟梁，積美啓綿遠，存心肇禎祥……」；④壁山縣五龍鄉彭氏房系。因無族譜可查，不知始遷祖名諱，只知所用 20 字派爲「朝上學志定，安邦國正興，爵祿登高位，天地永長春」。

　　（097）重慶銅梁、大足彭氏：這兩縣相連共有 15 個彭氏房系：①銅梁成達房系，是構雲 9 世孫嘉的裔孫千十一郎之後，原籍湖南永州府祁陽縣下河平鄉三十八都龍坡大王毛塘土地祠下。於清康熙五十九年（1721 年），由彭成達攜三子朝倫落業于銅梁土橋鎮彭家堡大屋基，在縣城巴川鎮梨子園建祠堂，其後裔分居銅梁、大足、永川、壁山等縣。湖南原用字輩爲「朝永宗必達，榮昌世代期，文章延厚澤，德業擴前基……」；②彭三堯房系，原籍湖南祁陽縣洪橋鋪，1728 年入蜀大足雍溪鎮和銅梁安居，是彭魁五郎 11 世孫。原用字輩爲「惠迪家聲振，美彰樹棟梁，積善啓綿遠，存心肇禎祥……」；③彭合順房系，原籍湖南衡州府耒陽縣平林鄉大橋里三元沖祀土主祠刁侯三祠下。彭合順（1674～1750 年）於 1704 年入合川至銅梁巴嶽里四甲東門外定居。原字輩爲「子邦萬正信，榮任合必昌，世代賢聖永，承天祚文明，德大安家國，恩鴻啓後人」；④巴川鎮彭公科房系，原籍同彭合順房一個地方。康熙末、雍正初，彭公科入銅梁城內，後分散各處，原字輩爲「子邦萬正信，應太公其仕，發達生卿相，久遠知繼純，雙全源光明，仁仲滿天星」；⑤少雲鎮彭國誠（1662～1736 年）房系，原籍湖南祁陽縣上和坪鄉三十七都伯父大王祠下吳公塘土地大江邊。康熙末入銅梁柏樹溝。原字輩爲「思志偉恩道，正尙楚國芳，文宗維世永，習學定安寧，盛朝雍熙治……」；⑥全德、二坪、虎峰、西泉鎮彭遐齡房系，原籍湖南衡陽縣四十都二十區正義鄉招仁里石日落大王乾民塘土地。遐齡字長（1554～1720 年），康熙五十三年（1714 年）三月初六日入合川至銅梁，落業於大東門外石壩溝，原字輩爲「世代興隆，

安邦定國，長髮其祥，克承祖德，登仕立朝，永建鴻業」；⑦大廟鎮彭鴻房系，原籍貴州遵義府綏陽縣（雍正六年前屬四川上川東道）包桂山，入學涪州補生員遷巴縣梁灘壩，後至銅梁長安里新九甲大廟場雙河口。原字輩爲「鴻天熙壇，金淇椿煥，載錫汝材。輝升銀漢……」；⑧仲光，朝棟房系，是構雲 9 世孫彭嘉之後，仲光原籍湖南祁陽縣，1719 年遷入銅梁太平鎮，是彭千十一郎的 15 世孫；朝棟亦原籍湖南祁陽縣，1708 年遷入銅梁土橋鎮。是彭千十一郎 16 世孫。原用字輩均爲「朝（三）永宗必達，榮昌世代期，文章延厚澤，德業擴前基……」；⑨彭鴻房系，原從貴州綏陽縣遷入四川巴縣等處，後遷入銅梁大廟鎮，爲構雲 35 世孫。原用字輩爲「鴻梓熙塤，金洪椿煥，載錫汝才，輝望銀漢，樹烈堂錦，永樂營封……」；⑩正輝房系，原籍湖南祁陽縣，1747 年遷入大足縣雍溪鎮，爲構雲 9 世孫彭嘉之後，千十一郎 17 世孫。原用字輩爲「自正家必達，榮昌世代期，文章延後澤，德業擴前基……」；⑪可聖房系，爲魁五郎 11 世孫，原籍湖南祁陽青竹堡，入大足落業，原用字輩爲「惠迪家聲振，美彰樹棟梁，積善啓綿遠，存心肇禎祥……」；⑫魁五郎房系，魁五郎 10 世孫彭大湖，12 世孫三鳳、三昊、三賢，原籍湖南省，康熙元年（1662 年），三鳳從衡陽擔水塘遷入銅梁白羊鎮。三湖、三昊、三賢均從祁陽排山入蜀，三湖落業白羊鎮；三昊落業白羊鎮與合川銅溪鎮；三賢落業于安居、白羊鎮。各房原用字輩爲「惠迪家聲振，美彰樹棟梁，積善啓綿遠，存心肇禎祥……」；⑬大足逢振房系，彭逢振原籍廣東嘉應州興寧縣天坑堡赤泥嘴，乾隆元年（1736 年）遷入榮昌縣羅會里（今峰高鎮）三甲魚池壩，後遷大足縣郵亭鄉。新編字派 20 字爲「紹先宏祖澤，富貴永昌榮，世代炳忠信，邦家慶文明」；⑭巴川鎮朝誠房系，入川始祖彭鄒氏（1550～1735 年），與二叔彭朝誠（1545～1713 年），於康熙四十九年（1710 年）自湖南零陵縣正顏方都府三郎祠，入蜀至銅梁巴嶽里四甲五里墩（今巴川鎮鐵石村），雍正五年遷六寅里六甲六嬴山下，後裔今居巴川鎮大埡村、安居鎮、潼南縣臥佛鎮等處。原用字輩爲「祖祭立周朝，一任忠

臣明，永樂壽世昌，隆德嘉靖福，天合無私興」；⑮大足彭家壩龍躍房系，始遷祖彭龍躍，乃彭宣66世孫，彭構雲34世孫，居大足縣雍溪鎮彭家壩。

（098）**重慶忠州崇仁彭氏**：古稱四川臨江彭氏。始遷祖彭仕貴，名勝，系彭構雲裔孫彭通遠的第三子，出生於湖南湘鄉六十五都長沖（今屬雙峰梓門橋鎮）。據主編2004年《忠州崇仁堂彭氏通譜》的彭家華先生介紹：至元末，正值彭仕貴的青壯年時期，因反陳（友諒）擁朱（元璋）有功，洪武四年（1371年），被授予長沙衛（衛所乃今長沙市政府舊址），當時湖南只設有長沙、茶陵兩個衛所。十二年（1379年）遣戍四川忠州（今重慶市忠縣），世襲千戶。由於是官調性移民填川，來時同攜劉、劉二室和文富、文祥、文祿、文福、文壽和文聰等六子，落籍忠州崇仁鄉一甲野鴨池，是爲臨江（西漢所置忠縣縣名）彭氏始祖。據乾隆廿七年（1762年）《臨江彭氏族譜》載，與父子襲官同時，其家半種民田、半種官田。由於入蜀後始于六房（世稱老六房）下傳，瓜綿椒衍，現今人丁已逾五萬，遍佈渝東忠縣、石柱、萬州、豐都、墊江、梁平、開縣、涪陵、彭水、酉陽以及湖北利川、四川開江等十餘縣市。家華本人的世傳脈絡直線爲：①彭構雲→②茲→③個→④輔→⑤玕→⑥彥昭→⑦師奭→⑧德顒→⑨嘉→⑩儒斌→⑪國材→⑫九→⑬逵→⑭述→⑮仲明→⑯琮→⑰仲文→⑱思賢→⑲汝厲→⑳千九郎→㉑仁佳→㉒通遠→㉓仕貴（遷川始祖）→㉔文福→㉕友諒→㉖慣→㉗金鑾→㉘雄→㉙表→㉚以明→㉛仁→㉜滿宗→㉝邦啓→㉞應兆→㉟璠→㊱文治→㊲純鎰→㊳玫→㊴樂春→㊵善彰→㊶道顯→㊷家華（編者）→㊸念→㊹澤益。這一支彭氏的長房最遠的已傳到48世。他族現有80個分派，野鴨池老二的四房派語爲：「純心樂善道，家國益光昌，詩禮承先業，忠禎啓後長。」

（099）**重慶開縣彭氏**：據磴岩《彭氏族譜》記載，這支彭氏是從明洪武時入蜀的。明末有彭宗奇者任把總，曾與張獻忠交戰。至清末民初，有彭定芳（1847～1892年）一族，成爲當地名門。出了近30

位名人，載諸《古今同姓名大辭典卷四》中。定芳，諱國清，字泉源。父曰玉奇。世居開縣江里中和場街後陳家大灣。據其子彭作楨《翹勤軒文集》載：「君（定芳）二歲，父卒，母改適潘，爲祖父母所鞠育。警悟天成，讀書一遍能誦，塾師異之，以貧故不克久讀，改業商，往來綏定安渝萬間。其賬目注明天時晴雨，及甲乙丙丁交接，故事隔數年，而債務昭晰，人不敢欺。尤精珠算，兩手持籌，期於合符。摯交某賬目紛雜，無法澄徹，客狡辯不認，款巨事繁，請君往算，幽微軒露，客遂折服。性樂箴。

　　（100）**貴州大方彭氏**：據彭國琳文稿載：這支彭氏的入黔始祖爲彭大秀，字蓮池，彭登義9世孫。明朝中葉，原貴州宣慰使奢香夫人，統一貴州西北時，爲了開發當地文化、經濟、修驛道等建設，前往湖南、江西、安徽等地召募工匠，敦聘才學之士入黔，定居於大方鼠場阿作（原名鬼方），明嘉靖年間，被本地彝族安姓安排總理文牘教學。至明世宗、穆宗、神宗，以迄萬曆，歷經數世，現仍有墳墓碑文存在。嗣孫多爲文武高官，彭魁爲將軍，彭官爲文牘總理。明末清初，彭魁化妝替主獻身，彭官受牽連，逃往桃園（今納雍縣）病故。依據原彭氏家譜記載，貴州彭氏支系爲江西黃堂大家分出，其江西始祖彭琮的世系如下：構雲裔→⑰琮→仲文（湖南始祖）、仲弼→思永、思賢、思默、思旦→汝安、汝嘉→達叟、義叟→重諒、重華、重泰→子敬、子家→勳隆→雯尙、雯式→祖賢（昌雲）、祖聖（志雲）→嗣龍、嗣鼎、嗣源、嗣乾（上四房爲貴州畢節地區子孫萬人，加上貴陽、清鎮、綏陽、六盤水等地子孫約10萬人）→本勝、本富、本貴、本榮、本華→元俊、元傑、元倫→榮聖、榮漢→文真、文顯、文攸、文琳→義霖、義霄→仕讓、仕鄂（大秀），入黔又號蓮池配蕭氏，居大定阿作→㉞月開、月現、月彩、月倫→㉟仁魁、仁官、仁泰（下略）。

　　（101）**貴州水城彭氏**：據彭構雲35世孫彭郁良提供，這支彭氏的開基始祖爲彭應侖。他於清乾隆三十三年（1768年），由湖南寶慶府武岡州沈家坪後溪田貿易入黔水城縣野鍾鄉馬場村彭子頭，至今已

230 餘年。彭應侖爲彭祖氏 130 世裔孫。是彭祖第 9 子彭向之後裔；又爲彭構雲 14 氏裔孫彭祖拳的 15 世孫。系江西吉安府泰和縣人，號成仲，累升貴州安順府太守之職，卸任後落籍楚南武岡州沈家坪，爲湖南始祖。彭應侖入黔，爲當時野鍾鋅鉛廠 48 員猴子廠和當地經濟發展作了貢獻。應侖後裔發展較快，現有 400 餘人，小仕員較多，其中清代秀才 1 人，其他名士 3 人，民國團長 1 人，鄉保長、方士 9 人；共和國在各機關、企事業供職的有 22 人，其中鄉黨委書記、鄉長、站所長 10 人。其原排行（派序）爲：「祖、仁、汝、文、子（第 6 代爲單名，大房彭德；我房彭龍），再景祖宗，仁汝文子，應有宏仕大，佳郁永昌達，隆盛存光澤，光榮百代昭，傳裔維厚德，國拔輔升朝。」水城又新增 20 派序爲：「正良啓遠慶，銘祥錫元高。崇積恩周繼，廣裕登臻堯。」應字輩以上 14 代均是湖南武岡人。其血緣世系爲：→①構雲→②滋→③伉→④遠→⑤中→⑥彥浪→⑦克乾→⑧信啓→⑨以黃→⑩廷昉→⑪進德→⑫可道→⑬平叔、平保→⑭祖拳、祖賢、祖英→⑮仁俊、仁旺、仁珍→⑯汝通→⑰文亮、文態、文海→⑱子貴→⑲德→⑳再賢→㉑景富→㉒祖龍→㉓宗傑→㉔仁通→㉕汝富、汝貴→㉖文令、文利、文春→㉗子純→㉘應登、應仕→㉙有（友）玉→㉚□→㉛宏雲→㉜仕元→㉝大賢、大興→㉞佳春→㉟鬱良→……

八、崇安世系與閩台彭姓

福建彭姓，在宋朝居全國省分中的第 5 位，約占彭姓總人口的 14%。彭姓人入閩，除了有彭武、彭夷開拓福建武夷山的傳說以外，早在西晉時，福建就遷來了彭姓人，但大批量的彭姓人南遷入閩，大致是在唐朝以後，路線則是由江西蘇山而江西宜春，然後自宜春入閩，再分衍於廣東。關於這段經過，臺北縣的彭姓族譜上有十分明確的記載，指出：「其遠祖，唐玄宗時有彭雲（構雲）者，於開元二十七年（739年）南渡，僑居江西袁州。五代時，其第 8 世祖彭德顯，隨楚王于湖

南，北宋初再返袁州。至其第 16 世祖（一說 12 世）彭延年者，于北宋哲宗元祐間（一說爲北宋仁宗慶曆間），任潮州軍事，因家焉。居揭陽之浦口村，後分枝漳、泉，遂成大族。」故彭延年便成了彭氏在閩、粵兩地的開基始祖。據不完全統計，現福建省就南宋入莆始祖彭彝甫這支繁衍的彭姓人約有 6 萬多，他們流布的地域有仙遊縣的賴店鄉張埔，同安縣的彭厝、沙尾、後肖，泉州虹山，南安縣的金沙，惠安縣的彭厝，古田縣大橋杉洋，以及閩南安溪、詔安，閩北各地。而臺灣的彭姓，大致是在清朝初期來自閩、粵二地，有資料可考者爲清康熙六十年（1721 年），朱一貴反叛時，有粵籍義民彭朝旺等移居于下談水港。此後，相繼又有許多閩粵客籍彭家移居新竹苗栗兩縣，小部分散居臺北、南投、嘉義、台南諸縣地。據說，新竹竹東鎮的居民中，有半數以上都是彭家子弟。如今彭姓在臺灣爲第 31 大姓。

（102）**福建崇安彭氏**：亦稱福建作邑彭氏。崇安即今之武夷山市。這是從唐宋以來全國最古老的彭姓望族。源出三國時的彭闓。據清道光間的《〔崇安〕作邑彭氏族譜》記述，先祖彭邁，西晉永嘉元年（307年）南渡，居京口（今江蘇鎮江市）丹陽。東晉元帝即位，封他爲西都郡王，子孫散處江南一帶。彭邁十數傳至彭遷，唐貞觀時（627～649年）自丹陽出官建州，官拜千牛衛上將軍。挂官後卜室建平北鄉。出資募民萬餘，墾田三千餘頃，置村九十，名曰新豐鄉。此地又盛產鐵錫之類，歲貢本色鐵錠七萬五千斤有奇。彭遷子彭漢，生於建州官舍，官拜台州軍事判官。武則天垂拱三年（687年），彭漢奏准立爲溫嶺鎮，從而成爲丹陽遷崇安之彭姓始祖。彭漢曾孫彭璫任官，在武宗會昌五年（845年）奏准，改鎮立場，名爲崇安。彭璫本人，通達經史，家饒於財，性喜釋典，與當時名僧扣遊禪師友好，曾于所居之東建精廬，與師居焉。南唐時爲建州兵馬都監，詣金陵上書，請以溫嶺鎮改爲崇安場，他本人後則仕至殿中監。崇安的老百姓後來以彭璫奏清有功，隨之爲他們祖孫立「三丈祠」，以資紀念。「三丈」指彭遷、彭漢、彭璫，他的後裔出了很多顯官。如北宋崇寧三年（1104 年），特奏狀元

彭路，其孫彭奭亦登南宋紹興二十四年（1154 年）進士。還有北宋宗學錄彭拯，登政和二年（1112 年）進士及第，其子彭昌言曾知桂陽軍等。此外，還有南宋名人彭岩肖，獲得甲子（1144 年）薦官邑宦，詩文以學習韓愈和杜甫風格見長。詩人彭止，字應期，自號漫者，詩風清麗典雅，爲辛棄疾所器重，有《刻鵠集》傳世。詩人彭九萬，工詞賦，力主抗元而遇害，有愛國詩篇《淩波辭賦水仙花》傳世。今翻得民國卅一年（1942 年）《福建崇安縣新志·氏族》載，崇安彭氏有三支，但同姓不同宗。一支在唐初從潤州丹陽遷入，始祖彭遷，任建州武官，如上述；一支從吉安遷入，居住曹墩；一支居住新陽，稱是彭越後人。據這年統計，全縣 16 個鄉鎮，彭姓居住在 15 個鄉鎮，共 596 戶，2456人，位居第二等姓之首。尤以彭遷後裔繁衍最盛，占了全縣彭姓人口的大頭。

（103）**福建福州彭氏**：據《福建彭氏族志》載，彭思邈曾仕開州司馬，廣明元年（880 年）隨王（潮）入閩，宅福州西湖而肇基。子孫遍佈閩東村村寨寨，蕃衍閩北和浙江蒼南以及南洋諸島，彭思邈被尊爲閩東彭氏開基祖。南宋時，又有彭姓人活躍在福州地區。據《福州府志》記載，福州人彭億，字宋延，紹興間（1131～1162 年），南宋高宗與入侵的金人簽訂了「紹興和議」，對金屈辱稱臣。在金貴族的殘酷壓榨下，人民生活在水深火熱之中，四方盜賊蜂起。當時彭億正在尤溪縣作知縣，他辦事精明敏捷，有才幹，他一邊招募勇士，訓練精兵，一邊發展生產，把流竄在外的百姓召集回鄉，和當地的老百姓一起度過了艱難的歲月，保住了尤溪一方的平安。又據《尚友錄》記載，還有福州人彭公永，爲南宋紹興進士。他有兩個兒子，長子彭渙、次子彭演，都相繼中進士，全家顯赫一時。有一天，彭演曾夜宿甘泉店，即今陝西淳化縣西北的甘泉山上。清晨閑步到一官舍，見梁上有紅絲數條垂於地下，又見一老人握杖在旁守著，就走上前去看個究竟。老人見來者是個青年官員，就對他說，這裏是唐玄宗在位時的開元年間（713～741 年）建築的興慶宮，朱溫滅唐後，至今 200 年中，來這

裏的人有 12 個都在這裏題詩留念，你今天既來了這裏，也和前面的人一樣留一絕吧！彭演即刻提起筆來寫了一首七言詩：「長安宮闕半蓬蒿，塵暗虹梁羯鼓紳。惟有水天明月夜，一條空碧見秋毫。」題完就此告退而傳爲佳話。

（104）**福建莆田彭氏**：早在宋代有彭彝甫入莆，他是南宋淳佑七年特奏名狀元，官溫州教授。明代出現在莆田的有道教學者彭在分。他號「從野逸人」，曾著有《讀丹錄》一書，詳細論證修煉之法，以強身健體。還有明太子少保彭韶，字鳳儀，爲莆田縣東南人。天順丁醜（1457 年）進士，授刑部主事。他經歷了明英宗重定（1457～1464年）至明憲宗在位期間（1464～1487 年）官至刑部尚書退休，卒諡惠安，著有《彭惠安集》傳世。《莆陽比事》曾記載有：兩市彭，前街彭，爲祭酒椿年、教授奎之族。其後代名人輩出，有彭大治、彭文質、彭憲範、彭汝楠等。彭汝楠官至兵部侍郎，祖孫父子被朝廷封贈三代司馬，故明末莆城建有一石坊：其上鐫刻「三代司馬，四世名宦」。頌揚汝楠這一家子的盛況。爾後在清康熙年間，又有廣東巡撫彭鵬，祖籍莆田。他字奮斯，號無山，一號古愚，順治舉人。康熙間，耿精忠叛，凡九拒之，卒不能汙僞命。由三河知縣舉廉能清官第一。民間廣爲流傳的傳記體小說「彭公案」，就是以鵬的事績爲模特，再現了他的清廉、百姓心目中的好官。他累擢給事中，直聲震海內，與郭琇並稱曰「郭彭」，官至巡撫，清苦刻厲，罷官後，貧困得無法生活，著有《古愚心言》流傳人間。現在莆田的彭姓有近萬人，分佈在該縣的新度鎮港利、新度、溝尾，黃石鎮橫塘，梧塘鎮林外、福興社、華亭鎮石鬥、塘尾、莆田城廂區城內、南箕、下戴、涵江等地。還有部分莆田人南遷，他們的後代定居台、港、澳門，以及印尼、馬來西亞等地。他們走的路線是先從莆田到同安、潮州等地，再漂洋過海遠走他鄉。事隔若干年後，他們又回莆田來追宗認祖，於 1994 年在該縣的港利建起了彭氏大宗祠。在宗祠裏敬奉鼻祖彭鏗等一系列先祖，以寄託他們的思鄉之情。

（105）**福建泉州虹山彭氏**：據福建虹山彭德斌《泉州彭姓源流初

探》一文記述，彭根爲虹山始遷祖：南宋乾道《虹山彭氏族譜·溫陵中山彭氏族譜自序》載，「吾祖派在河南汝寧府光州固始縣乃宣，其居今亦難考其幾世矣！及唐僖宗廣明元年（880年），黃巢作亂，吾祖隨王潮過江，始居於閩之泉，次遷城西之安南粵，自根公復遷晉江之中山，舍於瑠峰下居焉，斯祖之上，世次失真，故以根公爲我中山一世祖也。」考譜推斷，彭根始遷虹山約在北宋天聖年間（1023～1032年），迄今已近千年，已傳40餘代。從16世開始，分西、東兩大房挑。至18世啓用昭穆：「秉文子仕宜，恒喬于懋孫。爲可仲叔季，永建乃嘉芳。」後續「詩書綿世澤，忠孝紹先賢，餘慶昌謨烈，發祥益壽年。」目前最高輩爲「叔」字，最低已行至「綿」字輩。輩跨10代之差。近期統計，有10500人丁，居泉州洛江區五大姓之列。外遷人口15000人左右。其中外遷鄰縣較大的有14支：（1）小橫塘彭，始遷祖爲6世（都從彭根算起，下同）彭天祿。爾後23世彭恒解父子徙居仙遊禦史嶺，後定居興化軍所城常太里；（2）中埔彭與金山彭：始遷祖爲14世彭桀，600餘年來，彭姓人已散佈在仙遊縣的大小村落，尤以賴店中埔和龍華金山較集中，人丁以千計；（3）寮山彭：聚居地在南安縣羅東鎮飛雲村的寮山；（4）湯洋彭與雲峰彭：這兩支爲23世彭香仔，徙居今永春縣東平鄉外碧村湯洋，及32世彭月喜父子徙居今永春縣外山鄉雲峰村之雲峰；（5）舊館驛彭：25世彭于孔，於清康熙年間「居住泉城」。乾隆初，于孔後裔置地業舊館驛，漸成城西大戶。但至上世紀末，只留有少數彭姓人置業城廂，多數人隨著泉州市的擴展，均已散居在鯉城區、豐澤區各自單位的集資房裏，徹底結束了傳統聚族蝸居的居住環境模式，舊館驛彭成了古民居遺址；（6）九都彭：25世彭于鼎自移居南安潭邊開基起，後又有彭扯等20人徙居九都、雷厝、苦頭、劉林、番厝等村落，而以九都人丁較多；（7）大田彭：30世彭仲豪、31世彭叔粘、32世彭季臨、季尾、善耀、33世彭光輝等，均徙居建寧府；（8）漳州彭：33世彭永昆徙居漳州；（9）福清彭：32世彭季搞攜二子、33世彭以聲攜三子、34世彭炮昌、35世彭金水均徙居福清縣；（10）廈

門島彭：34 世彭生財、遷春、季春俱徙廈門山場定居；（11）廣橋彭：
多爲上世紀 60 年代，虹山大隊組建「遠耕隊」出墾廣橋祖業、復耕林
田，移回泉州洛江區羅溪鎮廣橋村的，遂成虹山彭新聚地；（12）清流
彭：由 35 世彭乃帶隊，於上世紀 60 年代，回應國家號召鼓勵開發山
區，分三批次計 890 人丁集體移民，徙居清流縣嵩溪、嵩口、林斜、
高地、黃沙口、田口諸村落墾荒造田，今丁口近 2000 人；（13）青陽
彭：35 世察、36 世國勝於上世紀 70 年代初舉家移居晉江縣新城廂青
陽鎮。遷鄰省的有兩支：①金鄉彭：26 世彭懋桀「往浙江溫州平陽金
鄉後刈居焉」。②台灣彭：從康熙年間 26 世彭懋彬肇開遷台首例，至
光緒間 34 世彭建搭止，遷台人數達 24 人戶，僅乾隆間就有 10 人戶。
遠涉大洋僑居海外的有 26 世彭懋匡於康熙間首例出洋始，至 36 世齊
英止，總計涉洋人數爲 114 人，多集中於清末民初這段時間。他們分
別居新加坡、菲律賓、馬來西亞、印度尼西亞諸國，繁衍至今的各國
彭人以千計。

（106）**福建泉州德化霞碧彭氏**：據彭德斌考察，彭姓人口位居霞
碧鄉之首，爲獨特的彭氏軍制裔孫繁衍的族群。《德化縣誌》（人口）
表載：洪武初（1368 年）彭史亥命率泉州右衛所撥軍入駐德化潯中塗
厝格。洪武廿三年（1390 年）彭頂生奉調率江西撥軍入駐德化霞碧上
圍。永樂元年（1403 年）彭閏執虎符率泉州撥軍入駐德化霞碧。軍隊
駐防德化，屯田墾荒，繁衍生息至今，人丁興旺。

（107）**臺灣新竹彭氏**：據彭桂芳《臺灣姓氏之研究》介紹，清乾
隆三十六年（1771 年），有廣東陸豐人彭乾順兄弟，入墾新竹縣九芎
林、樹杞村；清嘉慶十二年（1807 年）有廣東人彭義勝繼續開墾新竹
縣的樹杞村；嘉慶十六年（1811 年），有彭開躍、彭光彩入墾樹杞村
坡；同年，另有一位彭錦祥至今新竹竹東鎮上館里開墾；清同治十年
（1871 年），又有彭廷珍與鍾石村等 4 人，開墾新竹縣的大山背。又
據臺北樹林市彭紹賢提供，清道光十六年（1836 年）有廣東彭延年 25
世孫彭朝祥（1781～1833 年），偕妻室林氏（1792～1875 年），與弟連

祥、禎祥夫婦，以及承助、承協、承春、承魁，並媳詹氏、宋氏等，自廣東惠州府吉康都陸豐縣五雲洞渡海來臺灣，1836 年定居臺灣省新竹縣北埔鄉大隘面寮居住。朝祥夫婦的骸骨，與 23 世祖彭雪瑞（姚江氏）合葬歸廣東五雲故鄉馬塘肚赤留頭乙山。他們于道光三十年（1850年）在新竹創家立業，興建協春堂祖祠，並在新竹縣面盆寮及竹東兩地創置祭祀公業，以承協、承春兄弟「協、春」二字型大小曰「協春堂」，永遠爲記，春秋祭祀。其血緣世系爲：→①延年→②鑒→③諒→④棋→⑤德隆→⑥傑夫→⑦日華→⑧益盛→⑨受章→⑩漢用→⑪賢達→⑫本禮→⑬伯雍→⑭祖鋒→⑮子華→⑯逍→⑰紹賢→⑱鎬→⑲益新→⑳不易→㉑元彩→㉒廷坤→㉓雪瑞→㉔俊傑→㉕朝祥、連祥、禎祥→㉖承助、承協、承春、承魁→……其派序爲：「祥承慶榮清，雲開治台興。仁義光世德，禮智信昌隆。浦口維木本，吉水定根源。」

（108）**臺灣苗栗彭氏**：據《臺灣彭氏源流通譜》記載，早在清乾隆初年，有廣東惠州人彭育天、彭玉泰入墾苗栗銅羅，彭用忠入墾苗栗頭份。嗣後，乾隆三十三年（1768 年），又有惠州人彭祥萬、祥懿兄弟入墾苗栗鎮，彭祥周入墾苗栗後龍。與此同時，還有廣東陸豐縣五雲洞人彭祥瑤（1712～1791 年），延年第 22 世孫徙苗栗居住。享壽80 歲，墓葬嘉盛大墩下。繼子雲程（1746～1795 年）生四子：朝和、朝助、朝露、朝寶。朝寶（1794～1862 年），字章彩，號光裕，貢生，生子七：清水、清德、清增、清台、清賢、清雲、清淋。因爲人丁興旺，朝寶派下的族人大多向外發展，現已分佈臺灣全省各地。爲了聯絡宗誼，他們於 1978 年改建了彭氏墓園，1995 年改建了彭朝寶宗祠，並以宗祠爲活動中心，曾舉辦過從 3 月 29 日起，爲期 3 天的青少年娛樂活動。目的是以傳承家訓爲號召，團結宗親，使家長與子女之間融入更加親密的宗族與家庭的親情。

九、海外彭姓與世界彭氏聯誼會

　　爲了擴展生存空間，彭姓子孫早在宋元明清時期就相繼飄洋過海，謀求事業了。據說在宋代，就有遷居四川的彭延年後裔彭頤率先下南洋，剎根不歸了。尤其是在明永樂年間，鄭和幾次下西洋，有不少彭姓族人跟隨遷居馬六甲等地的。嗣後又相繼在今天東南亞一帶的泰國、馬來西亞、印度尼西亞、新加坡、菲律賓等國家定居。特別是在鴉片戰爭以後直到 20 世紀初葉，或因政治避雄，或爲追求西方科技，或爲尋找革命真理，彭姓人遷居的主要地區則面向西方歐美一帶。到如今，他們的足迹已踏遍全世界。

　　（109）**馬來西亞昔加木彭氏：**這是彭氏先賢在昔加木開疆定居、落地生根最多的一支，其餘散居在覺談邊、馬六甲、居鑾、古來、新山等地。1957 年正式成立馬來西亞昔加木彭氏聯宗會。公推太平局紳彭江海爲首屆會長，彭德芝副之。1986 年在昔加木銀旺路 29 號（Ｃ）修建會所。1992 年又購買昆明園那加沙里 40 號爲新會所。聯宗會設有福利組義祭帛金。會員逝世，由各會員捐錢補助，開展互濟，體現親情。1957 年成立青年組，設有銅樂隊，爲宗親們的紅白喜事出場演奏。聯宗會自始執行春秋二祭，並成立了「獎勵金」小組。在每年春祭禮時結合頒發對會員子女成績優良者獎，以資鼓勵。還成立了「大專貸學金」和「敬老基金」。對會員父母、祖父母在新年團拜時頒發敬老金。特別是在 1994 年 8 月 20 日，在昔加木彭氏聯宗會會長彭雲釗碩士的牽頭倡議下，在馬來西亞雲頂高原召開了第一屆世界彭氏宗親聯誼大會。到會的有馬來西亞的昔加木、雪蘭莪、北馬、砂羅越、沙巴鬥湖的宗親會代表。還有新加坡、泰國、印尼、英國的宗親會代表，以及臺灣的臺北市縣、桃園市縣、竹北市、新竹縣、苗栗縣等地的宗親會、聯宗會、福利會、公會的代表參加和獻詞。中國大陸的徐州市副市長劉瑞田亦參會並講話。這是一次彭姓人的世界盛會，是個偉大

的創舉。正如聯宗會會長彭雲釗所說：「姓氏是我漢族文化特徵之一。尤其是我彭姓家庭，歷經四千多年，源遠流長，一脈相傳，而今更遍佈世界各個角落。我們雖不同國籍，不同語言文字甚至信仰，唯我彭氏後裔，一代又一代的彭字在頭，不敢忘本，知根之所在，知源之所來。本屆大會主要目標，還在於敦促宗親們緊記家訓，團結互助，再接再厲，發奮圖強，創造美好將來，以光宗耀祖。」1998 年的世彭聯代表大會，亦在馬來西亞新山舉行。

（110）**馬來西亞雪蘭莪彭氏**：這支彭氏，在 1955 年 8 月成立聯宗會，會址巴沙律 193 號。第一屆會長彭長江，副會長彭汝森、彭國璋、彭錫坤。有彭月樓等 14 位彭家人慷慨捐獻 2700 多元，于 1961 年購得惹蘭沙羅越 5 號底層為會所。1972 年換甲洞蒂沙再也 21 號作為新會所。並於 1993 年 12 月 17 日修建了彭氏家族總墓，耗資 37000 餘元。豎立沙登花果園、華人義山之原，彭氏族人皆可前往致祭。

（111）**馬來西亞沙巴鬥湖彭氏**：這支彭氏，很早就建立了「彭祖會」、「述古堂」。每年農曆六月十二日，召集彭氏族人祭祖聯歡聚餐。1966 年改「彭祖會」為「彭氏福利會」，推選彭麟玉為首屆理事會主席。該會活動重點在福利工作，照顧貧病，舉辦敬老，頒發子女學習優良的獎勵等。1990 年花上 13 萬元買下拔士路四英里成功園店屋一座，樓上作會所，樓下出租。

（112）**泰國泰京彭氏**：這支彭氏的始祖為彭震峰。他們在 1962 年就成立了泰國彭氏宗親會，公推倡議人彭景明為首屆主任，彭宗君副之，租吉屋一間為臨時會所。1980 年用贊助款 130 萬株泰幣，購得新會址一所。並於 1982 年 6 月 19 日，召開第一次會員大會，依章選出第一屆理事會。每逢一年一度的元宵佳節，他們設添丁報喜聯歡會，歡慶良辰。農曆八月初二日，祭祀粵始祖震峰公忌辰，設祭場，備祭品，聯合族人拜祭，以表孝思，儀式隆重。特別是 2000 年 12 月 3 日至 4 日，第四屆世彭聯代表大會在泰國曼谷帝日酒店舉行，各方代表 130 人出席，到會的泰國彭氏宗親 500 餘人。會議分兩段舉行，會議

主席分別爲彭深華與彭雨金。大會討論的提案單位和個人有：昔加木彭氏聯宗會、福建省姓氏源流研究會彭氏研究室（籌）、揭陽浦口彭氏宗祠、泰國彭氏宗親總會、臺灣苗栗縣彭姓宗親會、柔南彭氏宗親會及福建彭高衡、彭祥泉等。

　　（113）**新加坡彭氏**：早在 1952 年 8 月，由彭維清、彭萬明、彭峰之等族人出錢出力，成立了新加坡彭氏宗親總會，並於 1954 年 2 月 5 日，正式成立第一屆執委會。創辦時，借用大坡海山街 35 號三水館爲臨時辦事處，1953 年遷丹戎百葛律 53 號 A，1955 年再遷實籠崗律 331 號 A，最後於 1976 年變賣，轉購芽籠 29 巷 5 號爲固定會所。總會于 1956 年創立互助部，1961 年設立獎學金委員會，1989 年再增設大學獎學金，照顧會員福利和獎勵會員子女受教育。總會活動方面，除了祭祖，周年紀念，頒發獎學金及福利金外，每年皆舉行「中秋晚會」與「新春團拜」，並組旅行團，暢遊各國，瞭解各地民情，並加強與各地彭氏宗親團體聯繫。特別是 2002 年 12 月 14 日至 15 日，在獅城新加坡舉行了第五屆世彭聯代表大會。來自馬來西亞、泰國、印尼、美國等世界各地的 46 個代表團共 1500 餘人參會。中國大陸有 15 個代表團約 70 人參會，香港特區和臺灣有 7 個代表團 200 餘人參會。創會會長彭雲釗（馬來西亞）、二屆會長彭水井（臺灣）、三屆會長彭深華（馬來西亞）、四屆會長彭雨金（泰國）、五屆會長彭惠南（新加坡）等出席會議。

第五章　彭姓功業

　　彭姓在其流布、繁衍的幾千年歷史長河中，曾描畫了極其壯麗的歷史畫卷，足以使彭姓人爲自己的先輩們驕傲和自豪。他們無論在政治、經濟、文化、軍事、科學技術等各個領域，都作出了驚人的業績，爲中華民族的繁榮富強貢獻了無窮的力量，立下了不朽的功業。如下一樁樁可歌可泣的盛事，就是歷史的見證。

一、晉封王侯　雄逞天下

　　彭姓人雖未做過皇帝，行使皇權，但封王封侯者，卻不乏其人，且不說堯封彭祖于大彭，在夏商相繼爲侯伯，延續八百餘年，可謂盛矣！除此，在其他朝代也封有不少王侯，雄逞天下。有如下例：

（001）彭越助漢高帝滅楚封梁王

　　山東昌邑彭氏的後裔彭越，爲彭鏗 34 世孫（新譜系爲 77 世）。他是漁民出身的一條綠林好漢，常在巨野澤（今山東巨野縣北）中捕魚。秦末天下大亂，陳勝、吳廣在今安徽大澤鄉揭竿而起。這時，有人對彭越說：「豪傑各自樹立旗號，反叛秦朝，你可以仿效他們出來大幹一場！」彭越說：「兩條龍剛剛相鬥，暫且等待一下吧！」過了一年多，澤中的青年，集合了百多人，前去追隨彭越，說道：「請你做首領。」彭越不願意，謝絕了他們。青年們執意請求，彭越才答應了。跟他們約定，第二天太陽出來時集合，遲到的要殺頭。第二天日出時，十幾個人沒有到，最後一個人一直拖到中午。當時彭越抱歉地說：「我年歲大，各位一定要推我爲領頭人。今天到了約定的時間而遲到的人很多，

不可能全部殺掉，只殺掉最後到的一個人。」大家都笑著說：「何必做到這一步！以後不敢就行了。」彭越認爲不可，就拉出最後到的那個人殺了，設立土壇，用人頭祭祀，並向所屬部下宣佈軍令。部屬都十分驚恐，畏懼彭越，不敢擡頭看他。於是出發攻佔土地，收集諸侯軍中逃散的士兵，得到了一千多人。

這時，江蘇豐縣的劉邦也起義了。劉邦出身布衣，曾任秦泗水亭（今山東沛縣東）亭長，是管理十里地方的小官，人們稱其爲沛公。西元前 209 年，陳勝起義爆發後，劉邦與沛縣文書肖何、監獄官曹參殺了沛縣令，回應陳勝，公開起兵反秦。他從安徽碭縣向北攻打昌邑，正與彭越會合了，彭越協助他。但昌邑沒有攻下，劉邦便領兵西進。彭越也帶領他的部隊留在巨野澤中，收集魏軍逃散的士兵。西元前 206 年，出身楚國貴族的農民起義軍領袖項羽在巨鹿（今河北平鄉縣〔乞村〕西南平鄉）大破秦軍，摧毀了秦朝主力，率四十萬大軍西出潼關，自立爲西楚霸王，定都彭城，即今江蘇徐州，古大彭國的首都，尊楚懷王爲義弟，大肆分封諸侯王。其中劉邦封爲漢王，建都南鄭，而彭越沒有得到封賞，他的一萬多人沒有歸屬，從此，彭越與項羽兩家結下了冤仇。當時正遇齊王田榮反叛項羽，就乘隙派人賜給彭越將軍印信，要他攻下濟陰，即今山東定陶縣西北，進擊楚國。楚國派肖公角帶兵迎擊彭越，彭越大敗楚軍。西元前 205 年春天，漢王劉邦與魏豹及各諸侯向東攻打楚國，彭越率領他的士兵三萬多人，在今河南民權縣西北的外黃歸順劉邦。劉邦說：「彭將軍攻佔魏地，得到十多個城邑，要急於擁立魏國的後代。如今西魏王魏豹，是魏咎的堂弟，真正的魏國後代，你何不擁立他呢！」就任命彭越擔任魏國相國，獨攬兵權，平定魏地。

漢王劉邦在彭城吃了敗仗，部隊向西潰退，彭越失去了他所佔領的全部城邑，獨自率領他的部隊停留在黃河沿岸。西元前 204 年，彭越常常往來作爲劉邦的遊擊部隊襲擊楚軍，在河南商丘一帶截斷楚軍的糧草。項王羽與漢王劉邦在河南蒙陽相持，彭越戰領了睢陽、外黃

等 17 個城邑。後經幾次拉鋸戰，彭越又終於攻佔昌邑附近的 20 多個城邑，得到 10 余萬斛糧食，供給漢王劉邦作軍糧，給劉鞏固王權以極大的支援。然而劉邦盡吃敗仗，只得求救彭越，叫彭越合力攻打楚軍。彭越說：「魏地剛剛平定，還擔心楚軍襲擊，不能離開。」劉邦追擊楚軍，在固陵被西楚霸王項羽打敗。此時的劉邦便對留侯張良說：「諸侯的部隊不跟來，怎麼辦？」張良說：「彭越平定梁地，功勞很多，當初君主因爲魏豹的緣故，任命彭越擔任相國。如今魏豹已經死了，又沒有後代，並且彭越也想稱王，而君主不早作決定。現在答應拿睢陽以北至穀城一帶，都用來封彭越爲王。」劉邦採納了張良的意見，即派使者到彭越那裏去。使者一到，彭越就率領部隊到垓下（今安徽靈壁縣東南沱河北岸）會師，這是西元前 202 年的事。這對劉邦打敗項羽起了關鍵性的作用。項羽死後，劉邦只得封彭越爲梁王，建都山東定陶。彭越自然對劉邦感恩戴德了。西元前 201 年，彭越親自到陳縣（今河南淮陽）朝見高帝劉邦。並在公元前 198 年和 197 年，又曾兩度去長安朝見劉邦，彭劉之間的關係可謂是甚爲親密。然而彭越後來還是爲劉邦所忌而被害。這就是彭氏「定陶世系」的由來，在彭姓家族史上寫下了風光的一頁。

（002）長平侯彭宣譽爲「五朝元老」

　　彭氏「淮陽世系」的始祖彭宣，是彭姓中最爲顯赫的一家，也是最爲龐大的一家，曆傳兩千年而不衰朽，這在姓氏林中是很少見的。彭宣是西漢後期時人，大致經歷了漢元帝劉奭（前 75 年至前 33 年在位）、漢成帝劉驁（前 32 年至前 7 年在位）、漢哀帝劉欣（前 6 年至 1 年在位）及新帝王莽（9 年至 22 年在位）五個朝代，近 70 年左右，他都在朝爲官，成爲「不倒翁」，因此，人們稱譽他爲「知足知止」的「五朝元老」。

　　彭宣少年時很勤勉，發憤研習《周易》，拜張禹爲師，被推薦爲博士、東平國太傅。後張禹爲漢元帝老師，又推舉彭宣進京作了右扶風，升遷爲廷尉。因爲是淮陽王國出生的人，要違避不能做京官，便被調

出京城作了太原太守。幾年後，又破例進京擔任大司農、光祿勳、右將軍。漢哀帝登位後，他被調任爲左將軍。1 年多後，哀帝想讓丁、傅兩家的人來擔任警衛官員，便下策書給彭宣說：「有關部門多次上奏說：諸侯國中的人不能夠在宮中擔任警衛，將軍不適宜統率兵馬，居於高位。我想到將軍擔負漢朝領兵重任，您的兒子從前又娶了淮陽王（漢宣帝次子劉欽）的女兒，婚姻關係親密，不合國家體制。今派遣光祿大夫曼，賜給將軍 50 斤黃金和 4 馬拉的安車，希望您交上左將軍的官印，以關內侯的身份回家吧！」實際上彭宣被罷官了。幾年後，諫議大夫鮑宣又多次推舉彭宣。恰巧元壽元年（前 2 年）正月初一那天出現日食，鮑宣再次上書，哀帝便徵召彭宣爲光祿大夫，升任禦史大夫，改稱爲大司空，被封爲長平侯。

西元前 1 年，哀帝逝世，新都侯王莽擔任大司馬，主管朝政，獨斷專權。彭宣怕禍延及身，便上書說：「三公鼎足而立，承受君命，如果有一隻腳不稱職，就會傾覆鼎中美食。臣資性淺薄，年老，患有多種疾病，糊塗迷亂健忘，願意上交大司空、長平侯的官印，請求退職回歸家鄉，以待老死。」王莽稟告太后，給彭宣下策書說：「念你管理政事日少，功德還沒有充分表現出來，迫於年老昏亂，因此不能輔佐國家，安撫天下，今派光祿勳豐給你傳下詔書，可以交上大司空的官印，隨意回到你的封地去吧！」王莽惱火彭宣請求退職，不與他合作，所以沒有賜給他黃金和四馬安車。彭宣告退後，居住在封國幾年後逝世，諡號叫頃侯。侯爵傳給了兒子彭聖，孫子彭業等世襲。由於彭宣爲人恭順檢樸有法度，免遭了王莽的誅殺，主動以退隱而保全了彭氏家族。故史學家班固曾對他評價說：「彭宣發現危險，及時止步，是不同於那種擔心失掉官位的人！」

（003）燕王彭寵敢與光武帝爭雄

河南南陽彭氏的後裔彭寵，是繼梁王彭越之後，東漢開國時的又一位王侯。他年輕時爲郡吏，新王莽地皇中期（20～22 年），爲大司空士。因與王莽有殺父之仇而懷恨在心。漢淮陽王劉玄更始稱帝後（23

～24 年），派使者韓鴻持符節使北州歸附，承帝令可以專行拜封二千石以下官職。韓鴻來到薊州時，便去拜訪自己的同鄉故舊彭寵與吳漢，相見時感到特別高興，就拜彭寵爲偏將軍，吳漢爲安樂縣縣令。

　　不久，更始帝派武信侯劉秀（後稱光武帝）到河北「鎮慰州郡」，來到薊州，以書招彭寵。彭寵也準備了牛羊酒肉去拜見劉秀。這時又恰遇王郎詐立，在邯鄲做了皇帝，傳檄燕、趙，派兵前來攻取漁陽、上穀。彭寵急忙調集兵馬，北州各地的軍隊大多感到疑惑，不知何去何從。彭寵老鄉、安樂縣縣令吳漢勸說彭寵依從劉秀。上谷太守耿況也派功曹寇恂來見彭寵，一番商議後，大家決定其同歸順劉秀。於是，彭寵調集步騎 3 千人，以吳漢行長史事，同都尉嚴宣、護軍蓋延、孤奴令王梁一道，與上穀軍南下，正趕上劉秀到達廣阿（今河北隆堯縣東）。劉秀按制封彭寵爲建忠侯，賜號大將軍。遂合兵圍攻邯鄲，彭寵負責後勤供應，他運轉糧食，自始至終，從沒斷絕。王郎被鎮壓後，劉秀追擊銅馬軍，又來到薊州。彭寵前去拜見，他自負有功，意望甚高，劉秀不能完全接受他的要求，滿足他的意願。就問燕州牧朱浮是什麼原因？朱浮回答說：「以前吳漢在北邊出兵時，大王送給彭寵自己的佩劍，又倚以爲北道主人。彭寵說，大王來了以後，他將與大王迎合握手，交歡並坐。現在既然不這樣，他當然會感到失望。」朱浮又因勢說：「王莽當宰相時，甄豐旦夕進入王莽的府第，進行謀議，時人說道『夜半客，甄長伯』。王莽奪位稱帝後，兩人不能再平起平坐了，甄豐意存不滿，結果被王莽殺掉了！」劉秀聽了大笑，認爲他與彭寵的關係還不至如此。到劉秀即位（25 年）稱帝時，吳漢、王梁都是彭寵派出來的部將，都一同被列爲三公，而彭寵自己則沒有增加半分權力和地位，因而更加怏怏不快，倍感不得志。他曾對劉秀當面感歎地說：「按功勞而言，我應當被立爲王，現在卻不過如此，陛下忘記了我呀！」從此，彭寵和劉秀的矛盾更是加深了。

　　當時，北州到處破散，而漁陽卻基本完好。漁陽有舊鹽鐵官，彭寵就用鹽鐵轉作糧食貿易，積聚珍寶，更爲富強，蓄意與劉秀決一雌

雄。朱浮與彭寵數來不和，乘機多次讒言加害誣陷彭寵。26 年（建武二年）春，光武帝下詔征彭寵入京，彭寵認爲是朱浮出賣他，拒絕了光武帝的徵召。光武帝派彭寵的堂弟子後蘭卿前來勸諭，彭寵則趁機扣留了子後蘭卿當人質。於是發兵造反，拜任布署了將帥，自率兩萬余人攻打朱浮於薊州，又分兵攻取廣陽、上穀、右北平。同年秋，光武派遊擊將軍鄧隆到薊州救援，鄧隆駐防潞南，朱浮駐防雍奴，兩處軍營相距百里。彭寵集重兵大破鄧隆的軍隊，朱浮相拒太遠，不能來救，就領兵撤退了。27 年春天，彭寵就攻佔了右北平、上穀數縣。他遣使者用美女彩綢聯結匈奴，要與他們和親。單于派左南將軍率七、八千騎兵，做爲機動部隊支援彭寵。又聯合南邊的張步與富平的獲索諸豪傑，都與他們互以親屬爲質，結成聯盟。於是就攻克薊城，自立爲燕王，與光武帝劉秀抗衡。

就實力，本來彭寵可與光武帝爭雄于一時，逐鹿中原，但由於他自己喪失警惕，使將士都駐防在外，沒有讓親信留守大本營。29 年春，彭寵齋戒，一人獨居便室，乘他熟睡之時，竟爲自己的 3 名家奴所謀害，遺憾得很。

（004）陳留王彭樂輔高齊敗西魏

在我國南北朝時期，北方有兩個割據政權，那就是東魏（534～550年）和西魏（535～557 年），他們都是從北魏（386～534 年）拓拔氏分裂而來。534 年，北魏孝武帝元修不堪大丞相高歡（後被封爲神武帝）凌逼，逃往關中投靠宇文泰。次年，宇文泰殺孝武帝，立元寶炬爲帝，都長安（今陝西西安市），史稱西魏。孝武帝外逃後，高歡另立元善見爲帝，遷都鄴（今河北臨漳西南），史稱東魏。550 年，東魏爲高歡兒子高洋所取代，是爲北齊文宣帝。

在東西魏的割據戰爭中，東魏悍將彭樂是起了很大作用的。彭樂協助東魏宰相高歡打敗了西魏。他是在高歡率兵攻山東時，歸順高歡的，以戰功被封爲樂城縣公、汨陽郡公、任肆州刺史。東魏天平四年（537 年），彭樂跟隨高歡討伐西魏。他意氣奮發，勇猛深入敵軍陣地，

被對方刺得腸子都流出來了，往肚子裏塞裝不完，就用刀截去再戰，身受多處傷也不退卻。傷好後，又繼續伐西魏，以戰功告捷，俘虜了西魏的臨洮王元東、蜀郡王元榮宗和督將僚佐48人，西魏大敗。高歡賞賜他絲絹三千匹，且多次升遷，官至司徒、太尉，最後被封爲陳留王。他爲北齊的開國建立了不朽功勳。

有次，高歡爲了考驗幾個兒子的軍事才能，給幾個兒子各配備了兵力，讓他們外出，暗中派了彭樂率領甲騎僞攻。高歡長子高澄等面見甲騎懼怕，屈服了。唯獨次子高洋逼迫兵士與彭樂搏鬥。此時，彭樂才免胄，說出了實情。由此可見，高歡對彭樂的信任與賞識不是一般。高洋做了北齊文宣帝後，對彭樂亦是挺倚重的。

（005）安定王彭玕與馬楚國王聯姻

彭玕（836～933年），今江西吉安市人。幼年苦學，遇上唐末僖宗乾符年間（874～888年）天下大亂，江東各地紛紛起兵，割據稱雄。他也只得投筆從戎，率領宗族子弟數百人，向西拜見南平王鍾傳（江西高安人）。傳見他「神貌魁偉，器度淵宏，有公輔之量」，當即任命他爲鎮南軍左廂兵馬使，帶領千餘人鎮守廬陵（今吉安）東境，結寨吉水以北90裏的王嶺。後因抵禦寇盜，保境安民有功。唐朝廷補授他爲永新制置使。不久，又被授爲東南指揮使。因應援有功，特奏任工部尚書、吉州刺史。後又轉任刑部尚書、知兵部。這是他在唐末時的一段顯赫歷史。

後唐明宗天成三年（928年），這時，中國歷史早已進入了五代十國時期，他任後唐金紫光祿大夫、尚書左僕射、同中書門下平章事兼江淮制置使，相當於宰相的職位。天成四年（929年），以督軍有功，奏效檢校司空。這時正逢十國之一的淮南楊吳政權逐鹿中原，發兵攻陷洪州（今江西南昌），彭【HT5，6】王【KG-*3】玕【HT】因屢戰不利，又不願意爲楊吳招撫，只得率所部精兵兩千人、馬軍千人，投歸長沙武穆王馬殷。馬殷奏授他爲檢校司徒、判邵州軍馬事。他在邵州（治所在今湖南邵陽市）五年，有政績，授檢校太保，持節都督邵

州諸軍事、守邵州刺史，進爵隴西郡開國伯，食邑 500 戶，又加左龍
韜上將軍、特進檢校太傅，開國侯，食邑千戶。明宗長興三年（932
年），加太尉，封安定王，食邑萬戶，實封 4500 戶。

馬殷（852～930 年），是五代十國時期楚國的創立者，河南省鄢
陵人，初隷于唐末將領孫儒、劉建鋒部，被吳王楊行密打敗後，輾轉
江西至於湖南，陷潭州。劉建鋒因專橫爲部下所殺，馬殷被推爲首領。
不久，唐朝廷任命馬殷爲湖南節度使，馬氏遂割據湖南。907 年，後
梁封馬殷爲楚王，楚國緣此而名。927 年，後唐明宗亦封馬殷爲楚國
王。馬殷乃正式建國，在位 35 年，名義上先後做過唐、後梁、後唐的
藩臣，事實上是獨立的割據者。疆域盛時達 20 餘州，約爲今湖南全省、
廣西東北部、貴州東部及廣東西北角，建都潭州（今長沙），稱長沙府。
馬殷聽從謀臣高鬱的建議，實行了輕徭薄賦、獎勵農桑、發展茶葉、
提倡紡織、通商中原之策，終使楚成爲一方富盛之國，政局穩定，社
會安寧，經濟繁榮，在各方面都取得了較好的成就。這在南方十國中
是不多見的。其時，彭玕投奔馬楚是富有政見的，是較好的歸宿。他
歸楚後，以其長女嫁給了馬殷的兒子馬希范，封順賢夫人，與馬殷成
了兒女親家。馬希範（899～947 年），字寶規，馬殷第 4 子，史稱楚
文昭王，在位 16 年（932～947 年）。可見，彭玕在楚國的地位。

彭玕與馬楚國王聯姻後，彭氏家族得到了空前的發展，成了彭構
雲之後壯大宜春彭氏家聲的顯赫人物（詳情見《彭姓流布·江西廬陵彭
氏》），把彭氏家族的繁衍推向了一個新的階段。他以戎武起家唐末亂
世，又有文才，多子多孫。據《彭氏族譜》記載，他生有 11 子、13
女，均成顯貴。他的三兒子彭彥昭，娶九妻，又生 15 子、13 女。男
性子孫幾乎都在馬楚王朝任職，官居刺史、知州、大夫、尚書以上職
位。其孫彭師奭，據傳又生 9 子，號稱「九子十知州」。真可謂冠蓋雲
集湘楚，盛極一時。

（006）魯淮王彭大、彭早柱父子舉義旗反元

在元末農民起義的大浪潮中，有江蘇淮北人（另說燕城人）彭大，

又名彭二，他高舉義旗，作了農民起義的領袖。1351年（元至正十一年）8月，他與安徽蕭縣人芝麻李、趙君用等8人邀約，很短時間裏，就聚集了群眾10餘萬人，在徐州起兵發動反元，迅速打敗徐州的元軍，佔領了徐州，並以這裏爲中心，向附近相鄰的州縣進發，奪取了宿州、五河、虹縣、豐、沛、靈壁、西並、安豐、濠、泗等州縣。1352年9月，元中書右丞相脫脫率軍數10萬猛攻徐州，城破後，芝麻李被俘並處死。剩下的部隊由彭大、彭早柱父子及趙君用帶領向濠州方向撤退，與另一支農民起義軍朱元璋部的郭子興部匯合。元將賈魯巴圍濠州至戰死。濠州解圍後，於1353年（元至正十三年）冬，彭大自立門戶稱魯淮王。到1354年，彭大與趙君用夥拼遇害後，其兒子彭早柱繼位爲魯淮王，1355年（元至正十五年）10月攻陷淮安，執殺元鎮南王李羅普花。彭大與彭早柱父子自1351年至1359年的9年時間裏，組織農民抗元，極大地動搖了元朝貴族的統治地位，爲朱元璋滅元建立明朝鋪平了道路。

二、稱雄土司　職掌湘西

湘西土家族的土司制度，早在五代十國時期（907～959年）已粗具規模。這在全國的土司制度中都是較早的。到了宋代，土家族的土司制度有了發展。到了元代，又進一步得到完善。到了明代，更是它的強盛時期。它延續了八百餘年，直至清雍正年間（1723～1735年），在西南實行徹底的「改土歸流」政策，才結束了土家族的土司制度。而在湘西土家族的彭姓土司，較之其他地區的土司來說，是其中較爲強盛的一支。它在世襲土司職權的漫長歷史長河中，既是「湘西王」，獨斷專行，有與中原王朝角逐的一面；但它的權勢和武力畢竟有限，也有臣服于中原王朝的一面，且幫助其鎮壓少數民族的叛亂，靠中原王朝加官進爵。所以臣服的時間還是主流。在這漫長的歲月裏，來自漢族本源的彭姓土司，把先進的漢族文化傳播到湘西地區，使湘西的

文明進步能夠跑在全國其他許多邊陲地區的前面，和中原一體發展，
這不僅爲湘西的和平進步打下了堅實基礎，而且爲統一的中華民族融
合發展建立了千古不朽的功勳。

（007）開啓湘西彭氏土司的彭瑊、彭士愁父子

彭瑊是安定王彭玕的弟弟，唐末進士出身，世居江西吉水的赤石
潭，人們稱之爲「廬陵彭氏」的子孫。唐僖宗乾符五年（878 年），彭
瑊與其兄彭玕，乘唐末黃巢農民起義軍過江西之際，起兵吉安，組織
鄉勇民團保衛家園，練兵吉水縣北的王嶺。五代後梁開平三年（909
年），淮南吳王楊行密的軍隊先後攻佔江西的袁州（宜春）和吉州（吉
安）。四年（910 年），楊吳軍在赤石包圍彭玕。馬楚軍打救彭瑊歸楚，
授他爲湘西的溪州刺史（一說爲辰州刺史），州治在今湖南永順王村（即
今芙蓉鎮），轄地相當於今湖南龍山、永順、古丈等縣地。後來，彭瑊
私下地結集勢力，聯合漫水司，即今湖北來鳳縣的土官之弟的向柏林，
驅逐當地土著頭領老蠻頭吳著沖、惹八沖于龍山洛塔，兼併其地，作
起了湘西的土皇帝，開啓了湘西彭氏土司的八百餘年江山。

由於姻親關係，早在五代後梁開平四年，彭瑊的兒子彭士愁，在
彭姓族譜中名叫彥晞的，就被楚王馬殷任命爲靜邊都指揮使、守溪州
刺史，領有上、中、下溪州，以及保靖、永順等州。由於他勤於政事，
注意發展農業生產，又能團結溪州各部因而得到溪州諸蠻的擁護。他
的勢力比他父親時更雄厚，轄境不斷擴大到除了原有的州，還擁有龍
賜、錦、獎、懿、遠、安、新、洽、南、富、寧、來、順、高等十餘
個州，包括現今湖南的永順、龍山、保靖、古丈、漵浦、辰溪、芷江，
湖北的來鳳、宣恩，四川的酉陽、秀山等十餘個縣。他名義上隸屬于
馬楚，實際上是很獨立的割據政權。再加上當年的楚王馬希范（馬殷
第 4 子，932～947 年在位）是個荒淫無道、腐敗無能、衆叛親離的君
主。在他的殘酷統治下，耗國而窮土木，賦稅加于國中，溪州百姓毫
不例外地深受其害，引起了溪州人民的強烈不滿。後晉天福四年（939
年）八月，彭士愁爲了吊民伐罪，率領錦（今麻陽）、獎（今芷江）和

溪州諸蠻上萬人，大舉東進，攻打楚屬的辰州和澧州，嚴重地威脅和動搖了馬楚政權。於是迫使馬希范於九月發兵攻打士愁，這就是歷史上有名的「溪州之役」。在這次戰役中，士愁失利，只得於次年率田、龔、覃、朱四姓頭領，與馬氏訂立盟約，並把銘誓刻在 5000 斤的銅柱上，人們稱之爲「溪州銅柱」（見《彭姓文物》章）。銅柱規定士愁臣服于楚，楚王不得在彭氏轄區內任意征派差稅。這對減輕土民負擔，發展生產，起了積極作用。

「溪州銅柱」豎立後，彭士愁爲了鞏固他在湘西土家族地區的世襲統治，將他的兩個兒子，分管永順、保靖等地。長子彭師裕成了永順土司之祖，次子彭師杲成了保靖土司之祖。永順土司，從師裕到清代彭肇槐止，承襲了 32 代。保靖土司，從師杲到清代彭禦彬止，承襲了 37 代。盧陵彭氏及其隨從人員，進入湘西時，雖不是土家族，但在近千年漫長的歲月裏，受到湘西土家族的語言、風俗習慣的長期影響，他們的後代也逐漸融合成爲今天土家族的一員；同時，他們將先進的盧陵漢族文化與科學技術帶到了當時落後的湘西，致使當地社會發展，促進了各民族的大團結。特別值得一提的是，在湘西永順的最後一任土司彭肇槐，于清雍正七年（1729 年），積極回應朝廷的「改土歸流」政策，率子孫又回到了睽違近千年的盧陵故鄉定居。爲此，雍正帝對他大爲褒獎，上諭中稱他「恪慎小心，恭順素著，兼能安撫土民，遵守法度，甚屬可嘉。」又因肇槐情願獻土，處理從優，授爲參將，即在新設流官地方補用，還賜給拖沙喇哈番（雲騎尉）之職，世襲罔替。並賞銀 1 萬兩，作爲回盧陵定居之資。

（008）明王朝恩賞有貢獻的歷代彭氏永順土司

據《明史‧永順土司傳》記述：永順，是漢朝的武陵、隋朝的辰州、唐朝的溪州之地。宋朝初年，此地稱爲永順州，宋仁宗嘉祐年間（1056～1063 年），溪州刺史彭仕羲叛亂，朝廷派大軍壓境，彭仕羲投降。宋神宗熙寧中（1068～1077 年），彭氏土司將該地修築了溪州城，宋神宗給此城賜名爲「會溪」。元朝時，土司彭石潛又將該地私自

改爲「永順等處軍民安撫司」。明洪武五年（1372 年），永順宣慰使汪倫和堂崖安撫使月直派人送繳了僞夏王朝明玉珍（大夏國皇帝，建都重慶）給他們頒發的印章，明太祖下詔給他們賞賜有花紋的綺衣（即今之細綾衣）。於是，便在此設置永順等處軍民宣慰使司，隸屬于湖廣都指揮使司。永順司統領三個州：南渭、施溶、上溪；統領六個長官司：臘惹洞、麥著黃洞、驢遲洞、施溶溪、白崖洞、田家洞。洪武九年（1376 年），永順宣慰彭添保派其弟彭義保等向朝廷進獻馬匹和土產，皇上按他們的等級各賞賜給他們不同的衣服和錢幣。從此以後，他們每三年進貢一次。明永樂十六年（1418 年），宣慰彭源的兒子彭仲率土官和部落酋長 66 人向朝廷貢獻馬匹。彭仲的兒子彭英，于明宣德元年（1426 年）將朝拜天子的日期延後了，禮部請求皇上向他問罪。而宣德皇帝認爲邊遠之人一定有風濤或疾病的阻礙才延期，因而不怪罪他們，給他們的賞賜仍跟以前一樣。這些都說明朱明王朝對永順彭氏土司的恩典和器重。

明代中後期，湘黔一帶的苗民不斷起來造反，給社會帶來了極不安定的因素。明正統元年（1436 年），皇帝任命彭仲的兒子彭世雄繼承父職。明天順二年（1458 年），皇帝向彭世雄徵調土兵去會剿貴州的東苗人。從此征討苗軍造反的任務就落在永順土司的肩上。明成化三年（1467 年），兵部尚書程信請求徵調永順的軍隊去討伐都掌蠻族人。成化十三年（1477 年），因爲討伐苗人有功，皇帝命令給宣慰彭顯英提散官一階，按功勞給以獎賞。十五年（1479 年）減免了永順的賦稅。

明弘治七年（1494 年），貴州給皇帝上奏言平定苗人的功勞時，認爲宣慰彭世麒等參與平定苗人有功請求皇上給彭世麒進品階爲昭勇將軍，讓皇上褒獎他，皇帝同意了。八年（1495 年），彭世麒向朝廷敬獻馬匹表示謝恩。十四年（1501 年），彭世麒聽到北部邊疆常有外族入侵，請求朝廷同意他帶土兵 1 萬，奔赴延綏去討伐。兵部討論後認爲不可這麼做，因爲他剛聽從調遷去征討過女賊人米魯。不過，兵

部對於彭世麒的忠心還是宣敕嘉獎，並賞賜給來朝廷報告的人路費 1千貫錢鈔，還免除了彭世麒第二年朝拜皇上的任務。明正德元年（1506年），皇上認爲彭世麒從事征討有功，賞賜給他紅線織的金麒麟衣服，彭世麒進獻馬匹謝恩。正德二年（1507 年），世麒又進獻馬匹祝賀立皇后，皇帝命令按以前的慣例給予獎賞。郴州的百姓都稱彭世麒征討賊人時的號令很嚴明，其土官彭芳等人也稱頌彭世麒的功績，乞求皇上賜給他蟒衣玉帶。兵部認爲不符合格例，才停止。彭世麒辭去獎賞，請求允許他立個牌坊，皇帝同意了，給該坊賜名爲「表勞」。

　　明正德六年（1511 年），四川賊藍廷瑞、鄢本恕及其同夥 28 人倡議在兩川作亂，糾集了 10 多萬烏合之眾，自己稱王，設置 48 個營，攻打城市，殺害官吏，影響到貴州、湖南兩地不得安寧。朝廷派總制尚書洪鐘等帶兵征討，攻打不下。由於官軍的阻遏圍剿，迫使藍廷瑞等人糧食缺乏，便佯裝聽從朝廷的招撫，暗地裏仍像以前一樣燒殺搶劫。藍等爲了轉移朝官視線作緩兵之計，企圖將自己的女兒嫁給永順土舍（即土舍防守官，後升爲長官司）彭世麟。世麟佯裝答應，並與他們約定好婚期。乘藍、鄢等 28 人都來參加婚禮之機，埋下伏兵，將他們一舉抓獲，其餘賊軍全逃散渡河而去。官兵追擊圍剿至河邊，生擒、斬殺及落水溺死者達 700 多人。總制巡撫把捷報傳給朝廷，論功行賞時，彭世麟榮獲頭等功而獲得重賞。

　　明正德七年（1512 年），有賊劉三等從遂平（今河南遂平縣）奔向東皋（今山西昔陽東南皋落），朝廷命宣慰使彭明輔（彭世麒之子）和都指揮曹鵬等帶土軍追擊。賊人倉猝渡河，落水溺死了兩千多人，被斬首的有 80 多人。明武宗命令給永順宣慰使格外加賞，並給彭明輔頒佈賜爵的詔令。明輔也像其父世麒那樣，多次給朝廷進獻大木，朝廷給他授予正三品散官，賞賜他繡有飛魚的衣服 3 襲，並頒發敕令獎勵他，仍然讓他鎮巡邊疆地區，設官宴犒勞他。明嘉靖三十四年（1554年），辭官在家的彭明輔，主動帶土兵兩千到今上海松江，與保靖土兵一起，在石塘灣打敗倭寇，朝廷降旨獎勵，賜其銀幣。明嘉靖四十二

年（1563 年），朝議進獻大木者再被論功行賞，明輔被加封爲都指揮
使，並賞他繡有蟒紋的衣服。嘉靖四十四年（1564 年），由於他又再
次進獻大木，最終加獎至二品官服。

　　明嘉靖六年（1527 年），世宗皇帝在談到擒獲岑猛的功勞時，免
除應該繼承宣慰職位的彭宗漢赴京朝拜的任務，給彭宗漢的父親彭明
輔、祖父彭世麒加賞銀幣。二十一年（1542 年），巡撫陸傑說：「酉陽
與永順兩地的人因爲采木而互相仇殺，保靖人又在兩者之間煽惑，此
成爲地方上的禍患。」皇帝便命令四川、湖廣的巡撫大臣去安撫或止
息他們的仇殺，不使釀成戰爭。該年，朝廷免征永順的秋糧。

（009）明王朝器重有軍功的彭氏保靖土司

　　據《明史·保靖土司傳》記述：保靖，唐朝時稱爲溪州，宋朝時
在此設置了保靖州，元朝稱爲保靖州安撫司。明太祖朱元璋起兵時，
保靖的安撫使彭世雄率領屬下歸附明太祖，抵禦陳友諒，建有軍功，
明太祖便任命他仍爲保靖安撫使。明洪武元年（1368 年），保靖安撫
使彭萬里派兒子彭德勝，奉表向朝廷進獻馬匹和土產，洪武帝下詔把
安撫司升爲保靖宣慰司，任命彭萬里爲宣慰司長官，隸屬于湖廣都指
揮使司。從此，他們就按制度向朝廷進貢和服從朝廷的調遣。

　　明宣德元年（1426 年），保靖宣慰彭大蟲可宜派遣兒子彭順進京
朝貢。四年（1429 年），兵部向宣宗上奏說：「保靖以前有兩個宣慰，
一個被人所殺（指彭藥哈俾），另一個殺人應當處死罪（指彭大蟲可
宜），那裏同知以下的官員都空缺著，請求皇上改派流官去治理該地
區。」宣宗認爲，蠻族人的性情難以馴服，流官不熟悉當地的風俗，
不好治理，責令都督蕭授在當地選擇有威望，大家都服從的人推薦上
來。在此以前，蕭授曾在永樂年間彈壓過保靖地區的苗民叛亂。之後，
他還是任用彭氏土司宣慰彭藥哈俾治理保靖。彭藥哈俾也派人向朝廷
進貢了馬匹。在此，宣宗的意思很明顯，還是要任用彭氏土司來統治
保靖地區。也說明他對保靖彭氏土司的器重。

　　明正統十四年（1449 年），保靖宣慰與族人彭南木答等在給皇帝

的奏文中互相攻擊誣衊，不久雙方又講和，願意給朝廷輸送米糧，以贖回誣奏對方的罪行，宣帝答應了他們，只要他們改過遷善，老賬就不算了。這也說明了朝廷對他們的重視和寬宥。不僅如此，朝廷對保靖土司還是很信任和倚重的。明景泰七年（1456 年），朝廷下令徵調保靖的土兵去協助進剿銅鼓、五開、黎平等地方的蠻族人，並預先頒發賞賜品犒勞他們。明天順二年（1458 年），宣帝讓宣慰彭捨帕俾立即選出軍隊去進剿討伐。明成化二年（1466 年），因爲保靖宣慰彭顯宗征討蠻族有功勞，皇帝頒詔令給他授官。三年（1467 年），又徵調保靖的土兵征討都掌蠻。五年（1469 年）因朝廷屢次徵調保靖的土兵去征討廣西、荊州、襄州和貴州等地的蠻族人有功勞，皇帝免除了保靖宣慰各土司應交的成化二年的賦稅 853 石糧食。七年（1471 年），彭顯宗年老不能勝任職事，朝廷便讓他的兒子彭仕瓏代理其父職。十三年（1477 年），因爲平定苗人有功勞，彭顯宗、彭仕瓏都晉升了一級官位。十五年（1479 年），皇帝因爲保靖遭災而免除了他們的租稅和賦稅。

明嘉靖六年（1527 年），宣慰彭九霄因擒獲岑猛有功，皇帝升他爲湖廣參政，還賞賜給他銀幣。彭九霄的長子彭虎臣戰死，皇帝贈送他指揮僉事的官職，次子彭良臣繼承其父的官職時，免於赴京朝拜和進貢。二十六年（1547 年），朝廷免除了保靖秋糧的徵收任務。

明嘉靖三十三年（1554 年），皇帝下詔徵調宣慰彭藎臣領兵討伐侵犯蘇州、松江的倭寇（詳情見下節《抵禦外侮，保家衛國》），因兩次獲勝，軍功顯赫，朝廷便封彭藎臣爲昭毅將軍，後來敘功，又加封爲右參政，管理宣慰司事務，並給他賞賜銀幣。

明萬曆四十七年（1619 年），朝廷又徵調保靖的土兵 5000 人，命令宣慰彭象乾親自率領去援救遼陽。四十八年（1620 年），加封彭象乾爲指揮使。彭象乾至涿州時生病，到半夜時他的土兵逃散了 3000 多人。有關大臣將此事上報朝廷，皇帝降聖旨嚴厲責備帶兵的主將，並讓將軍道沿途招撫這些土兵。第二年（1621 年），彭象乾病重不能

行動，就派其兒子、侄子帶領親信兵馬出關，與敵人在渾河戰鬥，結果全軍覆沒。明天啓二年（1622 年），皇帝升彭象乾爲都督僉事，給彭象周、彭錕、彭天祐各贈送都司僉書的官銜。因爲渾河一戰，彭象乾家人全都戰死，其對朝廷的義節忠烈在各土司中是占第一位的，無怪乎明王朝對彭氏保靖土司如此器重，不是沒有緣由的。

三、抵禦外侮　保家衛國

偌大一個皇皇中華民族的大家庭裏，在民族融合的戰鬥中，從黃帝戰雖尤，到遼、金、元、清等改朝換代的大大小小的戰鬥不計其數，然而，那都是大家庭裏發生的事，不必敍說。可是在抗擊日、法、英、美等外侮的侵略戰爭中，彭姓子孫也和其他族姓一樣，馳騁沙場，保家衛國，作出了卓越的貢獻。有如下氣吐山河的英雄業迹。

（010）湘西土司彭藎臣、彭翼南等抗倭建奇功

明代中葉，倭寇（即日本海盜）在我國沿海一帶橫行猖獗。湘西保靖宣慰使彭藎臣、永順宣慰使彭翼南，共同奉命前往征剿，獲得勝利，創建了奇功，受到當朝的嘉獎。

明嘉靖二十六年（1547 年），彭藎臣獲皇恩，朝廷免除了他管轄的保靖地區的秋糧徵收任務，以作生資，擴大發展當地的生產。他盡忠於明朝廷，在土司中是表現得很突出的一員。嘉靖三十三年（1554 年），嘉靖帝下詔徵調彭藎臣帶領 3 千土兵奔赴蘇州、上海松江去討伐倭寇。同時又徵調彭翼南也帶領 3 千土兵到蘇州、松江兩地，協同彭藎臣滅倭。兩軍配合與倭寇會戰松江。三十四年（1555 年），在石塘灣大戰敵軍，打敗了倭寇。記錄功績時，朝庭認爲保靖軍隊功勞最大，嘉靖帝賞賜彭藎臣銀幣和三品官服。彭翼南因配合有功，亦如此授獎。後又進剿新場（今南匯縣西南新場鎮）的倭寇，保靖、永順土兵聯手形成犄角之勢進攻敵人，斬獲敵人首級 1900 多個，倭寇大傷元氣。英宗大獎有功人員，彭翼南、彭藎臣均授予昭毅將軍稱號。

　　在這兩次戰役中，彭姓土司部隊也付出了慘重的代價。隨從彭藎臣出征的保靖抗倭勇士彭翅，由都司李經率領追擊倭寇，到達新場時，倭寇2千餘人埋伏在此，彭翅帶土兵前去偵察敵情，中埋伏，與之血戰到底，彭翅和其部下全部壯烈犧牲。爲了表彰抗倭英烈，嘉靖帝曾賜彭翅官銜和一副棺木殮屍，藉以撫慰英靈和其家屬。在抗倭中戰死的人員均受到朝廷撫恤。

　　湘西土司土兵的忠勇善戰，受到了明代朝廷的重視。不久，胡宗憲向嘉靖帝請求，又徵調保靖土兵6千人到總督府的軍隊中聽命，果真屢戰屢捷。當胡宗憲、趙文華授功的同時，朝廷又加封彭藎臣爲右參政，並管理宣慰司事務和賜給他銀幣。充分說明，在這一階段的平定倭寇的戰役中，彭藎臣率領的保靖土兵與彭翼南率領的永順土軍，共同抗禦外侮立下了赫赫戰功。

（011）明都指揮使彭清威名顯著守西陲

　　彭清（？～1502年），字源潔。明代榆従（？）人。當初承襲綏德衛（治所今陝西綏德縣）指揮使之職，後因功被提升爲都指揮僉事，明弘治（1488～1505年）初年，彭清充任右參將，分守肅州（今甘肅酒泉縣）。賊寇入侵，他率兵跟蹤追擊，俘獲馬匹、駱駝、兵器及所掠人畜而返。隨即又與巡撫王繼恢復今新疆哈密有功。

　　彭清雖位列偏校，卻喜好謀劃，富有膽略，聞名朝中內外，尤爲尚書馬文升所器重。他曾經因病請求退休，馬文升在朝廷力爭，安慰挽留他。弘治八年（1495年），甘肅告警，因馬文升的推薦，彭清被提升爲左副總兵，仍駐守甘肅。不久，巡撫許進請求將彭清調往涼州（今甘肅武威縣）。而這時哈密又重被吐魯番所占，馬文升正密圖恢復，要倚仗彭清再立功勞，便說：「肅州多事，而彭清聞名西域，不能調離他。」此事才作罷。馬文升採納楊羲之策，想趁勢直搗哈密，襲擊牙蘭，於是派遣罕東、赤斤及哈密兵，命彭清統領作爲前鋒，跟隨許進悄悄出發。半個月後，抵達城下，力攻而破。牙蘭已事先逃走，彭清於是安撫仍留在哈密的番人，然後全軍返回，在這一戰役中，馬

文升授以方略，準備從小路前往，而許進仍走舊路，致使牙蘭得以逃跑，斬獲無幾。但是番人素來輕視中原王朝，說中國人不能進入其地，到現在才開始感到畏懼。彭清功勞居多，逐漸晉升爲都指揮使。

明弘治十年（1497 年），總兵官劉甯被免職，彭清以都督僉事的身份代替他。這年冬天，吐魯歸附哈密忠順王陜巴，並且請求進貢，西域重被平定。彭清多次以病辭官，請求解除兵權，未被允許。十五年（1502 年），彭清去世。

彭清待部下有恩，長期鎮守西部邊陲，威名顯著，番夷深爲畏懼。他性情廉潔，在職鎮守西陲時，遭逢母親及妻、妹 4 人之喪，卻因家貧不能歸葬。他去世之日，將士及民婦、僕人全都爲之流淚。他遺命其子不得接受饋贈，所以也不能歸葬。弘治帝聽說後，大爲痛惜，命撫臣發府庫錢幣，資助運送其靈柩返回故鄉，並根據制度賜其祭葬。像這樣的清廉良將，在明王朝是不可多得的（參見《明史·彭清傳》）。

（012）清都統彭春抗擊沙俄侵略

彭春（？～1699 年），又作朋春，滿州正紅旗人棟鄂氏，屬於滿族彭氏。清朝著名將領。清順治（1644～1661 年在位）時襲一等公爵。康熙間（1662～1722 年在位），任太子太保、正紅旗蒙古副都統、都統等職。康熙二十一年（1682 年），與郎擔率兵視察被沙俄侵佔的我國雅克薩一帶黑龍江地區形勢，籌劃抗擊沙俄侵略。二十四年（1685 年），他率領八旗兵及山東等省滕牌兵，進圍沙俄帝國盤踞的侵略據點雅克薩。雅克薩時爲我國領土，今爲俄羅斯科沃羅丁諾南。迫使俄軍及沙俄將領托爾布津熱乞降，旋釋俘毀城而歸。他當時駐軍在古城島，即今黑龍江大興安嶺地區呼瑪縣興安鄉，爲保衛祖國邊疆，打擊侵略者立下了赫赫戰功。而後在康熙二十九年（1690 年），他又參加了平定準噶爾部噶爾丹叛亂的平叛戰爭。繼以費揚古破噶爾丹于昭莫多。昭莫多即今蒙古人民共和國烏蘭巴托東。康熙三十八年（1699 年），彭春以病解職。逝世後，安葬遼寧遼陽市燈塔市東南 16 公里西大窯鄉公安堡村東北紅寶石山東麓，南距太子河 2 公里。1975 年由政府發掘，

發現是個陵園。墓制近圓形，土壙木棺。墓向北偏東三十度，直徑 3.8米。松木棺爲雙重長方形。外槨面積約 3.5 平方米。內槨約 2.4 平方米，又用條木分隔同等大小的 6 個方形小室，長寬均爲 0.4 米，均有衣衾包裹的火化骨灰、金飾件殘片、葵花形小骨雕等，大多爲遷來合葬的。彭春的骨灰放在前排正中，說明這是彭春和他五位妻妾的合葬墓群。墓前立有其子福罕在康熙四十四年（1705 年）建的滿文碑一通，題有「正一品光祿大夫都統一等公棟鄂部彭春之墓」。共 19 字和五個妻妾的姓名，以昭示後輩對他們的敬仰。

（013）老將彭玉麟督師抗法前線

　　彭玉麟曾佐曾國藩創建湘軍水師，後主其事，他率領水師與太平軍作戰長達 10 多年之久，受到清朝廷的重用，被多次升遷。光緒九年（1883 年）二月任兵部尚書，時年 67 歲，可謂老矣！且身患風症，行動不便，他多次上疏，以衰朽辭去兵部尚書職務。恰在這時，法國拿破侖第三，再次發動對越南的戰爭，在併吞越南南圻之後，開始把魔爪伸向越南北圻。這年八月，法軍攻佔越南首都順化，強迫越南簽訂《順化條約》。法國取得了對越南的「保護權」後，接著，又把侵略矛頭直接指向我國雲南和廣西，中法戰爭迫在眉捷。面對法國侵略者的囂張氣焰，這時的彭老將軍，不但不準備辭去兵部尚書職務，而且主動請纓奔赴抗法前線。他對勸阻自己的夫人鄒氏說：「今外夷侵越，危及中國，唇亡則齒寒。我輩大臣，豈能坐視！今粵省防務空虛，法夷乘虛進犯，若粵省有失，則南國危矣！雪琴以身許國，誓當鞠躬盡瘁，何惜殘軀！」10 月，他輕裝由衡陽單騎赴粵，商同兩廣總督張樹聲全面佈置廣東防務：一是就地招募兵勇將弁，嚴加訓練；二是密令雲南巡撫唐炯、廣西巡撫徐延九各派驍將率精兵數千，督同劉永福率領的黑旗軍，出法不意，疾搗順化、北寧及山西之敵；三是宣示通商的 20 餘國，揭露法國的侵略野心，「使之其曲在彼，因以攜其黨而敗其謀。」由於廣東省城和廣州市佈防得十分嚴密，法軍便改變了進軍的路線，他們發動了對廣西的進攻，決意拼力逐桂軍出越北，再圖北

拒滇軍。這時滇軍和劉永福的黑旗軍正在攻奪宣光，沒有及時東下，而桂軍扼守觀音橋、學松、那陽三路，又爲法軍所阻。在這種情況下，彭玉麟果斷地採取了搗虛而入的策略，決定由東路進軍，派廣西提督77歲的老將馮子材和右江鎮總兵王孝祺等，率廣東40個營，分4路大舉進攻駐守在鎮南關（今友誼關）和諒山的法軍。這次戰役，重傷尼格里，殲敵千餘人，繳獲軍火、餉銀、駄馬無數，大敗法軍。接著，彭玉麟又令馮子材揮師南下，連克諒山、文淵等地。法軍風聲鶴唳，草木皆兵，一直敗逃到船頭、郎甲一帶。法軍的慘敗，使法國國內引起了極大的震動，早就對戰爭不滿的法國人民舉行遊行示威，抗議法國政府的殖民政策，法國茹費理內閣當即垮臺。但由於清政府的妥協投降路線，乘在勝利中頒發了停戰令。1885年4月，與法國簽訂了中法《停戰協定》，6月，又簽訂了《中法越南條款》，結束了三年中法戰爭。取得抗法戰爭的勝利，彭玉麟老將功不可沒。

（014）抗日「陣亡第一將」彭士量氣壯山河

自1938年10月，武漢、廣州相繼失守後，湖南成爲抗日戰爭正面戰場的一個重要組成部分。次年9月，歐州戰爭爆發，後日、美談判又陷入僵局，日本更急於解決中國戰爭，以便抽出兵力在太平洋地區與美、英爭霸；加之此時日軍正鬧糧荒，給養困難，企圖掠奪洞庭湖區和湖南的物質以充軍用，拼全力要控制從武漢到廣州的鐵路交通沿線，長沙是必經之地，故連續對長沙發動了三次大戰役。這時的彭士量正是他任第七十三軍暫編第五師師長時，按中國軍隊的統一布署，他曾參加了鄂西會戰、湘北會戰、長沙會戰和常德會戰，最後他戰死在常德會戰的沙場上。在長沙會戰中，他率領暫編第五師，固守長沙西部的嶽麓山陣地。爲了馳援戰鬥最激烈的長沙市北區興漢門，抗禦從岳陽方面下來的日軍，他從岳麓山冒死渡過湘江，「飛將軍自重霄入」，五百苗家子弟血灑疆場，取得了戰鬥的勝利，儘管瘋狂的日寇四面進擊，圍困長沙，但始終沒有打到市中心八角亭。第三次長沙會戰，最終以斃敵傷敵56000餘人，迫使日軍其高級指揮官，靠直升飛

機營救，才逃出中國軍隊的圍攻，獲得全面勝利。這次勝利，被當時英國《泰晤士報》評價為珍珠港事件後，「十二月七日以來，同盟軍唯一決定性之勝利，系華軍之長沙大捷！」；倫敦《每日電訊報》也說：「際此遠東陰霧中，唯長沙上空之雲彩確見光輝奪目。」蔣介石也十分得意地說：「此次長沙勝利，實為七七以來最確實而得意之作。」

在隨後的「常德血戰」中，七十三軍被日寇四面包圍，暫編第五師堅守石門陣地，主力軍向西突圍，彭士量率部與日軍拼殺，激戰八晝夜，從他自己到士兵 6000 余人幾乎全部陣亡，其血戰到底的英雄氣概，足以驚天地而泣鬼神。戰後，彭士量被譽為「陣亡第一將」，並追認為中將。其遺體於 1944 年 5 月 14 日運至長沙中山堂公祭。國葬南嶽忠烈祠下駕鶴峰壽苑，兩岸均入祀忠烈祠供奉。1984 年，長沙市人民政府追認他為革命烈士。士量出戰陣亡前，曾立有囑雲：「餘獻身革命，念年於茲，早具犧牲決心，報效國家。茲奉守備石門，任務艱巨。當我全體官兵同胞與陣地共存亡之決心，殲彼倭寇，以保國土，倘此次戰役得以成仁，身無遺憾。惟望我全體官兵，服從副師長指揮，精誠團結，發揚我革命軍人之精神，繼續殺敵，完成上級所賦予之任務。余廉潔一生，事無家產，望余妻克苦自持，節儉生活，陪侍翁姑，撫育兒女，俾教育成才，以繼餘志，此囑。」

（015）滿挂抗日勳章的彭克立將軍

在抗日戰爭中，彭克立因功曾獲美國銀星勳章 3 枚，英國皇家十字銀色勳章 1 枚，國民政府軍事委員會頒發的景雲勳章和勝利勳章等。在抗日將領中獲得此殊榮者實屬不多見。據湖南省出版社 1995 年 10 月出版的《抗日名將李鴻將軍》一書中的有關記述，在歷經三年多（1942 年 4 月至 1945 年 8 月）的援英抗日的印緬戰場上，他身經百戰，衝鋒在前，退卻在後，能攻能守，能困能磨，以勇敢善戰著稱。有如下典型戰例：

1941 年 12 月 8 日，日本突然偷襲美國在太平洋的海軍基地珍珠港。日本和英美之間的太平洋戰爭爆發了。日軍乘勝發起對緬甸的進

攻。駐緬印英軍 4 萬余丁節節潰敗，仰光陷落，緬甸危在旦夕。中國政府應美英兩國的請求，決定派出遠征軍 15 萬余丁入緬作戰。在隨孫立人將軍率領的新 38 師進軍緬甸途中，他率領的第 1 營（下稱彭營）擔任全師的先鋒部隊，殺開通往臘戍的一條血路，所向披靡。後又擔任中國駐緬甸軍事參謀團和臘戍機場的警衛任務。新 38 師師部和 114 團主力部隊則奉令衛戍緬甸故都曼德勒。因通訊設備缺乏和英軍錯誤判斷敵情，在日軍的強大攻勢下，曼德勒和臘戍相繼棄守。他與師部和團部斷絕了聯絡。在這千鈞一發之際，他只得隨中國遠征軍大部隊向雲南邊境撤退。友軍指令彭營擔任後衛，掩護新 28、29 師轉移。他是跟著最後撤退的連殿后的。當他一出臘戍山口，就看到先撤下來的部隊，正沿著公路向貴街行進。這多危險啊！他即派傳令兵跑步去命令先頭部隊，立即向左側森林中行進。當全營都已進入森林後，就聽到隆隆之聲的尾隨日軍坦克，從山中沿公路追來了。由於隱蔽及時，竟使日軍撲了個空。戰士們都驚歎，如果不是彭營長料敵如神，警覺性高，全營仍在公路上行進的話，就會被坦克碾得粉身碎骨，掩護大軍撤退的任務就付諸流水了。因此新 38 師的劉師長對他特別贊許和器重。在彭營未找到 114 團的一段時間裏，一切補給，都由新 28 師照發，而且相待如賓。

爲了準備反攻，經中美英三方多次磋商，中國駐印軍反攻緬北的作戰方案終於敲定：以印度列多爲前進基地，經野人山區進入胡康河谷，奪取孟拱、密支那等緬北重鎮，然後取八莫，將日軍逐步壓迫至曼德勒地區包圍殲滅。反攻緬北的前鋒部隊則是新 38 師，預定 1943 年 10 月旱季發起進攻。而前鋒部隊刀鋒，又是 114 團。刀鋒所向是反攻緬北戰役的突破口天險野人山。勁敵是日軍「常勝師團」第 18 師團。這個師團的前身是侵華日軍中血債累累的久留師團，先後參加「一二·八」、「八·一三」進攻上海、南京大屠殺、攻佔廣州、南寧等役。太平洋戰爭爆發後，該師團接受亞熱帶叢林作戰訓練，在日軍發動的東南亞諸役中連連獲勝。1942 年 2 月，參與攻佔新加坡戰役，一舉俘獲

85000 名英軍，創二次世界大戰一次俘虜人數最高紀錄，號稱「亞熱帶叢林之狐」。1943 年 3 月，114 團由蘭姆伽開赴阿薩密省的列多，駐防彭塘森林地區，加強森林戰的演習。爲掩護中美雙方聯合築路的工兵部隊，修築一條從印度列多經胡康河谷，接通滇緬公路的中印公路，同時，爲全面反攻緬北戰役打開通道，佔領橋頭堡。號稱「攔路虎」的彭營在 5 月間進入野人山的台卡鋪擔任警戒任務。由彭塘到台卡鋪約六七十公里，是野人山最難走的地方。野人山綿延 400 多里，一片原始森林，林海蔽日，荊棘叢生，煙瘴彌漫，加之毒蛇猛獸和毒蚊成堆，黯淡無光，是有名的「鬼門關」。1942 年國軍撤退時的殘部和逃離虎口的難民，在這片荒蕪的土地上灑下了許多辛酸血淚，沿途白骨壘壘，慘不忍睹。彭營士兵到達台卡鋪這個「鬼門關」後，日軍 18 師團在夜間即進行搔擾。開始彭營不明情況，猛烈還擊，浪費了許多子彈。後來彭營也派小部隊在陣地左右兩側部署伏擊，日軍傷亡不少，以後就不敢輕易來犯了。就這樣與日軍和毒蛇猛獸糾纏磨擦了三個多月才撤回列多地區休整。真乃「一將當關，萬夫莫開」。

　　1943 年 10 月，中國駐印軍大反攻的戰鬥打響了。中國駐印軍第 1 期目標開始執行。12 月 1 日，114 團艱苦行軍 20 多天趕到於邦，這是胡康河谷的一個重鎮，與野人山接壤的森林環繞其後，大龍河流經其前，是進軍胡康河谷必經之地。22 日反攻仗打響，師部令彭營在炮火掩護下奪取高地。矮小精幹的彭營長像遊龍一樣，率領第 2 連呈「之」字形撲向敵軍陣地，高地上立即傳出震人心弦的殺聲，經過 4 個多小時的惡戰，高地上敵人屍體、輕重武器、太陽旗、指揮刀、女人照片，等等，一片狼藉。高地被我軍拿下後，114 團已全面向日軍展開攻擊，每一道防線都與敵拼命爭奪。驕橫的日軍 18 師團一向對中國軍隊心存藐視，突然遭到裝備如此精良、士氣如此高昂的對手，待到第一道防線被突破，方始從驚愕中清醒過來，乃組織反撲，雙方在縱橫塹壕內展開肉搏戰。至 28 日，日軍主陣地被我攻入，指揮體系發生動搖，敵潰已成，猶作困獸鬥。戰鬥歷經七晝夜，我傷亡 230 餘人，敵傷亡 1500

餘人，敵 55 聯隊隊長藤井小五郎大佐、大隊長管尾少佐等敵酋斃命。于邦大捷至此拉開序幕，日軍 18 師團不可戰勝的神話破滅了。彭營奪得頭功而贏得中美英聯軍的好評和嘉獎。

于邦大捷後的下一個目標是孟拱。5 月 28 日，爲了奪取卡盟和孟拱，114 團突然消失在芒平至奧溪的崇山峻嶺間。他們翻越 4000 尺以上的高山絕壁，穿過萬丈深淵的山谷，經大班、青道康等杳無人煙的原始叢林，不舍晝夜，潛行突進。6 月 1 日，114 團奇迹般突然出現于瓦鹿山，出敵不意，一舉攻佔拉芒卡，切斷日軍補給通訊線，日軍遺屍遍野。6 月 5 日，攻佔丹邦卡，6 日再克大高、卡當。10 日相繼拿下大利、馬塘、登浦陽，斃敵數百人。中印緬戰區司令史迪威上將在 6 月 12 日的日記中寫道：「114 團正在行動 —— 他們已經過了巴東陽。我們準備得太充分了。」6 月 15 日，又是 114 團彭克立營作急先鋒，與敵 53 聯隊之一部激戰于巴稜杜，肉搏 8 小時，日軍狼狽潰逃。114 團遂佔領巴稜杜。至此，我軍完全控制了孟拱至密支那的公路和鐵路交通，置孟拱於我掌握之中。可是這時，由溫蓋特少將率領的英軍空降第 77 旅乘虛進攻孟拱城。不料在孟拱東南遭日軍圍困，傷亡慘重，面臨被敵全殲之災，英軍急派人請援。114 團立即昏夜急馳，時值大雨，將士冒雨翻越孟拱山，搶渡南高江，出敵不意地攻入敵陣，英軍之圍頓解。戰鬥中，彭營仍擔任主攻任務。彭營長以一個排接替英軍一個營的陣地。他率部從戰壕中躍起，在炮火和機槍火力掩護下，向敵人陣地猛撲。彭營將士動作戰術靈活，或猿猴般匍伏前進，或猛虎般躍進衝鋒，接近敵人後則殺聲動地，令敵膽寒。敵前沿陣地在彭營猛攻下頃刻瓦解，彭營隨即突入城內。英旅長溫蓋特少將看到我軍如此氣勢，連連點頭贊許，他特別稱讚彭營第三連連長褚幼平的指揮才幹。溫蓋特返國後，給英皇遞交了一份特別呈請。在他請求下，英皇特授與 114 團團長李鴻上校金十字勳章，授與彭克立營長和褚幼平連長銀十字勳章。

1944 年 8 月，新 38 師在盟軍配合下攻佔密支那，中國駐印軍第 1

期反攻緬北戰役宣告結束。孫立人將軍擢升爲新1軍軍長，李鴻擢升爲新38師師長，114團副團長王東籬接任團長，彭克立任副團長。在第2期戰役中，新38師力克八莫，直搗南坎，與中國遠征軍會師芒友，殲敵臘戌，馳騁緬北，百戰百勝。尤其是八莫之役，是新38師指揮的一次陸空協同、步炮協同的現代化範例。彭營擔任攻城主攻。先是美軍戰鬥機群飛臨八莫上空，輪番轟炸敵陣，約1小時；接著各種口徑的火炮像沈雷和旋風一樣席捲敵人陣地，由前沿向縱深一波一波地轟擊，未等敵人喘息，信號彈升空，新38師戰車和坦克出動了。彭克立帶領1營迅速跳出戰壕，在戰車和坦克掩護下，沖向敵陣，與敵拼死爭奪每一道壕塹，每一個地堡。短兵相接時，靠刺刀、手榴彈，甚至徒手與敵搏殺，歷時兩小時，114團率先突入八莫市區，與日軍展開巷戰，城區爭奪戰更加慘烈。自11月15日至12月15日，新38師完全殲滅八莫守敵，歷時一個月，粉碎了侵略者的夢想，寫下了反攻緬北戰史上輝煌的一頁。八莫戰後，彭克立被擢升爲114團團長。從此，他在印緬戰場上的赫赫戰績，永垂青史，長留人間。

（016）抗日空軍英雄彭德明

彭德明（1913～1937）四川雙流人。原名德芳。1929年考入上海浦東高級中學數理班。1934年考入國民黨中央筧橋航校第六期甲班。1936年畢業後，在國民黨空軍第二大隊第十四中隊服役。抗日戰爭爆發後，駕機多次與日機交戰，曾重創日海軍「龍驤號」航空母艦。1937年11月11日，在與日機空戰中壯烈犧牲。年方24歲。

（017）彭德懷元帥指揮抗美援朝戰爭

1950年6月25日朝鮮內戰爆發。當戰爭爆發後的第3天也就是同月27日美國杜魯門總統聲稱：「我已命令美國的空、海部隊給予朝鮮政府部隊以掩護及支援……」。同月30日杜魯門命令美國陸軍地面部隊參加朝鮮戰爭。授予麥克阿瑟（聯軍司令）使用其所屬地面部隊的全權。7月1日美國陸軍24師一個先遣隊開始運抵朝鮮作戰。7月13日美國第8集團軍司令部從日本移至大邱，美騎1師、步25師在

釜山登陸。隨後有聯合國下屬的澳大利亞、英國、新西蘭、加拿大、法國、菲律賓、土耳其、泰國、南非、希臘、比利時、盧森堡、哥倫比亞、埃塞阿比亞等 16 個國家的陸海空軍，從 1950 年的 7 月 7 日起至 1951 年 6 月先後參戰。此外還有瑞典的醫療船、印度的醫院、丹麥的醫療船、挪威的醫院、義大利的醫院等 5 個國家參戰，再加上美國和南朝鮮李承晚敵對勢力陣營由 23 個國家組成的多國部隊向朝鮮猛烈撲來。朝鮮民主主義人民共和國軍隊在金日成的帥領下奮力反擊侵略軍。同年 8 月 25 日美國公佈朝鮮戰爭 60 天來的戰果，美機出動 20500 架次，投彈 15200 噸。同月 27 日美國飛機侵入中國領空進行偵察和轟炸掃射。此後，飛機與軍艦不斷侵入中國領空與領海進行挑釁，戰火燒到我國東北邊境及福建沿海。我國政府多次向世界人民控訴美帝國主義的罪行，並通過外交途徑，嚴正遣責、警告美國政府。然而以美帝國主義爲首的侵略軍竟不顧全世界愛好和平人民的反對，悍然越過三八線，大舉進犯朝鮮北方，危及我國的安全，於是同年 10 月 8 日，中國人民革命軍事委員會主席毛澤東發佈命令，將我東北邊防軍組成中國人民志願軍。同時任命彭德懷爲中國人民志願軍司令兼政治委員，協同朝鮮人民向侵略者作戰，爲保家衛國爭取光榮的勝利。

　　彭德懷司令員，按黨中央和毛澤東的部署，於 10 月 19 日統帥我志願軍 12 個步兵師、3 個炮兵師共 26 萬人，由安東、長甸河口、輯安雄糾糾氣昂昂跨過鴨綠江入朝參戰，執行戰鬥任務。「參戰的神聖目的是協助朝鮮人民軍粉碎敵人的進攻，將美帝國主義爲首的侵略軍打回三八線，保衛朝鮮民主主義人民共和國，保衛我們祖國的安全與建設，爭取在公平合理的基礎上和平解決朝鮮問題。」

　　10 月 25 日，彭司令指揮剛跨過鴨綠江的部隊幾天之內完成戰役部署，然而就在這一天拉開了中國人民志願軍入朝第一次戰役的序幕。我 40 軍 118 師行至溫井西北兩水洞地區與李承晚軍 6 師 1 個營和 1 個炮兵中隊倉促遭遇，冤家路窄被我軍全殲。戰役 11 月 5 日結束，收復北朝鮮楚山、熙川、雲山等城市，共殲美、李軍 15800 餘名，迫

使美、李軍退至清川江以南地區。

11 月 5 日，彭德懷司令致函金日成，全面介紹了我軍的俘虜政策和在這方面的經驗。同月 21 日中國人民志願軍在前線釋放戰俘 100名。

聯合國軍總司令麥克阿瑟 11 月 5 日就下達命令，要求進行兩周的最大規模的轟炸，對鴨綠江以南的交通通信設施、工廠、城鎮、村莊進行毀滅性轟炸（轟炸實際包括鴨綠江大橋）。同月 24 日麥克阿瑟由東京飛到朝鮮發出「結束朝鮮戰爭總攻勢」的號令，指揮美陸戰第 1師從長津湖西進（實際上 11 月 21 日美 10 軍已有一支部隊進至惠山鎮），美第 8 集團軍從清川江北上，上述軍隊在武坪裏銜接後圍殲志願軍主力，然後全軍一齊向中朝邊境進軍，最遲可在耶誕節完成佔領整個北朝鮮的作戰任務。

這時美李軍的序列是：①美第 8 集團軍—美 1 軍（軍長弗蘭克·米爾本少將指揮美 24 師、英 27 旅、李承晚 1 師）；②美 9 軍（軍長約翰·庫爾特少將指揮美 2 師、美 25 師、土爾其旅）；③李承晚第 2 軍團（李承晚 6 師、7 師、8 師）；④美騎 1 師（爲集團軍預備隊）；⑤美第 10 軍（美 3 師、美 7 師、陸戰 1 師、李承晚 1 軍團）。

同月 25 日，彭德懷指揮的中國人民志願軍針對麥克阿瑟的所謂「結束朝鮮戰爭的總攻勢」發動反擊。這一戰役於 12 月 8 日結束。約半個月時間，朝中人民軍共殲滅敵軍 3600 餘名，美、李軍全線崩潰，向南敗逃。當時潰逃的情景，有美國自由記者小克萊·布萊爾描述說：「……在 11 月 25 日天黑不久，災難降臨了。約 20 多萬中國人穿插進沃克的第 8 集團軍與阿爾蒙德的第 10 軍之間的空隙，向第 8 集團軍的右翼 —— 韓國第 2 軍團發起了攻擊。韓國部隊崩潰了，倉惶逃跑，使中部美國第 9 軍暴露出來。第 9 軍先是收縮，然後堅守，最後撤退了。兩天後，11 月 27 日東部戰場，另一支中國集團軍攻擊了第 10 軍 ——奧利佛·史密斯的第 1 陸戰師，中國軍隊插到背後，將海軍陸戰隊圍困在楚新水庫地區」。「事情很快就明顯了，聯合國軍遭遇的是第一流的

軍隊。令人十分吃驚的是，中國人紀律嚴明，指揮有方。沃克的第 8 集團軍被這突然襲擊完全打得暈了頭，很快開始全線後撤」。

12 月 23 日美國第 8 集團軍司令沃克中將在我軍第 3 次戰役之前，在視察前線途中在漣川地區被人民軍遊擊隊打死（美方卻說是因車禍身亡）。由李奇微上將接任第 8 集團軍司令。同月 29 日美國參謀長聯席會議認爲：「中共部隊現在十分強大，如果他們全力以赴，完全可以迫使聯合國軍撤出朝鮮」。同時向麥克阿瑟發出訓令要求麥應以保存「聯合國軍」力量爲主，進行逐次防禦，但盡可能在半島（朝鮮半島）要預爲從朝鮮半島進行有秩序的撤退創造條件。「從政治上，軍事上打擊中共軍的威望，這對於美國國家利益至爲重要。」在美國國內，杜魯門宣佈國家處於「緊急狀態」，行使總統戰時權力。同時，美國政府宣佈凍結中國在美資產並禁止美國船隻開往中國港口。飛機不斷出動濫炸北朝鮮城市和中朝邊境地區，敵軍囂張尋釁戰機。同月 31 日中國人民志願軍與朝鮮人民軍發動志願軍入朝作戰第 3 次戰役（即新年攻勢）。此戰役只打了 11 天，於 1951 年元月 10 日結束。中、朝人民軍部隊向南推進 150 公里，到 37 度線上，再次解放漢城，共殲敵 19850 名。

這時麥克阿瑟總部對雙方兵力的估計是：聯合國總兵力 25 萬；中國人民志願軍兵力 27 萬 6 千；朝鮮人民軍兵力 16 萬 7 千；此外在中國東北尙集結有 65 萬人，並有 25 萬正自內地向東北移動中。

1951 年 1 月 25 日，在君子里召開中國人民志願軍、朝鮮人民軍高級幹部會議，會議於 29 日結束，彭德懷在會上總結了前三次戰役的經驗，分析了形勢，提出了下一步作戰任務和作戰方針，決定部隊休整兩個月，三月份發動春季攻勢。會議中傳達學習毛澤東「愛護朝鮮一山一水」的指示精神。然而會議剛開過了兩天，27 日敵軍開始向我軍進攻，被逼停止了部隊休整，彭司令及志願軍和朝鮮人民軍高級幹部會即刻改爲進行第 4 次戰役的動員會。在志願軍 3 次戰役之後，美從歐洲、美國本土和日本抽調老兵急速補充兵源，整頓敗軍，於 1 月

27 日從漢江南岸以 23 萬的兵力向我軍陣地進攻，打響了志願軍入朝以來的第 4 次戰役。因爲第 3 次戰役時中、朝人民軍部隊已向南推進到 37 度線上了，敵人進攻的目的是企圖破壞我軍再次進攻越過 38 度線，爭取戰場的主動權。當即遭到朝中人民軍部隊的堅強阻擊。朝、中人民軍部隊於 3 月 14 日主動撤離漢城並繼續在漢江北岸阻擊敵人。在一百公里縱深阻敵 85 天，至 4 月 21 日戰役結束，共殲敵 78000 有餘，勝利完成了防禦任務，成功地掩護志願軍新入朝各兵團的集結。

　　2 月 13 日，麥克阿瑟赴朝鮮巡視後，回東京聲明承認美軍新冒險的慘敗。同月 15 日彭德懷司令回北京，親自向毛澤東述職彙報戰場情況，3 月 9 日回到前線。毛澤東主席和彭德懷司令一致認爲，總結 4 次戰役的經驗，敵人不被大部消滅，是不會退出朝鮮的，而要大部分消滅敵人，則需要時間。因此，朝鮮戰爭有長期化的可能，至少應作兩年的準備。敵人的作戰意圖是企圖與我軍進行消耗戰。爲了粉碎敵人的陰謀，堅持長期作戰，達到逐步消滅敵人的目的。毛澤東提出的採取「輪番作戰」的方針，彭德懷司令則按「輪番作戰」的方針，決定將志願軍編三番輪流的部隊，以幾年時間，消耗美軍幾十萬人。3 月 7 日美軍開始了他的所謂「撕裂者行動」作戰計劃。其主要目的是俘虜和消滅我軍的有生力量。後來李奇微自己承認：「我們很失望的發現，敵人什麼也沒有留給我們，而且未遭我軍任何打擊便安全撤退了。」到同月 14 日，侵朝美軍再次佔領漢城。

　　4 月 9 日，美國總統作出決定免除麥克阿瑟職務，並任命李奇微繼任麥的職務，任命范佛里特繼任李奇微第 8 集團軍司令的職務。

　　4 月 11 日，美國軍用飛機 200 多架次侵擾我福建沿海地區。次日美軍又出動飛機 70 餘架次侵入和轟炸遼寧省安東市。4 月 22 日朝鮮人民軍與中國人民志願軍發起春季反擊戰，這是彭德懷司令統帥入朝志願軍打響的第 5 次戰役，此戰役歷時 1 個月，5 月 22 日結束。在整個戰線上將敵人擊退 50 至 70 公里，共消滅敵人 46303 人，使敵人遭到嚴重打擊。基本上扭轉了朝鮮戰局，把戰線穩定在三八線附近。這

一時期，朝中人民軍共殲敵 196700 餘名，其中美軍 88800 餘人。據 4 月 12 日《美國新聞與世界報道》雜誌發表一篇文章中透露：美軍在第二次世界大戰的頭一年，整個陸海空三軍的損失，才只有 5 萬多人。從 1950 年 10 月 25 日中國人民志願軍與朝鮮人民軍並肩作戰以來，並把戰線穩定在「三八線」附近。到 1951 年 6 月 10 日止，還不到一年的時間內，五戰五捷共殲敵 23 萬人，其中美軍折損 9 萬多人，與二戰的頭一年比就多了將近 4 萬人。

1951 年 5 月 2 日至 16 日，美國國家安全委員會對美國在朝鮮所追求的政治和軍事目標進行了反覆研究，向杜魯門總統提出關於結束朝鮮戰爭的政策建議，其建議的具體內容是：在恢復戰爭前狀態的 38 線上通過停戰談判，結束敵對行動。17 日杜魯門批准了這項建議。6 月 3 日由聯合國軍總司令李奇微簽字的：「奉總統指示令」，在當日東京時間上午 8 時經廣播電臺將文件向朝鮮共軍司令發出，同時向新聞界發佈。

關於停戰談判事宜，經金日成、彭德懷與李奇微的反復搓商，正式談判於 1951 年 7 月 10 日上午 10 時在開城高麗里廣文洞開始，其後會址又易板門店，經歷了兩年的時間，朝鮮停戰協定總算是在 1953 年 7 月 27 日 10 時以朝文、中文與英文三種文字在朝鮮板門店簽字（各文本同樣有效）。簽字者：朝鮮人民軍最高司令官、朝鮮民主主義人民共和國元帥金日成、中國人民志願軍司令員彭德懷、聯合國軍總司令、美國陸軍上將馬克·克拉克。

在停戰談判兩年的進程中，在談判席上，美方充分表現出了他們的無誠意，總是千方百計玩花樣，使出高壓手段來對付朝中方代表。在談判會的第 3 天，美方就因自己私自派 20 名新聞記者前來開城進行採訪而遭到我方拒絕記者通過爲由，致使 65 名美方代表團成員竟全部折返而使談判休會。據同年 10 月 23 日新華通訊社報道，從 1950 年 10 月 25 日到 1951 年 10 月 10 日將近一年的時間內，朝鮮人民軍與中國人民志願軍共斃傷、俘敵軍 38 萬 7 千餘名。其中美軍 176655 名，

朝中人民軍的戰果迫使美方 10 月 15 日朝鮮停戰談判恢復。討論議程問題時，美方拒絕把從朝鮮撤退一切外國軍隊問題列入議程。美國務卿艾奇遜與國防部長馬歇爾於同月 19、24 日分別發表聲明，拒絕從朝鮮撤退外國軍隊。恰逢 10 月 20 日朝鮮北部爆發近 40 年來未有的特大洪水，美李軍乘機對我軍後方實施所謂「絞殺戰」，重點轟炸、封鎖我鐵路「三角地區」，對我軍後方交通線實施重點破壞，企圖徹底切斷我軍供應。美第 8 集團軍司令范佛里特在 1952 年 5 月 31 日的記者招待會上承認：「雖然聯合國空、海軍盡了一切力量，企圖切斷共軍的供應，然而共軍仍以令人難以置信的頑強毅力把物質運到前線，創造了驚人的奇迹。」是年 6 月中旬，宣告「絞殺戰」失敗。

　　1951 年 8 月 1 日建軍節，彭德懷司令撰文《中國人民志願軍是不可戰勝的力量》。文章指出：「朝鮮停戰應以 38 線與撤退外國軍隊爲基本條件。」

　　同日美國國務卿艾奇遜在記者招待會上聲稱，不能接受以 38 線爲軍事分界線的建議。儘管美帝國主義並不甘心放棄侵略野心，企圖利用他們擁有的大批量現代化武器、空中絞殺、海岸進攻等軍事壓力迫使朝中方面在談判中屈服。美國在這場朝鮮戰爭中動員了它全部陸軍的 1/3，空軍的 1/5 和海軍的近 1/2 投入作爲侵朝的主力軍。兩年中的停戰談判中，談談打打，斷斷續續，我志願軍和朝鮮人民軍利用地形，構築坑道，以陣地防禦和運動反擊相結合的作戰方法，積多次的小勝，大量消滅敵人的有生力量，兩年中又殲敵 72 萬人。中國國內部隊作爲志願軍的後備力量輪番入朝作戰，得到蘇聯支援的中國人民志願軍空軍，於 1951 年 9 月 12 日開始參戰，致使後勤運輸保障得到加強。這樣，美方才不得不於 1953 年 7 月 27 日在停戰協定上簽字。在侵朝戰爭中擔任「聯合國軍」的總司令都換了三茬，開始是麥克阿瑟，他於1951 年 4 月 10 日被撤，繼而由李奇微接任，李在 1952 年 4 月 28 日，美總統杜魯門宣佈以克拉克接替李奇微。

　　1953 年 7 月 27 日，朝鮮人民軍司令部與中國人民志願軍司令部

聯合發表戰績公報稱：從 1950 年 6 月 25 日至 1953 年 7 月 27 日停戰
協定上簽字止，朝、中人民軍獲得了輝煌的戰果，共斃傷俘敵軍
1093839 名，其中美軍 397443 名，擊落擊傷繳獲敵機 12224 架，擊毀
擊傷和繳獲敵軍坦克 3064 輛，擊沈擊傷敵軍艦艇 257 艘（按：關於敵
軍傷亡總數，據美官方公佈已達 1474269 人）。此時擔任「聯合國軍」
總司令的克拉克，後來在他自己的回憶錄中，沮喪地寫道：「我獲得了
一個不值得羨慕的名聲：我是美國歷史上第一個在沒有取得勝利的停
戰協定上簽字的司令官。」（摘自克拉克：《從多瑙河到鴨綠江》，英國
哈拉普公司 1954 年版，第 11 頁。）

　　同年 7 月 31 日，朝鮮最高人民會議常委會舉行授勳典禮，授予中
國人民志願軍司令員彭德懷「朝鮮民主主義人民共和國英雄」稱號及
一級國旗勳章、金星勳章。

　　（參見柴成文、趙勇田《抗美援朝紀實》一書，中共黨史資料出
版社 1987 年版）

四、忠誠耿直　清廉愛民

（018）北宋潮州刺史彭延年勤政愛民

　　彭延年（1009～1095 年），字舜章，號震峰，江西廬陵人，進士
出身，官終潮州刺史。他一生的信條是：謹慎才能有謀略，寬容才能
原諒別人的錯處，敏捷才能表現才華，對人施恩才能使人民得到實惠，
謙遜有禮才能使部下服從，清廉才能使人格完美。這六樣都是當政人
的美德，是人民的保障。這裏表述的，僅是他勤政愛民的一個方面。

　　延年在任爲官時，勤於案牘，天不亮就穿整齊衣冠辦公。審查案
情非常詳細，雖然是貧窮的百姓或低微的小官，都有機會申訴情理。
曾有一位犯了嚴重罪行的囚犯，拜託本州太守擺設宴會要求會見延
年，他拒絕了。接著，還向他們訓誡一頓，他們都表示懺悔及畏懼。
從此，他的部下就非常稱職，不敢有越軌行爲。有一回，有一群喜鵲

聚集在公堂前鳴叫，叫聲很哀。延年叫小吏隨著鵲群出去，原來隔鄰有人抓走了2只小鵲，他勸其放生，鵲群才飛走。有個仗著權勢橫行鄉里的人，州太守不敢過問他的醜事。延年知道了很憤怒，把他逮捕下獄，將他所奪去的民田，全部歸還給鄉民。

他所管治的郡縣，鄉民家裏有人死了，都不把靈柩掩埋，暴露在外，叫做「露屍」。他說服鄉民遺風易俗，將靈柩埋葬。郡內多人去家當和尚尼姑，他全叫他們婚嫁還俗。當地風氣好鬥輕生，與別人爭執，往往自己服毒自殺，藉以誣告對方殺他。延年審判定罪查明理由，將很多受冤屈的人平反而活命。當地的民風也因此而改變了許多。有年乾旱，郡守派屬吏訪查災情。屬吏秉承意旨，不敢多除田稅。延年接到上頭的文書，回復之後感歎地說：「旱情這麼嚴重，人民已沒有了糧食，將倉庫的米糧發下來救濟饑民，恐怕還不夠，怎麼還可以向人民徵稅呢？」復信遞出去幾天，延年就廢除所有賦稅。恰好朝廷派了使者帶來救濟物資，延年就對來使說明民間的痛苦，使者回到朝廷，向皇帝推薦，他就被升為大理寺評事。

他在職期間，執法嚴格公正，又兼顧到人情。泗州的兵船開赴汴京，有幾個偷米的人被判死刑。延年提出他的見解，認為米從遠處運來，偷米的事何止發生于一時一地，如果將販米的州所有偷米的人都判罪，被判死刑者一定很多。他將原案推翻，有5人得以免死。儂智高反宋，劫掠嶺南州郡，有幾十個州官棄城逃命，都依法被逮捕。延年向宋仁宗奏議說：「如果所守的城很堅固，兵器足夠，可以用此法懲治州官。如果嶺南的兵器不足，城池不堅固，怎麼可以用正常的軍法處置他們死罪？」仁宗也很同情，這幾十個州官因此都免於死。當時有官吏反對說：「審判案件，令國家失去原有的財富，或失去本可得到財富的，都應判以同等的罪狀。」延年反駁說：「古代的皇帝，注重贏得的，而不看重失去的，這是用刑慎重，恐怕濫失。如今把兩者都判同等刑罰，恐怕從今以後，執法的官吏，都不給犯罪者生還的機會了。這不是愛護生靈、利惠人民的原意。」

宋神宗熙寧九年（1076年）江淮一帶發生旱災和蝗災。延年請求神宗派遣使者到災區巡行，神宗遲遲沒派出，他就向神宗啓奏：「宮裏人半天不進食會如何？」神宗聽了很感動，就派出使臣開放倉庫救濟災民，流離失所的災民得以回鄉重操舊業的有三千餘戶。延年又奏除鹽稅及延遲繳納其他稅項，數萬名江淮人民因而蒙受利益。當時王安石用事改革，讓延年遠出知潮州。他一抵達潮州，走到梅州，饑餓的老百姓群聚示威，延年對他們說：「我也是個純樸的老百姓！」他就派了一位將軍向他們勸說召募，募得壯丁萬多人。此時人民都反映青苗法造成他們生活困苦。他遵從人民的意願，不強迫人民服從。其他知州接到朝廷命令，向老百姓徵收賦稅，只有他上奏說明百姓貧窮交不出來。潮州舊有規定，茶和鹽要交兩種賦稅，每一年可收到賦稅二萬緡。後來逐漸增加到八萬緡。有人告發他，逼他加稅。他說：「爲了討好上司得到獎賞而加重人民的疾苦，我才不幹這種事！」他照舊例徵稅，他向皇上提呈奏劄說：「行使利惠人民的法規有限，不干擾人民生計的方法是無窮的。」這件事才告一段落。

宋神宗元豐五年（1082年），發大水，海堤崩壞，淹沒了百姓的農田房舍。人民被逼逃離家園，放棄工作避難。延年全部遵照先侍郎彭思永知潮州時修堤的辦法，重新修築海堤，計有千里，百姓才得以重返家園，安居落業。修築費大半是出自他的俸金。他又撥款購置醫藥設備，治療患病的人民，得以痊癒的不計其數。

元豐六年（1083年），汀、虔二大盜聚掠循、梅二州，又勾引海盜許益、黎貴分寇甲子門等處，想要一鼓吞下潮、循。經四次大戰，延年都親冒矢石，數出奇算取勝。雖被敵人打斷一指，毫不顧惜。城中長久被困缺水，他著令挖了36口井。這一年鬧天災，人民沒有半粒糧，他策劃得很詳盡，煮粥救濟災民，活人無數。在那兵荒馬亂的年頭，人民得以免受饑餓之苦，完全是延年的功勞。朝廷知道後，賜璽書褒諭，召他回朝掌管大理寺事。潮州民眾老幼遮道泣涕，以至攀留數日不得離去。他只好留下兒子銓、鎰等六人及夫人許、黃氏在潮州，

而單身驅車回朝廷辭職。神宗欽錫一品服色，命充正使出使契丹。契丹國王聽說他的名聲，親獻玉卮相飲，並對左右的臣子說：「有這樣的臣子多好呀！」贈送四匹黃馬給他，派兩名使臣護送他回家。從此，他的聲譽在京城非常響亮。同僚見了很妒忌他。於是他便辭職在潮洲的浦口村隱居。神宗誥賜紫衣金帶一襲，食邑田百畝。他先後做過五任的朝官或地方官，前後共 35 年，建立了大的功業。他擔任大理寺官職，就以產除奸邪、糾正冤屈爲要務；做州守，則以重視農業、袪除弊端爲先決條件；他抵禦敵人，以得民心，做好武器裝備爲根本要決。因此人民讚頌他說：「解除困境，理清混亂，是我們的彭公；使我們恢復舊生活，從死裏逃生，是我們的彭公。」（參見皇宋元符二年己卯〔1099 年〕春，賜進士出身左庶子秘書監丞潮陽後學林紘拜撰的《宋潮州刺史延年公傳略》）

（019）北宋諫諍名臣狀元彭汝礪剛直敢言

彭汝礪（1041～1094 年），字器資，今江西上饒市波陽縣人。狀元出身。他一生以氣節相尙，膺有士望，成爲宋朝一代直諫名臣。

禦史中丞鄧綰將薦舉汝礪爲禦史，召他不往，因而已經上報，又以失舉自列，致使宋神宗惱怒不休，下令貶逐鄧綰，任用汝礪爲監察禦史里行。汝礪首先陳述十事：一是正己，二是任人，三是守令，四是理財，五是養民，六是振救，七是興事，八是變法，九是青苗，十是鹽事。指出揭發利弊，都是朝中難言之事。又論及呂嘉問市易聚斂非法，應罷免；俞充諂媚宦官王中正，以至指使妻兒拜見王中正，不應檢正中書五房事。神宗爲此而罷免俞充，並查究汝礪的話的根據，汝礪說：「要是說了，不是增廣聰明的辦法。」最終不奉詔對答。等到王中正與李憲主管西部軍隊，汝礪說不應把軍隊付與宦官，因而言及漢、唐禍亂之事。神宗聽了不高興，用話打斷他。汝礪拱手站立不動，等待機會再說。神宗爲他改容，當時在場官員都歎息佩服。

神宗元豐（1078～1085 年）初，汝礪以館閣校勘的身份爲江西轉運判官，辭謝神宗，又說：「現在不擔心沒有將順之臣，擔心沒有諫諍

之臣；不擔心沒有敢爲之臣，擔心沒有敢於說話之臣。」神宗稱讚他的忠誠，更替回朝，任京西提點刑獄。

宋哲宗元祐二年（1087 年），召用爲起居舍人。當時哲宗想問新舊政治，回答說：「政治沒有彼此，統一於是而已。現在所變化大的，是取士與差役法，實行這些制度後，士人百姓都不滿，未見其可行之處。」過了一年，升汝礪爲中書舍人，賜金紫。汝礪詞命雅正，大臣中有持平論的，與他的意見頗爲相左，一時希圖進取之士都指責他，想要排斥去掉他們這類人，但沒有藉口發作。恰逢知漢陽軍吳處厚得到蔡確安州詩上報，附會解釋，認爲心存怨謗。諫官交互上章請治罪，又製造危言，以激怒宣仁太后，打算置之法辦。汝礪說：「這是羅織罪名的開始。」多次報告執政大臣，不能挽救，於是上疏論辯，沒有得到同意。正在居家待罪時，得到蔡確謫命除目草詞，說：「我不出來，誰來擔負這一責任！」立即進入禁宮中，封還除目詞命，辯論更加懇切。諫官指責汝礪爲蔡確朋黨，宣仁太后說：「汝礪豈是依附蔡確的人，亦不過爲朝廷論事罷了。」等到蔡確貶官新州，又需要汝礪草詞，於是落職知徐州。開始，汝礪在禦史台時，議論呂嘉問之事，與蔡確意見不同，移外任十年，蔡確起了很大作用。後來治罪呂嘉問其他獄案，因不阿附執政大臣，因被削奪二官。到這時，又替蔡確獲罪，人們因此更加尊重他。

加汝礪官集賢殿修撰，入權兵、刑二部侍郎。有獄案應寬大，執政大臣以特旨殺之，汝礪堅持不殺。執政大臣發怒，懲罰汝礪的部下。汝礪說：「皇帝的制書有不便的地方，允許奏論，這是制度。部下又有什麼罪。」於是自己彈劾請求離職，奏章四次上報。詔令免去部下懲罰，移汝礪任職禮部，實屬吏部侍郎。

哲宗親政，修撰神宗熙甯、元豐政事，人們都爭相獻出所聞，汝礪惟獨沒有建議。有人問他，回答說：「在以前就無人敢說，在今天就人人能說話了。」晉升他代理吏部尚書。言官認爲他曾經依附宰相劉摯，便以寶文閣直學士的身份爲成都知府。沒有去赴任，多次上奏章，

又降爲待制、知江州。將要出發，哲宗詢問他所想說的話，汝礪應對說：「陛下現在所恢復的，其政事不能沒有是非，其人不能沒有賢能不肖。政事惟其對，那麼沒有什麼不好；人惟其賢能，那麼沒有什麼得不到的了。」

到達江州幾個月後，汝礪因病去世。他的遺表大略說：「土地已有餘，希望撫以仁政；財用不是不富饒，希望節以禮儀。奸佞之人開始好像令人喜歡，但其禍患在將來；忠言開始好像令人討厭，但是其利益很廣博。」至撫恤河北流散移民，視察江南水災旱災，共數百字。朝廷正任命他爲樞密都承旨，卻已去世，就以之告賜其家。終年 54 歲。宋徽宗崇甯元年（1102 年），敕葬湖北興國州 30 里，俗呼爲彭尚書墓。墓左有祠，以示紀念。（參見《宋史·彭汝礪傳》）

（020）南宋理學名儒彭龜年愛君憂國忠誠耿直

彭龜年（1142～1206 年），字子壽，號止堂，今江西宜春樟樹市人。南宋理學名儒，是著名理學家朱熹和張栻的學生，又是甯宗皇帝趙擴的老師。他的學識很純正，議論簡明正直，對善惡是非，辨析很嚴格。他愛君憂國的誠信，先見之明的見識，敢於直言的氣魄，都是人們所難以做到的。他以待制寶謨閣之職退休，加贈爲龍圖閣學士，諡「忠肅」。

南宋在中國歷史上是個最弱小的王朝。在孝宗趙慎第 3 子光宗趙惇（1189～1194 年在位）爲帝時，與其太上皇孝宗不睦。有段時間，光宗曾親自參加郊祀，正值暴風雨之際，因而生病了，大臣們很少得以接見。時間過了很久，光宗的病好了，但仍對孝宗疑心重重，擔心孝宗廢他的皇位另立新人，於是光宗不去朝拜孝宗住處重華宮。原來趙惇繼位後，事事聽命于妻李後，這位李後曾因遭孝宗訓斥心懷不滿。她請立其親生子嘉王趙擴爲皇太子，孝宗不許，李後更是懷恨在心。她說：「妻六禮所聘，嘉王，妾親生也，爲何不可？」又對趙惇說了一些挑撥離間的話。趙惇聽後大怒，不再去太上皇孝宗的住處問安。龜年見此情景，憂心如焚。他寫信責備宰相趙汝愚，並上疏說：「壽皇（孝

宗自尊爲至尊壽皇聖帝）侍奉高宗，完全遵守爲人之子的要求去做，
這是陛下所親眼目睹的事實。況且壽皇今天只有陛下一個兒子，聖上
的懇切之心，不言而喻，特別是遇到要去重華宮的日子，陛下有時延
遲行動，而壽皇不得不降旨免去陛下去重華宮的禮節，是爲了替陛下
開脫，使人們不能因此私下議論陛下，壽皇內心並非不希望陛下去拜
見。自古人君處理骨肉親人間的事，多不與外臣商量，而與小人商量，
所以與親人之間的不滿情緒一天天加深，彼此的疑心距離一天天增
大。今天兩宮之間萬萬不要出現這樣的結果。然而我們所擔心的，朝
外沒有韓琦、富弼、呂誨、司馬光這樣的忠臣，而小人之中，已有任
守忠掌握了大權，希望陛下裁斷明察。」他又說：「使陛下虧損去重華
宮拜見壽皇之禮儀，都是左右小人離間的罪過。宰相、執政與侍臣只
能從中拉攏父子之間的感情，調和陛下與重華宮的關係；台諫只能根
據父子之間合宜的道德責望人主。至於二人間誤會的根源，堅固而難
以根除，宰執、台諫卻未曾有一句話談及此。今天內侍中離間兩宮的
人固然並非一人，只有陳源在孝宗時被重重得罪，最近又被提拔重用，
外人都說離間的關鍵一定從陳源開始。應立即顯示朝廷威力加以裁
決，首先驅逐陳源，然後迅速登上鑾車，前去認錯，以向孝宗謝罪，
使父子之間融洽，宗社長久，這不是很好嗎？」這真說得痛快淋漓，
愛君憂國之情溢於言表。終於感化了光宗。過了不久，光宗到重華宮
朝拜父皇，都城的人歡欣鼓舞。不久，龜年拜官起居舍人。他進宮謝
恩，光宗說：「這個官職是用以等待有才識的人，想想除了你沒人可以
勝任。」

　　龜年記述祖宗之法，著成《內治聖鑒》一書進呈給光宗。光宗說：
「祖宗家法很好！」龜年說：「我這本書主要是爲防止宦官、宮中婦女
得寵後弄權，多有請托，這些人如果看到，恐怕不能讓皇上經常閱讀。」
光宗說：「不至於這樣！」過了一天，龜年上奏道：「我所居之官職，
主要職責是記述君主的言行，皇上不到重華宮問安，如此之事記下的
有數十次了，恐怕難以向後人交待。」光宗下旨去玉津園，龜年奏道：

「皇上不尊奉三宮，而獨自出去遊宴，不合禮儀。」又說：「陛下誤把我充任嘉王府講讀官，正是想我們教給嘉王君臣父子之道。我聽說有身教，有言教，陛下憑藉身教，我通過言教來教育嘉王，言教怎比得上身教有效呢？」

光宗紹熙五年（1194 年），孝宗生病，後疾病逐漸嚴重，龜年連續三次上疏請求與光宗對話，沒有得到回音。恰好光宗上朝，龜年不離開班位，伏地叩頭，久久不停，鮮血浸入井壁和地板磚。光宗說：「我一向知道你忠誠耿直，有什麼話想說？」龜年奏道：「今日之事沒有能大過拜見壽皇的。」光宗說：「我一定會去！」龜年說：「陛下屢次答應我，一進宮後就又不遵守諾言。言行不一致，我實在痛心！」同知樞密院餘端禮說：「在宮殿前的臺階上叩頭，委婉地表現出懇切之情，做臣子的做到這個地步，爲了什麼？」光宗說：「我知道了！」

孝宗去世，光宗退位爲太上皇，甯宗趙擴即位，當晚召對，甯宗皺著眉頭說：「以前只聽說我可能被立爲王儲，誰知立即就登上了皇位，我竭力推辭未得到恩准，至今內心還震驚、害怕。」龜年奏道：「這是關係到國家宗社之事，陛下怎能推辭，今天只須盡人子之責誠心地事奉父親。」於是擬定起居劄子，乞求每日呈上。龜年又與翊善黃裳同奏要甯宗前往朝見南內的父皇，定下過宮行見禮，請求提前一天進宮上奏，率領百官恭謝。甯宗朝拜泰安宮，到宮前時臥室門已關閉，於是奏上拜表就退出了。當時，大臣們議論想另建泰安宮，而光宗沒有遷移宮殿的打算。龜年說：「古人披荊斬棘建立王朝，還能發佈政令，況且重華一個宮殿難道不夠用嗎？陛下住窄處，太上皇住寬處，天下百姓，定會體諒陛下的。」於是停止建築宮殿。龜年被晉升爲中書舍人。

有一天，甯宗禦筆書寫朱熹、黃裳、陳傅良、彭龜年等十個人的姓名給彭龜年看並問：「這十個人可以充當講官嗎？」龜年回答：「陛下如果招來一世之傑出人物如朱熹等，正好滿足人望，但不可以專用潛邸學官爲講官。」不久，龜年拜官侍講，改爲吏部侍郎，又升兼侍

讀。龜年知道形勢將會變化，正值暴雨雷鳴出現，於是極力陳述小人竊權、號令不按時傳達的弊端。彭龜年被派遣充當金國弔祭接送伴使。正巧碰上龜年陪護金國客人之時，朱熹以上疏論韓侂冑奸佞被罷黜。龜年聽說此事後，附會朱熹的奏書說：「當初我約好與朱熹一同反映此事。今天朱熹已經被罷，我也應該一同被貶。」甯宗沒有接受。等到他從金國回朝後，見韓侂冑主持政事，權勢比宰相還大，於是他分條列舉他奸邪的事例，說：「進退大臣，更換言官，都是初期執政最關大體的事。有的事大臣們不可能知道，而韓侂冑知道，他假託皇上的聲勢，竊取權力作威作福，不把他貶去必定成爲後患。」甯宗看到他的奏章很驚駭：「韓侂冑是我的肺腑，我對他信而不疑，不想他如此行事！」甯宗批示下達到中書，讓韓侂冑到一祠觀任職。他終於鬥垮了禍國殃民的權奸韓侂冑。韓侂冑被殺後，有人向甯宗報告彭龜年的忠心。甯宗對章穎等人說：「彭龜年忠心耿耿可嘉，應該得到諡號。如果人人如此，一定能使君主處於無過錯的境地。」這是對他何等高的評價！（參見《宋史·彭龜年傳》）

（021）明宰輔彭時孜孜奉國，持正存大體

彭時（1416～1475 年），字純道，號可齋，江西安福人。狀元出身，卒贈特進光祿大夫、左柱國太師，諡文憲，是明代著名的宰輔之臣。他一生孜孜奉國，爲官清廉，深明大義，識大體，孝敬父母，生活儉樸，對人忠誠，其非義不取。明天順（1457～1664 年）初，英宗復辟後，對前朝重臣審查甚嚴，內閣諸臣叠換頻繁，徐有貞因復辟有功，深得英宗寵愛，權傾朝野。後徐被石亨彈劾，貶逐出宮，內閣急需人才。當時，彭時任太常少卿兼侍講，石亨有意拉他入閣參預機務，對人放風說：「我想薦彭時入閣，苦於無機會結識，故不好推薦！」有人力勸彭時立即拜訪石亨，以儘快入閣。彭時不爲所動，推說自己沒有拜見他人的習慣，不願前往。勸見的人說：「人家持重金求見都不可得，你徒手一見，又有何妨？否則，你會後悔的！」彭時卻回答說：「承蒙厚愛，謝謝了！但彭時決不能前往。我本無他望，談何悔之有？現

在爲了提拔而去拜訪人家，即使做了尚書，也是不光彩的事！」彭時真具有君子之風，一身正氣，堅決不去跑官要官。但于天順元年（1457年）九月，卻由英宗帝親自拔擢他入內閣參預機務，因爲他是英宗親自拔出的狀元。英宗很愛惜他，閣臣自三楊（楊士奇、楊溥、楊榮）後，升降很少，被英宗親自擢用的只有他與嶽正二人。

天順年間，翰林院新納了一班學士，楊正、李賢爲了求得上司的關照，備了豐厚的禮物，登門拜訪，被彭時謝絕門外。第二天，他親臨翰林院，召見全班新學士，未談楊正、李賢送禮之事，只以《上梁不正下梁歪》爲題，對他們進行考試。結果，李賢的文章切中時弊，語言精闢而犀利。不久，彭時推薦李入閣參預朝政。後來彭時再次入閣時，李賢正被重用。李每次皇上召對回來後，即要與彭時商量。彭時能持正論，不循私情。有時爲國事爭得面紅耳赤，李賢初有怨氣，久之，卻佩服彭時的耿直，說：「彭公，真君子也！」後來，錦衣衛門達仰恃英宗恩寵，中傷李賢。英宗聽信讒言，準備罷免他，專用彭時。消息傳出，彭時大驚，在英宗面前極力爲李賢辯誣。並表示「李去，時不獨留！」英宗乃逐漸明白，李賢的事才得到清白。

彭時年幼喪母，由繼母余夫人扶養成人。餘氏雖目不識丁，但性善知禮，聰明賢慧，對彭時的學業要求很嚴。大比之年，余夫人病倒在床，彭時打算放棄赴考，在家奉養繼母。餘氏知道後，對他發脾氣說：「不孝子孫！捨不得爺娘闖不出口岸，捨不得妻子當不成好漢！」彭時連忙雙膝跪地說：「媽，您好生保重。兒聽母命進京應考去！」不久，皇榜出，聖旨下，彭時得中頭名狀元，授翰林院修撰。彭時接旨謝恩，卻忤旨不從。他向英宗表示：「母憂，兒不遠行！」他終日服侍繼母身邊，直到余夫人逝世後，方才進京上任。

彭時于民最大的恩德是，他建議廢除了中國幾千年的殉葬制度。先時皇帝逝世後，要後妃作陪葬。民間有權勢的人死了，也要選一對「金童玉女」陪葬。這是極其殘忍的事。彭時對這種做法十分不滿。景泰丙子年（1456 年），代宗皇帝在病危中召集重臣立下遺詔。當要

後妃陪葬時，彭時、李賢等重臣上前跪伏禦榻邊，冒著生命危險，勸阻代宗取消後妃陪葬之舉。代宗對彭時「口占遺命，定後妃名分，勿以嬪禦殉葬，凡四事。」並付「閣臣潤色」，頒佈天下。從此，中國歷史上廢除了後妃陪葬的規定，民間也取消了「金童玉女」陪葬的殘忍惡習。

彭時一貫不顧個人安危，犯顏直諫。明成化初，憲宗皇帝爲什麼立了兩個皇太后呢？原來憲宗的爹英宗，儘管有三宮六院，但正配只有錢皇后。她爲人正派，受人擁戴，只是從未生育。憲宗是周貴妃所生。英宗歿，憲宗繼位。爲定太后尊號，召文武百官計議，要毀英宗遺詔廢錢皇后，立周皇后，一些欺善揚惡之輩，爲巴結憲宗，也爲之附和，並傳出周貴妃懿旨：「錢皇后久病，不當立」。百官不敢聲張，唯獨只有彭時「抗旨不遵」，神色坦然地站出來據理力辯，義正詞嚴地說：「太祖太宗，神靈在上，彭時忠心維護先帝遺詔，錢皇后無子，有何利益爲臣所爭？臣義不忍默者，全主上聖德耳！」力諫憲宗表態，結果兩宮並立，封錢皇後爲慈懿皇太后，周貴妃爲皇太后。他敢於直諫，主要表現在政治制度上。他言政有七件事：一、毋惑佛事，靡金錢；二、傳事專委司禮監，毋令他人，以防詐僞；三、廷見大臣議政事；四、近幸賜予太多，工匠冒官無紀，而重囚死徒者法不蔽罪，宜戒淫刑僭賞；五、虛懷受諫，勿惡切直；六、戒廷臣毋依違，凡政令合失，當直言論奏；七、清理牧馬草地，減退勢要莊田。所論皆切中時弊。故《明史》稱其「立朝三十年，孜孜奉國，持正存大體，燕居無惰容，無聲樂之奉，非其義不取，有古大臣風。」他和李賢等同心輔政，在位的天順、成化年間，是明朝少見的內閣朝政好時光之一。以後的孝宗也高度讚揚他「忠厚爲國」。誠不失爲歷史上的一名好宰相。（參見《明史》和《安福梅下彭氏族譜》的《彭時傳》）

（022）明宰輔彭華孜孜愛民，操履端純

彭華（1432～1508 年）字彥實，號素庵，江西安福人，彭時族弟。會元出身。卒贈光祿大夫，太子少傅，諡文思。他生於書香門第，閱

閥世家。父彭貫、兄彭彥、弟彭禮，均爲進士出身，時稱「父子四進士」。彭華自幼聰穎好學，並隨父宦遊，備受熏陶，故才識超邁，博通經史。故此科場得意，一舉成名。明成化元年（1465 年），主持應天鄉試，不久升侍讀，任經筵日講官，爲皇帝講史傳經，成了天子的老師。成化八年（1472 年）殿試，彭華任受卷官，族兄彭時任讀卷官。兄弟同朝任考官，一時傳爲佳話。

　　彭華爲官正直，不畏權勢，在成化二十年（1484 年），奉命主持會試時，有一權貴子弟已在錄取之列，等到拆號時發現朱墨卷互異，屬他人代考。衆考官畏于權勢，不敢定奪。彭華則置個人進退於不顧，堅決將其除名，以維護科舉考試的嚴肅性。他旋即被提升爲吏部左侍郎，仍兼學士，並被選入內閣，參預機務。後又升爲禮部尙書，加封太子少保。

　　彭華身居高官，在朝爲相，但他心系黎民，時常告誡他手下官員要以民爲本，勤政愛民。他在《送過侯九皇知安福縣序》中，就旗幟鮮明地要求爲地方官者要「愛民如子」，並諄諄告誡他要「孜孜愛民，推誠以待之」，不能「視民如土芥」。因而海內賢士，翕然景從。故憲宗皇帝曾賜「誥命」表揚他，贊其「操履端純，才學宏邃」。

　　爲什麼會說他「才學宏邃」呢？因他在景泰五年（1454 年）22歲中會元後，即選翰林院庶吉士，參與撰修《環宇通志》、《大明一統志》、《英宗實錄》和《續資治通鑑綱目》等重要典籍，顯露了他的文才。茶陵詩派領袖、文淵閣大學士也盛讚其文爲「嚴整峭潔，力追古作」。

　　由於彭華在朝三十多年，歷侍代宗、英宗、憲宗三帝，難免不得罪一些官員，特別是招忌於權奸，使他不得安枕。如他得罪內閣權臣焦芳就是典型的一例。焦芳是宦官劉瑾的首要黨羽。在焦芳由侍講滿九年朝考、當提升學士時，有人對執政首輔萬安說：「不學如芳，也學士嗎？」芳聞後十分怨恨地說：「這一定是彭華離間我。我不學士，且要刺殺彭華于長安道中。」彭華聽說後很懼怕，違心地跟萬安說情，

於是進焦芳爲侍講學士。而後彭華不斷受到排擠，日甚一日，致向皇帝上疏都不被接納，只得被迫於弘治二年（1489 年）托疾歸里。接著又不露聲色離開江西老家，輾轉湖南，去到廣東，隱姓埋名，致使其家屬與安福人都猜疑他不在人世。所以江西安福的史籍和彭氏的家譜，都記載彭華的生卒年爲 1432～1496 年，享年 65 年。其實彭華到廣東後還多活了 12 年，到 1508 年才去世。因正德二年（1507 年），宦官劉瑾得勢，焦芳入閣成爲幫兇。他們擅權亂政，榜示朝臣 53 人爲奸黨。彭華雖已離開京城，焦芳還是憑其權勢，惡毒誣陷，派出爪牙，追殺彭華，竟遷怒於江西人。借彭華、尹直、徐瓊等江西官員多被物議，要裁減江西鄉試額 50 名，禁止及第江西人授京官。正德三年，劉瑾爲追查告發他的匿名信而假造聖旨，勒令朝官 300 餘人在奉天門外跪下曝曬，當場曬死 3 人，致病者無算。彭華憤激過度，猝然逝世，血葬廣東羅定龍岩。

明正德五年（1510 年），權奸劉瑾伏誅。彭華獲得平反昭雪，加封贈謚。人們用對聯對他的評價是：「操履端純，才學宏邃，三朝皇帝皆刮目；身居極品，心系黎民，四海賢士齊折腰。」對於這樣一位被權奸忌恨的輔臣，竟在明史中對他頗有微辭，講他依附中貴（宦官），交結執政首輔萬安、劉吉一起附麗佞幸的同鄉李孜省，等等，這要作具體分析，不能把他一棍子打死。縱觀彭華一生和 1992 年初夏，在他安福老家發掘的《明代彭華功德岩刻群》來看，內閣宰輔李賢、彭時，奉政大夫李紹、劉定之等十多名較爲正直的朝中重臣對他的讚頌，也無可非議地說明彭華還是個好的封建輔臣。（參見《明史》與《安福梅下彭氏族譜》及今賢彭有光的《羅定彭氏始太祖華公傳略》等文）

（023）清著名清官彭鵬直聲振天下

彭鵬（1637～1704 年），字奮斯、古儒，號九峰，福建莆田人。是清康熙朝（1662～1722 年），著名清官之一，直聲震天下。他起自基層牧令，能和于成龍、湯斌、施世綸等一樣，都以清廉公正聞名于時，致使鄉里街巷稱頌，經久不衰，促成康熙年間吏治清明，廉吏接

踵而起的局面。膾炙人口的公案小說《彭公案》，就是以彭鵬爲原型塑
造出的一位秉公斷案、爲民鋤奸的清官形象。現錄其二三事：

　　彭鵬是在康熙二十三年（1684 年）踏入仕途的，初任三河知縣。
三河地處要衝，蒙漢族雜居，很不好治理。由於他安撫勸懲，不畏強
禦，三河得以安定。有人妄稱是禦前放鷹的，他察知奸詐，將他拘禁
鞭打，毫不留情。他斷案如神，鄰縣有疑案不能破，上級傳他前往一
同偵察，馬上弄清真相。二十七年（1688 年），康熙帝巡視京畿地區，
接見彭鵬，詢問他的居官情況，以及以前抗拒「三藩之亂」時耿精忠
僞命的事件，賜給他金幣 300 兩，並告諭他：「知道你清正，不受人賄
賂，以此養你廉潔，勝過民間數萬多了。」不久，順天府尹許三禮參
劾他隱報呈控案。朝廷命令巡撫于成龍核察。成龍上奏：「彭鵬審訊後
沒有證據，正在緝拿兇犯，不是不報。」吏部決議奪他的官，康熙帝
下令降級留任。接著他因緝盜無功，多次被議，積累到降 13 級，都被
從寬留任。

　　二十九年（1690 年），康熙帝下詔推舉廉能官吏，彭鵬因尙書李
天馥薦舉，與邵嗣堯、陸隴其、趙蒼璧一起被擢任科道。第二年起任
工科給事中。三十二年（1693 年），陝西西安、鳳翔，山西平陽遇災，
朝廷發佈賑救。又命他運送河南米 10 萬石到陝西散發給饑民。他上疏
論及陝西、山西、河南三省官員不顧恤老百姓受災之苦的情況，語言
切實，合乎事理。康熙帝命令所屬部門處理，並命令彭鵬指實相聞。
他因此陳奏涇陽知縣劉桂克扣籽粒，猗氏知縣杖殺災民，磁州知州陳
成郊濫浪運價，夏邑知縣尙崇震派銀包運，南陽知府朱璘暧昧分肥，
聞喜、夏縣匿災不報。如此等等，有名有姓，有根有據。康熙帝只得
下令三省巡撫察審。可能是官官相護，察審結果，「事情都不符實」。
按例，彭鵬當下放充軍。而康熙帝卻赦免了他。

　　康熙三十三年（1694 年），彭鵬上疏彈劾順天鄉試中式舉人李仙
湄闈墨刪改過多，楊文鐸文字謬妄，給事中馬士芳磨勘（考核複定）
通賄。下令九卿等察議，他們反誣彭鵬所奏「涉虛」，採摘疏奏中有「臣

言如妄，請劈臣頭，半懸國門，半懸順天府學」一類的話，是「狂妄不敬」，應該奪官。康熙命鵬回答。鵬疏奏道：「會議諸臣，徇從試官徐倬、彭殿元欺飾，反以臣爲狂妄，乞賜罪斥革。」康熙帝心中有數，不僅沒有問罪彭鵬，而是讓徐倬、彭殿元致仕退休，實際上也是對試官徐、彭的一種處分。

康熙三十八年（1699 年），彭鵬被擢任爲廣西巡撫。他在廣西任官，省刑布德，減稅輕徭。廣西原來每年上貢魚膠、鐵葉，不是土產物，要到廣東採辦運送。彭鵬上疏請求罷免。不久，他被調任廣東巡撫。臨行，他上疏說：「廣西州縣藉故私派，名曰均平。臣到任，劾罷賀縣、荔浦、懷集、武緣諸縣貪吏。前此各州縣大者派至三千兩，其次一二千兩。不肖官吏往往先征均平而後征正課，甚至均平入己，遇事再行苛派。不派均平，又在火耗裏取盈餘。而且均平所入，用費在公者十之二三，用費在饋贈者十之六七。要去舊弊，蘇民困，必先養州縣廉正。請在征糧之內，明加火耗一分。其餘陋規概行禁止。」疏入，康熙帝令所屬部門議處。結果說「火耗不可行，但要嚴禁加派。」其實，彭鵬的這條建議很有創見，可惜康熙朝沒有實行，使得吏治積弊愈來愈多，貪官污吏橫徵暴斂，不可收拾，直到雍正帝正式把耗羨歸公，作爲法定的養廉銀，才取消了陋規。廣西以前未設武科，彭鵬又奏請推行。當時他與蕭永藻互調巡撫，康熙帝勉勵永藻學習彭鵬，又諭大學士說：「彭鵬人才壯健。以前知三河縣，聽聞有賊，隨即佩刀乘馬馳捕。這是朕所知道的。」這些都說明康熙帝對彭鵬的器重和贊賞。

彭鵬到廣東上任後，正值廣東因爲借兵餉，改額賦征銀爲征米，較估報時，價值浮多，戶部屢飭追完。而當年豐收米價低，以米計銀，少七萬三千多。彭鵬疏請令經管各官扣追存庫，並建議今後額賦仍依原來規則征銀，採購兵米。而按年應追完的銀兩，實因豐歉不同，米價無定，乞免重追。康熙帝允行。這爲減輕廣東人民的負擔，做了件大好事。

彭鵬辦事勤敏，博學強識，條貫經史。下班後則翻閱官方文件和判決詞，目不停覽，手不停批，半夜三更還不睡覺，率以爲常，因而熟悉國家典故。凡有奏疏，能分解清楚其中的利病，遇墨吏糾劾則絲毫不徇情。四十三年（1704 年）卒於官。康熙帝深爲悼惜，稱他勤勞，賜祭葬。不久，令入祀廣東名宦祠，以垂不朽。

（024）總督彭剛直公執法如山

前節所說的「老將彭玉麟督師抗法前線」，是講的彭玉麟的武功。其實他的功績還遠不只此。在 19 世紀下半葉的清朝官員中，他的聲名卓著，還在於他的剛直不阿、秉公辦案和執法如山而顯露官場，爲老百姓所欽敬。因此人們稱他爲「彭剛直公」。他逝世後，清廷亦諡其爲「剛直」。凡是類似於他的品德的官員，人們又常以其「比之彭剛直」，可見彭玉麟這種品德和聲譽的深遠影響。

彭玉麟對那些「爲官視民若魚肉，而吾爲刀俎者」的官員，深惡痛絕。他「未嘗肯稍事姑息，黜者應黜，誅者應誅」。不管這些人有多硬的靠山，也敢於碰硬。當時權傾天下的總理大臣李鴻章的一個姪子仗勢欺人，常在鄉間「奪人財物妻女」，地方官不敢查問。一次，他巡視長沙水師到該地，一位被害鄉民投訴于他，他即召李鴻章之姪來審問。這個惡少恃其叔父權勢，毫無畏色，洋洋然認可。彭大怒，命部下笞之無數。一些地方官前來求情討保，可彭玉麟一方面說服這些官員，一方面卻囑部下處決了這個橫行鄉里的惡霸，而後寫信告知李鴻章說：「令姪實壞公家事，想公亦所恨也，吾已爲公處置矣！」李鴻章無可奈何，只得復信佯表「謝之」。

爲了整肅綱紀，他身先士卒，六親不認，誰犯了罪，就依法處之。他有個外甥因軍功而升至太守，但這個外甥，卻因負大名、好大言，以致貽誤了軍情。他對此，毫不姑寬，而按軍法處決之。事後他送去一幅挽聯：「定論蓋棺，總系才名辜馬謖；滅親執法，自揮老淚哭羊曇。」彭玉麟只有個弟弟「遊客秦豫，遭亂二十年」不曾相見。1861 年冬，其弟千里迢迢趕至安慶與之團聚，二人見面後，「相對哭失聲」。他對

其弟則「愛護甚篤，與共寢室」。但看到其弟抽鴉片成癮，則毫不留情。他認為「洋人害我，此為烈矣」。便令部下「立杖四十斥出之」，並說「不斷煙癮，死不相見」。其弟「感愧自恨，臥三日夜頻死，竟絕不更服」。

有一次，彭玉麟得知部下一管帶橫行鄉間，欺壓百姓。為了證實是否真有其事，他化裝成老農模樣，帶一士兵裝扮的村童，到管帶駐地石門灣查個水落石出。鎮上有一茶館，每晚茶客滿座，茶廳中有個座位是專為管帶設的，可他一進屋就坐了這個座位，店主多次勸他坐別處，他都婉言謝絕了。他說：「等某大人到，我當恭敬地讓他啊！」不久，兩個水兵提著燈籠引路在前，管帶隨後，朝茶館走來了。店主勸他讓位，他卻置若罔聞。管帶見這老農竟敢不讓位，便放肆怒罵，兩個水兵也從旁助威。他卻一聲不吭地移坐別處，「蜷伏無言」。管帶覺得這一老農竟如此膽大妄為，還罵得不夠過癮，繼續大罵，其他茶客莫不為之毛骨悚然。彭玉麟回到軍營後，即召見這管帶。管帶一看到召見他的就是在茶館被自己罵得狗血淋頭的那位老農，嚇得魂不附體，匍匐請罪。彭玉麟斥之曰；「一管帶威福至此耶！」即令部下斬之。此事傳開後，聞者無不駭然，石門灣的水師官兵都以此為戒了。

彭玉麟對那些卑污貪鄙的腐敗官僚，更是恨之入骨。他曾說：「州縣親民之官，最為緊要，苟不得人，即為地方之害。」如果朝廷要他去查辦那些腐敗分子，一經材料核實無誤，他就會依法嚴懲，否則，他認為就將「無法律以正人心」。安徽候補副將胡開泰生活作風極其淫亂，經常召娼飲酒作樂，有時竟要己妻在旁斟酒助興，其妻受不了這種侮辱，不從。胡某大怒，竟拔刀殺妻。彭剛直得知後，立即逮胡審問，並依法處決。老百姓為此「拍手稱快叫好」。還有，湖北忠義營總兵譚祖綸誘姦其友張勝清之妻，張訴之於剛直公。譚為了達到殺人滅口和長期霸佔張妻的目的，派人暗害了張勝清。彭受理此案時，依法鎮壓了譚祖綸。行刑那天，「觀者數萬人，歡呼稱快」。從此，長江沿岸聽到剛直公名字，無不「肅然相戒」。在湖北武昌縣之樊口，常年因

長江溢水而成澤國，方圓七八里的農民被迫離鄉背井，生活十分淒苦。如果能在樊口建閘築壩，可免遭水患。但樊口一帶的漁霸們橫行鄉里，他們因「每年江水愈大，則網魚愈多」，而一旦建閘築壩，就「利則減矣」。他們仗著權勢，勾結大冶的一批訟棍，「互爲爪牙」，而反對農民建閘築壩。1878 年，樊口農民自籌資金，「拆屋竹木，運磚運石，築壩攔水」。可是地方官與漁霸、訟棍們勾結在一起，以「玩官藐法」的罪名，派兵鎮壓，而激怒了農民。「堤成不能活命，堤成而毀仍不能活命，不如一鬥而散，稍舒憤氣」。一場農民暴動劍拔弩張。此時，清廷諭彭玉麟去查辦。他爲了得到第一手材料，微裝查訪，深入民間調查研究，然後上報朝廷，懲辦了那幫漁霸和訟棍，並提出了修補濱江黃柏山至樊口四十里的大堤，和在樊口建座石壩，設立碼頭以便搬運貨物，而「搬運貨物均由民間自行經理」，官府不得干涉。建閘築壩之事則命湖廣總督李瀚章去督辦。諸如此類的事舉不勝舉。只要他所到之處，均「能偵官吏不法，輒劾懲，甚者以軍法斬之然後聞，故所至官吏皆危慄。民有枉，往往盼彭公來」。解放前在湘南流行的戲劇《彭玉麟私訪廣東》，既反映了他的抗法愛國精神，同時也反映了嚴懲貪官污吏、執法如山的政績。

五、義舉孝行　扶危濟困

（025）彭修的義舉孝行感化敵方

　　彭修，字子陽，淮陽陽夏人。曾祖父彭宣爲西漢長平侯，祖父彭聖爲魏郡太守，父親彭閎爲東漢世祖建武時沛郡博士入期拜議郎。他從小飽讀詩書，明經理，品德高尚。在東漢明帝劉莊永平年間（58～75 年），年僅 15 歲的彭修，隨父從東郡（治所在今河南濮陽縣西南）任上回會稽毗陵，即今江蘇常州老家休假，在途中遇一夥強人劫持，被困的郡守與隨從急得團團轉。這時，彭修卻很鎮靜，勇敢地用自己的身軀護住父親，並從腰間拔出佩刀，沈著而大聲地說：「我要見你們

的頭領！」不料這夥強人卻被這突如其來的小孩的舉止愣住了，頭領即刻站出來，很驚訝。彭修一把抓住他，義正辭嚴地說：「父親受辱，兒子死命，你不怕死嗎？」那夥強人相互說：「這小孩有孝行，是個義士，我們不能害他們！」彭修與父就如此脫險了。他的這種義舉孝行，從此聞名鄉里。

長大後的彭修，先在郡里任功曹。當時西部都尉宰晁代任太守，逮捕了吳縣一個小有過錯的獄吏，將要處死他。主簿鍾離認爲不必處死，仗義勸諫宰晁非常懇切。宰晁憤怒，又綁縛了鍾離，竟想拷問他，橡吏沒有誰再敢進諫。唯有彭修推門直入，站在庭里，拱手彎腰很禮貌地對宰晁說：「明公對主簿發雷霆大怒，我願聽聽他的過錯！」宰晁說：「下令三天，還不奉命處決獄吏，違背命令不忠於職守，難道不是過錯嗎？」彭修隨即又仗義執言地說：「古時候任座當面折損魏文侯，朱雲攀折殿檻，他們是遇到明主，才敢這樣做。自己不是明君，怎能得到忠臣呢？今天應慶賀明公是賢君，所以出了主簿這樣的忠臣！」宰晁終於解除了對鍾離的處罰，並赦免了獄吏的死罪。

後來州里徵召彭修爲從事官。當時老百姓張子林等幾百人起來造反，郡守上書州府，請彭修擔任吳縣縣令。彭修與太守一起出來進剿「盜賊」。「盜賊」望見他們的車馬，竟相交雜用箭射擊他們，箭如雨下。彭修用身子掩護太守，被飛箭射死，而太守得以保全。「盜賊」向來聽說彭修是個講恩德、信義的好官，馬上用箭殺了射中彭修的那個人。其餘的「盜賊」投降的投降，散夥的散夥，並且高喊著：「我們是因爲彭修君講恩義的緣故而投降的，決不是歸服于你太守！」足見彭修的義舉孝行已深入人心。（《後漢書》有傳。明《重修毗陵志》卷21列入《孝友》傳。）

（026）北宋工部郎中彭乘質樸少言，性純孝

彭乘，字利建，今四川成都市人。生活在北宋真宗和仁宗年間（988～1067年）。因他是個孝子，爲侍奉老父親，長期任四川的地方官。據史記載：「蜀人做自己鄉郡的太守就是從彭乘開始的。」他一生質樸

少言，恬淡自樂，性純孝，不喜歡惹事生非，為仁宗皇帝所欣賞。仁宗皇帝曾指著彭乘說：「這是個老儒，素有恬退的雅名，沒有什麼人能取代他。」

他年輕時，即以好學被州里稱頌，後考中進士及第。曾經和同屆進士登玩開封相國寺閣樓，大家都瞻看鄉里要寨，頗有官宦之樂趣。獨彭乘眺望西方，悵然說：「父親老了，我怎麼能夠放棄早晚侍奉的本份，去貪圖自己一個人的榮華享樂呢？」第二天，即上奏真宗皇帝，請求准其回家侍奉父親。數日後，被任命為漢陽軍（今湖北武漢市漢陽）判官，終於得到允許回家。時間久後，有人向真宗推薦他的文行，真宗乃召他來考試，授館閣校勘。他又堅決辭謝回家，後又再任鳳州（今陝西鳳縣東北鳳州鎮）團練推官。

宋真宗天禧（1017～1021 年）初年，因宰相寇准的引薦，任館閣校勘。後改任天平軍節度推官。參與校對《南北史》、《隋書》，再改任秘書省著作佐郎，遷秘書省丞、集賢校理。懇求就便養親，被任命為普州（今四川安嶽縣）知州。封建社會的人做官要取回避政策，即本省人不能做本省的官。對彭乘來說，這是個特例，即開了四川人做自己鄉郡太守的先河。當時普州人很少有文化，彭乘遂在此興學，將當地子弟召集起來上學受教育。彭乘父去世，下葬後，有甘露降於墓地的松伯之上。時人認為這是一種祥瑞，是因為彭乘至孝的緣故。服喪完畢後，任荊門軍知事，改太常博士。後又召回朝廷修起居注，升知制誥，累遷工部郎中，入翰林院為學士，並領吏部流內銓、三班院，為群牧使。生病後，仁宗下詔讓太醫去給他診視，並賜以宮中珍貴的藥劑。有次，仁宗問他：「你是前朝舊臣，長期任地方官，但自己卻從沒請求調進京？」彭乘回答說：「我生性孤遠，自己能夠估量自己的份量，怎麼敢有過多的奢望呢？」逝世後，仁宗賜白金三百兩，下詔讓其子領取俸養辦喪事。這也是仁宗對他的厚愛。

（027）彭正宗樂善好施，熱心公益

彭正宗（1881～1948 年），江西安福松田村人。他 3 歲時喪父，

由母親撫養成人。因家境清貧，唯讀了三年私塾。他14歲當學徒，後在楓田鎮開「廣福」商號，經營雜貨、糧食生意。

正宗爲人正派，生活態度嚴謹，辦事愼重，不嗜煙酒，樂善好施，熱心公益事業。清末民初，松田村組織賑饑的義倉，取名「和濟會」，他積極參與，籌集稻穀上百擔。和濟會在每年青黃不接時，放穀濟貧度荒，救活了不少人。地方百姓有時爲一點小利，互不相讓，甚至打架鬥歐。他能鐵面無私，出面主持公道，排解糾紛，分清是非，教育說服無理取鬧者，當罰的罰，在群眾中很有威望。

對貧窮人家或困難戶，正宗能慷慨相助。彭秀湘考取江西省第三高等農業學校後，因家貧，寡婦帶恩，無力承擔讀書費用。每年開學前，正宗都在經濟上大力幫助，使彭秀湘順利完成了三年學業。

村里有少數不務正業者，開莊聚賭，嗜好鴉片煙，敗壞地方風尚。正宗能主動上門教育。有個外號「半斤仔」的人，因嗜好鴉片，家裏又窮，老婆孩子十分困難。正宗主動供其膳費，強迫「半斤仔」戒煙。在鄉里傳爲美談。

1935年，狀元祠，亦即松田村的彭氏家廟，年久失修，前棟快要倒塌，後棟屋柱也遭蟻害。彭正宗帶頭出力出錢，籌集5000元銀洋，將狀元祠修繕一新。（選自1995年4月江西安福《松田村志》）

（028）儒商彭性鏗高風垂緒

在廣西博白的鳳山嘉里美村的彭姓人家，至如今還珍藏著一塊祝壽金匾《高風垂緒》。落款爲：「嘉慶十四年己巳菊月穀旦，爲性堅老年兄先生八秩又壽；禮部進士敕授文林郎知直隸玉林州博白縣事、前江西臨江府教授加三級、年家眷同學弟荷峰歐陽馴拜首祝。」

據廣西益公系《彭氏族譜》考證，作爲七品文官的博白知縣歐陽馴，爲何給性堅（即彭性鏗）老年兄題贈這塊《高風垂緒》的祝壽金匾，作出那麼高的評價，即他的高風亮節的業績世代流傳呢？原來，彭性鏗是監生，恩賜修職郎（八品文官），是個善於經商的儒商。他以誠實待人。相傳有人接連不斷地挑廢鐵來賣給他，他的幫手收購了一

擔又一擔，堆得店鋪滿地都是。後來他發現這些不是廢鐵，而是銀餅（狀如大餅的白銀），就按銀餅作價付錢，賣廢鐵的人感激不盡，替他廣爲宣傳，逢人就說他是個誠實無欺的好生意人。他的經商營業隊伍，活躍于廣州灣（今湛江）、海南島一帶，總是心想事成，生意很興隆。這在當時，頗負盛名。他經商的故事，至今仍在民間廣爲流傳。據《彭氏族譜》記載，性鏗，「字成興，監生，例授修職郎，葬于石山塘坡」，三妻四子。其長子廉政，恩賜文林郎，吳學政獎額「熙朝人瑞」，葬於蟹形坡。廉政次子志魁，字溫文，清道光甲申（1824 年）科進士，甯明州學政。照此推來，性鏗應爲清乾隆間（1736～1795 年）人。（選自 2003 年重陽廣西益公系《彭氏族譜》）

六、學者名流　著書立說

（029）儒學家彭更從孟子遊說諸侯

　　戰國時期的彭更，是我國儒學大師、亞聖孟夫子的高徒，曾隨孟子遊說諸侯，推行仁政，反對霸權。在《孟子·滕文公下》「彭更章」中記述，他們師生在遊說途中，曾進行過一場精闢生動的討論。原文是：

> 彭更問曰：「後車數十乘，從者數百人，以傳食于諸侯，不以泰乎？」孟子曰：「非其道，則一簞食不可受於人；如其道，則舜受堯之天下，不以爲泰，子以爲泰乎？」曰：「否；士無事而食，不可也。」曰：「子不通功易事，以羨補不足，則農有餘粟，女有餘布；子如通之，則梓、匠、輪、輿皆得食於子。於此有焉，入則孝，出則悌，守先王之道，以待後之學者，而不得食於子；何尊梓、匠、輪、輿而輕爲仁義者哉？」曰：「梓、匠、輪、輿，其志將以求食也；君子之爲道也，其志亦將以求食與？」曰：「子何以其志爲哉？其有功於子，可食而食之矣。且子食志乎？食功乎？」曰：「食志」。曰：「有人於此，毀瓦畫墁，其志將以求

食也，則子食之乎？」曰：「否。」曰：然而子非食志也，食功也。

譯成現代文的意思是：彭更問孟子說：「跟隨的車輛幾十部，相從的門徒幾百人，這樣在各國諸侯那裏輾轉吃飯，您不覺得太過份了吧？」孟子說：「如果不合道理，那就是一小籃飯我也不會接受別人的；如果符合道理，那麼大舜從堯帝手上接天下，也不認爲過份，您認爲這過份嗎？」彭更說：「不是，我是講大家不做事光吃飯，這樣不好。」孟子說：「您如果不互通成果、交換物資，把多餘的來彌補不足的，那麼農夫就是有餘糧，婦女就是有多餘的布，您也得不到；您如果交流這些貨物，那麼木匠、車匠都可以從您那裏得到糧食。這裏有個人，在家裏很孝順父母，外出很尊敬長輩，又遵守先代帝王的規章制度，他還培養了許多後輩學者，可是他卻不能得到您供給的飯食；您爲什麼看重木匠、車匠而輕視實行仁德道義的人呢？」彭更說：「木匠、車匠等，它們的目的就是謀飯吃；君子實行道義，難道他們的目的也是謀飯吃嗎？」孟子說：「您爲什麼光是談論他們的目的呢，他們對您有功績，值得吃飯才給他吃飯嘛。況且您是根據目的給飯吃呢？還是按功績給飯吃呢？」彭更說：「按目的給飯吃。」孟子說：「我這裏有個人，打壞屋上的瓦，畫壞粉好的牆，他的目的在弄碗飯吃，請問您會給他吃嗎？」彭更說：「不會。」孟子說：「那麼您不是按目的給食物，而是按功勞給食物啊！」意思很明顯，孟子告訴彭更一個大道理，這樣一大群人去遊說諸侯，是爲了推行仁政，把國家治理好。這批人不是沒做事，吃白飯，而是爲治國奔波，做了大事，理應受人供養。從這席對話中，可見彭更是個善於獨立思考，思維活躍，與孟子很親近的學生。否則就不敢於向老師提出問題，面對面的與老師討論；同時也可看出，彭更是個不尚空談，很務實的人，深怕白吃了人家的飯，而無所建樹，真可堪稱是個治國安邦的良材。

（030）歌師彭令昭的「武夷絕響」

　　彭令昭是秦朝歌師，按新譜系是彭祖的 75 代孫，系福建武夷山

人。相傳彭祖不僅開發了江蘇的徐州一帶，而且還開發了福建武夷山區。武夷山，原稱荆南山，因彭祖帶彭武、彭夷二子開發此山有功，故後人改稱今名。如武夷山市《平川彭氏家譜》所說：「彭祖因慕閩地不死國，遂挂冠辟谷，隱于荆南山生二子，長曰武，次曰夷，兄弟開闢荆南山，相傳50餘鄉，子孫世居焉，故俗呼荆南山為武夷山。」所謂「不死國」。就是指優美宜人的長生不老的人間仙境武夷山。據說，有一年武夷君（彭祖後裔）會同鄉、同宗在武夷山最秀麗的幔亭峰集會，特邀同宗歌師令昭前往娛樂。與會鄉親族胞都傾慕彭歌師的歌喉，歡快地聽他唱歌。武夷君請令昭演奏一支人間的哀曲。令昭一邊擊拍著樂器，伴隨著節奏的抑揚頓挫；一邊和唱著歌詞，時而低沈，有如切切私語，時而激昂，有如萬馬奔騰。唱得樹上的鳥兒都停在枝頭聆聽，唱得天上的彩雲四合，仿佛凝聚而不飄動。歌聲伴著環佩鏗鏘的打擊樂聲，讓人們沈浸在歌聲中，如癡如醉，忘掉了一切，好象成了仙人凌空飛去。因此，後人把這次盛會的彭令昭歌聲，稱之為「武夷絕響」，而飲譽歌壇。

另一說，則是講的秦始皇求「不死藥」的故事。話說始皇二年（前245年）八月十五日，奉詔采「不死藥」的官員來到「不死國」，武夷君置酒肴款待於幔亭峰上，召男女二千餘人如期前來助興。這時鼓樂喧天，行酒進食，百味珍奇，皆非世俗所有。歌師彭令昭唱罷《人間可哀》之曲，彩雲四合，即聞天上傳來聲音：「曾孫可再拜而別。」此情此景，後人多有羨慕，唐朝名道呂洞賓在《遊武夷題》這首長詩中吟唱道：「建溪之陽地毓靈，蔥蔥蒼蒼多松筠。年深不識堯君曆，夜靜空聞王子笙。」這裏的「建溪之陽」，是指武夷山；「堯君曆」即彭祖曆，暗指彭祖為堯帝時代的長壽翁。「夜靜空聞王子笙」，是指幔亭峰招宴之盛況。對此，唐朝詩人李商隱亦曾同此感發，他在《武夷題》中吟唱道：「只得流霞酒一杯，空中簫鼓當時回。武夷洞裏生毛竹，老盡曾孫更不來。」

（031）知府彭大雅撰《黑韃事略》

彭大雅，南宋饒州鄱陽（今江西波陽）人。字子文，號太極翁，彭構雲等 17 代孫，重慶彭氏的開派始祖，中國早期歷史學家。嘉定七年（1214 年）進士，賜贈朝請郎。紹定五年（1232 年）以書狀官隨鄒仲之出使蒙古。迨其歸國，遂將所見所聞，編述成文，後著《黑韃事略》一書。此書經浙江溫州人徐霆字長孺的疏證後，成書于嘉熙元年（1237 年）。因徐霆在端平初年隨使蒙古，多有隨錄。原書所述蒙古立國、地理、氣候、物産、氈帳、飲食、語言、風俗、賦斂、貨易、賈販、官制、法令、騎射、軍事諸事，較爲簡要。經徐霆疏證，補其不足。所記均系親身見聞，較爲可信。爲研究古蒙古汗國政治、經濟、軍事等史事的珍貴資料。原書有《黎照廬叢書》本。又有章鈺校訂本，收入《六經堪叢書初集》、《叢書集成初編》。近人王國維撰有《黑韃事略箋證》一卷。可見中國史學家們對該書的重視。作者當年（端平三年〔1237 年〕）亦以周知兵略，洞察韃情而補爲從事郎。

南宋嘉熙三年（1239 年），蒙古進軍襲四川，蜀中危急。因他熟悉韃情，受命馳援，任四川安撫制置副使兼重慶知府。在四川殘破、敗局不可收拾的危難情況下，他毅然決定，不惜一切代價，加強重慶的城防。他親自「披荊棘，冒矢石」，搶築重慶城，使之成爲西蜀的根本和抗擊蒙兵的防衛重鎮。在部屬反對、朝廷猜疑、政敵攻擊的情況下，堅持完成了這一築城工程。嘉熙四年，重慶城修建完畢，令人在四門立四大石，上刻「大宋嘉熙庚子，制臣彭大雅城渝爲蜀根本」。同時，還在其管轄範圍內令郡縣選擇險要地點，修築城寨，以利民衆，派都統甘閏在合川釣魚山修築城堡，作爲重慶的屏障。此外，還徵調播州（今貴州遵義）一帶的少數民族軍隊，屯守長江以東，鞏固後方。這些措施初步穩定了四川的局勢，爲兩年後四川置制使司的東遷，爲南宋的西部國防奠定了基礎，贏得了有識之士的稱讚。但是，他的這種所作所爲，遭到當時一些目光短淺的人的指責，加之在修建重慶城的過程中，操之過急，取辦促迫，並與四川安撫置制使陳隆之不合，而被他們交章於朝。同年，宋理宗將他降三級使用。淳祐元年（1241

年)十二月下令革除他的功名,並貶往贛州管制。直到淳祐十二年(1252年),才開始下令追錄他修建重慶城的功勞,恢復其名譽。復職承議郎,官其子。彭正矯編《彭氏名人大觀》記載:彭大雅于宋理宗嘉熙三年奉旨領銜都統鎮守重慶,戰功卓著,贏得蜀人敬重。卒諡「忠烈」。當地民衆爲之立廟永祀。(參見彭天益:《忠烈 —— 彭大雅》)

(032)翰林院修撰彭定求參校《全唐詩》

彭定求(1645~1719 年),字勤止、又號南畇,江蘇蘇州人。其父彭瓏,登清順治己亥科(1659 年)進士,曾任廣東長寧知縣,不久因廉政剛直得罪了上司,而歸里家居講學。他崇尚理學,敦品勵行,被人們尊稱爲仁簡先生,而名重鄉里。他給定求傳授無錫東林黨領袖高攀龍的學問,又使他師事自己的學術同道江甯巡撫、理學名流湯斌。清康熙十五年(1676 年),彭定求高中丙辰科一甲一名進士,授翰林院修撰。歷官國子監司業、翰林院侍講,充日講起居注官。前後在翰林院才四年,他就告歸故里築南畇草堂以著書立說爲樂。他曾創作《高望吟》七章,表示仰慕七賢。七賢即明代理學名家陳獻章、王守仁、鄒守益、羅洪先、高攀龍、劉宗周、黃道周。他又著《陽明釋毀錄》及《儒門法泩》,以闡述宋明理學要義。有《南畇文集》傳世。

然而彭定求在學界的成就與聲譽,而在於他參加了對巨著《全唐詩》的纂修與校勘。據中州古籍出版社 1982 年出版的《八百種古典文學著作介紹》:《全唐詩》的纂修,始於康熙四十四年(1705 年)三月,成於四十五年(1706 年)十月,僅 1 年 8 個月即編成。當時入局參校者有彭定求、楊中納等 10 人。《全唐詩》大體依季氏(振宜)書編次,不分初、盛、中、晚,並刪去《統簽》篇末《章咒》4 卷、《偈頌》24 卷。這是因爲,唐人詩篇,在唐宋已有人彙輯,但不夠完備。至明胡震亨的《唐音統簽》(1333 卷)和清初季振宜的《唐詩》(717 卷),採集宋元以來所刊刻、傳鈔的唐人別集,並搜求遺佚,補輯散落,遂成爲網羅面較廣的唐詩總集。《唐音統簽》的體例,以初、盛、中、晚斷限,每一個作家的詩,則按體排比,《唐詩》多依照原集本次序。所以,

清初編纂《全唐詩》，基本上就是以胡、季兩書作為底本，再加校補而成。不過，當時修纂，除以《統簽》、《唐詩》為底本外，還並用了內府所藏唐人詩集參校，「又旁采殘碑、斷碣、稗史、雜書之所載，補苴所遺」，共收唐五代詩 48900 餘首，附有唐五代詞，作者 2200 余人，總 900 卷，700 余萬字。按時代前後排列，並系小傳；間有校注，考訂字句異同及篇章互見情況。這樣一部卷帙浩繁的大書，對於研究我國唐代的歷史、文化和文學，有很大的參考價值。彭定求與楊中納等學者為中國詩壇立了一塊豐碑。

（033）詩人彭秋潭詠《長陽竹枝詞》

　　在彭姓人中出了不少詩人，寫了不少好詩。土家族詩人彭秋潭便是其中的佼佼者。他的詠唱，向人們展示出了在一個歷史時期內土家族社會風情畫幅的歷史系列長卷。作品有諷有諭，或褒或貶，無不根植於對鄉土的眷戀，流露出對人民大眾的憐愛與關懷。風格清新，情意盎然。他廣泛吸取並融彙了民間竹枝歌謠的精髓，使其作品創作能在平易中顯露綺麗，淺樸裏蘊含神韻的藝術風格。如反映土家族生產勞動習俗風情的詩有：

　　1.換工男女上山坡，處處歌聲應鼓鑼。

　　　但汝唱歌莫輕薄，那山聽到這山歌。

　　2.栽秧插禾滿村啼，正是栽秧插禾時。

　　　口唱秧歌騎秧馬，晚來還帶鮓包歸。

　　反映婚喪禮儀的詩有：

　　3.我儂上頭十姊妹，他儂陪郎十弟兄。

　　　三日新娘都道好，盤看針黹有名聲。

　　4.十姊妹歌歌太悲，別娘頓足淚沾衣。

　　　寧山地近巫山峽，猶似巴娘唱竹枝。

　　5.家禮親喪儒士稱，僧巫法不到書生。

　　　誰要開路添新鬼，一夜喪歌唱到明。

　　反映節日風俗的詩有：

6.燈火元宵三五家，村里迓鼓也喧嘩。

　他家縱有荷花曲，不及農家唱采茶。

7.有心拜年莫道遲，君看青草蓋牛蹄。

　東風不醒堆花酒，吹得行人醉似泥。

描寫山川風光的詩有：

8.長陽溪水亂灘流，無數高山在上頭。

　山田唯有包穀米，山船唯有老鴉鰍。（「老鴉鰍」：一種兩頭尖翹，形似鴉尾，惟適於淺灘航行的船隻。）

9.涼露清香夜透紗，乘雲似到列仙家。

　朝來酷毒真奇異，處處長竿打桂花。

10.田邊苦菜未開花，屋後春顛又發芽。

　一色花籃湖口去，朝去東門暮還家。

　　然而，彭秋潭最為有名的代表作，要算是五言《沔陽道中夜聞鄰船語》一詩。作品假託夜聞鄰船所說的一個故事，描寫湖廣地區戊戌（1778 年）大旱奇荒，皇家發放賑施，卻被貪官污吏克扣，災民蒙受誑騙的悲慘情景，足稱詩史。它深刻地揭露並猛烈地抨擊了貪官克扣災民賑濟的罪惡，款款道來，淋漓盡致，字里行間，充溢著悲思和憤激。詩雲：

夜間鄰船語，使我心中悲。去年歲大旱，十空九室饑。

惆瘵勤宵旰，哀此萬瘡痍。金錢百余萬，縣縣有賑施。

府帖連夜至，州官下鄉來。里正察煙戶，胥吏造冊書。

民戶分上下，下者得給支。欄牢有牛豕，甕盎有秕稊，

堂上有幾案，室中有簾帷。不得為下戶，違者罪當笞，

十室九吞聲，咨嗟涕漣洏。逾月下教令，布告放賑期。

窮民大歡喜，忍待鋪糜時。至日紛絡繹，流離色慘淒，

皆鳩形鵠面，雜殘疾癃疲。顛倒扶翁嫗，藍縷裹嬰兒。

遠近數百里，孤獨耄與齓。呻吟滿衢巷，延頸相盱睢。

州官又下令，不得濫施為。戶惟准一口，放錢二百餘。

于中雜鐵沙，其人索例規。成錢不滿百，可作一頓糜。
其時數萬人，仰天哭聲哀。已有枵腹來，仍教空手歸。
有力或逃散，無力死路逢。散者爲雲煙，死者爲塗泥。
州官方宴樂，百戲供豪嬉。奴錄待俊邁，犬馬饜甘肥。
能聲遂特起，獎借共提攜。昨已擢五馬，前程無時衰。
誰知一揮霍，血肉皆烝黎。疇能警官邪，尚其采口碑。

（034）錢幣學家彭信威教授著《中國貨幣史》

1994 年，上海造幣廠鑄造發行一枚紀念章。銅章正面弧形邊沿上鐫刻著：「貨幣史學家錢幣學家彭信威教授，1907～1967」，中間爲彭教授的浮雕像。背面是他的名著《中國貨幣史》及彭教授名言：「中國貨幣文化的光芒照耀了周圍世界。」

彭信威，江西安福嚴田人。叔父彭學沛曾任國民黨中央宣傳部部長、《中央日報》總編輯。幼年曾聽其父講述過家鄉錢山、大布（春秋戰國時的一種錢幣名）、私錢等與錢有關的地名故事。他也忘不了鄉親因少交幾枚銅板的地租而被官府吊在古樟上拷打的情景；忘不了隔壁貧苦的四婆婆開穀倉時那枚系在鑰匙上搖晃的銅錢和那長長的歎息。當年幼的他將脖子上掛著的那串壓歲銅錢交給四婆婆去買米時，四婆婆長歎道：「傻伢子，一朝天子一朝錢，這是古錢，現在不能用啦！」錢的故事、錢的辛酸、錢的魔力，勾起了幼年彭信威的強烈興趣。他開始收集銅錢。後來，他在《中國貨幣史》中回憶道：「在我的家鄉江西安福縣西鄉的嚴田，在民國初年的時候，可以說是專用清錢，順治康熙等大錢不少，要想收集一套（20 種）康熙錢並不是難事。」

成年的彭信威離開家鄉後，他有過令人稱羨的學歷與職業：留學日本高等師範、英國倫敦大學，回國後在重慶復旦大學任教和在《和平日報》任記者，曾出席第一屆聯合國大會。在香港中國銀行任過襄理之職。解放後，任上海復旦大學、上海社會科學學院、上海財經學院教授、研究員。但在彭教授看來，這些不過是爲他研究錢幣而提供方便的一種手段而已。「千古帝王留字去，萬般人事讓先驕。」這是彭

教授最爲欣賞的清代袁枚的一首詠錢詩。彭信威一頭紮進博大精深的「天圓地方」的中國古代貨幣的天地裏，他癡情於「孔方兄」。他節衣縮食，把他的全部收入用來購買錢幣實物用於研究。有時他爲一頓早餐而羞澀，有時他又不惜花二兩半黃金買下一枚稀有的錢幣。「一枕明月半床錢」。他常常歎息限於財力不可能多收藏品。只能「古錢限於當一的小錢，紙幣限於一元券」；「當一小錢和一元券也無力遍收，此外更無財力收集，我只能多看看。」由於信威的道德學問，上海錢幣收藏名家羅伯昭、沈子槎、孫師匡等人都成了他的摯友，他們的藏品也向彭信威全天候開放。故彭信威曾發下宏願：《中國貨幣史》一天不出版，就一天不結婚！1954 年，《中國貨幣史》終於正式出版了！這部巨著耗費了他 40 年的光陰，竟成了當代中國錢幣學的奠基之作而輝煌於人間。（摘自 2002 年 6 月姚興義著《瀘瀟夜譚》138～140 頁）

七、熱心教育　興辦書院

　　書院是中國古代傳播文化的重要場所，是我國特有的一種民辦官助的教育組織模式，是官學的重要補充。它興起于中唐，雛型于晚唐五代，鼎盛于宋元，持續和普及於明清，對我國宋元明清的文化教育，起了舉足輕重的作用。可以說，沒有中國書院，就沒有宋元明清時期文化教育事業的興盛和繁榮。而中國的書院教育，又尤以江西爲盛，而江西的彭姓人投身於書院教育者亦爲盛。他們爲中國的書院教育事業作出了卓越的貢獻。其中較突出者有如下諸例：

（035）彭興宗修築象山書院

　　彭興宗，字世昌，南宋時江西金溪人，曾受業于槐堂陸九淵的門下，是陸九淵的高足弟子。九淵，乃南宋名儒，是「陸王心學」的創始人。他曾令興宗教授諸子，稱其教育有法度。淳熙十四年（1187 年），九淵 49 歲奉祠歸家時，興宗登貴溪應天山樂之，爲建一精舍，以居九淵，即所謂象山書院者也。九淵來應天山講學，是他傳播心學的最旺

盛時期。此時，從學和問學的人數極多。《年譜·淳熙十五年》載，「先生居山五年，閱其簿，來見者逾數千人」。可見其當年象山書院之盛，亦可見興宗當年建象山書院之功。更可貴者，九淵去世後，興宗仍堅持山居，辦學不輟。慶元二年（1196 年），他還麻著膽子去拜訪名儒朱熹於考亭。當時正是南宋甯宗對理學力加貶斥的時候。因爲理學在南宋時已發展到了高峰，湧現出了象朱熹這樣傑出的思想家。然而理學在當時不能爲統治階級所利用而被定爲僞學，下令禁止，繼而以僞學逆黨之名，貶斥朱熹、彭龜年等 59 人，把他們從官場中清除出去，史稱「慶元黨禁」。因此，興宗這次對朱熹的拜訪，使朱熹十分感動。聽說興宗是因爲購書給書院而去的，朱熹更是欽佩有加。爲了保護興宗不受連累，他勸興宗少下山購書：「緊要書亦不須幾卷，某向來愛如此。其後思聚者必散，何必役於物。」隨後他贈詩給興宗說：「象山聞說是君開，雲水參天瀑響雷。好去山頭且堅坐，帶閑莫要下山來。」

興宗的同門友袁燮對其堅坐山頭辦書院亦有評價。袁燮曾撰《題彭君築象山室》以贈興宗。辭雲：「義理之學，乾道、淳熙間講切尤精，一時碩學，爲後宗師者，斑斑可睹矣！而切近端的，平正明白，惟象山先生爲然。或謂先生之學如禪家者流，單傳心印，此不謂知先生者。先生發明本心，昭如日月之揭，豈恍惚茫昧，自神其說者哉。彭君清貧至骨，而能築室於山，以屈致名師，可謂知所尊尚矣。高山仰止，景行行止。慕景行而行之，猶仰高山，而身履其巔也。尚勉之哉！」（《絜齋集》卷八）從朱熹、袁燮的贈詩和贈辭中，不難看出彭興宗在書院教育中的業績和人品。

（036）彭蠡、彭方父子創辦石潭、寶林書院

彭蠡、彭方父子倆，是江西都昌人，與彭興宗同一時代。不過他們師宗程朱理學，是我國名儒大理學家朱熹的學生。書院教育家朱熹在江西南康軍任內，興復了我國四大書院之首的江西白鹿洞書院，且兼任洞主（院長），自爲導師，親臨執教和招生。據朱熹自稱，其時有學生「一十二人」，名單可考者就有彭方就讀于白鹿洞書院，拜洞主朱

熹爲師。據同治《都昌縣誌》記載，彭蠡，字師範，號梅坡，「朱子守南康時，蠡嘗袖出疑義就質，辨析甚精，江淮學者咸師尊之，稱梅坡先生。晚年立精舍（即書院）于石潭，名盛」，朱熹稱之爲「吾友彭師範勝士」。又據同治《南康府志》記載，彭方，字季正，號彊齋，都昌人，彭蠡子，「朱子守南康時，方隨父受業焉」。他中紹熙四年（1193年）進士，官至龍圖閣學士、吏部尙書，著有《彊齋集》，在故里建有寶林書院。明弘治間（1488～1505年），邵寶復講學于白鹿洞書院時，改周敦頤、朱熹二先生祠爲宗儒祠，裏面有 14 人從祀，其中就有彭蠡、彭方父子。到清康熙年間，白鹿洞書院爲朱熹建專祠「紫陽祠」，有朱熹率門徒共 16 人受祀在此，仍保留了彭蠡和彭方的木主。這充分說明了明清兩代，後學者不忘彭蠡、彭方父子對江西書院的貢獻。

（037）彭簪創建家族書院石屋山房

明代中葉以後，書院的講會活動，逐漸遍佈大江南北，成爲某種學術組織或學術團體，其規模亦漸邃密。在江西王（守仁）門影響最大的講會，大概要數江西安福青原的「惜陰會」。那時的安福士子較早師事名儒王守仁的，就有彭湘、彭簪和鄒守益、劉曉、劉邦采等人。他們聯合組成「惜陰會」，開展講會活動，這對當時當地文化的發展和學術交流，影響較大。彭姓聚居的安福松田村，就有彭簪創建的石屋山房，實際是一所族辦的家族書院，也是「惜陰會」的學術場所。

彭簪（1479～1552 年）是明正德年間（1506～1521 年）的靖州知府。他辭官歸來後，遂隱居家鄉的石屋山，自號「石屋山人」，在可容數百人的石屋洞旁，築「玩易草堂」講學，培育族中子弟，並時有安福文人惜陰會成員鄒守益、程文德、劉球等來此會講、唱和。安福松田彭氏，在明代其所以成爲名門望族，「仕曆四朝雙宰相；恩榮三代六尙書」，是與他們舉辦家族書院，認真培育族中士子分不開的。宰相彭時爲了辦好家族書院，當時曾考察白鹿洞書院。他由南康城星子縣出發，「循岡阜北行十餘里，乃折而西行，路徑崎嶇，一水凡五六度而後至。蓋其聞山勢秀拔，左右環拱如合抱狀。前有清溪，上下多巨石，

石間刻字多文公遺迹。背山臨水，棟宇翼然。又西爲先賢祠，東爲明倫堂，又東爲文會堂。俱有廊廡門塾，製作合度，不侈不陋。而又繚以垣牆，樹以松竹，深邃清曠，誠於讀書養性爲宜」。從上述這段描述白鹿洞書院的文字裏，足見彭時當時身爲朝廷重臣，回到家鄉時對故里辦學的關注，而親曆白鹿洞書院走走看看，且記錄下來，著實很不簡單。

（038）彭士望、彭任講學翠微山易堂

　　清初順治年間（1644～1661 年），有「九子」講學于江西寧都翠微山易堂（即翠微山書院），其中有彭姓學者彭士望與彭任。這「九子」中還有李騰蛟、邱維屏、魏祥、林時益、魏禧、魏禮、曾燦，皆當時名士。九子講學易堂，只講求實學，不求科舉功名。因爲他們皆爲明末遺民，爲避官府禁令和牽制，沒有以書院名易堂。九子皆「躬耕自食」，切劘讀書，而名聞海內。

　　彭士望（1610～1683 年），字達生、躬庵，號樹廬先生，江西南昌人，諸生。自少英姿卓犖，喜歡研究心學與經世之學，喜歡交朋結友，重義氣。奉父（彭晰）命師事名師黃道周（崇禎帝的老師）。適黃以事被逮下獄，士望「裹糧行謁，傾身營護，周旋緹騎，慷慨不撓，公卿皆敬之。」甲申（1644 年）國變後，史可法督師揚州，士望被召爲揚州幕僚，到任卻向史可法進奇策，請用高、左兵清君側之惡。不能用。於是他便急速辭去幕僚職，于南明隆武元年乙酉（1645 年），攜妻子同林時益徙居寧都，與李騰蛟、彭任等爲性命之交，礪名節，講學翠微之易堂。還與名士宋之盛、謝文洊，相與論學，過往甚密。士望與林時益徙居甯都冠石後，亦以耕讀、聚徒講學爲務，以「恥庵」名其所居講學之堂，所撰文集亦稱《恥庵集》。隆武二年丙戌（1646 年），楊廷麟抗擊清兵，守贛州，兵敗死節，士望傾囊尋其遺孤，改名換姓，撫養成人。他的這種待人以誠的品德，廣爲人們所敬佩。

　　在《易堂三館教式序》一文中，較爲集中地反映了彭士望的教育思想及先儒諸子講學的基本教育觀。序稱「世之治，其必由師乎！

充分肯定了教師在人類社會中的地位和作用。世道的太平，是由教師來主宰的。教師的作用在於對青少年進行素質教育，以培養青少年成材：「天下惟少年果銳之氣，足以有爲。而豫教無素，則血氣聰明，債張狡詐，外誘內遷，百瑕並見，馴至老死，曾莫征余習。彼漢唐之際，所稱智慧勇功，負赫赫之譽，尙不免於偏疵，爲有道所指使。百姓不見三代之治，豈非士教學不醇，去隆古絕遠之明驗耶！」然後談到明代教育的利弊以及清初民辦教育的盛況。這些都是研究我國教育史的珍貴資料。

彭任（1624～1708 年），字遜士，號中叔，又號草亭先生。江西寧都人，諸生。曾結廬三巘山，名所居曰「草亭」，足不履城市。康熙初年，被聘主白鹿洞書院，不就。一度講學于翠微山易堂。並常訪其友謝文洊、甘京，會講于文洊創建的程山書院。據記載，康熙四年（1665年）夏，星子髻山宋之盛訪學程山，約甯都易堂魏禧、彭任與謝文洊會講旬日；康熙八年（1669 年），彭士望亦復攜子婿來程山書院與約齋（謝文洊）相會、講論，並留有《程山學舍記》。

除此，在清代創建和主講江西各書院的彭姓學者還有：①教諭彭濱，于雍正二年（1724 年），在彭澤縣建有敬業書院；②知縣彭之錦，於乾隆十年（1745 年），在貴溪縣重新興建象山書院；③工部尚書、協辦大學士彭元瑞，於乾隆年間，掌教江西省最高學府豫章書院；④進士彭良裔，字鬥槎，號觀麓，南昌人，嘉慶四年（1799 年）進士，退休後，曆主白鹿洞、白鷺洲兩書院講席，晚嗜教學，頗有造詣；⑤學者彭狦霄，於道光二十年（1840 年），在家鄉安福松田村創辦道學書院；⑥學者彭怡堂，于咸豐七年（1857 年），在吉安創辦雙忠書院；此後，又在光緒間，在吉安創辦耕心書院；⑦知縣彭際盛，於同治三年（1864 年），在永豐創辦螺城書院。

八、教民養生，健康長壽

　　長壽明星彭祖八百秋的最大功業，在於教民養生。這是因為，古今中外，上下幾千年，甚或幾萬年，人類的一個最大欲望，就是追求長生不老。特別是我國古代的帝王，如秦皇漢武等人，是極力追求長生不老的。一般的皇帝總喜歡子民稱呼他為「萬歲，萬歲，萬萬歲！」皇後呼為「千歲，千歲，千千歲！」甚至連有的無產階級偉大領袖，也喜歡人民呼他為「萬歲，萬歲，萬萬歲！」或祝願其「萬壽無疆！」還有，我們只要翻開近現代醫學史，就會驚人地發現，人類所做的一切努力，都是圍繞著改善健康與生活質量、延長人類壽命這一重大主題而拼搏的。因此，研究彭姓功業，就不可避免地要談到彭姓人的長壽健康，有如下例：

（039）119 歲高齡的彭彥昭太保

　　根據最新的醫學研究，人類的生命極限應該在 120～160 歲。這個結論，卻早在 1 千多年前的彭彥昭身上驗證了。彥昭是唐末五代時人，即生於唐宣宗大中八年甲戌（854 年），卒于宋太祖開寶五年（972 年），享年 119 歲（彭教《彭氏名人大觀》40 頁）。最終仕後唐明宗朝，為靖江軍節度使、檢校太保太傅。後漢乾 NFDC0 三年（949 年）謝政，居住今江西永豐縣南 160 里的明德鄉沙溪鎮，為永豐彭氏的始遷祖。葬江西吉水縣折桂鄉明善里 31 都。墓載《吉安志》。有 11 配，生 15 子、13 女。彥昭年少就跟從父親安定王玕起兵，轉戰饒、撫、袁、信諸州間，所向克捷。後唐閔帝應順元年（934 年），他又同兄彥暉統兵 10 萬入江西，進伐淮南，立下赫赫戰功。因此，他和父親兩代是昌大廬陵彭氏始祖彭構雲支系的家族功臣。

　　壽星彥昭一家，不僅是他一個人高壽，他的祖考輩也是高壽之人。其祖母彭構雲之妻歐陽氏為 81 歲（715～795 年），其父彭玕為 98 歲（836～933 年），彭玕之次配郭氏為 85 歲（853～938 年），其叔彭珹

爲 74 歲（838～911 年）等等。

由於彥昭是著名壽星和將領，故在他逝世後，大宋皇帝還派大臣去禦祭彭太保。祭文中說：「嗚呼！惟公有生，功名克立。桂魄從隨于流水，簡書甯墜于鳳英。適當極效之辰，遂起追思之念。切念汝等，規模巨集遠，學識精通。緣遭鹿走之能，大展虎雄之志。克安寧嶼，撫衙邊疆。登海岸之風浪，竟墜艤般之虎皮。千人戮力，萬馬爭嘶。戰勝西戎，掃除北狄。封獻廣大，食邑加贈。嗚呼！新公算兮，益茂椿齡。嗟公魂夢兮，速同拋擲。弓挂壁兮，蛛網徒榮。劍埋塵兮，龍光射空。流水咽兮，吳江之顯。愁雲黯兮，吳江之眷。有肴盈豆，有酒盈觴。聊陳薄奠，惟公鑒之。」

（040）享壽百歲，眼觀七代的彭張氏

彭張氏（1791～1890 年），系湖南望城推子山，彭氏的一大壽星，彭之沛之妻。清廷賜贈宜人。乾隆五十六年辛亥十一月初十卯時生，光緒十六年庚寅十月初一巳時沒。享壽百歲，眼觀七代，五世同堂。被兩江總督曾國荃宮保題奏清廷，奉旨旌表，賜帑建坊，恩賞銀緞，欽賜「貞壽之門」匾額。卒葬長沙河西五里堆側林家沖山內，乙山辛向。

望城推子山《彭氏五修族譜》卷之三記載，彭張氏系湖南長沙府善化縣太學生張二銘之女，二十三歲於歸同邑從九職彭之沛爲室。「珩璜毓德，嫻壼教於清門；荇菜流勞，詠好逑於右族。生子上柱、上棣，孫鴻年瑞熙、佐清瑞照，曾孫家堃、家枬、家鼎、家彝、家筠、家奎、家鷥、家垣、家祁，元孫運琳、運璿。伏思壽婦，性秉柔嘉，儀昭淑慎，夙嫻四德，鳳鳴早葘其昌；謹事重闈，雞旦相將待曉。奉舅姑雙登八秩，教孫曾均習五經。以友于勸夫，分產則連枝共茂；以克勤勵己，鳴機則夜杼同聲。是家之肥，鹹感並通於娣姒；濟人之困，解推更及於鄉鄰。或典簪珥以拯貧窮，或減饔飧而施藥餌。修德豈期獲報，美意自可延年。宜乎！瑞應熙朝，上壽洽百齡之慶；福貽後嗣，一堂臚五代之歡。」這是朝廷旌表她一生的評價。

其人品的具體表現有五：一是相夫教子，躬行婦道。丈夫彭之沛（1795～1859 年），賜贈奉政大夫，清乾隆六十年乙卯五月十三寅時生，咸豐九年己未十月十二亥時沒，壽 65。壽終時，彭張氏年近 70，悲痛之餘，日舉遺訓以教誡子孫說：「吾且旦暮入地，爾輩能守家法，即無憾矣！」迄今實年屆百齡，一如曩時；二是孝敬翁姑，婉順承歡。彭張氏來歸時，祖翁彭湘吉（1751～1820 年）、祖姑劉氏（1752～1812 年）在堂，她事之維謹。翁彭國鍵，冊名國士（1772～1867 年），邑庠生，壽 86，姑易氏（1774～1870 年），壽 85。彭張氏對他們十分婉順，數十年如一日。迄今子孫曾元，秀起林立，實親見七代，五世一堂，同居共　NFEB9　；三是治家嚴肅，滿門雍睦。彭張氏生子上柱、上棟，教導有法。上柱，太學生，尤樂善好施，一鄉稱頌。孫鴻年，原名瑞傑，由附貢生筮仕江蘇；孫瑞熙，邑庠生，辛卯科經魁，揀選知縣。曾元繁衍，皆有以撫迪之。平時督媳及孫媳曾孫媳，勤司中饋，夜杼秋碪，幾無閑暇。治家嚴肅，一門之中無訐諆聲，其雍雍和睦如此；四是素明大義，友愛兄弟。丈夫兄弟五人，皆不能自給，適夫以幕遊歸，手有餘積，勸夫置產均分，無吝容，無德色。各兄弟家生齒日繁，衣食有賴，皆彭張氏賢淑所致也；五是慎密慈祥，扶貧濟困。彭張氏生平慎密，從不喜道人短。性復慈祥，見親戚鄰里，有貧苦患難者，雖家無餘資，必設法以救之。疾病助以藥餌，俾獲安全，至今鄉人，嘖嘖稱道。如此等等，以仁義為懷，故獲百齡長壽。

（041）壽星如雲的廣東羅定彭氏

據彭有光主編的《彭華公族譜·壽星錄》記載，廣東羅定彭氏的壽星人瑞較多。至 1994 年止，12 世至 20 世，90 歲以上的計有 66 名。其中百歲以上的有 7 名。12 世的彭祖堯和 13 世的彭昌成，分別享壽 106 歲。15 世的彭其經妻呂氏和 16 世的彭永通妻陳晚妹分別享壽 102 歲。15 世的彭昭海妻黃章英和彭開森妻陳氏分別享壽 100 歲。而陳晚妹與黃章英為現年。特別是羅鏡北昆的彭俊才妻張鳳英，至 1994 年為 109 歲，是羅定彭氏當時健在的最高齡的老壽星，身體健在，羅定市

也數她最老。當年她膝下有 73 人，五代同堂，最大的玄孫也 10 歲了。老人當年飲食正常，精神矍鑠。目力不凡，不戴眼睛，也可以穿針。她每日還堅持幹些輕微勞動，如煲食、曬穀，照看小玄孫等。甚至在家人工作忙，一時顧不上她時，還自己提水沖涼。老人待人處事，心理氣和，疼愛兒孫，友善鄰里，人們都很尊敬她、愛戴她。真乃老當益壯，年高德劭，誠爲彭族之光。

（042）廣西益公系彭氏中的老壽星

又據彭會資、彭際澄主編的廣西《益公系彭氏族譜·壽星譜》記載，從 11 世至 14 世的 4 代中，80 歲以上的老壽星有 78 人。他們認爲「人間五福壽爲先。壽星眾多，是我們彭家的福氣。從前，7 世性鏗公八十華誕，榮獲『高風垂緒』金匾之賀。8 世韶章公百歲以上，榮獲『人瑞』之稱。」還有在嘉里村有位彭家百歲婆，在清朝時也曾獲「節孝可封」的祝壽金匾。在這 78 人中的百歲「人瑞」又有兩人：一是陸川縣大路排 11 世彭經發之妻丘氏，她生於 1855 年，卒於 1955 年，享年100 歲，務農爲生，相夫教子，勤儉持家。二是浦北由來麓人 12 世彭幹昌，生於 1890 年十月初三日，卒於 2001 年十月初八日，享年 102歲。其父彭錦理 76 歲，母黎氏 84 歲，均高壽。他平生以農爲主，兼營林業，勤儉樸實，尊老愛幼，積極支援子孫讀書成才興業。還有博白嘉里美人 13 世彭際輝，生於 1905 年，卒於 1999 年，享年 94 歲。他務農爲生，崇文尚武，知書識理，爲祖傳南少林拳掌門人。武藝精湛，道德高尚，嚴守德藝雙馨的祖訓，強調國技在於防身健體、保家衛國的精義，堅持秘策不傳缺德之人。他有驚人的記憶能力，九十高齡仍可從中華傳統哲學理論與實際操作上講授博大精深的功夫詩之一：「百度功夫不爲奇，精配陰陽是妙技。虛實浮沈莫亂髮，行藏尺寸莫差移。起形接影方知認，左右上門追動時。力發跟來力勇進，三盤審察等投機。」對子孫及武藝傳人均嚴格要求。

編譜者在整理壽星資料的過程中，他們發現了一些帶規律性的東西，編成了一首歌訣：「仁者高壽，壽者皆勤。美者久傳，善者昌盛。

彭祖恩澤，惠及後人。延年益壽，天樂福臨。尊老報德，世代相同。弘揚傳統，萬衆同心。」他們還意識到，當今有些家庭出現了雙壽星，更是家庭之瑰寶。人上七十就已爲人壽之長者，孫兒成人，曾孫臨世，而具四世同堂之吉象。人越是長壽，且德高望重，仰望者就越多。俗話說：「田肥生嫩草，家寬出少年。」老年仍似少年模樣，是需要相對寬裕的生活條件的。隨著社會安定、生活質量不斷提高，長壽者必增。德高望重的長壽者，閱歷、知識、經驗極爲豐富，具有很強的凝聚力。壽者以德望輔助後人之發展，後人以福祿增添其德壽，各施其惠，相得益彰。這種情況在有八十歲以上長壽者的家庭中尤爲明顯。

（043）廣西鳳山縣彭姓壽星揭密

　　據彭瑊 34 代孫、廣西鳳山縣副縣長彭鳳森《廣西鳳山縣彭姓壽星長壽初探》一文的闡述，根據 1990 年第 4 次人口普查統計，鳳山縣百歲老人 46 人，占 27.4/10 萬，與巴馬縣 29.5/10 萬僅差兩個 10 萬分點。最近，他走訪了彭姓聚居的仁安村牛峒屯、央峒村油曹屯、上全平屯、拉仁村幹浪屯等地，發現成年人平均壽命在 70 歲左右，仁安村牛峒屯 1500 多人，85 歲以上的壽星達 11 人。他綜合壽星一生的情況，揭密了如下幾項長壽的因素，現摘編如次：

　　一是有鳳山良好的生態環境。鳳山地處桂林西北區，雲貴高原南緣，是一個由高原向准平原過渡又復而隆起的斜坡地帶。與世界第 5 長壽之鄉的巴馬縣毗鄰，屬於中亞熱帶季風氣候區，境內峰巒疊嶂，山上四季草木長青，最高山海拔 1318 米，最低峪海拔 282 米，年平均氣溫 19.9℃，年平均雨量 1545.4mm，是一個冬無嚴寒、夏無酷暑、喀斯特地貌爲主的地方。有的地方還伴褐鐵礦，還有溶洞。由於地處大石山區，植被較好，空氣新鮮，空氣中負氧離子最高的地方達每立方釐米 4 萬多個，一般每立方釐米也達 4000 多個，水、土、空氣從未受任何污染，因而構成了長壽最先決的自然條件。然而他們又發現，石灰岸伴生褐鐵礦地區的長壽老人，男姓居多。如牛峒屯 85 歲以上老人，有 89%爲男性，上全平屯 141 人，80 以上壽星 7 人，其中男性 4

人，90 歲以上壽星 4 人，其中男性 3 人。男性長壽占總壽星的 75%。

二是有充足的有機肥種植作物和天然野生食品。彭姓壽星所居地，90%以上是吃玉米爲主，加上稻米。雜糧有竹豆、南瓜、紅薯、小米、蕎麥等。菜類有青菜、白菜、蘿蔔、辣椒、蕃茄、茄瓜、苦瓜、黃瓜、冬瓜、紅薯葉、南瓜苗、大蒜、生薑、蔥花、剛豆、貓豆、黃豆等。天然野生菜有木耳、竹筍、苦馬菜、牡丹菜、天河芋、魔芋、馬蹄菜（雷公根）等。油類主要以火麻爲主，一般 5 口之家每年每戶養兩頭豬的動物油，再購些菜油，爲一年內主食油。他們以素食者居多，食肉則是每年養的兩頭 200 斤頭左右的年豬，在冬天做成臘肉爲全家半年的肉食。一般逢年過節才大吃豬肉，殺雞鴨、撈魚等，牛、羊、狗少吃。在冬春秋天，一般一天隻食兩餐飯，即早上 10 點鍾左右，晚上天黑吃飯。在夏天或勞動強度大的季節，也有一日三餐的吃法。有的長壽老人也飲酒，但量不大。他們四季也常吃些水果，主要有桃、李、柑、柚子、芭蕉、梨子、枇杷、葡萄、核桃等水果。

三是保持終身勞動和經常的運動。運動是生命存在的基礎。從筆者查到的 85 歲以上的壽星中，沒有一個不是保持終身勞動和晚年保持走路運動的，沒有一個是坐在家中吃香喝辣，不下地勞作能長壽的。

四是心平氣和，胸懷闊達。壽星中，大多數老人終生保持一種平和心態，很少與人沖衝殺殺，暴跳如雷。遇到別人欺侮和惹事，他們多是忍讓三分，以理服人，很少慪氣，唉聲歎氣，人生幾乎處於無大喜大悲之狀。既不積怨甚多，也不欺侮作惡別人。拉仁村幹浪屯 104 歲仍健在的彭采蓮姑就是這樣。她一生好行善事，與鄰里和睦相處。發現鄰里爭吵打鬧，常開導勸架，教育兒孫多讀書，習禮貌，敬客人，加之生活中保持清淡爲主，終生勤於勞作，至今僅雙目蒙濃，其餘生活皆能自理，身軀硬朗。

五是常居木樓，房中生活有度。壽星住的都是清一色的三層木舍吊腳樓，即二樓住人，三樓存糧。一般用竹籬或木板房，保持良好的通風透氣和易於接受貼近大地磁場磁線運動對人體的良性感應。眾多

壽星，生活起居相對正常，即晚上 9 時左右入睡，早上 7 時左右起床，中午不休息，達到早睡早起，保證良好睡眠質量。睡前熱水洗腳上床，很少宵夜及鼓腹入睡。一年除多季偶爾在床上墊些棉胎毯子之外，其餘春夏秋季睡木板床，即睡硬板床。這樣，人在睡眠中所睡部位的經絡血管不會全面裏壓，有利於血液迴圈。由於受到彭祖的影響，夫妻房事，也十分講究。尤其是百歲老人，均對性生活有所節制，自覺做到過度勞累不同房，中午血潮不同房。特別是 50 歲以後，更是自我節制，夫妻二人開始同房不同床，各人自睡一張床。這樣，有利於保證睡眠質量和身心健康，形成晚年良好的生活起居。特別是在眾多女壽星中，一般為 40-50 歲左右喪夫不嫁者居多，是否因為更年期到來之期以及以後日子無性生活行為而成為長壽因素？值得研究。

（044）彭山縣彭祖故鄉的長壽城

素具「中國長壽之鄉」美稱的四川彭山縣是彭祖的故鄉。其長壽的歷史源遠流長。因此，彭山人世世代代都為有這位德高望重、奇功蓋世的彭祖八百秋而自豪。據 1990 年人口普查，彭山縣人均壽命比解放前增長了一倍以上，每十萬個人中有百歲以上健在老人的比例，高出全國平均水平的 17 倍，名列全國之冠。當時全縣有百歲老人 17 名。縣境方圓數十里至今還傳頌著彭祖和他的女兒彭三娥，在彭山為民解除疾病，傳授養生之道的許多膾炙人口的動人故事。每年農曆三月三日（彭三娥誕生日），都有數十萬民眾不約而同地湧向仙女山，朝拜和祭奠彭祖和三娥。

為了保護彭祖故居，彭祖陵墓和宣傳彭祖的長壽養生學說，彭山縣政府于 1984 年行文宣佈彭祖祠、彭祖墓為重要文物保護單位。並於 1990 年初決定，每五年舉辦一次彭祖壽星節，當年 9 月 9 日就舉辦了數十萬人的規模宏大的第一屆；1993 年 10 月，彭山縣政府和四川民俗協會在彭山舉辦了首屆中國長壽文化研討會；1994 年初，彭山縣成立了中華彭祖長壽氣功學會。

為進一步繼承、發揚彭祖長壽文化，彭山縣政府於 1992 年初慎重

決定，在省級風景名勝區彭山仙女山以彭祖祠、彭祖墓爲中心、5000餘座漢墓爲依託，興建含 10 大景區、99 個景點，占地 5000 畝，總投資額爲五億元人民幣的觀光瞻仰、祭奠、養身、健身、娛樂爲一體的「中國長壽城」。長壽城的第一大景區彭祖山莊的彭祖祠，最爲莊嚴、雄偉和肅穆。它占地面積 15 畝，建築面積爲 3000 平方米。建築設計爲三重殿：第一殿塑軒轅黃帝、昌意、顓頊、老童、吳回、陸終、彭祖 7 尊主像；第二殿中塑彭祖，兩旁塑彭祖後裔歷代名人像，有戰國時期的哲學家彭蒙、宋時名相彭延年、清兵部尚書彭玉麟、清著名詩人彭兆蓀、孫中山同盟會員彭澤民、當今名人彭湃、彭德懷元帥；第三殿爲重簷殿，殿堂根據漢墓中出土的《導引圖》展示彭祖導引術式的 47 個招式，供觀光遊覽者觀摩學習。其他景區依次爲彭祖墓、彭祖仙室、高山仰止坊、仙山勝景牌坊、「999」彭祖長壽梯、彭祖仙逝升天的「九天」梯、天然太極亭、唐代齊山雙佛（站佛高 32 米，座佛爲 28 米）和慧光寺等。在遊覽過程中，彭山的百歲壽星都會不約而同地向你介紹長壽的經驗。他們認爲許多人長壽的原因有三：一是文化環境好，深受彭祖長壽文化的熏陶；二是地理環境好，彭山縣地處川西平原西南，環境優美，氣候宜人；三是生活環境好，彭山物產豐富，城鄉人民生活水平普遍都高於全省、全國平均水平。加上那些百歲壽星一生勤勞，上了年紀仍然腳不停、手不住地幹一些力所能及的家務或農活，生活上還能自理。「家和萬事興」。彭山壽星大多都是在心情舒暢、氣氛和諧、子孫孝順、鄰里和睦中獲得延年益壽的。

第六章　彭姓典籍

　　「典籍」一詞,在《辭海》中被解釋為「原指國家重要文獻」,「亦統稱各種典冊、書籍」。有的學者考證,「典」是個象形字,與「冊」字形象相似。典似乎是以竹冊、木板串在一起的簡片,置於祭臺上,供祭司、酋長們查看本氏族人員情況和記載祭神過程。假如這一事實存在的話,那麼彭姓的初祖少典氏,可能是最早發明文字的人,比蒼頡更早。疑蒼頡是在少典氏製造文字的基礎上加以規範化和象形化。所以典字被後來衍化為典籍、典冊、典常、典禮、典故、典要、典範等名詞。因此,我們也運用其中的典籍一詞,藉以概括和描述彭姓的重要文獻、歷史典故、家乘譜牒、典常制度、詩聯論著等多方面的情況,命之曰《彭姓典籍》。而彭姓典籍的內容是相當豐富的,是我中華民族極其珍貴的文化遺產和精神財富。今分節舉要如後:

一、標識彭姓郡望堂號的歷史典故

　　郡望、堂號,是歷史上常用來冠在姓氏前的稱號,作為表示一個姓氏文化內涵的專用術語。其內涵是,「郡望」是某郡顯貴世族為標明家族身份而用的稱號,意即世屬某郡,為當地所仰望;「堂號」是廳堂的名稱,舊時多指某一家或某一房的名號。也就是說,「郡望」就是郡中望族的意思,「堂號」就是廳堂的名號。二者與姓氏聯繫起來,表示某一姓氏中某一支派的來源和血統所出,因而也就被賦予了某一姓氏的文化內容,成為姓氏的特殊標誌。而這種標誌,又世代相沿,反映出強烈的地域觀念和血親觀念。

　　根據彭氏家譜和有關姓氏書記載，彭姓人在很早以前，便有了自己著名的郡望和堂號。而他的堂號的產生卻又比郡望晚，因爲堂號在空間和範圍上多指一件物或一件事，而不像郡望那樣有著較爲廣闊的地域概念。另外，堂號所使用的範圍較一般，較小，往往在一個郡望中有幾個堂號。後來因爲與郡望有基本相同的意義，乾脆就與郡望混淆在一起，共同表示彭姓的家族淵源關係。如彭姓的最早郡望爲隴西郡，後來人們又把它叫成隴西堂。歸納起來，彭姓人的郡望主要有隴西郡（戰國時秦置）、彭城郡（西漢地節元年以楚國改置）、淮陽郡（東晉義熙中置）、廬陵郡（東漢興平元年置）、宜春郡（隋大業三年以袁州改置）等5個。彭姓人的堂號，較爲多見的有隴西、淮陽、信述、報本、八百、光遠、光裕、百順、德慶、昌熾、愛敬、餘慶、燕胎、敦敘，等等。而其中卻普遍使用的則是隴西郡或隴西堂，現將其來歷概述如下：

　　查閱有關史料，對隴西郡或隴西堂的由來有三種說法：一說春秋時，楚文王有賢大夫彭仲爽，是當時楚國的望族，戰國時秦滅楚遷其大姓於隴西，彭其一也，蓋始於此。同時遷隴西郡的還有李、董、關、時、邊、辛、閔、牛諸姓，後來他們的郡望，亦稱隴西；二說漢代長平侯彭宣之孫彭業，因避王莽之亂，致仕遷居隴西，因而彭氏郡望稱隴西郡，或叫隴西堂；三說彭祖籛鏗，爵封武安君，受命彭城，子孫很多，當商代權變滅昆吾之亂，諸昆季各相攜逃隱，改姓更名，有孫（按：有據的世系表是孫，又說是玄孫）韋氏者更名昆泉，曾避隱昆侖山隴西玄圃之天石盤，後仍以彭爲姓，開創麒麟谷，爲彭族得姓受氏之祖。

　　對上述三說，有廣東《豐順譜》考辨認爲：第一說彭仲爽遷居隴西得名，原也認爲是實，但據新獲彭氏上祖立姓後一千多年的世系資料表明，直系中沒有仲爽之名，那既不是直系之祖，安能說因他遷居隴西而得整個彭姓的郡望或堂名呢？似乎有不確切之處；第二說彭業遷隴西，業是彭宣之孫，宣有三子多孫，爲何以他一孫遷居隴西，而

能代表全國彭氏定隴西爲郡望或堂名呢？其次，彭業是彭宣之後，身世也不如彭宣顯赫，彭宣是漢代大司空，封長平侯，居淮陽，那郡望或堂名何不定淮陽郡或淮陽堂呢？（事實上也有彭姓人定淮陽郡或淮陽堂的），看來此說也不合情理；第三說彭昆泉曾避隱隴西而得名，此說較爲有理。因爲昆泉僅是彭祖後幾代，雖在彭祖時受封于大彭，已以國爲姓，但未完全定型，有的稱大彭氏，後又分化多姓，至商代滅昆吾後，大彭氏諸昆季相攜逃隱，改姓更名，而昆泉也避隱隴西，並開創麒麟毅世系，確姓爲彭，成爲彭姓受氏之祖。這樣爲紀念其避隱隴西，故定彭氏郡望或堂名爲隴西，是合乎情理的。

其實，上述三說，細細琢磨起來，也並不相悖。就時間而言，第三說合乎情理，它存在最早，彭姓譜上有記載，那還是在周代距今約 3 千多年的歷史了，有自稱爲徐州玄孫的鎮江撰寫了徐州、麒麟毅世系表，從表中列出了鎮江其人是這兩個世系表連續起來，以籛鏗（彭祖）爲 1 世，鎮江自己則是 18 世，而由於戰亂隱避隴西的昆泉爲 3 世。歷史是延續的，代次遞增不可割斷，豐順譜所錄載於譜的，是沿彭鎮江所撰寫的徐州、麒麟毅世系接上來已達到了 100-106 個世系。後人都沒忘記隴西堂這個堂名。

至於其他四個郡望或堂號，他們的本源都沒有異議。即彭城郡源于堯封彭祖于彭城；淮陽郡源于西漢末年長平侯彭宣；宜春郡源于唐代江西始遷祖彭構雲，系彭宣的 26 世孫；盧陵郡源于唐末五代江西吉安始遷祖彭玕的發祥地，彭玕爲彭構雲的 5 世孫。這些都在《彭姓流布》中敍述得很清楚。

二、紀念彭姓祖先在家廟中的祭典

彭姓同胞，也和其他族姓一樣，存在著一種祖宗崇拜的觀念，也保持有相當濃厚的「慎終追遠，民德歸厚」的中華民族傳統。這種祖先崇拜，追根溯源，大概出現在父系氏族社會時期。它是一種在血緣

親屬觀念支配下的宗教活動，其要義在於明確和鞏固父親的血統，保證宗族、家庭和家庭在社會的地位、物質財富、政治權力方面的正常繼承和分配。祖先崇拜的最初形式是對男性生殖器的崇拜。《禮記·檀弓上》：「祖者，且也」。「且」的甲骨文和金文都像男陰。在龍山文化和齊家文化遺址中，考古學家發現了大批「石且」和「陶且」，也全然是男性生殖器的造像。這都證明「祖」的最初含義就是男性生殖器，「且崇拜」的意義在於強調父系的傳種接代。彭姓人其所以把自己最早的先民稱爲「彭祖」，看來就是這個意思。到春秋戰國時期，「祖」的原始義隱沒了，後起義成了基本義，用來指稱部族的創始者，即始祖和特指父之父即祖父，祖先崇拜也就隨之一分爲二，即遠祖崇拜和近祖崇拜。遠祖崇拜只能表現在祭祀上，以祭祀活動來追念先祖的功德；而近祖崇拜則表現在「生則敬養，死則敬享」(《祭義》)。「死則敬享」屬於宗教範疇，「生則敬養」卻屬於倫理範疇。這樣，社會倫理道德與宗教祭祀便在祖先崇拜上結合起來，而形成了中國一種特有的族姓文化現象存在了幾千年，對於彭姓來說，尤爲濃烈。

「死則敬享」，也就是舉行祭祀活動。這種活動，首先就得有個場所，因此家廟和祠宇便不斷地建設起來了。不少彭姓人聚居的地方都建有家廟，稱之爲「彭氏宗祠」或「彭氏支祠」一類的祠宇，有的還稱作「宗堂」或「公堂」。一些大的彭氏望族，還在省城、縣城蓋有祠堂。有堂屋的家庭，即在自己的堂屋設有神龕，專祀自己家的祖先。祠堂裏都擁有一筆田産（稱「祭田」）和莊園。彭氏家廟最早見諸史料的當然要數「彭祖廟」。在漢代史學家劉向的《列仙傳》中就記載著：「歷陽（在今安徽和縣西北）有彭祖仙室。前世禱請風雨，莫不輒應，常有老虎在祠左右。」宋代詩人蘇軾在過安徽濠州（今鳳陽）彭祖廟時曾賦七絕一首：「跨歷商周看盛衰，欲將齒髮鬥龜蛇。空餐雲母連山盡，不見蟠桃著子時。」

而如今保存得較爲完好的彭氏宗祠，要數江西、福建、廣東和湖南一帶的縣市較多。但這些祠宇大都是明清兩代的建築，如江西安福

松田中溪彭氏宗祠，始建於明景泰庚午年間（1450 年），廣東豐順的彭氏宗祠，始建於清乾隆甲申年間（1764 年），湖南郴州彭氏花園祠堂，始建于清嘉慶己巳年間（1809）。其緣起、意義和作用，正如廣東《豐順彭氏宗祠序》中所說的：「古制齊民僅以寢享，宗祠之義，未有起也。至三代先王，始頒恩詔，令我士民得緣分盡情，以立家廟、宗祠之建，斯遍九誕焉。豐邑彭氏宗祠，何日昉哉。溯自子順公由鱷溪徙居豐政，未有廟宇。清乾隆癸未（1763 年），有 19 世士拔，輒相與族謀曰：我始祖子順公，系出潮州刺史晉大理寺卿延年公之後，開創維艱。而五世盛子公則爲開族之祖，現散居豐政者，家以千計，且人文蔚起，世不乏人。乃以廟宇未興，將幽胡以格，渙胡以萃，得無有愧奉先思孝乎！但以建立堂祠，費心重金，苟非集腋成裘，事將易渴濟。於是仗義出金者，有若元容，一倡即和，爲總理者，有若獻岳，有若文明，其餘群相副理。爰于豐城之北，買王姓故址一所，用銀三百餘兩，越明年甲申興工，坐酉山兼庚，甫閱月而廟宇維新，銘曰『光裕堂』。蓋深望俊傑崛起，迪前人光，垂裕後昆也。維時先龕室，而次禮堂，又次之燕享庖廚，幾筵祭器，無一弗備。斯則駿奔在廟，得以登斯堂而稟對越馬。然詩有之，潔爾牛羊，以往蒸嘗。今既萃于姓於一堂，苟無薦馨香於列座，而孝子慈孫之心，終覺難安。嗣後設置祭田，計租 30 石有奇，定于一陽來復之日，祝祭大宗用。是享祀明NFDA6 弗替，衣冠俎豆常昭，雖然吾猶有說，始祖爲百世不祧，而報本追遠，莫深於厚。」

又如湖南郴州《彭氏花園祠堂記》中說：「家禮首祠堂，所以妥先靈，奉祀事，聯親疏而展孝思也！我族祠堂凡三座，建于平塘者二，建于石山頭者一，原爲仁義信三房祭會而設，意至美矣！法至良矣！我屬仁公派，即於舊祠修葺足矣，奚庸再建爲茲？乃再建亦自有說，我族太祖旺三公由茶陵宦居桂陽州，肇基定業于郴之嚴塘，翼子貽孫，功德匪淺，春秋廟享，舊有成規。越數百年，子孫繁衍，兼之事情多故，祭會浸以微薄。由是仁義信三房，照公樂捐，增置田畝，計分二

百有五十，祭會輪分以五年，每年輪分五十分爲祭主。我仁房計百分
有五十分，居嚴塘者與祠近，輪祭較便，有五十分。居各村與祠遠，
臨祭甚費周章，儀物亦難兼備。其向以妥先靈，奉祀事，聯親疏，而
展孝思乎！此祠堂之所由建也。」

每年清明和冬至或重陽，都要在家廟裏舉行隆重的祀典，都要把
子孫聚攏來歡宴一堂，子孫們稱之爲喝「清明酒」、「冬至酒」或「重
陽酒」。如廣東豐順「光裕堂」在 1947 年清明祭祖時，各地裔孫備具
祭儀，組織金獅班、中軍樂隊、大鑼鼓班、旗標等，雲集祖祠，舉行
盛大祭典，盛況空前。每年祭祀，都得設立主祭人（由族長或房長擔
任），下設糾儀、通贊、引贊、讀祭文等各「執事人」。這些「執事人」，
稱爲「禮生」或「儒生」，即是彭姓宗族中的文化人。祭祀時要懸挂彩
燈，擺設祭器、祭品。大的祭典，要擺設 6 張食案和香案桌，宗主兩
張，左昭右穆各兩張，禮生 12 人，跪拜者（族中的頭面人物）3 人，
讀祭文者 1 人。另外還有執事者、鼓樂隊及鳴炮者若干人。

祭祀中，有套成規的儀式。要分別行「三獻禮」，每獻一次，都要
輔之以金鼓和大小樂，跪拜者要焚香叩拜，三跪九叩首，既熱烈而又
莊重、肅穆。祭禮的儀式各族不盡相同，但大體的程式爲：

〔左通贊唱〕行春（秋）祭禮，掃案，主祭者正其衣冠，分獻者
正其衣冠，執事者司其事，司樽（zūn 尊，酒杯）者敬陳爵（jué 決，
古代酒器）、箸（zhù 住，筷子）、清酒、香燭、楮（chǔ 楚，紙錢）、
財布帛。禁止喧嘩。申炮，起鼓，奏大樂（喇叭）。鼓初嚴，大樂初吹，
鼓再嚴，大樂再吹，鼓三嚴，大樂三吹，金（鑼）鼓齊鳴，大樂止。
主祭者進位，分獻者進位，鞠躬，叩首（磕頭），三叩首，平身。司廚
者捧盥（guàn 貫，澆水洗手的器具），畢，重定。請祖。主祭者詣始
祖香案前上香。司樽者授香，再上香，焚香，息樂，復樂，平身。鞠
躬，叩首，平身。歌頌詞（像贊）、樂隨。跪，初上香，再上香，三上
香。叩首，三叩首，俯伏，平身。主祭者詣始祖案前行初獻禮，司樽
者授爵，再奠爵，叩首，俯伏，平身。主祭者詣始祖案前行亞獻禮，

初獻爵，三獻爵，歌亞獻詞，樂隨，平身。鞠躬，叩首，平身。跪，再獻爵，叩首，俯伏，平身。主祭者詣始祖食案前行三獻禮，司樽者酌酒，再祭酒，初獻饌（zhuàn 撰，飲食）再獻饌，三獻饌。司樽者授帛，俯伏，興（站起來），重定，跪，再叩首。司廚者進粢盛（zī chéng 資成，祭祀用的穀物），初祭酒，再祭酒，三祭酒，初獻果，再獻果，三獻果，獻帛，再叩首，興，重定。主祭者詣始祖食案前侑（勸）食，司樽者授箸，謝箸，點茗（茶），歌頌詩（詞），樂隨，平身。鞠躬，叩首，平身。跪，侑食。司樽者進茗，叩首，三叩首，俯伏，平身。主祭者詣始祖食案前飲福。司樽者酌酒，飲福。司廚者授胙（zuò作，祭祀用的肉），俯伏，興，重定，跪，再叩首，平身。叩首，大叩首，三跪，九叩首，平身。宣講孫詣香案前進位跪，再叩首，四叩首，宣講祖訓。鞠躬，叩首，三叩首，平身。主祭者稍息，反爵，焚祭文，重定。歌撤饌詞，樂隨，歌謝祖詞，樂隨。再揖，宣講禮成。陪祭者告退。排班，跪，再叩首，四叩首，長揖，鳴金，發大通。

〔右通贊唱〕布席，陳器，陪祭者正其衣冠，引贊者正其衣冠，工祝者和其樂，司廚者奉具豬羊果品肴饌、粢盛（飯）、盥巾（洗臉巾），各宜肅靜。發大通（鼓），鳴金（鑼），奏小樂（笛子）。金初叩，小樂初奏，金再叩，小樂再奏，金三叩，小樂三奏，奏大樂，更小樂。陪祭者進位，引贊者進位。跪，再叩首，四叩首。主祭者詣盥洗所盥洗。工祝者詣始祖香案側宣讀戒詞。歌請祖詞，樂隨。跪，初上香，三上香，俯伏，讀祝（祭文）。興，重定，跪，再叩首。司廚者進饌奉果。分獻者詣饗位前上香。司樽者授香，再上香，焚香，再叩首，四叩首，興，重定。工祝者詣始祖香案側宣讀訓詞。跪，初奠爵，三奠爵。歌初獻詞，樂隨，平身。鞠躬，叩首，平身。跪，初奠爵，三奠爵，再叩首，興，重定。跪，再獻爵，俯伏，興，重定。跪，再叩首，分獻者詣饗位前行亞獻禮，初獻爵，三獻爵，再叩首，興，重定。跪，初祭酒，三祭酒，再獻饌，初獻果，三獻果，獻帛。歌三獻詞，樂隨，平身。鞠躬，叩首，平身。分獻者詣饗位前行三獻禮，司樽者酌酒，

再祭酒，初獻饌，三獻饌，再獻果。司樽者授帛，叩首，俯伏，平身。司廚者進粢盛，跪，侑食。司樽者進茗，俯伏，興，重定，跪，再叩首。分獻者詣饗位前侑食，司樽者授箸，謝箸，點茗，再叩首，四叩首，興。分獻者禮畢，重定，跪，授爵，反爵，受胙，歌嘏詞，樂隨，平身。鞠躬，叩首，三叩首，平身。續行宣講禮，擊鼓，奏小樂。鞠躬，叩首，三叩首。亞跪，五叩首，平身。叩首，九叩首。主祭者率族佃立正，敬聽祖訓，鞠躬，叩首，三叩首，平身，立香案左，重定，跪，再叩首，四叩首。宣講生禮畢，退位。司樽者瘞（yì意，埋的意思）毛血，化楮。主祭者望燎，告撤，謝祖，長揖，三楫。主祭者告退，分獻者告退。衆子孫依次羅列，畢，告退，奏大樂，申炮。

　　所謂「通贊」，即是當今的司儀者。上面左右通贊的唱詞各有分工，相互唱和，你唱一句，他唱一句，穿插進行。所謂「唱」，帶有音樂節律性，不是幹唱，且有唱腔，配有樂器，抑揚頓挫，人們俗稱之爲「喊禮」。唱詞根據具體的場面，有增有減，而上面的唱詞是大型祭禮用的，較爲全面。

　　舉行祭典時，大的場面要宰殺牲口。殺牲時，也要舉行祭祀，並具《拴牲文》以告。一般的《拴牲文》爲：「某年，歲次某，清明之日或多至之時，主祭裔孫某某等，謹具羊、豕牲醴（lǐ禮，美酒）香楮之儀，跽（jì忌，長跪，雙膝著地，上身挺直）祭于始祖考某公、妣某宜人之位前曰：伏以嗟（jiē皆，歎美聲）嗟烈祖，憲憲令德。振振麟趾，綿綿瓜瓞。報本追遠，率厥典則。節屆清明（或多至），籩豆敬設。羊曰柔毛，豕曰剛鬣（liè獵，豬鬃）。捃（jùn郡，拾取）其鸞刀（有鈴的刀），薦其毛血。仰冀先靈，俯垂鑒默。降福孔皆，來嘗來格。」

　　在通贊唱詞中，還有所謂工祝者詣始祖香案側宣讀戒詞之類的「戒詞」、「請祖詞」、「頌詞」、「像贊」、「訓詞」、「初獻詞」、「亞獻詞」、「三獻詞」、「侑食詞」、「嘏詞」、「撤饌詞」、「謝祖詞」等等。這些都是歌頌祖先或禮遇祖先，或借祖先之口訓誡子孫的一番客套話。一般的有如下例：

　　《戒詞》（盥畢後，即宜大聲宣讀）：「祭祀奉先，必盡孝敬。內積專一，外致肅靜。神其來饗，汝則有慶。倘有心雜亂，拜怠、歌慢者，神不汝福。汝其敬聽。」

　　《請祖詞》：「嗟嗟烈祖，陟降於庭。濟濟多士，肅雍以迎。維清緝熙，介爾昭明。」

　　《頌詞》：「桓桓始祖，克明其德。敬慎威儀，維民之則。公侯幹城，無竟維烈。千祿百福，子孫千億。」

　　《像贊》：「懍懍威風，疊建武功。奉守茲士，群孽皆空。精忠智卓，偉哉英雄。」

　　《訓詞》：（上香後，即宜大聲宣讀）：「皇皇始祖，用昭鑒我，將貽令名，為善必果。勿貪財色，勿競血氣，勤業守分，存仁恩義。神則汝福，佑汝勿替。倘有暴戾無常，貽羞祖宗，取惡家鄉，神降汝殃，天不汝昌。悔過自強，轉禍為康。作為此詩，戒哉勿忘。」

　　《初獻詞》：「旨酒欣欣，燔炙（fón zhì 凡至 烤肉）芬芬。台享以祀，于豆於登。式飲式食，無怨無恫（tōng 痛，痛）。」

　　《亞獻詞》：「猗歟我祖，世澤綿長。享禮不忒，濟濟蹌蹌。孫等再獻，來格來嘗。」

　　《三獻詞》：「爾酒既清，爾肴即馨。既戒既備，祀事孔明。神保聿歸，廢撤告成。」

　　《侑食詞》：「物其多矣，維其嘉矣。物其旨矣，維其偕矣。物其有矣，維其時矣。」

　　《嘏詞》：（嘏 gǔ 古，受福也）「祖考命工祝承，致多福于爾孝孫。來，爾孝孫，使爾受祿于事，宜稼于田。勿替引之，眉壽永年。」

　　《撤饌詞》：「天被爾祿，祭則受福。思皇多士，疇敢不肅。禮成撤饌，毋疏毋瀆。樂則自生，中原有菽。」

　　《謝祖詞》：「假（大也）哉皇祖，于昭於天。濯濯厥聲，鐘鼓送屍。小大稽首，神具醉止，以祈黃衣。（黃衣，古人臘祭時所穿的衣服。）」

　　在祭典中，除了上述各「詞」之外，祭文則是其中的核心部分，

是不可缺少的。彭姓的祭祖文浩如煙海，今擇湖南桂陽彭氏《清明祭始祖文》爲例以說明之。文曰：「某某年，歲次某某，某月某日，孝孫某敢昭告于始祖位前曰：維于我祖，厚德流光。螽斯麟趾，桂馥蘭芳。曆數十世，先後降祥。物皆有本，人何敢忘。時逢清明，歲事祗將。致其孝敬，薦以馨香。對越無忝，駿奔胥藏。俾我子孫，彌熾彌昌，惟祖格思，左右洋洋。」

除了每年正常的春秋二祭之外，彭姓人遇了大事，或升官晉級，或科舉成名，或發財致富等，也要大開祠堂門，在家廟裏舉行祭典或慶典，並用祭文奉告列祖列宗。如清內閣大學士彭維新祭湖南茶陵彭氏家廟文就是一例。文曰：「維皇清乾隆五年（1740 年），歲次庚申，月建己醜（十二月）吉日，正獻孫維新，代獻孫維尙，謹以剛柔毛牲醴香楮之儀，致告于彭氏家廟歷代顯宦考妣先靈座下：于維我祖，系出吳省（江蘇），派衍湖湘（湖南）。居址雖分南北，源流無論東西。人煙浩繁，衣冠隆盛。雖賴天地鴻恩，實托祖宗大德。孫維新自庚寅（1710 年）春，叨蒙聖恩，賜歸祭祖、省親、會族、修譜。是以宗枝在念，流派難忘。應步履而身親叩奠，奈跋涉之羈旅遲日，恐郡邑之迎送過煩，寸心歉然，抱憾何如！今特煩兄維尙，持芯芬而登廟，行九叩而表微衷。但薄俎粗陳，敢雲馨香之華達；而清酤斯獻，庶幾冥漠之可通。惟願大宗洞鑒，俾世世科甲鼎盛；尤祈列祖昭垂，佑代代名宦流光。則簪纓百代，而俊秀千秋矣！新不勝忭（音辨，喜樂也）瞻惶悚之至。謹啓。匾額曰：『源流一本』。」

三、榮耀彭姓家族的朝廷封敕盛典

凡在每一姓氏的譜牒卷首，總是花團錦簇、鳳舞龍飛地鑲嵌著朝廷的誥封敕制等文獻，有似於現當代的委任狀與榮譽狀之類。它記載著一個家族的光榮歷史及其對國家的傑出貢獻。彭姓家族亦如此。現根據望城推子山《彭氏五修族譜》卷之二《誥封》等譜牒資料，選錄

數則如下，以光篇幅。

（001）**西漢哀帝敕封彭宣及妻施氏**

建平六年庚申（前1年）六月朔吉，漢哀帝敕授扶風光祿大夫彭宣進大司空封長平侯。奉天承運，皇帝制曰：禹甸平成，海宇奏鮮艱之食；周官建極，率土蒙均利之休。矧天未厭漢，警日食於三朝；人漸歸心，佩印綬以五屬。既賴三公之燮理，猶推賢相之綏猷。爾彭宣明經博雅，政教兼隆。歷漢四朝，厥多令績。名曾隸於扶風，勳更傳於光祿。念當年之新政，洵冠董賢；俯今茲之耆臣，功媲孔烈。贈爾為大司空，進封長平侯，遣歸就國。儻若佩綬三老，五更當念皇考之優待；獻可替否，時切心腹之匡陳。爾其欽哉，毋荒棄朕命！

制曰：閫內揚名，克著丈夫之烈；房中曲奏，先調琴瑟之和。以故稱佐理于家國，標勳業於皇都。爾右扶風光祿勳右將軍彭宣之妻，乃名賢施仇之妹。既進宣以大司空封長平侯，遣歸就國，理宜敵體，命應齊榮。敕賜爾一品夫人，秩命龍章寵錫，特加淮陽郡君，秩等公侯，宜膺象服。輶黻永流輝于彤管，殊播聲于鄉國。欽哉是命。（光祿大夫邴漢、龔勝策）

（002）**東漢獻帝敕封彭翼**

建安十六年辛卯（211年）八月十二日，漢獻帝敕封彭翼為宜春侯。皇帝詔曰：建平、北海、長沙三郡太守彭翼，自蒞政之後，屢歷大邦，保國撫民，恩威並著。特加封為宜春侯，以示寵榮。尚其勵乃忠貞，以永厥職。

（003）**北齊文宣帝敕封彭樂**

天保元年庚午（550年）九月初九日，北齊文宣皇帝高洋敕封彭樂為陳留王。皇帝詔曰：朕履此多艱，惟扶持宗社之士是賴。爾彭樂佐命功臣，立朝大老，為國柱石。屢縮兵符，救濟黎氓，矢心魏闕。NFDFE　紀元戎之績，進班尚伯之尊。殊封特降，即日屆遷。既不憚於暑行，宜速依於辰告。茲加爾太尉，封陳留王，賜予玉帶，至可領也。汝須珍重，與國同休。欽哉！

（004）唐中宗敕封彭景直及妻賴氏

景龍三年己酉（709 年）三月十八日，唐中宗皇帝敕授安定進士官大理寺丞彭景直晉禮部侍郎。奉天承運，皇帝敕曰：朕今新服厥命，用思維新厥德。正進君子遠小人，以興大化之時也。乃者崇儒重道，祈臻俗易於淳風；拔彥簡僚，恩增治理于上國。爾安定進士兼大理寺彭景直，乃文經武緯，本家業淵源。通理內融，含暉外靜。文尚典雅，學勤精博。爰是甄爾爵秩，晉任禮部侍郎。於戲（嗚呼）！舊有令聞，克副朕躬之念；茲被特典，益昭新服之榮。欽哉，敬敷乃訓。（翰林制誥蘇廷、同平章事崔湜草制）

制曰：恪恭奉職，朝夕既殫，厥心貞順，宜家窈窕，爰述其淑。爾南陽賴氏，乃進士出身、官大理寺評事晉禮部侍郎彭景直之妻，含章協德，令儀夙著於閨闈；敏勉同心，內治相成於夙夜。茲會慶典，封爲夫人。於戲！龍章載渙，用襃敬戒之勤；翟茀欽承，益勵柔嘉之則。

（005）唐玄宗封敕彭構雲及妻楊氏

天寶十三年甲午（754 年）十一月十五日，唐玄宗皇帝召處士彭構雲敕號徵君鄉贈袁州刺史。奉天承運，皇帝制曰：朕維古帝，綏厥四方，率以效忠持節爲首務，抑襃潛德幽光以風儒。我國家稽古建勳，簡用老成碩畫；相時立政，應在用賢遠奸。朕嗣位以來，克綏先王之祿，永底蒸民之生。自文武功臣，紀錄有次，而廉隅砥節，獎勵維殷。今宜春令劉墫具奏前官袁州令彭構雲，今爲合浦處士，博學著述，聞達不幹。曩者遣使蒲輪載召，固辭不就，孤忠獨節，遽遁震山。朕今綜覆既確，豈靳殊榮。敕爾所居曰徵君鄉，尋贈袁州刺史。俾釣台與箕穎並著，潛德與嚴君俱永。用愧天下後世，貪位慕祿飾節矯廉者。欽哉，懋哉！

制曰：奮庸熙載，端賴股肱之良臣；德美學成，每資巾幗之賢佐。爾宏農楊大姑，乃曾官袁州令、今合浦處士彭構雲之妻。生長華胄，配適名門。自在宮闈，克嫻姆訓。忠義報國之志，夙夕共聞；順從事

失之心，生平自矢。學既成於勖勉，命亦宜爾齊榮。茲封爾爲廬陵郡二品夫人，錫之敕命。於戲（嗚呼）！柔順利貞，地道征無爲之慶；維持陰教，天家揚德配之型。

（006）唐德宗敕封彭茲及妻李氏

貞元十八年壬午（802年）仲春朔，唐德宗皇帝頒敕進士彭茲爲進賢令例授文林郎。奉天承運，皇帝敕曰：職司庶尹，尙傳廉惠之風；位列長官，尤勤清慎之飭。爾進士彭茲公，燕居上苑，深達下情。述圖緯之奧秘，學有淵源；體陽陰之造端，功亮天地。茲敕爾爲進賢令、例授文林郎。長材短馭，聊申抱負之經綸；拔茅連茹，嘗令學術之眞僞。典令之餘，准還桑梓。而壽世寵命之錫，並榮車服以風儒。

敕曰：殷勤佐讀，贊成王室之勳猷；貞儉宜家，洵推仕人之良佐。爾李氏乃進賢令彭茲之淑配，與王室之懿親。雞鳴戒旦，夙稟賢後之箴；鳲樹婦功，堪分雲錦之錫。彤管垂輝，芳徽永播。欽哉！

（007）唐文宗敕封彭佝及其妻葛氏

開成二年丁巳（836年）正月元日，唐文宗皇帝牒敕進士彭佝爲宜春令例授儒林郎。奉天承運，皇帝敕曰：朕維內閣總理之臣，端推宰輔；外廷庶司之職，亦重鴻才。爾進士直館學士彭佝，家學淵源，著述典冊。駐京七載忘歸，未試一行經濟。茲以宜春俗尙純樸，敕爾爲令，以煽仁風，愼乃官箴，以昭王度。檻試觀魚，知無稱雨道晴之慨；堂開射鴨，式仰青雲黃綬之章。牒付准此施行。

敕曰：丕績奏於中朝，端賴閑家之助；寵章頒乎慶典，宜分齊體之榮。爾葛氏乃進士直館學士任宜春令彭佝之妻，早習女儀，克修婦職。雞鳴交儆，既砥節於素絲；蠶績執筐，用邀恩於紫紼。茲封爾爲孺人，錫之敕令。於戲！中袺彰和順之風，鸞書誕賁；廷陛煥褒嘉之命，象服茂膺。

（008）唐懿宗敕封彭輔及妻李氏

鹹通六年乙酉（865年）正月朔日，唐懿宗皇帝頒敕進士彭輔選任信州刺史授金紫光祿大夫。奉天承運，皇帝制曰：四輔六雄，近畿

爲寰宇之要；蘭堂松寺，諸軍授節度之符。朕嗣宣皇帝精明之政，無日不簡選文苑之臣。爾進士彭輔，曾選信州刺史、例授金紫光祿大夫，錫之敕命。於戲！明而且廉，賞罰洽朝廷之望；嚴以兼惠，清濁協激揚之宜。日宣三德，職副五聰。服隸朱幡，不殊錦袍之錫；佩垂黃綬，益昭綸綍之恩。欽哉！懋乃丕績允矣，播厥休聲。

制曰：天賴坤承，柔嘉征厚德之福；妻以夫貴，淑順協暉吉之光。婉嫕勤於夙夜，謀猷獻之天廷。爾李氏乃進士任信州刺史例授金紫光祿大夫彭輔之淑配。既隆夫以寵錫之命，應被妻以敵體之榮。茲以慶典，特敕爾爲夫人，錫之敕命。於戲！勤儉宜家，贊襄有自。鸞書載佩，丹墀來鳳誥之輝；象服是宜，紫綍標燕喜之度。

（009）唐昭宣帝敕封彭玕及妻郭氏

天　NFDC0　三年丙寅（906 年）二月初吉，唐宣昭皇帝敕封彭玕爲安定侯。敕曰：國家當平成之會，烏知甄別乎賢奸；朝廷值瑣尾之餘，不覺慨想夫良佐。緬昔貞觀政要，尚勤宵旰。迨至天寶式微，誰與共濟。今欲恢復前猷，詎斬崇獎元傑。爾吉州刺史、例贈金紫光祿大夫，升左龍韜上將軍節度行軍司馬彭玕，歷仕懿僖兩朝，式平王李三鎮。特晉爾爲太尉，封安定侯，與楊復恭、李克用等，奏績疆場，既等熊如之士；運籌幃幄，直媲鷹揚之勳。俾朕皇考，克復有作，上慰九廟之靈；幸佐朕躬，建極綏猷，下酬萬民之望。共輔疆圉清平之世，載頒絲綸寵命之榮。於戲！欽哉！

敕曰：德懋蘭閨，光生槐裏。珩璜作則，式重淑慎之型；荇藻流芳，丕授克昌之緒。爾郭氏，乃吉州刺史、例贈金紫光祿大夫、升左龍韜上將軍節度行軍司馬、晉檢校太尉、封安定侯彭玕之妻。茲逢慶典，封爾爲原國夫人。於戲！鸞書煥彩，合彤史以揚休；象服被躬，荷雲章而永慶。

（010）後唐明宗敕封彭彥昭及妻諸葛氏

天成元年丙戌（926 年）正月吉日，後唐明宗皇帝頒授進士歷靜江節度彭彥昭晉爵爲檢校太保。奉天承運，皇帝制曰：四國三鎮，頻

奏凱旋之歌；水舟陸車，不憚征夫之瘁。詎非經術湛深，故爾效職疆
場乎！爾進士出身，歷靜江節度彭彥昭，父子繼美，伯仲齊榮。曾以
護柩告歸，今宜起除應制。朕自登極以來，年周六甲有奇。昔遵衆志
所推，至此天命奚謝。伏願文武兼優，內外交輯。特晉爾爵爲檢校太
保，朝夕納誨，弼予一人。俾朕遠聲色、絕寺宦、選文材、謹天變，
斥私獻而縱鷹隼，蠲逋負以廢內藏。朕實不德，乃集命於厥躬；天眷
有民，圖其禪於聖主，欽哉！

　　敕曰：陰陽合德，肇開天地之精華；內外鹹亨，洵推古今之盛事。
故佐讀以樹文壇，亦勉力以成武藝。爾南陽諸葛氏，乃進士靜江節度、
晉檢校太保彭彥昭之妻，生長貴冑，作配名門。晶哉夫子，克成將相
之才；晉封夫人，特表讚揚之力。淑範既以宜家，崇榮齊膺寵命。史
管揚徽，俾及身而有耀；綸音並沛，互奕襈祥而增輝。

（011）南宋光宗封敕彭雄飛及妻李氏

　　紹熙二年辛亥（1191 年），南宋光宗皇帝敕封彭雄飛爲朝散大夫。
皇帝詔曰：親民各職，惟守土爲尊；人子顯親，以晉封爲大。爾彭雄
飛，乃知江陵府事彭大年之父，精聽斷以謹刑章，施教養以撫百姓。
賢聲既著于義方，褒嘉定寵以異數。茲特贈爾爲朝散大夫。於戲！自
他有耀廣朝廷錫類之恩，能仕教忠勵臣子守官之節。勉遵朕命，光賁
家庭。欽哉！

　　詔曰：人臣有勞于國，朝廷必寵其家。帷慈訓之克良，亦褒封之
有典。爾李氏乃知江陵府事彭大年之母。性惟柔順，行持端莊。能教
子以成名，功深撫字；本表率而治內，龍煥絲綸。慈特贈爾爲恭人。
且冀子孫蹌濟，共勵官箴；庶幾國家恩施，彌光泉壤。欽哉！

（012）南宋理宗敕封彭世范及妻李氏

　　寶祐二年甲寅（1254 年）八月二十日，南宋理宗皇帝敕封彭世範
爲中奉大夫。皇帝詔曰：國家統教養之權，人才攸系；牧伯乃表率之
任，簡畀宜先。爾龍圖閣學士江東安撫使彭世範，學識宏通，功勞保
障。奉公持正，賢明備著于封疆；憂國憂民，啓沃每形諸殿陛。朕心

深慰，庶姓同欽。屬慶齎之宏敷，豈褒嘉之不及。茲特晉爾為中奉大夫，錫之誥命。於戲！官重牧民，恩逾常典。尚其自勵，光我命辭。欽哉！

詔曰：人倫之所以重乎夫婦者，為其作配於內而有相助之德也。故國家推恩之典必及焉。爾龍圖閣學士江東安撫使彭世范之妻李氏，系出名宗，歸於右族，躬勤婦道，以相其夫。致能盡心于保障，自宜特沛以褒嘉。茲特晉爾為夫人。恩命之榮，往其飲服。

（013）明太祖敕封百歲彭母羅氏

洪武十一年戊午（1378 年）正月二十日，明太祖皇帝敕封百歲彭母羅氏為安人。皇帝敕曰：自古帝王孝治天下，莫不老吾老以及人之老。朕敦崇古道，獎勵群倫，眉壽堪嘉，湛恩宜沛。郡國來上，慶賜遂行。爾羅氏乃前任奉新縣教諭彭層綱之母，義方訓子，積善在躬。年躋百齡，允推壽母。茲特封爾為安人，並給粟 10 石（擔），帛 2 端，以表升平之瑞。爾其祇承，益隆遐祉。欽哉！

（014）明世宗旌表節婦彭賀氏

嘉靖十六年丁酉（1537 年）四月二十日，明世宗皇帝旌表節婦彭賀氏。皇帝敕曰：婦之於夫，從一而終。蓋人倫之始、風化之原鹹系焉。慨自東方之賦興，而守貞之節替，青衿之雅奏，而防禮之志微矣。朕國家化民成俗，治洽敦蒿。邇者，江西萍鄉縣民人彭邦綺之妻賀氏，年二十歲，夫以王事沒淮河，即能砥節自誓，堅貞弗渝，撫孤成立，克紹先志。實為閨閫之懿範，風教之表儀。朕深嘉之。茲特詔江西撫按二司加以獎諭，給銀二錠，令其子金宴自立牌妨，匾曰「旌表彭邦綺妻賀氏貞節之門」。俾節婦獲褒寵之榮，子孫勵繼述之孝。仰承休命，用彰激勸。欽哉！

（015）清聖祖敕封彭學惇及妻夏氏

康熙四十一年壬午（1702 年）九月十八日，清聖祖皇帝敕封彭學惇為承德郎。皇帝制曰：宣猷服采，中朝抒報最之忱；錫類推恩，休命示酬庸之典。爾彭學惇乃候選通判彭如槐之父。令德踐修，義方夙

著。詩書啟後，用彰氏穀之風；弓冶傳家，克作教忠之則。茲以覃恩，封爾爲承德郎。錫之敕命。於戲！篤生杞梓之材，功歸庭訓；丕煥絲綸之色，益礪忠貞。

制曰：閫範凝祥，懋嘉猷于朝寧；國常有惠，播林命於庭幃。爾夏氏乃候選通判彭如槐之母，勤慎宜家，賢明裕後。相夫以敬，會內美於珩璜；鞠子有成，樹良材於楨幹。茲以覃恩，封爾爲安人。於戲！昭茲令善之聲，榮施勿替；食爾劬勞之報，德範長垂。

（016）清穆宗敕封彭泰山及妻張氏

同治元年壬戌（1862 年）十月二十八日，清穆宗皇帝敕封彭泰山爲奉政大夫。奉天承運，皇帝制曰：考績報循良之最，用獎臣勞；推恩溯積累之遺，載揚祖澤。爾彭泰山乃同知職銜彭煥章之祖父。錫光有慶，樹德務滋。嗣清白之芳聲，澤留再世；衍弓裘之令序，祜篤一堂。茲以爾孫，克襄王事，賜封爾爲奉政大夫。錫之誥命。於戲！聿修念祖，膺茂典而益勵新猷；有谷貽孫，荷殊恩而式彰舊德。

制曰：冊府酬庸，聿著人臣之懋績；德門輯慶，式昭大母之芳徽。爾張氏乃同知職銜彭煥章之祖母。箴誠揚芬，珩璜表德。職勤內助，宜家久著其賢聲；澤裕後昆，錫類式承乎嘉命。茲以爾孫，克襄王事，賜贈爾爲宜人。於戲！播徽音于彤管，壺範彌光；膺異數於紫泥，母儀益懋。（同日還誥封了彭煥章之父彭靜田爲奉政大夫及其母爲宜人。從略）

（017）清穆宗敕封彭國榜及妻閻氏

同治七年戊辰（1868 年）八月初九日，清穆宗皇帝敕封彭國榜爲振威將軍。奉天承運，皇帝制曰：宣暢國威，統三軍而奏績；采甄世德，溯四世以推恩。積慶有源，流光自遠。爾彭國榜乃遇缺題奏提督勵勇巴圖魯彭述清之曾祖父。淳心抱質，善氣儲祥。丕建乃家，允肇弓裘于奕葉；克昌厥後，誕膺節鉞于高門。爰賁徽章，俾揚令問。茲以爾曾孫因任賴撚股剿辦皖鄂等省出力，特贈爾爲振威將軍。錫之誥命。於戲！簪纓赫奕，式隆一品之殊勳；綸誥輝煌，用慰九原之夙志。

祇承寵命，長播休聲。

制曰：德門積善，衍餘慶于後人；幕府策勳，錫殊恩於先世。家
聲克大，閫范攸章。爾彭閣氏乃遇缺題奏提督勵勇巴圖魯彭述清之曾
祖母。佩服女箴，嫻明母道。惠風四好，留懿訓於閨中；令儀三傳，
毓奇才於閫外。爰頒茂典，俾闡徽音。茲以爾曾孫任賴撚股轉戰皖鄂
等省出力。特賞贈爾爲一品夫人。於戲！渙汗誕敷，用播深邃之澤；
湛恩偏灑，益揚賢淑之名。顯命丕承，幽光允賁。（同日還誥封了彭述
清的祖父彭之坦及父彭淦波和胞叔彭金湘爲振威將軍、祖母龔氏及母
李氏和叔母李氏爲一品夫人。從略）

四、記述彭姓歷史的家乘譜牒典籍

一部家譜，就是一部家族的通史，猶如國之有史，省縣之有志。
它記錄著該家族的發源、生息、繁衍、榮衰、升沈的全過程。由於各
家族的經歷不同，反映在家譜中的內容也有差異。隨著時間的推移和
家譜的續修、重修，家譜的形制也越來越完善，內容也越來越厚重，
於是便形成了各具特色的家乘譜牒文化。

彭姓的家譜最早修撰於何時？是官修，還是私修？因爲史書中缺
乏記載，今日已不甚明瞭。但在彭姓族譜《世系錄》的「注記」中，
有兩條資訊可資研究：一是《彭氏徐州世系》，從 1 世祖彭鏗到 4 世祖
彭亢和《彭氏麒麟穀世系》，從 4 世祖彭亢到 22 世祖彭山欽，是由周
代徐州玄孫彭鎭江（18 世）撰記的，並作有《徐州世系記序》一文傳
世；二是《彭氏安慶世系》，從 22 世祖彭山欽到 32 世祖彭文錦和《彭
氏定陶世系》，從 32 世祖到 40 世祖彭和、彭淳和彭諧，是由漢代定陶
玄孫彭守豐（36 世）撰記的，也作有《定陶世系記》一文傳世。由此
可推測出，彭姓家譜最早修撰于周代以前，到漢代就較爲完善了。但
由於種種原因，原始的譜牒資料，如今已很難找到了。我們如今看到
的主要是宋明以後的譜牒。因爲宋代以後，隨著宗族觀念的強化和封

建大家族制的盛行，再加上印刷事業的發展，修譜和續譜也就成爲彭姓人經常實踐的事情。在家族人眼裏，修譜是有關「世德」之事，「家之有譜，猶國之有史也。譜牒存亡，而世之絕續，世德之顯晦系焉」，「夫所謂世德者，何德也？曰孝弟忠信四者，其大端也。吾子孫所當世守者，因莫大於此焉。蓋非孝，無以事親；非弟，無以事長；非忠，無以事君；非信，無以交友。其益廣之，爲睦族之愛，愛家之仁，與夫仁民澤物之道，亦自此推之而已矣。苟能是守是行，存諸心，體諸身，積之家庭，以及乎邦國，使出處窮達，無往而不善。則人將稱之曰『此其人爲彭氏清門世德者』歟？于先世不亦大有光歟？」（江西《梅下彭氏家乘原序》）不僅如此，族譜還可記述一族之源流世系，宗功祖德，「有利後人追根溯祖，明辨尊卑，以及繼承和發揚先祖的優良傳統。」（廣東豐順《彭氏族譜·序二》）因此，無論生活在什麼地方的彭姓人，莫不重視對自己彭家的家譜修撰。每當修譜之時，族中都要在祠堂裏設立「譜館」和專門機構，選舉有威望的族人負責，設主修、編修、協修之類，如今稱之曰「彭氏族譜編修委員會」。一旦修譜完畢，全宗族要擺筵相慶，唱戲與舞龍自娛，附近的其他族姓乃至官府也要執禮祝賀，把修譜活動當作族中最重大的活動之一。爲了保持家譜的可靠性和實用性，各地的彭姓人也和其他姓氏一樣，規定每隔30年要小修族譜一次，補入那些新增人口的出生年月日時，和逝世人口的卒沒時間及墓地山向；每隔60年要大修族譜一次，對重要內容作新的補充調整，以便正確地反映彭氏家族在新形勢下的新情況。

由於宋元明清，乃至民國時期，是我國修譜的盛世，保存到今天的也大多是這一時期的家譜，其中尤以清代和民國年間修撰的爲最多。據老輩的老人說，家譜修好後，老的家譜只在祠堂裏保留一部，散落在族眾手裏的都得燒掉。新譜一般詳今略古，只保留老譜中的世系表（有的稱瓜藤表），或被認爲有價值的文獻。他們把家譜視爲傳家寶，藏在神龕上，一般不外傳異姓。翻閱和查看家譜時，都得更衣換服、沐浴焚香，以示崇敬。因此，我們現在很難找到宋以前的家譜原

型，能找到那些時期的譜序和世系表就很不錯了。據筆者目前掌握的彭氏宗譜收藏的資訊，是綜合湖南省圖書館（下稱湖圖）、湖南省檔案館（下稱湖檔）、地方檔案館、上海圖書館譜牒研究中心（下稱上圖）及私家所藏，有如下 151 種：

（001）湖南長沙青山《彭氏會宗譜》，1 冊，不分卷，明正德年間（1506～1521 年）刻本，收入《中國古籍善本書目》，藏湖圖、上圖、青山彭家。

（002）湖南長沙高倉《彭氏統宗譜》，存 1 冊，3 卷，清乾隆二年（1737 年）彭毓光等纂修木活字刻本，藏湖南省社科院圖書館、上圖。

（003）湖南長沙《彭氏續譜》，存 1 冊，5 卷，清乾隆四年（1739 年）彭學懋、彭問濂等纂修，刻本，藏湖圖。

（004）湖南長沙《彭氏六修族譜》，3 冊，11 卷，民國十九年（1930 年）彭蘭亭、彭第槐等纂修，述古堂活字本，藏湖圖。

（005）湖南長沙《彭氏增修征信譜》，4 冊，存 4 卷，民國三十六年（1947 年）修，活字本，藏湖圖。

（006）湖南長沙青山《彭氏增修征信譜》，存 3 冊，爲卷 12 之乙、丙、丁，民國中一堂鉛印本，藏上圖。

（007）湖南長沙《彭氏三修本源譜》，存 4 冊，卷 6、7，卷首，卷末，民國十九年（1930 年）彭象鵠等纂修，兩儀堂木活字本，藏上圖。

（008）湖南長沙青山《彭氏大宗譜》，不分卷，存 1 冊，明正德十五年（1520 年）周文獻、彭光勝纂修，藏上圖。

（009）湖南長沙《彭氏三修族譜》，13 卷，首 3 卷，存 4～7、12、13，卷首 2，清光緒十九年（1893 年）彭紫垣、彭紹祺等纂修，隴西堂木活字本，藏上圖。

（010）湖南長沙青山五裏牌《彭氏惇敘續譜》，12 卷，首 3 卷，末 3 卷，終 1 卷，民國四年（1915 年）彭家祜、彭有壬等纂修，惇敘

堂木活字本，藏上圖。

（011）湖南望城堆子山《彭氏五修族譜》，1 冊 34 本，民國十四年（1925 年）彭習初、彭萬泰等纂修，藏望城縣黃金鄉永興村彭俊榮家。

（012）湖南望城《彭氏五修族譜》，33 卷，存 14 冊，卷 1、3、5、7、10～15、16、18、20、22，民國十四年（1925 年）彭瑾、彭瑞采等纂修，信述堂木活字刻本，藏上圖。

（013）湖南望城善邑皂角樹《彭氏四修族譜》，存 1 冊，卷 10，民國信述堂木活字本，藏上圖。

（014）湖南甯鄉《彭氏族譜》，存 1 冊，1 卷，清乾隆二十四年（1759 年）彭顯相、彭顯江等纂修，刻本，藏湖圖。

（015）湖南寧鄉潙甯金紫山《彭氏族譜》，存 1 冊，後卷上、下，清光緒 16 年（1890 年）彭懋庸主修，爲四修隴西堂刻本，藏上圖。

（016）湖南甯鄉金紫山《彭氏族譜》，1 冊 21 本，1997 年由彭氏譜委會修，當地彭吉昌家有。

（017）湖南甯鄉寧邑泉沖《彭氏三修支譜》3 冊，存卷 2、4、5，民國 9 年（1920 年）述古堂刻本，藏上圖。

（018）湖南甯鄉《彭氏三修支譜》，8 卷本，存 5 冊，卷 1、2、4、7、8，民國 31 年（1942 年）彭擇卿、彭桂祥等纂修，隴西堂刻本，藏上圖。

（019）湖南甯鄉《彭氏大宗支譜》，9 卷本，存 8 冊，卷 1～7、9。清光緒 34 年（1908 年）彭藹伯、彭晉初等纂修，述古堂刻本，藏上圖。

（020）湖南甯鄉《彭氏重修族譜》，19 卷本，首二卷，存卷首上。清光緒 3 年（1877 年）彭元等纂修，述古堂刻本，藏上圖。

（021）湖南甯鄉《彭氏六修族譜》，14 卷本，存 1 冊，卷 14。民國 24 年（1935 年）彭義圍等纂修，述古堂刻本，藏上圖。

（022）湖南湘鄉《彭氏族譜》，4 卷本，存首 1 卷，清乾隆五十

四年（1889 年）彭秉煜、彭秉鐸等纂修，彭氏光裕堂刻本，藏湖圖。

（023）湖南湘鄉大沖《彭氏族譜》，6 冊，7 卷，清乾隆五十九年（1894 年），彭明德、彭聖言等纂修，彭氏誠敬堂活字本，藏湖圖。

（024）湖南湘鄉約溪《彭氏四修族譜》，2 冊，存卷 5、8，記事至清光緒間，藏上圖。

（025）湖南湘鄉上湘 濺水《彭氏續修族譜》，1 冊，存卷首上、下，民國 14 年（1925 年）彭璧鏡等纂修，四修本，敦本堂木活字本，藏上圖。

（026）湖南湘鄉上湘 濺水《彭氏族譜》，2 冊，存卷 9、16。記事至清道光間，敦本堂木活字本，藏上圖。

（027）湖南湘鄉上湘 濺水《彭氏續修族譜》，1 冊，存卷 19，記事至清光緒間。敦本堂木活字本，藏上圖。

（028）湖南湘鄉官埠橋《彭氏族譜》，4 卷本，存 2 冊，卷 1、3。清道光 2 年（1822 年）彭榮魁纂修，粹然堂木活字本，藏上圖。

（029）湖南湘鄉龍田《彭氏族譜》，存 1 冊，卷 2，記事至清光緒間，藏上圖。

（030）湖南湘鄉《彭氏二修支譜》，存 2 卷，卷 2、6。民國 20 年（1931 年）滋本堂木活字本，藏上圖。

（031）湖南湘鄉上湘北門《彭氏支譜》，15 卷，首 2 卷，存 4 冊，卷首 2 卷，卷 9、14。民國 20 年（1931 年）彭盛德等纂修，爲五修光裕堂刻本，藏上圖。

（032）湖南湘鄉北門《彭氏族譜》，10 冊，8 卷，存首 1 卷，清道光十一年（1831 年）彭盛德等纂修，彭氏光裕堂活字刻本，藏湖圖。

（033）湖南湘鄉鱷魚壩《彭氏五修族譜》，存 1 冊，卷 6，民國壽元堂鉛印本，藏上圖。

（034）湖南湘鄉白龍《彭氏族譜》，2 冊，存卷 20、21、37、38，彭氏五修族譜，清孔比堂活字刻本，記事至清光緒間，存卷爲系圖、齒錄，藏上圖。

（035）湖南上湘《彭氏續修族譜》，10 冊，10 卷，清道光三年（1823年）彭東海、彭洪堂等纂修，彭氏孝睦堂活字刻本，藏湖圖。

（036）湖南湘福亭《彭氏續譜》，1 冊，1 卷，清道光二十年（1840年）修，活字刻本，藏湖圖。

（037）湖南湘鄉燕堂《彭氏續修族譜》，2 冊，存卷首，清道光二十七年（1847 年）修，活字刻本，藏湖圖。

（038）湖南湘鄉《彭氏族譜》，2 冊，存 2 卷，清道光年間（1821～1850 年）彭上李、彭楚寧等纂修，活字刻本，藏湖圖。

（039）湖南湘鄉《彭氏族譜》，1 冊，存卷首下，清咸豐年間（1851～1861 年）修，彭氏題虹堂活字刻本，民間藏。

（040）湖南湘鄉上湘《彭氏族譜》，15 冊，13 卷，存首 2 卷，清同治七年（1868 年）彭氏春福堂活字刻本，藏湖圖。

（041）湖南湘鄉上扶塘《彭氏續修族譜》，8 冊，20 卷，清光緒十七年（1891 年）彭春林、彭杏村等纂修，彭氏述古堂活字刻本，藏湖圖。

（042）湖南湘鄉青簡《彭氏三修族譜》，6 冊，6 卷，民國三年（1914年）彭梅嶔等纂修，印本，藏安化縣檔案館。

（043）湖南湘鄉《彭氏族譜》，9 冊，9 卷，民國十三年（1924年）彭新民，彭文樹等纂修，藏湘鄉市博物館。

（044）湖南湘鄉華秀，《彭氏續修族譜》，3 冊，15 卷，民國三年（1914 年）修，活字刻本，藏湖圖。

（045）湖南湘鄉松江《彭氏族譜》，5 冊，12 卷，存 6 卷，民國三十六年（1947 年）彭隆誦、彭隆陽等修，彭氏商賢堂活字刻本，藏湖圖。

（046）湖南湘鄉九溪《彭氏續修族譜》，存 1 冊，民國年間修，活字刻本，中有彭德懷元帥家世，藏湘潭縣檔案館、烏石彭德懷紀念館。

（047）湖南中湘《彭氏六修族譜》，19 冊，16 卷，民國二十六年

（1937 年）彭肇輿、彭茀荃等撰修，彭氏光裕堂石印本，藏河北大學圖書館，山西省社科院，上圖。

（048）湖南中湘《彭氏五修族譜》，16 卷，存卷 1～3、5～16 共 15 冊。清光緒廿六年（1900 年）彭伯雅、彭蔚丞等纂修，光裕堂木活字刻本，藏上圖。

（049）湖南湘潭植樹栗《彭氏六修族譜》，8 卷，存 2 冊，卷 2、8，民國四年（1915 年）彭德春、彭德銀等撰修，述古堂木活字刻本，藏上圖。

（050）湖南中湘花園《彭氏四修族譜》，20 冊，37 卷，民國九年（1920 年）彭泰岩、彭貽聰等修，彭氏柱下堂印本，藏河北大學圖書館、山西省社科院、上圖。

（051）湖南中湘花石《彭氏三修房譜》，存 7 冊，卷 1～3、5、6、8、11，清同治六年（1867 年）淮陽堂木活字刻本，藏上圖。

（052）湖南湘潭《彭氏五修族譜》，20 冊，30 卷，民國十八年（1929 年）彭常信、彭繼華纂修，商賢堂木活字印本，藏上圖。

（053）湖南中湘高橋《彭氏五修族譜》，存 9 冊，卷 6、8～12、16、18、23，民國述古堂木活字印本，藏上圖。

（054）湖南中湘高橋《彭氏三修族譜》，存 2 冊，卷 6、8，清述古堂木活字刻本，記事至清乾隆間，藏上圖。

（055）湖南中湘高橋《彭氏六修族譜》，存 2 冊，卷 18、24，民國述古堂木活字印本，藏上圖。

（056）湖南湘陰團螺山《彭氏續修族譜》，4 冊，8 卷，民國五年（1916 年）彭昺等纂修，彭氏思誠堂活字刻印本，藏民間。

（057）湖南湘陰螺峰《彭氏繼修族譜》存 1 冊，卷 1，首卷，清同治十三年（1874 年）彭源佐、彭遠枝等纂修，隴西堂木活字刻本，藏民間、上圖。

（058）湖南湘陰樹沖《彭氏鄙公房下隆昂元亮合修支譜》，6 卷，首 2 卷，存 3 冊，卷首 2 卷、1 卷，清宣統三年（1911 年）彭枝萃等

纂修，隴西堂木活字刻本，藏上圖。

（059）湖南湘陰乙山審問廳《彭氏譜》，38 卷，存卷 16～28、34 下、37、38，民國三十七年（1948 年）六修隴西堂木話字刻本，藏上圖。

（060）湖南平江《彭氏族譜》，1 冊，存 2 卷，清同治三年（1864 年）修，彭氏述古堂話字本，藏民間。

（061）湖南平江《彭氏宗譜》，2 冊，存 1、12 卷，民國二十二年（1933 年），六修述古堂活字本，藏上圖。

（062）湖南攸縣《彭氏續修族譜》，4 冊，存卷 1～3、9，民國述古堂木活字本，藏上圖。

（063）湖南漢壽《彭氏合修族譜》，1 冊，存卷首，民國三十三年（1944 年）修，活字本，藏民間，上圖。

（064）湖南漢壽《彭氏五修支譜》，13 卷，首 2 卷，末 1 卷，存 9 冊，卷 4、6、9～11、13，卷首、卷末，民國廿九年（1940 年）彭光華、彭敦敏等纂修，三瑞堂木活字本，藏上圖。

（065）湖南瀏陽（瀏南）神虎沖《彭氏族譜》，7 卷，存 1 冊，卷 7，清光緒二十年（1894 年）彭運濤等纂修，三修隴西堂木活字本，藏上圖。

（066）湖南瀏陽市官橋彭家塅《彭氏族譜》，整 1 冊，不分卷，為 16 開本，622 頁近 80 萬字。其譜由前言、先祖（炎帝、黃帝、彭祖）、姓氏、家訓、譜序、文獻、世系、修譜史、譜牒、網脈、文松（彭家塅文松公南鄉支系）、譜後感言 12 個類目構成。2004 年 2 月由彭士賢（建方）、勳甫等人主編。藏主編者家、湖南省圖書館及長沙市毛紡廠宿舍茶子山 8 棟 502 彭士覺及湖南師大筆者家。

（067）湖南醴陵《彭氏重修族譜》，存 10 冊，卷 1、2、5～10，卷首 1、2，清光緒廿九年（1903 年）常茂祠木活字本，存上圖。

（068）湖南湘西自治州《彭氏族譜》，存 1 冊，1 卷，清光二十七年（1901 年）彭司滌等纂修，抄本，藏湘西自治州檔案館。

（069）湖南湘西土家族苗族自治州《彭氏譜考》，抄本，存 1 冊，1 卷，明嘉靖三十五年（1556 年），彭聲振等修，藏湘西自治州檔案館。

（070）湖南瀏陽涪口鄉《彭氏五修族譜》，存 1 冊，卷 2，民國武夷堂木活字本，藏上圖。

（071）湖南邵陽大沖《彭氏續修族譜》，14 冊，15 卷，存首卷 1，清咸豐七年（1857 年）彭敬齋、彭如璋等纂修，彭氏誠敬堂活字本，藏湖圖。

（072）湖南保靖《彭氏宗譜》，存 2 冊，清光緒二十七年（1901 年）修，刻本，藏保靖檔案館。

（073）湖南永順田谷埡《彭氏支流譜》存 1 冊，民國八年（1919 年）彭錫武等纂修，抄本，藏永順縣檔案館。

（074）湖南永順《彭氏通譜源流》，存 1 冊，民國年間石印本，藏永順縣檔案館。

（075）湖南桑植《彭氏通譜源流敘》，存 1 冊，1983 年彭武忠、彭繼清等修，印本，藏桑植縣檔案館。

（076）湖南邵陽陵林大泉《彭氏三修族譜》，存 2 冊，卷 4、卷首中，民國雙桂堂木活字本。

（077）湖南邵陽華秀《彭氏三修族譜》，7 冊，存卷 1～5、11、13、15～18，民國三十七年（1948 年）彭詩伯、彭禮復等纂修，華秀堂木活字本，藏上圖。

（078）湖南衡陽《彭氏三修族譜》，清同治年間（1862～1874 年）彭玉麟等纂修，刻本，藏湖南省社科院圖書館。

（079）湖南郴州《彭氏族譜》，7 卷，存 2 冊，卷 1、5（下），清同治四年（1865 年）彭裕隆等纂修，五修木活字本，藏上圖。

（080）湖南江永《彭氏族譜》，清光緒三十三年（1907 年）彭紹滄等纂修，抄本，藏江永大幹鄉西家塘村村民家。

（081）湖南江永《彭氏族譜》，清宣統三年（1911 年）修，隴西堂石印本，藏江永縣朝陽村村民家。

（082）湖南江華曉昕《彭氏四修族譜》，民國年間修，刻本，藏江永縣檔案館。

（083）湖南岳陽《彭氏族譜》，存 4 冊，2 卷，清光緒十八年（1892年）修，藏岳陽市檔案館。

（084）湖南岳陽《彭氏族譜》，存 5 冊，2 卷，民國十三年（1924年）彭益之等纂修，活字本，藏岳陽縣誌辦。

（085）湖南岳陽（彭氏族譜），16 卷，首 1 卷，存 3 冊，卷 1、4、卷首，清嘉慶二十三年（1818 年）彭澤等纂修，三修木活字本，藏上圖。

（086）湖南岳陽《彭氏族譜》，存 1 冊，卷首，清乾隆四十七年（1782 年）彭應銓、彭澤等纂修，木活字本，藏上圖。

（087）湖南岳陽《彭氏族譜》，存 1 冊，卷 1，木活字本，藏上圖。

（088）湖南岳陽《彭氏族譜》，9 冊，存卷 3、5、13、27、28、30、44～46、70～74、卷首。清光緒十八年（1892 年）隴西堂木活字本，藏上圖。

（089）湖南岳陽《彭氏族譜》，3 冊，存卷 33～35，另卷 1～4，民國二十二年（1933 年）六修隴西堂木活字本，藏上圖。

（090）湖南沅江《彭氏五修族譜》，16 卷，補遺 1 卷，存 15 冊，卷 1～7、9～12、14～16、補遺，民國三十六年（1947 年）彭樂　NFDE6　等纂修，隴西堂木活字本，藏上圖。

（091）湖南益陽資陽區香廬山《彭氏五修宗譜》，9 卷，首 5 卷，末 2 卷，存 12 冊，卷 1、3、6、8、9、卷首，卷末，清宣統二年（1910年）彭友諒、彭用昇等纂修，愛敬堂木活字本，藏上圖。

（092）湖南益陽《彭氏族譜》18 冊，清光緒二十年（1894 年）彭開書等纂修，益陽斐文堂印本，藏廣東省中山圖書館。

（093）湖北武漢《彭氏宗譜》，30 冊，首 5 卷、大分 6 卷、二分 4 卷，民國三十五年（1946 年）彭維鑑等纂修，三修述古堂木活字本，

藏上圖。

　　（094）浙江松陽（今並入遂昌縣）白龍《彭氏五福堂支譜》，存卷5，卷末，民國五福堂木話字本，藏上圖。

　　（095）江蘇蘇州《彭氏宗譜》，2冊，2卷，清同治六年（1867年）彭慰高等纂修，刻本，有「二十六世孫彭慰高梓」，藏上圖。

　　（096）江蘇蘇州《彭氏宗譜》，6冊，12卷，清光緒七年（1881年）彭慰高等纂修，刻本，藏上圖。

　　（097）江蘇蘇州《彭氏宗譜》，12冊，12卷，民國十一年（1922年）彭文傑增修，蘇州彭氏衣言堂刻本，藏蘇州市圖書館。

　　（098）江蘇溧陽《彭氏宗譜》，存37冊，卷3～8、10～17、21～23、25、27、28、30、32～36、38～44、46～48，民國惇敘堂木活字本，藏上圖。

　　（099）江蘇溧陽南門《彭氏宗譜》，2冊，存卷31、32，清木活字本，藏上圖。

　　（100）江蘇蘇州《彭氏宗譜》，4冊，卷1譜序，卷2系圖、行傳，卷3～8碑銘傳述。清道光九年（1829年）彭翊等纂修，刻本，藏上圖。

　　（101）江蘇蘇州《彭氏宗譜》，12卷首1卷，卷首譜序，卷1世系，卷2～10傳記，卷11雜文，卷12祭儀，莊規，清光緒九年（1883年）衣言莊刻本，藏上圖。

　　（102）江蘇蘇州《彭氏宗譜》，存卷1～9，記事至光緒間，清衣言莊刻本，藏徐彙。

　　（103）江西廬陵油田隆堂《彭氏族譜》8卷，卷上1卷，卷下1卷，民國十四年（1925年）彭世培等纂修，木活子本，藏上圖。

　　（104）江蘇徐州《彭氏支譜》又名《滕縣彭氏支譜》，1962年春，山東滕縣大彭莊彭思珍、南彭莊彭家燦等倡修，徐州印刷廠印刷，16開本，線裝，藏徐州市准海西路彭德正家及山東滕縣大彭莊、南彭莊。

　　（105）河南夏邑《彭氏家譜》，封面署《彭氏大族譜》，內頁皆署

《彭氏家譜》，巨冊，500 餘頁，爲河南夏邑旅台宗親恭印，于 1989年中秋，彭飛於臺灣臺北市編成。內容分《文獻篇》、《世系篇》、《人文篇》三大部分，藏河南夏邑彭姓裔孫及臺灣彭飛家和徐州市旅遊局。

（106）臺灣《彭氏大族譜（A）》，紅皮封面，1991 年印，含臺灣1958 年修的《彭氏族譜》、《彭公延年紀念館特刊》、《彭玉振壽辰紀念特刊》等。臺北彭水井先生贈徐州市旅遊局董玉仿先生藏。

（107）臺灣《中華彭氏源流譜》，含蓋範圍廣泛，史料豐碩，近千萬字，1 冊 4 本，每本有 6～7 公分厚。其譜由前言、黃帝、彭祖、姓氏堂名、家訓族規、譜序文獻、世系派別、彭氏族譜、先賢名士、附錄、紀年表等章節構成。2000 年彭士賢（建方）、彭伯良、彭建偉等人主編。存臺灣主編者家、湖南省圖書館、長沙市毛紡廠宿舍茶子山 8 棟 502 室彭士覺先生家。

（108）《南洋彭氏源流聯宗譜》，蘭皮封面，彭東材主編，1984年 6 月版，新加坡彭氏宗親會贈徐州市副市長劉瑞田先生藏。

（109）《彭祖》，1 冊，分上、下編，約 35 萬字，朱浩熙編著，作家出版社，1994 年 9 月北京第 1 版，第 1 次印刷，藏筆者家。

（110）江西萍鄉《彭氏族譜》，不分卷，存 1 冊殘本，清嘉慶廿一年（1816 年）彭梁等纂修，三修奉先堂木活字本，藏上圖。

（111）江西萍鄉古學前《彭氏續修族譜》，不分卷，存 4 冊殘本，清咸豐三年（1853 年）彭金鈺等纂修，木活字本，藏上圖。

（112）江西萍鄉古學前《彭氏三修族譜》，不分卷，存 8 冊殘本，清光緒廿四年（1898 年）彭棨、彭樹華等纂修，追遠堂木活字本，藏上圖。

（113）江西萍鄉《彭氏支譜》，10 卷，首 1 卷，存卷 3～5、7～10、卷首，清宣統二年（1910 年）彭觀瀾等纂修，六修敦倫堂木活字本，藏上圖。

（114）江西萍鄉《彭征君祠宗譜》，4 卷，首 1 卷，末 1 卷，存卷 1 圖像、行實、藝文，卷 2 溯源，系圖，卷 3、4 世紀、齒錄，卷末

補遺、跋語，民國十一年（1922 年）彭　NFEAB　主、彭國清等纂修，三召堂木活字本，藏上圖。

（115）江西萍鄉萍南牛氏堂《彭氏族譜》，存 1 冊，卷 6，清三修思成堂木活字本，記事至光緒間，藏上圖。

（116）江西萍鄉萍西凰岡《彭氏七修族譜》，27 卷，首 2 卷，末 1 卷，存卷 1～3，17～20、23、25、27，民國十一年（1922 年）敦本堂鉛印本，藏上圖。

（117）江西萍鄉凰岡《彭氏六修族譜》，存 1 冊卷末，載藝文，清光緒廿六年（1900 年）彭鴻錦等纂修，敦本堂木活字本。

（118）江西萍鄉萍西彭家　東洲《彭氏續修族譜》，4 卷，末 1 卷，存卷 4，卷末，民國十二年（1923 年）彭飛漢等纂修，衣題萍西彭氏七修族譜，彝訓堂木活字本，藏上圖。

（119）江西萍鄉萍西愈佳坊《彭氏族譜》，10 卷，末 1 卷，存卷 3、9、10，卷末，其內容爲墓圖、祠圖、像圖、行實、齒錄、跋。民國十二年（1923 年）彭慎存、彭家熒等纂修，五修奉化堂木活字本，藏上圖。

（120）江西萍鄉萍北《彭氏族譜》，存卷 14，卷末，其內容爲齒錄，民國三十三年（1944 年）源本堂木活字本，藏上圖。

（121）江西安福彭氏《松田村志》，2 冊，10 章，1995 年 4 月，彭任、彭淼官等主編，藏江西安福松田村村民家、湖南師大化學系彭任老師家。

（122）四川宜賓《彭氏族譜》，6 卷，存 1 冊，1 卷，清光緒三十三年（1907 年），宜賓彭氏宗祠排印本，藏四川省圖書館。

（123）四川雙流《彭氏族譜》，1 冊，民國三十七年（1948 年）彭鳳等纂修，雙流雙江印刷社石印本，藏四川省圖書館。

（124）四川、重慶《彭氏宗族譜》，整 1 冊，分《源流篇》、《世系篇》、《人物篇》、《文集篇》等 4 篇，近 60 餘萬字。2003 年 5 月彭天富、彭明述、彭俊修、彭強主編，藏主編者、川渝彭氏裔孫處及筆

者私家。

（125）廣東揭陽《彭氏族譜》，1 冊，民國二十五年（1936 年）修，抄本，封簽爲《江西廬陵山口彭氏族譜》，藏民間。

（126）廣東寶安縣粉嶺鄉《彭氏（桂公族系）族譜》（黃色封皮），1989 年整編。香港彭炳福先生 1992 年 8 月贈徐州市接待處處長彭天德先生藏。

（127）廣東羅定《彭華公族譜》，1 冊，3 卷，第 1，2 卷於 1995 完成。續第 3 卷爲增廣、拾遺、勘誤卷，1997 年丁醜 10 月統由彭有光、彭喬策、彭錫英纂修。藏羅定、安福彭華公裔孫家及湖南師範大學化學系彭任老師私家（僅第 3 卷）。

（128）廣東豐順縣《豐順子順公系彭氏族譜》，整 1 冊，分《史料》、《世系》、《人物》、《附錄》等 4 篇，近百萬字，1996 年 10 月彭其源、彭郁青、彭光環等主編，藏廣東省豐順縣龍崗鎮彭氏裔孫處及筆者私家。

（129）廣西《陸川、博白、浦北益公系彭氏族譜》，整 1 冊，分《文獻彙考、族譜序精選、彭氏源流考辨》、《世系譜（遠祖直系譜、益公世系譜）》、《壽星譜》、《賢才譜（古代賢才、現當代賢才）》等 4 篇，近 50 萬字，2003 年 9 月彭會資、彭際澄主編。藏廣西陸川、博白、浦北益公系彭氏裔孫處及筆者私家。

（130）福建崇安作邑《彭氏族譜》，不分卷，存 2 冊殘本，清木話字本，記事至清道光間，藏上圖。

（131）《彭氏舊聞錄》，1 冊，1 卷，民國年間彭孫貽等修，鉛印本（見民國《函芬樓秘笈》第 3 集），藏河北大學圖書館、湖圖。另一部爲民國五年（1916 年）影印本 1 冊，藏山西省社科院。

（132）《彭氏族譜》，1 冊，1 卷，清同治九年（1870 年）彭文山等纂修，刻本，藏湖南省檔案館。

（133）《彭氏族譜》，存 4 冊，2 卷，清光緒十八年（1892 年）彭永廉等纂修，刻本，藏湖南省檔案館。

　　（134）灣頭《彭氏四修族譜》，12 冊，12 卷，存首 1 卷，清光緒十年（1884 年）彭士琸、彭傑圭等纂修，彭氏尙賢堂刻本，藏河北大學圖書館、山西省社科院圖書館。

　　（135）灣埠塘《彭氏五修族譜》，存 4 冊，卷 7、9、14、24，其內容爲盛瑞堂三房肇英支，四房肇値、肇澤支，五房肇名支系圖、行傳。民國敦本堂木活字本，藏上圖。

　　（136）《彭氏宗譜》，1 冊，3 卷，存首 1 卷，清宣統三年（1911年）彭鍾模等纂修，印本，藏山西社科院圖書館。

　　（137）鶴慶《彭氏宗譜》，1 冊，清末彭坤等纂修，抄本，藏山西社科院圖書館。

　　（138）《彭氏四修族譜》，16 冊，16 卷，民國十五年（1926 年）修，博士堂刻本，藏湖圖。

　　（139）《彭氏七修族譜》，14 冊，13 卷，末 1 卷，民國八年（1919年）彭有康等纂修，彭氏准陽堂活字本，藏山西社科院。

　　（140）《彭氏宗譜》，6 冊，10 卷，民國二十三年（1934 年）彭進之等纂修，彭氏逑古堂開封鉛印本，藏山西社科院。

　　（141）《彭氏宗譜》，6 卷，存首 2 卷，民國二十五年（1936 年）彭秉彝、彭祖年等纂修，彭氏逑古堂活字本，藏山西省社科院。

　　（142）《彭氏七修族譜》，14 冊，14 卷，民國年間彭友康等纂修，活字本，藏原北京中國書店。

　　（143）江仔邊《彭氏族譜》，1 冊，存卷 9，其內容爲世次班行秩序表，民國本源堂本活字本，藏上圖。

　　（144）《彭氏三修族譜》，2 冊，存卷 1，滔卷 2，其內容爲潮、滔支系圖、行傳，記事至清光緒間，藏上圖。

　　（145）《彭氏族譜》，1 冊，存卷 8，其內容爲行傳，清光裕堂木活字本，記事至清同治間。藏上圖。

　　（146）《彭氏六修族譜》，1 冊，存卷 15，爲行傳，民國紹祖堂木活字本，藏上圖。

（147）《彭氏族譜》，存 1 冊，卷 9，爲行傳，民國敦本堂木活字本，藏上圖。

（148）《彭氏族譜》，存 2 冊，卷 3、6 爲行傳，清同治三年（1864年）隴西堂木活字本，藏上圖。

（149）《彭氏四修族譜》，存 1 冊，卷 6，爲行傳，清光緒三十三年（1907 年）隴西堂木活字本，藏上圖。

（150）《彭氏五修族譜》，存 1 冊，卷 18 爲行傳，民國十三年（1924年）木活字本，藏上圖。

（151）《彭氏源流族譜》，1 冊，分上、中、下 3 卷。「譜源譜序考編」由彭俊修完成，「封面設計圖像」由彭文海完成。本譜綜述若干老譜，訂正、考察提出編者見解，是 1 冊可貴的源流考證編著，歷時90 年代到 2002 年完成。藏編著者私家及筆者處（缺中、下冊）。

由於筆者偏處湖南一隅，見聞有限，所舉上述 151 種彭氏家譜，和相關資料，絕大多數是湖南的，未免挂一漏萬。其實在江西、四川、福建、廣東、廣西藏的彭氏家譜，遠比湖南要多，特別是民間收藏的更是難計其數。像湖南民間收藏的也不少，筆者在調研訪問中，曾得到湖南桂陽縣起嶺彭家彭汝華先生的支援，幫我們借閱了一套巨型的1992 年桂陽彭氏三瑞堂刊刻的《彭氏宗譜》16 開本 13 冊，百餘萬字，資料內容相當豐富，特別是卷首的《彭氏宗綱輯覽》一文，把桂陽彭氏的來龍去脈交代得一清二楚，這是其他譜牒所不及的。如開頭一段說：「王者世代詳明，姓氏有經，非特一姓始然。凡君臨天下者莫不有一脈相及，瞭若指掌焉！故綱目編紀載之極詳，雖歷代遠年湮，不替不謬，如我彭氏，稽考經史，發祥于顓頊高陽氏。顓頊之祖，乃黃帝有熊氏，名軒轅。顓頊之孫名陸終者，娶外服女而生子六人，其三曰彭祖，初爲堯臣，封韓太彭之墟，因以爲姓。歷任虞夏商周四朝。當時以政教大夫，以官教士，以技藝教庶人，綴以德行，不任以言，故有商賢大夫老彭之稱，壽八百歲。蓋由少好恬靜，以養神治生爲事所致也！娶妻 49，生子 54。從此散居九州，蕃衍中土。然代有作賓相于

王家者，雖出於同系，亦不能妄幹爲親族也。迨我祖長髮公，世居江左之太和縣，生宋仁宗天聖四年（1026 年），及冠時，宋與遼夏，互相征伐，我祖看破事情，恬退自守，不謀仕進，家居課子孫，以耕讀爲本，勤儉爲生，安命爲務。生子康得、康健、康泰。康得生子濟華、濟美。康健生子濟英、濟雄。康泰生子濟豪、濟傑。其餘因商宦散居各省。濟傑生子聖言。聖言生子光明。光明生子勻福。勻福生子均仁、均義、均禮、均智。惟我均禮公發軔最早，18 歲而領鄉薦，後佐軍有功，屢爲主人所器重。由都統制知荆門軍，復爲道州節制司，遭宋末亂，旋隱於茶陵而家焉！均禮生清遠、清淑。清淑舉進士，爲杭州守，復移於贛。清遠生叟榮、叟華、叟富、叟貴、叟文。華、富、貴三公家居茶陵。惟榮公爲桂陽廣文，率五弟文公來桂，因卜宅而居焉！」（下略）這支桂陽彭氏，如今有幾萬人聚居在郴州市的好多個村落，移居外省外市的也不少。他們如果要尋根訪祖的話，桂陽《彭氏宗譜》不失爲是一部好的寶典。

綜觀上述彭氏家譜，也和其他族姓家譜一樣，均有個基本相同的格式和體例。它們主要包括族譜名、堂名、譜序、凡例、譜論、譜辨、祖先遺像、像贊、恩榮錄（皇帝誥封）、先世考、族規、家訓、祠堂記、世系表、傳記、墓誌銘、族産、契據文約、墳塋、年譜、吉凶禮、藝文、名績錄、仕官記、字輩譜、領譜字型大小、大事年表等。其中尤以譜序、譜辨、先世考、世系、領譜字型大小最爲常見。在譜序、譜辨中頗具有史料價值的有：①宋朝奉大夫彭忠念寫的《彭氏史辨》；②宋英宗治平二年（1065 年）乙巳歲二月朔日朝散大夫新知江寧府軍事、八世孫彭思永撰寫的江西廬陵山口《彭氏族譜序》；③宋紹興三十年（1160 年）仲冬之吉王十朋撰的《彭氏宗譜序》、明建文辛巳（1401年）大學者解縉寫的《彭氏譜辨》、明嘉靖丁亥（1577 年）陝西右參政彭景武寫的《刺史（彭玕）源流譜系考》，以及明萬曆七年（1579年）己卯六月吉日南房十七世孫彭東嶧大應撰的《潮州刺史譜序》，還有明正統、成化、嘉靖年間彭大經、王直（少傅，吏部尚書）、彭時（文

淵閣大學士）、彭華（翰林院侍讀兼經筵講官）、彭簪等寫的《彭氏宗支引》及《梅下彭氏族譜·原序》、《梅下彭氏家乘·原序》和《梅下彭氏家乘·序》、《重修梅下彭氏二溪會譜·原序》等。尤以《梅下彭氏家三字經》更具特色。全文375句，每句3字，共1125字，且用韻文形式，平仄韻相間，讀來琅琅上口。有音樂美感享受，一下就能把梅下彭氏的族源來龍去脈熟記下來，終身難忘。如開頭一部分說：

人之初，本乎祖。閥閱家，各有譜。我彭氏，宗彭祖，陸終氏，第三子，名籛鏗，無姓氏，堯封之，彭城都，國爲姓，自此始。曆有虞，夏商時，爲守藏，柱下史，壽七百，六一紀。殷末時，國亡去，子孫散，而星期。傳至漢，宣公起，長平侯，字子佩，居淮陽，世城紀。自此傳，三六代，有季涵，居彭澤，巢賊亂，避歙縣，黃墩村，又發源。生仲穆，穆生彥，威雄英，三彥衍。威三子，乘盛隆。乘公後，長思永、次思昶、三思泳，饒州府，鄱陽氓。思永公，崇孔道，讓居室，作聖廟，遷濱田，大有造，沐聖眷，克昌後，昭公承，三汝興，發礪芳，鼎甲第。宋狀元，彭汝礪，英宗時，賜及第，字器姿，尚書吏。以子佚，爲兄繼，府橋前，佚所隸。芳公遷，芝山裏，鄱陽譜，記載備。忠泰公，同時人，哲宗時，宴鹿鳴，由濱田，官安成，卒于任，葬蒙嶺。子亮輔，高街井。孫維正，曾孫益，益解元，廉訪曆。國子嗣，雁行七：學政器，瑞禎奇，祥運使，任兩浙。祥次子，千十一。萬一出，元五襲，官判丞，傳三定，定一公，分簪石，季章公，分白石，定四公，徙溫溪。定三公，徙鐵冶，因卜居，古梅下。（下略）總之，彭姓人的家乘譜牒，內容是相當豐富的，不僅卷帙浩繁，而且文化根基深厚，真正起到了彭姓通史的作用。

五、規範彭姓人品的家訓族規法典

也和其他的族姓一樣，彭姓人也有自己的家訓和族規。這是彭姓人賴以治家治族的道德規範和行爲準則的法典。他們用家訓和族規作

爲治理族群的武器，教育和規範了一代又一代的善男信女、忠臣良將和孝子賢孫，這對於樹立良好的社會風尚和穩定社會秩序，都起了極大的歷史作用。故人們把這些家訓族規稱之爲訓規法制文化，而取其精華，剔其糟粕。其中最著典型者，有如下例：

（001）《彭延年公家訓》。彭延年爲宋潮州刺史，爲官清正廉潔，勤政愛民，他爲後世子孫立下了如下訓言：「誥爾子孫，誡爾子孫，原爾所生，出我一本。雖有外親，不如族人，榮辱相關，利害相及，宗誼爲重，財器爲輕，危急相濟，善惡相正。爲父者當慈，爲子者當孝，爲兄者宜愛其弟，爲弟者宜敬其兄。士農工商，各勤其事，冠婚喪祭，必循乎禮。樂士敬賢，隆師教子。守份奉公，及人推己。閨門有法，親朋有義。立行必誠而無僞，禦下必恩而有禮。務勤儉而興家庭，務謙厚而處鄉里。毋事貪淫，毋習賭博。毋爭訟以害俗，毋酗酒以喪德。毋以富欺貧，毋以貴驕賤。毋恃強淩弱，毋欺善畏惡。毋以下犯上，毋以大壓小。毋因小忿而失大義，毋聽婦言以傷和氣。毋爲虧心之事，而損陰騭。毋爲不潔之行，以辱先人。毋以小善而不爲，毋以小不善而爲之。毋謂無知，冥冥見曉。謂無人，寂寂聞聲。依我訓者，是其孝也，我其佑之。違我訓者，是不肖也，我其覆之，不惟覆之，令其絕之。子子孫孫，鹹聽斯訓。」

（002）甯鄉彭氏家訓俗言二十一條。甯鄉彭氏聚居于現今湖南省長沙市甯鄉縣的龍田鎮七裏山周圍，以及甯鄉縣的很多村落，有如兔山、金紫山、石子鋪、石梅、湖竹塘、窯坳、上、下沙沖、石灰沖、塘垸石、洪家沖、書山、新開、五裏堆、黃材、潙山、白馬橋、金華、青山橋、成功塘、縣城，還有從這支甯鄉彭徙出到本省其他縣，如漣源、安化、漢壽等處，亦有去了外省，如江西和臺灣等地的支系，他們同屬明洪武時，汝勝公偕子福諒、福海、福貴，始立業甯鄉，爲甯邑彭氏始祖。子孫繁衍600多年來的行爲準則均是代代相傳，遵循家祖遺訓，即甯鄉彭氏家訓俗言二十一條：

第一條：祖宗爲我們根本，世代必要敬重。古雲：「敬前人有後代」。

每新年必備香燭，率子弟到墳上拜年。每歲畢，必往辭年，必整肅衣冠，入祠禮拜。拜祖要存恭敬心，如「見在」的一般。至於光宗耀祖，則隨力量而爲之。

第二條：父母必要孝敬。平常士庶之家，哪得三牲五鼎，只是要順父母之好，竭力辦之；或父母不肯說出者，亦當曲探之，以遂其心。若父母不雙全者，更宜分外婉曲，以體諒之，或有疾病，即宜請醫下藥，細心調理，萬不可服庸醫之藥。即父母偶有不順，然天下無不是的父母，只宜婉曲轉移，切勿唐突。如此事父母，則自己子孫必存孝順矣。

第三條：兄弟必須友愛。古雲：「一回相見一回老，能得幾時爲弟兄。」有兄弟者，勿聽枕上讒言，勿爭錢米小事。偶有參商，亦惟不藏怒，不宿怨，一門和氣，父母亦必歡喜也。

第四條：教子必有專業。聰明者讀，頑鈍者耕，都是好事，可以仰事俯育。如讀不用心，耕不竭力，勿成「桐油罐子」，誤了一生，父母不嚴之過也。諺雲：「窮漢養嬌子，富漢得奴使。」可不慎哉。

第五條：婦女中饋之外，務必紡棉、織布、績麻、飼蠶爲事。挑花鏽錦，不算女工。至於搽胭抹粉，好爲虛花之事，必賤相也。

第六條：子弟雖頑，亦要教他幾年書，令他眼中認得字，手中動得筆，方可做人。出世若不識一丁，不能提筆，出門寸步難行。百般生意難做，不悔自己之頑皮，只怨父母之不教，嗟何及矣！

第七條：居家必宜早起。諺雲：「起得早，千般好，起得晏，千般絆。」又雲：「早起三朝當一工。」且當家夫婦一早，則兒女媳婦奴僕工人無人不早。諺雲：「世間第一窮，朝朝睡到日頭紅。」

第八條：爲人必須正直。是則是，非則非，不可東邊說好，西邊說歹，更不可播弄口舌，離間人間骨肉。如此，則一言一事，無人不服矣。

第九條：立身必要廉潔。萬不可慣人詞訟，作地鄰鑒證，圖得白錢。每見許多好事賺白錢者，則老未見發財，子孫亦日見蕩敗，可鑒

也。

第十條：爲人不可好高。溫溫恭人，謙謙君子，滿面春風和氣，自然到處相安。路上逢了熟人，必要下馬下轎。若天晴地幹，路途不遠，但可徒步行去，萬不可輕裘肥馬，南腔北調，使正人君子指其背心也。

第十一條：鄉居最好。昔人歌曰：「柴在山中菜在園，魚在池中谷在田。錢糧差役可付訖，街上只提幾包鹽。」每見上街住者，其初亦十分熱鬧，久之遊手無業，囊金吃空，枵腹不堪，下鄉又無容身之地，竟甘爲廁仆之役，甚有不肖之行，只求活命，不顧體面。如株守鄉村，猶不至出醜至此耶。

第十二條：耕家主人，全要堅心勤苦，晝夜不怠。或有子弟下田，父兄也要催督。若是雇工種田，則全要主人指引，如主人兒戲，則工人亦依樣了事。要使成家之子，積糞如金，田若不肥，谷從何出？

第十三條：谷米不可作賤，要愛惜。前人雲：「穀上有兩眼看人，人看得它重，它便肯跟你，養活你。」曾有一富人之子，後來淪落無食，鄰庵有一老僧，日以曬乾的陰米，送此人煮粥，此人入寺跪謝。僧曰：「此陰米乃君家物也。老僧二十年前，見君家廚房溝中，日有米飯流出，老僧乃掃米飯淘淨曬乾收好，見君今絕糧，乃出以相救，其實乃君家之物，老僧不過代爲收拾耳！」其人全家方悟，而悔已無及矣。

第十四條：用度必須節省。每見少年侈費，自謂豁達，不知儉以養廉。如此等人，在家則蕩子，在仕則爲貪官。蓋濫用者多濫取，勢所必至也。

第十五條：人當學會忍。須臾不忍，往往結成大仇，釀成大禍。昔人唾面自乾，過後多少省事。

第十六條：過往三姑六婆，及施藥看相之婦，斷不可令其入門。此輩每入人內室，歪頭軟頸，口無正言，無端搖惑。朱柏廬先生雲：「三姑六婆實淫盜之媒，可不防其微耶？」

　　第十七條：異教必須屏絕。古人雲：「不交僧與道，便是好人家。」又有泥塑木雕之物，流俗扛擡舞弄，共誇神靈。此種惑俗之事，律有明禁，不可爲此以取戾。

　　第十八條：出入須存仁厚之心。谷米要車淨，莫留秕谷糠皮。銀水要通行正色，莫挾低潮假色。凡遇小生意之人，切勿占他便宜，虧折其本。至戥稱鬥斛，出納總是一樣。切勿輕出重入，磨折後人，並遭天譴。

　　第十九條：子弟習舉業，務作根底實在功夫。凡五經、三傳、周儀、二禮、國語、國策、史記、綱目諸書，必要全讀熟玩。經文緯史，下筆自然傳世，不作八股牢籠之物也。彼剽竊鉏釘，非所望于後人也。

　　第二十條：教讀必要盡心，誤人子弟，如殺其父兄一般。故教書人，往往不昌其後者多矣。人們常說：「我替人插秧，必根根與他插穩，我若替人扮禾，必粒粒與他扮盡。只存這等良心，教書何讀不然。」

　　第二十一條：萬事以保身爲本，酒色財氣，皆戕伐之斧斤也。人不出家，豈成絕此數事，但須自己節制。所謂百花叢裏過，一葉不沾身也。至於安分守己，不交官府，不誤時事，又明哲保身之一道雲。

　　當然上述家訓，由於時代和歷史的局限，一些條款已不合時宜，或者還帶有某些封建色彩，這是不能苛求于古人的。但數百年來，彭姓祖先的遺訓，在指導他的後輩子孫克勤耕讀，亦簪纓不絕，世傳敦樸，恂謹禮讓，未嘗訟庭及財產相爭，這對安定社會一方，是曾發揮過作用的，直至現在其中多數條款，仍有借鑒意義。

　　（003）甯鄉彭氏族規十六條。族規與家訓的不同點是：族規帶有強制執行的法律行爲，是全體彭姓族人都要共同遵守的法規。若有觸犯，就要在族長的主持下，打開祠堂門，進行懲罰或協助政府報送行政執法機關處理。

　　第一條：植綱常。父慈子孝，兄友弟恭，夫義婦順，則太和之氣聚於一庭。倘有桀驁不馴之輩，忤逆雙親，戕殘手足，凌轢（lì 欺壓）尊長，訕毀貞節，逼嫁孤孀，以及死葬則恃其強梁，牽騎祖塚。族有

此人，必送上照律治罪。

第二條：正名分。治家之道，在定尊卑，別內外，秩然以禮，相接凜然，以分相維。如伯叔兄弟，無論親疏，各宜循分，稱呼行坐，必以大小。若因昵燕之故，混淆相沿，大非禮也。

第三條：重譜牒。譜牒關係甚重，收藏宜密。各房必擇老成人收執。雖至戚好友，不得偶假漏泄源流。每年務須翻曬，以免蟲傷黴壞。其中不許添畫一筆，及抽缺一本一頁。每逢子午年冬至祭期，合族負譜，入祠校對，驗明蓋戳，有一不到，共同查問。倘賣譜鬻宗者，族人共黜之，不許登譜，並鳴上究治，追還原本。

第四條：睦宗族。同此祖宗之所出，非爲伯叔，即屬昆弟，昔範文正公雲：「吾族雖有親疏，但以吾祖宗視之，則無親疏也。安樂則往來饋問，常聯雍睦之情；患難則護衛相持，宜加顧恤之雅。至老弱孤苦，及衣食饑寒，視人可憐則憐之，量力可周則周之。均共本源，直若秦越，其如親親之道何？」

第五條：和鄉鄰。釣遊之地，桑梓之區，屋角相望，彼此有任恤之義焉。莫因小事，致啓爭端，莫恃豪強，欺凌寡弱；莫占人田地風水，侵人山林疆界，及放債違例取息。須知天道好，還毋貽害子孫也。

第六條：隆師傅。父生之，師教之，一生受用，皆師之賜也。語雲：「一日爲師，終身俎豆。」在身受者，固當仰報無涯，即爲父兄者，亦必須致恭且敬。彼苴蓿欄杆，非所以爲禮也。尚其懷之。

第七條：敦友誼。朋友居五倫之一，勸善規過，切磋良多。先儒謂朋友，爲第二個我，故人之於朋友，爾我務期無詐，有無要可相通。徇勢利則屬小人，可推而遠之也；重道義則爲君子，宜引而近之也。《詩》歌伐木，《易》重斷金，當三復斯旨矣。

第八條：禁虐媳。媳與兒子一般，乃祖宗血食所系，豈可輒加鞭楚。如果媳不聽教，盡委婉開導她。近來虐媳成風，于幼媳尤甚，是宜痛戒。更有媳出大家，氣息嬌傲，翁姑反多畏忌，夫亦被制，此尤大乖倫理，不可不整。古人雲：「教媳初來，教子幼時。」旨哉斯言，

可爲規鑒。

第九條：禁溺女。《易》首乾坤，男女並重。若有女即溺，試思自己身子果從何來？況現今律嚴溺女，堂設育嬰。縱不畏冥誅，恐難逃國法。即令貧難養抱，嫁人作媳，有何不好？倘族內仍敢溺女，坐以故殺子孫論，決不徇情。

第十條：禁酗酒。酒以成禮，祭先宴客，非酒無以昭誠敬。然沈湎過度，則內而喪德，外喪威儀，壞事不少。古來亡國敗家，多由於此，尙其戒之。

第十一條：禁行兇。大小事故，盡可憑人理論，豈強奪所能制服。近有兇暴之徒，偶因小故，動輒強牽拼掘，一旦釀成大禍，連累身家，看那時討得什麽快活？此等惡棍，爲父兄者，必須預爲提防，嚴加懲治。

第十二條：禁淫欲。世上唯淫惡最大，亦爲淫惡最重。不顧身家，一旦被人手刃，家敗人亡，而且子孫定主滅絕，爾輩何其樂此。尙其痛哉。

第十三條：禁賭博。人在世上各有生理，一旦賭場中，則廢時失業，敗壞家聲，甚至傾家蕩產，凍餒妻子，玷辱宗先。那時饑寒交迫，必至爲匪爲盜。噫！賭博害人如此，可不猛省回頭。族等倘有入此迷途者，處之不貸。

第十四條：禁洋煙。洋煙性寒而苦，最易致病，每見吸煙之人，氣惰神昏，自謂行樂，不知日久發癮，戒斷爲難，直到死時，方可了局。爲子弟者，須站定腳跟，不受煙累，斯爲克家令子。

第十五條：禁窩竊。「窩」不專是窩賊、窩娼、窩賭，及招佃歹人，停留匪類皆是窩；「竊」而不專是竊孔，凡盜雞鴨柴薪瓜果皆是竊。此等不法，大幹律令。族等若有犯此者，處治不寬，至私者亦宜警戒。

第十六條：禁唆訟。訟則終凶，《易》則明訓。凡我族人，只要自己吃些虧，自然省得官事拖累，免得花費空錢；至於是非場中，固要有人排解，若居心不正，彼此挑唆，小事變成大事了。此等人地方過

多，族中恐一不免，嗣後務宜各存良心，爲子孫留些小地部。

上述條款的彭氏族規，反映了甯鄉這支彭姓族人的先輩，爲管理好這支彭姓子孫是動了腦筋的。他們不僅用 21 條家訓俗言來規範自己族人的行為，還更深層次的用《甯鄉彭氏族規十六條》強制自己子孫的行為要遵紀守法，不能在社會上爲非作歹。這與國家機關管理社會獲得一個安居樂業的社會環境是一致的。我們現在來研究這些「家訓」、「族規」的積極意義，從文化史發展角度而言，仍可獲得藉古通今促進社會進步的作用。

六、頌揚彭姓源流風貌的詩聯辭典冊

彭姓人崇尚以詩書禮樂傳家著稱。他們在歌頌自己的源流和世系時，往往運用人們喜聞樂見的詩詞聯語和匾額辭這種文學形式來記述表答，並且在與其他族姓朋友的交往中，也往往采取運用這種文學樣式來讚賞和旌表彭姓人的品德和風貌。因此在彭姓人的族譜中，保留下了一筆十分珍貴的文化遺產。現選錄一部分供大家欣賞，有如下例：

（001）記述彭姓尊卑關係的輩字詩

每個族姓都以輩序或派名的形式來區分尊卑大小，每個輩份中的一代，都用一個相同的字作爲輩份的記載，名之曰「派語」。若是同姓同宗人第一次見面時，往往第一句話，就是詢問對方「您是哪一派的？」或者「是哪一輩的？」問明後，當稱祖父的則稱祖父，當叫叔伯的則用叔伯相稱，同輩份者則以年齡長幼以兄弟相呼。按血緣關係爲脈絡來定輩份，同族人在繁衍中，有的雖在搖籃裏就當上了「活祖宗」，因爲他的派大或是輩份大。人們還總結了個規律：「滿房裏派大，大房（長房）裏人多」，還有「少年叔侄稱兄弟」之說。有的侄兒比叔叔大的，多的是。因此，數百年後，輩份的懸殊，相差幾代這是常見的事。至於這種輩序詩起于何代，現在很難找到完整的資料考證具體的年代了。不過就彭姓而言，在家譜中宋代就有了輩

序詩。如自宋朝彭震峰公第 21 世起爲輿字輩，逐世順排到 80 世爲循字輩。其詩曰：

輿爾亦世衍，昌熙朝國士。商賢隆德行，訓誥守家聲。

鹹務詩書教，惟懷慈孝榮。義言謙有道，恩愛樂相親。

心善澤斯厚，庭和利可興。勤儉爲肖子，富貴必依循。

又如湖南長沙市望城縣雷鋒鄉堆子山（推子山）彭家，自始遷祖彭壽公 27 世起，逐世順排到 90 世康字輩，其詩曰：

壽考肇祥，厥志丕彰。人才蔚起，望重南湘。

國之上瑞，家運維光。元本忠孝，世緒孔長。

承先啓後，振紀立綱。修齊平治，樹德揚芳。

式詒有穀，繼述永臧。積善篤慶，福祿爾康。

還有如湖南省郴州市桂陽縣清和鄉起嶺彭家的始祖北宋彭長髮公，開派爲長字輩，逐世順排到 40 世光字輩。其詩曰：

長康濟聖銘，宗清秀叟升。順景國彥從，仕元祖宗庭。

天啓應時良，洪熙守太昌。維加汝養志，繼迪永同光。

如今已傳到 35 世「志」字輩左右。提供譜牒資料的彭汝華先生則爲這支彭姓人的第 33 世。

（002）描述彭姓源起沿革的原委詩

這類詩在宋元時寫作的較多。如江西廬陵彭氏世系的子孫吉水瀧頭八十鳌叟寫作的《原委詩》四首：

1.得姓須知籛祖始，老彭竊比是明徵。

　淮陽不異隴西郡，諸族應同鼻祖稱。

2.構雲不受明皇詔，鄉改招君事也奇。

　宗譜尊爲傳信祖，子孫世系總無疑。

3.挂卻儒冠倡儀旅，功成即綰吉州章。

　楊行密敗依南楚，始信玕公不叛唐。

4.十五師皆彭氏祖，彥昭太保慶流長。

　沙溪之徙歸由楚，敕葬文江善水陽。

又如江西廬陵彭氏世系裔孫寫的一首《世系詩》：

年高八百始彭鏗，漢代司空諱曰宣。

聖業修來寶閥閱，鍾洪文武恭聰賢。

昌爵簡沂享大年，進朝議事獨爭先。

拒公宋魏齊丞相，赴作參軍總不編。

荏爲都護樂韜堅，材鎮柳州真德聯。

遠系直公大學士，隴西世澤不虛傳。

還有，描述從彭構雲到彭延年之間 12 世的《江西廬陵吉水分宜源流詩》：

避難江西祖構雲，隱居不仕號征君。

滋與侗輔登春榜，安定王玕太尉聞。

太保彥昭官一品，領兵十萬樹功勳。

數傳師奭德顯貴，壽統廣陵節度軍。

更有嗣元詩句在，躍公三子派支分。

延年爲粵開基祖，誥贈屢屢裕後昆。

（003）名臣名士題贈彭姓的頌贊詩

唐宋時期，彭姓乃名門望族，他的裔孫多與一些名臣名士交往唱和，因此這些名臣名士爲彭姓題贈了不少詩作，特別是人物的像贊詩，瀟洒磊落，栩栩如生，綴於譜端，細讀起來，很有人品味。現摘錄部分於紙頭共欣賞，這也是彭姓先輩留給子孫的一筆珍貴的文化遺産，有如下例：

（一）朱熹《題彭征君祠》

長平一派此流傳，蔔葬興家豈偶然。

繡帽茸裘今幾世，金魚玉碗又千年。

江甯王氏悲南楚，汝穎歐公感北遷。

忠節有祠南北舍，好將盛事續貂蟬。

（二）前賢《挽處士彭征君（構雲公）詩》

易簀全歸似可誇，儀型偏使後人嗟。

出門無事惟看竹，留客多情自煎茶。

私俸濟貧推仗義，群書教子即生涯。

只今墓草經年綠，五柳猶存處士家。

（三）姚勉題《唐彭征君公像贊》

身隱名彰，位卑道尊。行吟邱壑，投契名公。

古之祭者，先河後海。振振子孫，敢忘仰止。

（四）范仲淹題《漢長平侯司空宣公像贊》

孝以事父，忠以爲臣。履道正身，秉國之鈞。

君子哉若人，尚德哉若人。

（五）胡安國題《北齊陳留王樂公像贊》

濟世英才，救時之傑。窮則善身，達則爭烈。

保障偏州，羽儀王業。凜凜德容，千古不滅。

（六）楊萬里題《唐侍郎景直公像贊》

學探四聖之奧，而近不遺於裨官；

才擅兩漢之長，而胸更羅乎諸子。

數上封事，而權奸膽落於直聲；

力剔要精，而譽望飈馳於禁掖。

籲嗟少伯，宜乎名垂青史，有光諸譜牒於世者歟！

（七）洪邁題《唐進賢令茲公像贊》

仰其容，知其有活民之功；

考其行，知其有惠民之政。

此先達之可尊，而典型之尚存也。

有開厥家，有淑其鄉。斯德之光，斯後之昌。

（八）洪邁題《唐宜春令倜公像贊》

巍巍我翁，不汙宗堇。出布嘉猷，入陳忠悃。

律明廉靜，仁並甦困。至今德政，高頌不傾。

（九）韓琦題《唐信州長史輔公像贊》

箕裘克紹，瀟灑出塵。

身能致主，澤足及民。

厥裔象賢，令范常新。

（十）周必大題《吉州刺史玕公像贊》

征君之孫，長平之裔。義氣激昂，忠勇蓋世。

法令嚴明，納刃勵士。全節完名，凜凜生氣。

（十一）陳唐佰題《靖海節度使彥昭公像贊》

清操天植，雅度性生。澤民格主，朝野蜚聲。

賢哉令子，無忝父德。輝映後先，譽望斯赫。

（十二）文天祥《拜彭氏百歲母詩》

麗日萱花照五雲，升堂丰采見鹹淳。

蓬萊會上逢王母，婺宿光中現老人。

雨露一門華髮潤，江山四座綵衣新。

只將千歲苔爲壽，再住人間九百春。

（004）歌詠彭家的山水田園詩

「仁者樂山，智者樂水」。中國的一些名人騷客對自己家鄉的山水是十分熱愛的，並留下了不少田園詩佳作。彭姓名人亦然。他們不僅自己動手，描繪家園的良辰美景，一草一木；而且還邀其他姓的名士來家作客，共同題詠欣賞，有如下例：

（一）彭嗣元居分宜寄彭嗣邦致仕七言律

昔年已效北溟鵾，終厭浮名戀酒樽。

萬古興亡情不挂，一川風月道常存。

葉舟垂釣穿岩石，竹杖尋僧背水村。

仍說近來多野逸，夢魂時到薛陶門。

（二）彭延年致仕居浦口村的自詠五首

1.浦口村居好，先恩創業難。砌雲架樓閣，依水植琅玕。

澤氣三冬潤，松聲五月寒。子孫懷舊德，怎忍不盤桓。

2.浦口村居好，清貧勝高華。堆書爲伴侶，種藥是生涯。

吟苦詩成癖，心閑道長芽。畫中時自瑩，蟠勢有龍蛇。

3.浦口村居好，柴門鎮不扃。晴嵐深滴翠，寒筍嫩抽青。

　酒筆驅吟健，林風引睡醒。東塘清且泚，待創碧漣亭。

4.浦口村居好，盤飧動輒成。蓴肥真水寶，鱔滑是泥精。

　午困蝦堪膾，朝醒蜆可羹。終年無一費，貧活足安生。

5.浦口村居好，憑高望處賒。稻田千萬頃，農舍兩三家。

　樵路通雲磴，溪船簇蓼花。太平無事日，處處盡桑麻。

（三）彭景雲詠廣東豐順彭家「八景」詩

1.豐溪春漲

環城豐水日悠悠，三月桃花浪打頭。

芳草綠波相掩映，畫橋煙柳自夷猶。

怒濤偶觸驚鼇樸，積雨初晴快鴨浮。

壯闊文瀾誰得似，乘風安穩到瀛州。

2.古榕夕照

蔚然相望大溪中，夕照蒼茫萬古同。

水抱秋風清瘦影，鴉翻落葉暮煙空。

四圍老幹周遮碧，一抹殘霞閃爍紅。

共仰五朝神物在，行人解問太陽宮。

3.龍山秋月

月到人間留不住，龍山月到倍相親。

地緣得勝無遮礙，節爲經秋淨霧塵。

放大光明增慧業，教通眼目悟前因。

擡頭不俟當頭棒，空地焉能著色身。

4.古寺溪桃

世間春老芳菲盡，古刹桃花春滿枝。

倒影近烘潭鏡暖，落紅多傍石梁飛。

溪流屈曲無人覺，花信回環有蝶知。

最喜得山兼得水，名藍棲止盡相宜。

5.韓崠籠雲

淩霄齾齾五雲盤，霖雨蒼生共望韓。

衡嶽能開今復聚，鬥山長仰古來看。

織成綿繡憑天巧，幻出文章屬大觀。

萬變不須圖世態，好扶初日上團圞。

6.銀瓶霽雪

天公玉戲忽回頭，遺卻銀瓶夜不收。

誰把挈來盛白雪，世不轉欲悟黃流。

風搖素影山河冷，月動寒光天地秋。

擬上玉皇千萬壽，呵嚀富媼合藏修。

7.揭嶺飛泉

揭嶺寒流百丈懸，飛珠濺玉下藍田。

探源翻訝虹蟠洞，落瀑真如練系天。

暴雨雷霆驚地底，久晴琴築瀉山巔。

我來未免頻回首，秦也荒屯宋世賢。

8.淨水遠鍾

初地飛來不等閒，蒲牢八百動溪山。

音沈三界迴旋久，響徹千峰隱約還。

洞口白雲相往復，門前流水自潺湲。

騷人乍聽知何處，策杖尋幽路幾灣。

注：彭景雲，諱士瞻，號松岩，道光庚戌歲貢，同治癸未科欽賜舉人，光緒間曾與吳鵬同修豐順邑志，倡設良鄉義學。著作頗多，手自編定者有《時藝》6卷，《試貼詩》2卷，《擊缽草》2卷，《春情集》1卷。

（四）夏言題江西松田彭家石屋山房詩

石屋之山雄且奇，何當我亦來杖藜。洞門杳具薛荔合，

崖亭剷刻藤蘿垂。山翁讀書石壁下，數間茅屋隱青池。

時將花鳥作賓主，慣養鵝鴨無鄰比。釀酒不必謀諸婦，

山閣處處藏尊罍。高歌劇飲自成趣，林翁溪叟皆相知。

雙江憲使向我道，此翁系出彭文思。高風可與者賢偶，
善行雅爲鄉人師。況能取友盡一世，我問諸友當爲誰。
念庵狀元羅仲素，國子祭酒鄒謙之。平生老眼有二客，
一時道德翁兼資。山翁所得已多矣，更選片石鐫吾詩。

注：夏言，字公瑾，明正德進士，後參預機務，爲首內閣輔。

（五）鄒守益詠江西松田彭家石屋山詩

秋風初動遠遊興，閑上石峰坡幽徑。小崖列坐皆勝友，
啜茗高歌不知瞑。探奇更試層岩目，四山歛翠平蕪綠。
澄川夾出浮青蓮，怪石突倚削蒼玉。東陽五老似相招，
涉江濯足入岑嵬。石洞高郎辟華屋，四壁圖書淪海濤。
斧鑿不借公輸巧，山藻始知文仲芳。疑是仙翁煉藥室，
神移鬼運風颷颷。丹成反跨黃牛去，獨與白雲相遊遨。
小堂列宴如畫舫，石勢參差湧驚浪。安得勁棹挾蛟龍，
直泛秋風蓬萊上。俯看車馬夕照中，竟從蝸角爭雌雄。
哄然一笑臥煙月，秋深共訪葛仙峰。

注：鄒守益，字謙之，號東廓，江西安福北鄉澈原人。明代著名
理學家，教育家，官國子祭酒。

（六）李時勉詠江西松田彭家中溪草堂詩

中溪曠望彌原陸，十裏人煙接喬木。比屋常聞弦誦聲，
高岡遠見牛羊牧。故人者住橫山前，宦遊辭家幾經年。
歸來愛此風流好，移居卜築溪水邊。數椽粗樸也瀟灑，
窗戶臨溪瞰平野。屋裏連床積簡編，門前終日留車馬。
種松藝竹環碧山，蘭舟蕩漾滄浪間。雲龍仙人放鶴去，
院花野客釣魚還。羨君自是文章伯，歸老林間得閒適。
問字人尋揚子居，息交誰訪陶潛宅。山田八月禾黍收，
豪吟縱飲亦何求。舞回鵁鶄千峰暑，歌罷滄浪萬頃秋。
由來勝地多山水，如此清幽能有幾？開門獨步少塵喧，
但見青山白雲起。昔聞好是平泉莊，一時草木生輝光。

只今零落竟何有，逢人誰說鄭公鄉。

注：李時勉（1374－1450），號古廉，名懋，安福人。歷任刑部主事，國子祭酒。著有《古廉集》11卷傳世。

（005）標識彭姓門第和祭祀彭姓先祖的聯語。

聯語是我國歷史文化遺產的一部分。這種文學形式，彭姓人和他們的祖先亦應用甚廣，往往在自己的所居處祠堂、墓葬或紀念地或祭祀先祖時均常用到它。現錄部分供大家欣賞，有如下例：

（一）題江西湖廣一帶的彭姓大門聯

1. 廬陵世澤；吉水家聲。
2. 元卿世德；名宦家聲。
3. 商賢世澤；宋史家聲。
4. 商賢世澤；名宦家聲。
5. 名宦家聲遠；元卿世澤長。
6. 家傳宋瑞文章古；派衍潮州世澤長。

（二）題廣東揭陽浦口震峰公祠聯

1. 尊祖敬宗崇祀典；明經好古紹淵源。
2. 績著治潮，不愧民謠稱父母；學承好古，愛遺家訓詒兒孫。
3. 宣化繼昌黎，在昔揭民曾築宇；歸田樓浦口，至今府志尚留詩。
4. 世系出商賢，繼述維殷，大聖猶言竊比；
   家聲隆宋代，簪纓弗替，後人彌貴相繩。
5. 名傳戴禮，宦顯春秋，商賢事迹，超越前後；
   政肅潮州，官清宋代，中憲聲華，彪炳古今。
6. 忠在爲民，浚義井，修長堤，德澤無殊韓夫子；
   心存報國，使契丹，平亂寇，勳猷不讓狄將軍。
7. 祖澤同瀛海長流，派遠支分，一脈淵源傳吉水；
   宗祐與榕城永奠，瓜綿椒衍，千秋奕葉壯南邦。
8. 祖脈發浮山，看祠前疊嶂嵯峨，始識祖山高聳；
   源長由浦水，到廊側支流匯合，方知源水淵深。

9.系溯隴西，派出江西，看椒衍瓜綿，奕葉自同一本；

　　分支揭嶺，祠開浦口，願禮行樂奏，孝思不匱千秋。

10.隆宋代屏藩，作牧綰符，郡志備詳，洋溢海天長著烈；

　　衍南邦支派，裳麻被澤，祠堂重葺，閎深棟宇永棲神。

11.肇隴西以作守，歷宋元明清，二千石著績垂謨，永峙潮城鼻祖；

　　萃子孫於通都，各省州府邑，億萬載澤長派遠，終歸浦口朝宗。

12.想當年皇路馳驅，築長堤，浚義井，殲巨寇，賑饑民，卓然潮

　　州名宦；

　　今日後人繼述，學古訓，服先疇，拓鴻基，綿燕翼，偉哉刺史

　　家聲。

13.賢大夫，允作聖人師，稽昔日系分帝胄，績著三朝，八百度遐

　　齡，柱下遺徽綿奕葉；

　　廉刺史，疊承天子命，溯當年譽震廷臣，榮披一品，九重加厚

　　賚，元卿偉業耀千秋。

（三）題廣東潮州彭氏宗祠光遠堂祠聯

韓水自豐來，縈繞祠前，到眼方知源水遠；

湖山由揭至，巍峨廟側，回頭始識祖山高。

（四）題廣東豐順龍崗金鵝行端公百順堂祠聯

統緒紹金鵝，喜此日祠貌重新，滿座珠璣光史譽；

家聲傳洗馬，看他年人文蔚起，一堂科甲耀榮宗。

（五）題豐順沙田薦坪竹堂公餘慶堂祠聯

揭邑淵源，創居黃塘，公德巍巍綿祖澤；

豐都繁衍，建業赤水，雲仁濟濟振宗風。

（六）題豐順徑門石頭背百一公隴西堂祠聯

由江西入南粵，遷揭遷豐，名宦鄉賢承祖德；

自高曾聯祖考，乃文乃武，敦詩識理振家聲。

（七）題豐順仙洞樓下燕詒堂祠聯

慕商賢遺風，忠於國，孝于家，燕翼一堂同集慶；

遵宋史重訓，禮爲耕，義爲種，詒謀百代永流芳。

（八）題廣東梅縣梅南軒坑穀洞祠聯

緬商賢，迄宋史，袍笏遺徽，肯構肯堂，共仰經營綿世德；
遷梅郡，宅洞鄉，箕裘濟美，序昭序穆，還期克紹振家聲。

（九）題梅縣石扇彭氏宗祠聯

統緒紹商賢，探木本，溯水源，當思祖德宗功，千秋不朽；
宇基開石扇，擴鴻圖，詒燕翼，唯願子賢孫肖，百世其昌。

（十）題湖南郴州彭氏祠堂祭祀聯

1. 集少長於一堂，衣冠駿奔，惟願雍和昭世澤；
　序尊卑於滿座，兒觥交錯，還期忠孝振前徽。

2. 郴陽從淮陽派出，脈正支真，赫赫祖宗昭孝享；
　嚴塘自吹塘分來，源清流潔，繩繩孫子薦馨香。

3. 家世沐皇恩，自秩塘，由茶水，簪纓不替；
　淵源憑祖德，先桂郡，後郴陽，俎豆彌馨。

4. 清晨入清廟，存清心，祭清酒，維其清矣；
　明旦禮明宗，酬明德，薦明器，靡不明焉。

5. 或質其心，或盡其禮，無欺處便是無愧；
　所憑在德，所鑒在誠，至隱中居然至明。

6. 千萬代子孫，馨聲必達；八百年祖考，冥漠可通。

7. 淵源家學柱藏史；次第人文虹續詩。

（006）悼念彭家珍烈士的題匾詩文挽聯選錄

選自《義烈千秋 —— 彭家珍大將軍》（成都出版社 1991 年 9 月第
1 版）

（一）紀念堂金匾影印

01. 孫文題：我老彭收功彈丸（中華民國元年三月）

02. 章炳麟題：獨行奇材

03. 蔣中正題：英姿颯爽（中華民國二十七年秋）

04. 馮玉祥題：民族英雄

05.李宗仁題：浩然正氣（戊寅年秋）

06.宋子文題：英明萬古

07.孔祥熙題：萬古長青（中華民國二十七年）

08.陳立夫題：義烈千秋（戊寅年秋）

09.孫科敬題：豐功偉績（中華民國二十七年）

10.何應欽題：浩氣長存（中華民國二十七年）

11.陳誠題：名垂宇宙（中華民國二十七年）

（二）紀念堂題辭影印

12.王昆崙題：殲除大惡，民族英雄，豐功偉績，永垂不朽。

13.許德珩題：炸死良弼清廷退位；將軍千秋百世永垂（一九八三年梅月時年九十有餘）

14.鬍子昂題：民族英傑，流芳千古（一九八三年五月）

15.胡厥文題：革命先鋒志堅金石；重修專祠永垂不朽（一九八三年冬）

16.楚圖南題：英名萬古；碧血千秋。

（三）挽聯詩文（均選自民國元年四川追悼會。）

17.臨時省參議會代表：肖國珍、張成得、李定國：

只手彈無多，膽落醇慶等奴才，退出京畿半壁；

全川人有幾，踵繼徐吳諸烈士，演成鐵血中華。

18.臨時省議會代表：趙玉堂，甘希雇，寇謙山：

合探險攻心諸妙用以成功，霹靂一聲，頓教漢族以興，共和以立，外患以平，錦繡保河山，開國元勳能幾個；

本救民保種之精誠而赴義，轟沈萬狀，遂使渠魁全掃，帝位全更，統一全定，忠貞匡社稷，標銅偉像更何人。

19.四川教育局：

肝腦殉同胞，頻年之民國熱心，竟為末後革命，發鉅聲，放異彩；

雷霆隨敏腕，一擊而天下大定，謂非我川教界，結良果，產奇

人。

20.成都益漢公社：

流血爲同胞，看四百兆人民，愛國精神君獨佔；

捐軀伸大義，掃數千年專制，救時手段我堪師。

21.英雄父親彭仕勳痛唁：

養子詎仲謀，回思午夜燈前，髫齡尚課良知集；

招魂歸望帝，遙憶北軍帳裏，炸影猶寒思子台。

22.同盟會員楊承伊拜挽：

天下事，最難實力實行，使君一炸成功，愧死空談革命黨；

川中人，漫說同鄉同學，自問千秋大業，偷生難入旌忠祠。

23.黃葉村人追悼彭烈士詩

王業相安未忍偏，掀天揭地此人難。

燒除漢賊風無借，椎挈荆卿水尙寒。

歸夢家山啼杜宇，怒濤湘曲吼秋蘭。

白衣一奠新亭鬼，生氣猶沖發上冠。

24.楊舶耕挽烈士詩二首

（其一）

傳來飛電自江南，一旦捐軀一笑堪。

楚漢興亡誰作主，河山徼幸仗奇男。

交遊親族分光寵，史冊馨香播美談。

十二萬年天不死，使君長供佛神龕。

（其二）

結果由來看種因，趨庭鯉訓出風塵。

乾坤正氣輸肝膽，霹靂餘音帶笑頻。

一手完成千古事，五洲當鑄萬年身。

興懷竊讓先鞭著，願作人間第二人。

25.岷陽薑士諤挽彭烈士歌

金堂峽烈怒濤吼，雷轟電掣蛟龍走。奇氣磅礴鬱千年，

誕生烈士膽如鬥。烈士膽大識且超，奴隸羞憤軒皇后。
願效班生投筆行，不爲夥涉悵隴畝。南窮滇海北遼陽，
積塊厚澆燕市酒。天涯落魄絕知音，暫理歸裝經漢口。
從天忽下一將軍，義旗高揭擎天手。英雄相見恨晚遲，
委任直如臂倚肘。犁庭掃穴事驅除，威棱摺摺呼韓婦。
寒促甘心臣有窮，附以家衆兼貳負。莽莽中原劇戰爭，
漢京未識誰家有。一聲霹靂震耳聾，餘孽遊魂拉枯朽。
此舉關係實匪輕，九鼎奪還自群醜。革命功成國步新，
可惜荊卿殉匕首。南京電報忽飛馳，鄉人追悼春薦韭。
望思臺上老彭鏗，啼破杜鵑血頻嘔。匈奴未滅家胡爲，
此語傷心誓已久。犧牲七尺換共和，義勇壯烈前無偶。
雲頂高峰致仰思，巍峨俯視齊州九。春雨淒淒春水寒，
烈士不還悲耆耈。絲繡平原未足酬，金鑄範蠡豈云厚。
致語青年華國民，勉作幹城嗣赳赳。

26.臨時大總統孫祭蜀中死義諸烈士文

維民國紀元之二月二十有二日，蜀都人士以民國新成，大功底定，乃爲其鄉先烈士開追悼大會於新京，以慰忠魂。文既獲與斯盛，謹以蕪詞致祭于諸烈士之靈曰：

嗚呼！在昔虜清，恣淫肆虐，天厭其德，豪傑奮發，共謀傾圮，以清禹域。惟蜀有材，奇瑰磊落，自鄒迄彭，一仆百作。宣力民國，厥功允多，岷江決決，蜀山峨峨。奔放磅礴，導江千嶽，俊哲挺生，厥爲世率。虜祚既斬，國徽屹建，四億兆衆，同茲歆羨。魂兮歸來，瞑目九原，嗚呼哀哉！尚饗。（見中華書局 1982 年版《孫中山全集》第 2 卷）

27.四川都督劄飭彭烈士家屬（民國元年壬子歲陽曆正月十七日）

爲劄飭事，照得現准南京總統府電稱：陽曆諫日，袁世凱被炸未中，沁日，彭家珍復炸良弼斷其股，彭亦被炸等由。查彭家珍本我四川武備學堂畢業生，素懷大志，軼儻不群，品學兼優，同人共佩。曾

在川充任陸軍軍官，復歷任雲南、奉天陸軍軍官，實非甘於雌伏。知
當世之不可爲，及時鼓吹同儔以待順天而應變。此次漢業恢復，遂同
聲相應，仗義赴鄂，充任黎總統參謀部長。憤滿虜良弼等之頑抗，銳
意殲除，隻身入險，履危若安，奪其堅定之心，終得炸斷良弼一股，
因而自斃。其光風偉烈精誠之氣，直薄雲霄，爲環球所欽仰，增吾蜀
之光榮，尤宜表揚風烈，矜式時髦。除已電達南京，請其迅速委員從
優棺殮。靈櫬回川，知會沿途地方官妥爲照料，一切費用概行由川付
給外，合行劄飭，爲此劄仰該部即行遵照。將該烈士彭家珍從優撫恤，
特別旌表，並查明事迹後呈中央政府，立傳予謚，均著該部分別妥議
呈核、飭辦。以憑轉報大總統立案，用示篤念忠藎之至意。除特劄陸
軍部遵辦外，合行劄飭該烈士家屬一體查照。此劄。(見《彭大將軍榮
哀錄》)

七、展示彭姓學人學識的藝文專著

　　幾千年以來，彭姓人文蔚起，出了不少專家學者和學術名流，他
們寫了不少論著和文藝作品。這些論著和作品，都極大地豐富了中華
民族的文化寶庫，是一大綜極其珍貴的歷史文化遺産。筆者從《中國
叢書綜錄》第三冊的《子目著者索引》及有關《人名錄》中爬梳到共
有彭姓作者 62 名，論著（作品）共 200 餘部（卷篇），當然還遠不止
這個數目（現當代的就沒有收錄）。現以朝代先後爲序，撮要展示如後：
　　（001）〔陶唐〕彭鏗（彭祖）：《彭祖經》（養生學專著，原書現已
失傳，但馬王堆漢墓中發掘的資料中有轉述）、《引書·彭祖之道》、《十
門·六問·王子喬（巧）問彭祖》、《道藏·彭祖攝生養性論》、《道藏·
彭祖導引圖》、《養生延命錄·彭祖曰》、《諸病源候論·彭祖穀仙導引
法》、《古仙導引按摩法·彭祖導引法》、《攝養枕中方·彭祖曰》、《千
金要方·彭祖曰》、《陰丹秘訣靈篇·彭祖曰》、《醫心方·玉房秘訣·
彭祖曰》、《醫心方·玉房指要·彭祖曰》、《養生類纂·彭祖曰》、《三

元延壽參贊書・彭祖曰》、《養生要錄・彭祖曰》。

（002）〔漢〕彭　宣：《周易彭氏義》、《易彭氏義》。

（003）〔漢〕彭　汪：《左氏奇說》。

（004）〔後蜀〕彭　曉：《周易參同契鼎器歌明鏡圖》、《周易參同契分章通真義》、《周易參同契通真義》。

（005）〔宋〕彭　耜：《道德真經集注、釋文、雜說》、《太上道德真經集注、釋文、雜說》、《道德真經集注釋文》、《金華沖碧丹經秘旨、傳（受）》。

（006）〔宋〕彭汝礪：《鄱陽集》、《易義》、《詩義》、《彭汝礪詩文集》。

（007）〔宋〕彭大雅：《黑韃事略》。

（008）〔宋〕彭　乘：《墨客揮犀》、《續墨客揮犀》。

（009）〔宋〕彭仲剛：《琴堂諭續編》（鄭玉道同撰）。

（010）〔宋〕彭淵材：《冷齋夜話》、《甘露集》、《林聞錄》

（011）〔宋〕彭龜年：《止堂集》、《止堂訓蒙》。

（012）〔宋〕彭　俞：《君子傳》、《循吏龜鑑》、《貫通篇》、《時議》、《文集》。

（013）〔宋〕彭叔夏：《文苑英華辨正》。

（014）〔宋〕彭百川：《太平治績統類前集》、《太平治績統類》。

（015）〔元〕彭　　NFEA5　：《仲愈集》。

（016）〔元〕彭致中：《鳴鶴餘音（輯）》。

（017）〔元〕彭　炳：《元亮集》。

（018）〔明〕彭　韶：《彭惠安集》。

（019）〔明〕彭　孟：《江上雜疏》。

（020）〔明〕彭汝讓：《木幾冗談》。

（021）〔明〕彭汝實：《六詔記聞》、（前卷一名《會戡夷情》，後卷一名《南荒振玉・輯》）。

（022）〔明〕彭大翼：《山堂肆考》。

（023）〔明〕彭　華：《彭文思公文集》。

（024）〔明〕彭好古：《入藥鏡》（王玠、李攀龍合注）、《金碧古文龍虎上經〔解〕》、《金丹四百字注》、《金丹四百字注釋（注）》。

（025）〔明〕彭期生：《彭節　NFEAA　公家書》。

（026）〔明〕彭　時：《彭文憲公筆記》、《可齋雜記》、《彭公筆記》、《彭文憲公文集、殿試策》。

（027）〔明〕彭　年：《林水錄》。

（028）〔明〕彭　琉：《息庵集》、《梅下彭氏家譜》。

（029）〔明〕彭　簪：《石屋志》、《東陽行窩卷》、《衡嶽志》、《彭氏同衍二溪會譜》。

（030）〔清〕彭　萃：《古愚齋集》、《宦遊一得》。

（031）〔清〕彭元瑞：《石經考文題要》、《知聖道齋書目》、《知聖道齋讀書跋尾‧金石跋尾》、《知聖道齋讀書跋》、《萬壽衢歌樂章》、《禦制全韻詩恭跋千字文》、《宋四六話》。

（032）〔清〕彭而述：《郴東桂陽小記》、《桂陽石洞記》、《遊浯溪記》、《飛雲洞記》、《湘行記》、《彭禹峰詩選》。

（033）〔清〕彭孫遹：《松桂堂全集》、《南淮集》、《延露詞》、《金粟詞》、《金粟閨詞百首》、《詞統源流》、《詞藻》、《金粟詞話》。

（034）〔清〕彭孫貽：《明朝紀事本末補編》、《平寇志》、《山中聞見錄》、《虔台逸史》、《湖西遺事》、《嶺上紀行》、《茗香堂史論》、《彭氏舊聞錄》、《甲申以後亡臣表》、《太仆行略》、《客舍偶聞》、《彭孝介雜著》、《茗齋集》、《明詩（輯）》、《茗齋詩餘》、《虔台節略》。

（035）〔清〕彭　任：《彭中叔文鈔》。

（036）〔清〕彭崧毓：《雲南風土紀事詩》、《緬述》、《溫清錄》、《中饋錄》、《漁舟紀談‧續（談）》、《山中懷往詩》、《養親須知》。

（037）〔清〕清　績：《遊西山記》、《秋士先生遺集》。

（038）〔清〕彭紹升：《良吏述》、《儒行述》、《不謏錄（輯）》、《測海集（輯）》、《二林居集》、《二林居文錄》、《彭尺木文鈔》。

（039）〔清〕彭作邦：《周易史證》、《易傳偶解》

（040）〔清〕彭寧求：《歷代關市徵稅記》。

（041）〔清〕彭定求：《明賢明蒙正錄（輯）》、《南畇老人自訂年譜》、《不謢錄》、《儒門法語（輯）》、《儒門法語輯要（輯）》、《密證錄》、《姚江釋毀錄》、《真詮（校正）》、《南畇詩稿、文稿、小題文稿》、《南畇全集》。

（042）〔清〕彭兆蓀：《泛穎記》、《天池記》、《懺摩錄》、《潘瀾筆記》、《小謨觴館詩集、續集、文集、續集》、《小謨觴館文集注》、《南北朝文鈔（輯）》、《小謨觴館詩餘》。

（043）〔清〕彭　淦：《長陽竹枝詞序》、《晦齋閑稿》、《竹枝詞十三首》。

（044）〔清〕彭秋潭：《秋潭詩集》、《秋潭外集》、《秋潭敗帚》、《秋潭竊言》、《長陽竹枝詞六十九首》。

（045）〔清〕彭　湘：《晉風》。

（046）〔清〕彭　洵：《續刊青城山記》。

（047）〔清〕彭祖賢：《南畇老人的自訂年譜（輯）》。

（048）〔清〕彭遵泗：《蜀碧》。

（049）〔清〕彭啓豐：《芝庭先生集（輯）》。

（050）〔清〕彭士望：《翠微峰記》、《遊西陽山記》、《彭躬庵文鈔》、《恥躬堂文錄》。

（051）〔清〕彭堯諭：《強聒錄》。

（052）〔清〕彭希涑：《二十二史感應錄》、《蘭台遺稿、續編》。

（053）〔清〕彭蘊章：《詒谷老人自訂年譜》、《歸朴龕叢稿、續編》、《松風閣詩鈔》、《鶴和樓制義、補編》、《彭文敬公全集》。

（054）〔清〕彭蘊璨：《歷代畫史彙傳（輯）》。

（055）〔清〕彭泰來：《詩義堂後集》、《天問閣外集》。

（056）〔清〕彭昱堯：《子穆詩鈔》、《致翼堂文集、詩集》、《致翼堂詩鈔》、《彭子穆先生詞集》。

（057）〔清〕彭慰高：《紀時略》、《省身雜錄》、《仙心閣詩鈔》、《仙心閣文鈔》。

（058）〔清〕彭劍南：《影梅庵傳奇》、《香畹樓》。

（059）〔清〕彭光鬥：《閩鎖記》。

（060）〔清〕彭端淑：《萃龍山記》、《白鶴堂文錄》。

（061）〔清〕彭景雲：《時藝》、《試帖詩》、《擊缽草》、《春情集》。

（062）〔民國〕彭作楨：《三省從政錄》、《歷史人名對》、《歷史地名對、物名對》、《翹勤軒集聯》、《豔體集聯》、《翹勤軒謎語》、《讀書識餘》、《棄書》、《翹勤軒文集》、《翹勤軒文集續編》、《蓬萊箋啓》、《古今同姓名大辭典》等。

第七章　彭姓文物

　　所謂文物，按照《辭海》的解釋，是指「遺存在社會上或埋藏在地下的歷史文化遺物，一般包括：（1）與重大歷史事件、革命運動和重要人物有關的、具有紀念意義和歷史價值的建築物、遺址、紀念物等；（2）具有歷史、藝術、科學價值的古文化遺址、古墓葬、古建築、石刻等；（3）各時代有價值的藝術品、工藝美術品；……」數以百萬計的彭姓人，爲了謀求生存空間，征服大自然，不斷開拓進取，他們的足迹踏遍了神州的山山水水，甚至飄洋過海，浪迹海角天涯。幾千年來，在遼闊的大地上留下了他們不少神話般的奇迹，具有紀念意義和歷史、藝術、科學價值的古文化遺址、古文化村莊、古建築群落、古墳塋墓葬、古家廟祠宇以及現代革命紀念館，等等，星羅棋佈地散落在人間。其中很多已成爲中華民族文化旅遊的亮點，有的已列入全國重點文物保護單位或省（市）縣級文物保護單位加以保護，是一筆非常寶貴的歷史文化遺產，現按時序略舉數端如後：

一、彭祖的若干文化遺址與祠墓

　　（001）**彭祖故里徐州銅山縣大彭山**：徐州西部 10 多公里處的銅山縣境，古有大彭山，山之陰有個大村，相傳是八百壽星彭祖的故里。宋初樂史《太平寰宇記》「彭城縣」條下有雲：「《彭門記》雲：殷之賢臣彭祖，顓頊之玄孫，至殷末壽及七百六十七歲，今墓猶存，故邑號大彭焉。」明嘉靖《徐州志・山川》中亦說：「城西二十五里曰楚王山，五里爲大彭山。（大彭山舊注：古大彭氏封於此，故名。山左右，今猶

稱大彭村。)《銅山縣地名錄》和 1993 年新版《銅山縣誌》，對此描繪得更清楚：「大彭山在夾河鄉西南江蘇、安徽交界處，海拔高度 262.1 米。清代曾改大彭山爲義安山，山陰煤礦稱義安煤礦。今仍稱此山爲大彭山。」

（002）銅山大彭集：俗稱大彭村。明嘉靖《徐州志》說：「汴河由蕭縣至大彭集，入州境。」但在後面的釋文又注：「山左右今猶稱大彭村。」可見明代就稱大彭村爲大彭集。大彭集村原址在今彭祖井東。因煤田地面陷塌，今已遷井南半里路處。現 120 多戶人家，600 多人口。皆背山而居，屋舍儼然。村裏有彭祖廟、彭祖墓和彭祖井三勝迹羅列其間，帶有濃厚的古樸風味。1996 年 8 月 31 日，筆者有幸考察了這塊勝地。

（003）**銅山彭祖廟**：走進大彭村，首先映入眼簾的是一座古色古香的彭祖廟。據守廟者介紹，原大彭集村東，舊有彭祖廟，內有彭祖鐵塑像，傳爲明代所建。鐵像毀於 1966 年「破四舊」中；廟毀於 1979 年煤田地面塌陷時。1993 年上半年，徐州市舉辦彭城文化節時，彭祖廟于原廟址按原貌重建。廟高 10 米，三開殿，仿漢歇山屋檐建築，上覆金黃色琉璃瓦。廟中仿原鐵像塑彭祖泥像。廟院 300 平方米，紅牆圍院，院中有重修碑。碑題爲《重修彭祖廟記》。記雲：「徐州西郊，大彭山陰，古有獲水，滔滔東流。山水之間，有村大彭，乃陶唐大彭國之故都也。帝堯舉賢任能，首封彭祖于斯，古泉荒井蒼苔，已歷四千春秋。村中舊有彭祖廟、彭祖鐵塑像，後人憑吊祭祀之所建也。近世祠圮（pǐ 痞坍塌）像毀，惜哉，亦復痛哉！癸酉之年春月，彭氏接踵問祖，遂使大彭之鄉，古風油然颯然。斯土斯民，追本思源，動議重修彭祖廟，再塑彭祖像。一呼百應，風起雲從，民辦公助，計日成功，誠鄉間盛事，增輝古彭矣！……鑒古可以知今，繼往宜於開來。彭祖廟之重修也，將有助於開展彭祖研究，發掘民族瑰寶，光大創業精神，描繪古都春色。歌曰：古有哲人兮，受命斯土！其功不沒兮，其道可祖！流澤百世兮，祈民元福！永言敬思兮，再展宏圖！一九九

三年中秋。」

（004）**銅山彭祖墓**：在彭祖廟的東側，有彭祖墓的故址，有人稱爲彭祖塚或彭祖墳。如今新修理好的彭祖墳前豎有一塊「大彭氏國故彭祖碑」。據學者們考證，彭祖墓修建的時間較爲久遠。北魏酈道元《水經注》就早有彭城彭祖樓下有彭祖塚的記載，他引《世本》說：「陸終之子，其三曰籛，是爲彭祖。彭祖城是也。下曰彭祖塚。彭祖長年八百，綿壽永世，于此有塚，蓋亦元極之化矣！」可見彭城古有彭祖塚，爲千古人瑞、一代哲人籛鏗的葬身之地。墓在城之東北角，爲汴、泗二水交流之處。這個墓，元代初年尙存，有元人楊少愚《彭祖墓詩》爲證。詩曰：「七七鸞弦續未休，韶光八百去如流。當時若解神仙術，更許春齡億萬秋。」而到明代中葉《一統志》則說：「今不知處。」其墓定湮沒於元代中葉至明代初期之間。如今徐州人依據《水經注》和《太平寰宇記》等文獻記載，又重新翻修了這座古墓，使之成爲大好河山的文明點綴，豐富了祖國的旅遊資源，增添了吊古攬勝者的多少興致！

（005）**彭祖井**：據史志等記載，徐州有兩處「彭祖井」，相傳爲彭祖籛鏗當年親身挖鑿。一處在大彭山陰農田中，也就是筆者所臨之井。井筒爲規則石塊壘砌而成。石上生有青苔。井臺無欄，荒草叢生。此井位於原大彭集村村西，舊彭祖廟前，是村民取水之古泉。明代舉人馬蕙有《彭祖井》詩曰：「古井城邊不記年，名留彭祖世相傳。玉繩汲虎人何在，金鼎蟠龍客已仙。甃（zhòu 縐，井壁）石苔侵秋雨積，桔桐葉落晚風旋。誰能更把寒泉浚，一飲須數壽八千！」清代貢生劉慶恩亦有《彭祖井》詩曰：「妙術曾傳善養生，當年斟雉著芳聲。人因壽永常稱祖，井以城留尙記彭。八百春秋原不老，五千道德共垂名。守身更有遺圖在，寄語人間莫自輕。」如今此井亦修鑿一新，井旁豎有「彭祖井」碑，井口上築有井亭覆蓋，亭額書有「天下第一井」，亭柱上刻有「彭祖掘井，長流玉液；萬代斯民，永享恩澤」的對聯，蔚爲壯觀。

（006）**銅山北門「彭祖井」**：原在市內統一街北首西側彭祖宅（又名彭祖祠）內。清道光《銅山縣誌》載：「彭祖井，在北門子城內，有石刻『彭祖井』三字」。此井因年久失掏，古泉淤塞。「彭祖井」的碑刻，現已遷到雲龍山北徐州博物館內，碑下新鑿一井，供人觀賞。

（007）**徐州市彭園**：徐州古稱彭城，歷史悠久。徐州人民爲了紀念千古賢哲彭祖開發徐州之功，於 1984 年 3 月至 1986 年 9 月，在徐州市南郊的雲龍山、鳳凰山、小泰山與奎山懷抱之中，新建了一座大型綜合性園林 —— 彭園。彭園前身爲媽彭山，又稱馬跑山、媽媽山和馬棚山，南北兩峰對峙，形似女人雙乳。這裏，舊時荒山禿嶺，墳墓壘壘。建國之後，群衆連年植樹造林，並在坡地辟建果園 400 餘畝。20 世紀 70 年代，徐州市政府擬在此籌建南郊公園，但因資金匱乏而未果。新建成的彭園，包括三區十六個景點。三區爲植物觀賞區、風景遊覽區（含山林、湖泊）和動物園區；十六景點主體爲紀念彭祖景點，如彭祖祠、觀鼎橋、壽彭飯莊和大彭閣之類。若走進彭園牌坊式西大門，一路東行，過漢白玉欄觀鼎橋，彭祖像就會赫然在目。

（008）**彭園彭祖立身像**：圓雕，靜態，立東面西，總高 4.6 米，其中人像高 4 米，底座高 0.6 米，重 20.4 噸。河北曲陽花崗岩質材。彭祖像爲徐州群衆藝術館雕塑工作室主任李本華先生創作，由曲陽石工承擔加工製作。其像採取模糊處理方法，化石般整體造型。頭部壽眉濃密修長，雙目直視，若有所思，顴骨略爲凸起，連腮美髯飄灑，神情肅莊剛毅，道家束髮打扮；彭祖身著巨幅披風，線條粗獷，結構鬆散；人像下爲巨石，人石連爲一體。凝神審視其像，似仙似人，人神難分；若虛若實，虛實結合，凜然有道風仙骨，蒸蒸多古樸之氣。既體現了上古氏族酋長含辛茹苦、矢志創業的強悍氣質，又蘊藏含蓄古代哲人修養有素的道德風範。這個像是迄今最大的彭祖塑像，海內外來徐州訪古者多所稱道，在社會上亦有很大影響。真堪稱徐州遊覽勝景一絕啊！

（009）**彭園壽彭飯莊**：在這裏設有 3 個餐廳，以紀念彭祖這位中

國歷史上第一位烹調大師，並饗遊人。

（010）彭園鳳鳴閣（大彭閣）：位於園之南峰，取龍吟鳳鳴吉祥之意，後改爲大彭閣，高 18 米，平面呈十字形，三層清式樓閣，建築面積 450 平方米，爲全國最高建築。登閣可鳥瞰四周山色，美不勝收。這時你就會情不自禁地朗誦起何綽如先生的《千秋歲·遊彭園》的詞來：

「天連山水，波映雙峰翠。魚影動，鶯聲脆。欣瞻華閣麗，喜看芳亭美，飛彩蝶，春光引得遊人醉。

塑像英姿偉，種德名言貴。觀寶鼎，呈祥瑞。新園風物好，勝景軍民繪。花吐豔，爭歌彭祖千秋歲。」

（011）四川彭山縣彭祖仙室：或稱之爲「彭祖塚」或「彭祖墓」。這是現存規模最大的彭祖古墓。北魏酈道元《水經注》「江水」條有雲：「江水自武陽（唐以前彭山稱武陽）東至彭亡聚。昔岑彭與吳漢溯江水入蜀，軍次是地，知而惡之，會日暮不移，遂爲刺客所害。亦謂之平模水，曰外水，此地有彭塚，言彭祖塚焉！」《太平寰宇記》中亦說：「彭女山在縣（指彭山縣）東北十里。《華陽國志》雲，彭祖塚及祠在此。後漢岑彭死於此。又名彭亡人，亦名平模山。」

彭祖墓的墓區宏大，由「高山仰止」牌坊、門坊、走廊、墓室、墓、墓緣、墓區圍牆組成。進入墓區，有石磚鋪地的開闊場地，至墓頂有整齊美觀的四層平臺。一二平臺之間，有 16 級石階分列而上，中間砌大約 5 米見方的八卦圖。三層平臺爲墓室，呈長方形，券頂大門，兩尊石獅守候兩邊。繞過墓室，兩側有臺階可登墓頂。墓口寬約二三十米，周圍綠樹環繞，誠爲吊古攬勝的好地方。

爲何彭祖會到四川彭山來？這是個千古之謎。傳說商紂王要彭祖找一塊風水寶地。彭祖不辭辛勞，跋山涉水，來到五穀豐登、山青水秀的彭山江口鎮，急忙取出紙筆畫地形。他先畫山，還沒下筆，就被陣陣撲鼻的花香醉倒了；接著畫水，又被碧澄的江水迷住了，他專心致志的畫，沈浸在畫水的歡樂之中。結果彭祖就只把一張水形圖帶回去了。紂王看了很不高興地說：「山管人丁水管財，這裏只有水沒有山，

選這地方不是要絕後嗎？那大商的江山誰來掌？不好，不好！」彭祖急忙辨解說：「這地方好！」紂王說：「你認爲好，就留給你吧！」就這樣，彭祖便告老還鄉。彭祖娶過49位妻子，生有54個子女，還鄉後只三女健在。他就帶著三女到江口鎮，在象耳山下居住，和老百姓融洽相處，一直活了880歲。根據彭祖生前的囑咐，老百姓把他埋葬在江口背後，一座形似坐椅的山腰上，並在墓前豎立一石碑，碑文是「商大夫彭祖之墓」。

（012）彭山仙女廟：百姓爲了紀念彭祖父女，還把埋葬彭祖的山叫彭女山或仙女山，在山上又修了仙女廟。每年農曆三月初三，成千上萬的人從縣境內外趕來「朝仙女山」，祭掃彭祖墓。不少名人作詩爲文，憑吊這位老壽星。（參見《彭山縣誌通訊》總第82期）

但據學者們的考證，彭山的彭祖墓，不是彭祖 NFDA1 鏗的肉身之塚，而是彭祖後裔葬身之區，是因「周末彭祖家於此而亡，因名」。曹學佺《蜀中廣記》卷74就提到彭祖「自堯曆夏殷時，封大彭，周衰始浮游四方，晚復入蜀，抵武陽家焉。」因此，唐代改武陽爲彭山縣。然而，這個彭祖塚，並非帝堯時彭人的始祖彭鏗之墓，而是彭鏗的後裔，仍以彭祖氏命名的部族首領的後裔。

（013）浙江臨安彭祖塚和彭祖廟：臨安彭祖墓和彭祖廟，它們在臨安縣城東郊10里許的百江嶺上。近年文物部門在此豎有「彭祖遺迹」石碑一塊，就在臨石公路百江嶺的路旁。據清宣統《臨安縣誌》載：「彭祖故里，在臨安縣東北十里，今有彭祖墓並廟存焉。正當八百山之中，其地號八百里，以彭祖居此，壽八百，故皆八百名。武肅王破黃巢屯兵於此。八百山古名百江嶺。」在胡月耕搜集整理的《八百里》民間故事中，有一段十分優美的神話傳說。

傳說古時候，閻王翻開《生死簿》，突然發現彭祖竟已活了250歲，這還了得！閻王大聲斥問判官道：「爲什麼讓他活了250歲呢？」判官連忙結結巴巴講起此事的來由。原來在彭祖66歲時，判官曾經派兩名小鬼前去捉拿。那天正下大雪，小鬼到了彭祖的住處。八百里當

時叫苦竹嶺。前臨苕溪水，背靠美女山。滿山竹木綴著皚皚的白雪，勝過梨花競開。小鬼無心觀賞雪景，一頭沖進彭祖的家裏，卻找不到彭祖。這時，屋後突然傳來了一陣拳擊之聲，只見一個赤膊少年正在雪地裏練一套虎拳，比山中猛虎還要威猛，把小鬼嚇得戰戰兢兢，老老實實。待他練畢虎拳，小鬼才上前施禮道：「小先生，這裏有個彭祖，你可知道？」誰知少年答道：「是我！……」小鬼追問道：「是你爺爺？」少年連忙糾正：「不！就是我呀！」兩個小鬼不由得倒退三步，上下打量著那少年，說：「你就是 66 歲的彭祖？」少年哈哈笑道：「難道還有假的？」小鬼驚問：「66 歲，爲何還是個翩翩少年！」彭祖說：「我天天打拳練武，常常耕作勞動，所以體魄強健，青春常在。就說閻王對我也沒有辦法了！」說完朗聲大笑。小鬼認定他是彭祖無疑，就臉色驟變，厲聲喝道：「彭祖，我們奉閻王之命，前來捉拿你！」彭祖聽罷笑道：「活到六十六，閻王請吃肉。不過我生來喜歡吃蔬菜，煩勞二位通報一聲，說我彭祖失禮不來了！」小鬼聽了氣得嘴吐白沫，哇哇叫道：「休得胡言，看我鐵索！」如是就「嚓朗朗」地把鐵索套了過來。彭祖笑嘻嘻站著，一動也不動地說：「爛草繩想擾動大菩薩嗎？」運足氣力，猛喝一聲：「去！」鐵索全崩斷了，反砸在小鬼頭上，打得兩小鬼鼻青眼腫，逃回地府，又不敢將此事報告閻王，竟讓彭祖活到了 250 歲。後來經過判官與閻王親自出馬捉拿彭祖，鬥爭了多少回合，都沒有取勝于彭祖，一直讓彭祖活到八百歲那年春天，才離開了苦竹嶺。他到哪里去了？據說到全國各地高山大川遊歷去了。曾有人在昆侖山上碰到過他。苦竹嶺百姓爲了紀念他，就把他住過的地方，立了一塊石碑，上寫「八百歲高壽老彭祖遺迹」，石碑至今尚存。從前這裏還建過長壽亭，造過彭祖廟。「八百里」地名說也是這樣來的。

　　究竟臨安彭祖塚所葬何人？據學者們考證，很可能也是彭姓後裔之人。《國語·鄭語》說：「彭姓彭祖、豕韋、諸稽，則商滅之也。」諸稽亦爲彭姓，彭祖之後。何光岳《古代彭部族的繁衍與遷徙》一文中說，諸稽被商滅亡後，遺族北遷到山東諸城縣西南三十里，仍名爲諸，

周爲魯國屬邑。諸邑後又爲齊國所占。吳王夫差敗齊後，一部分諸稽人南遷越國，即今的浙江一帶，逐漸融合於越族之中。由此可見，浙江臨安彭祖塚，很可能是彭姓諸稽部南遷越國的始祖墓葬。而這個墓葬也是相當古老的了。

（014）彭祖父子開拓的武夷山風光勝地：據清道光《武夷山志》載：「（彭祖）商賢大夫，即所謂老彭，隱居是山，善養生術，壽七百七十歲。子二，曰武，曰夷，同居於此。或曰，山因是得名。」查樂史《太平寰宇記》「建陽縣」條下亦說：「武夷山在縣北 128 里，蕭子開《建安記》雲：武夷山其高五百仞，岩石悉紅紫二色，望之若朝霞，有石壁峭拔數百仞於煙嵐之中，其間有木碓磨、簸箕、籮箸什器等物，靡不有之。顧野王謂之地仙之宅。半岩有懸棺數千。傳雲，昔有神人武、夷君居此，故名。」福建武夷山人還代代相傳，說彭祖是武夷山的「開山鼻祖」。傳說，殷商末年的一天，不願當大夫的老彭祖，突然攜帶彭夷、彭武兩兄弟，輾轉數千里來到武夷山，隱居在幔亭峰下，茹芝飲瀑，遁迹養生。忽然有那麼一次，彭祖竟與皇太姥、武夷君等神仙徹夜不眠，通宵達旦嘮叨個沒完沒了。彭武、彭夷感到好生奇怪，又不敢多問，也就竊竊私議起來。第二日清晨，彭祖一反常態，脫掉袍衫，挽好褲腿，紮緊腰帶，穿起草鞋，一聲不吭，拉起彭武、彭夷就往山裏走去。他們走呀！想呀！足足折騰了七七四十九天，做了九九八十一個美夢。俗話說：「好夢難成真。」可彭祖根本不信那一套，偏偏要把好夢變成真，於是帶領彭武、彭夷，腰紮刀斧，肩扛山鋤，背起包袱，上山安營紮寨，接著按照美夢那般，劈山搬岩，引水改道，栽樹種竹，做奇弄巧。彭祖想得美，幹得歡，山人便送他一個外號，叫他是「老頑童」。等到彭祖八百壽誕過了之後，彭武、彭夷兩兄弟不忍心老父親再上山勞累，就坐下來，耐心勸起老父來。彭祖見他兩兄弟如此這般孝順，也就點頭答應只當「參謀」。從此，彭武、彭夷兩兄弟便起早摸黑，自行奮力，開發不止。不知吃了多少苦頭，終於開闢了山北、山南、九曲溪三個風景區，造了九十九座岩，豎了三十六座

峰，鑿了七十二個洞，開劈了一條九曲十八彎的溪，還種了許多花草松竹，圈養了雉鳳麋鹿，蓄了獅虎蛇龍，使一個荒無人煙、遍地豹虎的荒山野嶺，變成了光耀千秋的風光勝地。後人牢記彭家父子開發武夷山的恩德，遂將其兩兒的名字各取一字，命名此山爲武夷山。

（015）**巨型石雕「武夷魂」**：現在的武夷山，已於 1999 年 12 月 1 日榮獲列入《世界文化與自然遺産名錄》的史冊。在這風光無限的碧水丹山之間的武夷山市區又增設了一座巨型石雕。石雕底座正面鐫刻著鮮豔奪目的三個朱紅大字「武夷魂」，其上雕塑出的是彭祖及其兩個兒子彭武、彭夷的威武雄姿。人們立像盡意，氣壯山河，目的正如雕塑碑銘所言：「今塑武夷魂石雕，實爲弘揚先輩拓荒精神，勉勵後人創業之鴻志」。追憶先輩拓荒者，碑銘中還有這樣一段文字：「武夷原本一片洪荒，濁浪橫流，哀鴻遍野。彭祖率彭武彭夷二子，以誇父逐日之悲壯，將此蠻荒之地墾爲人間仙境，彭祖被尊爲武夷山的鼻祖。其披荆斬棘、勵精圖治之氣概與精神，已鑄成武夷不朽之魂。峭壁船棺，南粵烽台，朱子精舍，摩崖石刻，上梅起義，赤石暴動，這歷史銀河的前驅，無一不閃爍武夷魂之靈光。武夷魂昭示天地，貫穿古今，托起生命輝煌……。」這文字告誡人們，有功於人民的人，人民將永遠以他們的功績爲楷模，勵精圖治，去開創美好的明天。

（016）**江蘇無錫彭祖墩新石器遺址**：據 2001 年《解放日報》和中華網的最新考古報道：在世紀之交，中國考古界找到了長江三角州地區江蘇無錫市鴻聲鎮的彭祖墩遺址，具體地址在鴻聲鎮的伯瀆港畔的榮更上村管家橋自然村。這是長江三角洲最早的新石器時代文化遺址，已出土一批距今 6000 年至 7000 年的新石器時代文物。這對我們研究彭祖文化提供了最有價值的信物。南京博物院考古研究所所長張敏研究員認爲，目前發掘 224 平方米，僅占 10 多萬平方米遺址的千分之二，較完整的新石器時代文物就已出土 40 多件，有石刀、石斧、石紡輪、陶盆、陶豆、陶釜、陶鼎及玉器等。可以說，彭祖墩是長江三角洲文化層次堆積最厚、包含文物最多、保存最好的歷史文化遺址。

遺址發掘點有 7 處，從發掘點的斷面可看到序列清楚的歷史年輪：表層爲耕作層，下面是唐宋元明清層，接著是商朝中期的馬橋文化層和新石器時代的馬家浜文化層。遺址東南西三面環水，狀如大蘑菇頭。它完全符合古人的擇居標準，即須地勢高聳，交通便捷，易防外敵侵擾的居住環境。這個遺址，目前仍在考古發掘中。

二、梁王點將台與廬陵彭氏古墓、牌樓與牌坊

（017）**山東定陶梁王彭越點將台**：台在山東荷澤地區定陶縣城東北 3 公里處的賈樓村西北，雅名「梁王台」。因彭越輔佐漢皇劉邦打天下時被封爲梁王，建都定陶。據記載，台爲漢梁王彭越修築，十分高大。彭越曾在臺上閱兵點將，訓練兵馬，氣勢磅礴，故名「彭越點將台」。今存的點將台，南北爲 48 米，東西爲 36 米，高 5 米，中部呈臺階狀。據傳，梁王被劉邦猜疑誅殺後，鄉人，或許也是彭氏後裔爲了紀念他，和爲他抱不平，還在臺上建廟立碑。碑文爲：「梁王力戰輔漢劉，百二山河一旦收。千古高臺遺冤恨，一片景色悼王侯。」

（018）**彭氏江西祖根地廬陵隱源山口村**：這也是個千年姓氏文化古村，即現今的江西省吉安縣油田鎮大江下村委員會的所在地。它是我國大江南北、黃河上下大半個中國彭姓人的祖根地，也是港澳臺地區和僑居海外各國彭姓人的祖根地，是彭姓人南遷的中轉站。「隱源山口」村，它源自江西彭氏的 3 世祖彭倜。倜字維賢，生於唐代宗大曆八年（773 年）登唐德宗朝進士，任江西宜春縣令。因宦官竊柄，棄官在江西廬陵五十九都的山口找到這塊風水寶地隱居故名。山口地處吉安縣最北端，既是山口，又是水口。山是貴，水是財，確實是塊人傑地靈的風水寶地。因此，從 3 世祖彭倜在此開基，直至 10 餘代的彭姓列祖列宗，包括廣東潮州開基祖彭延年，均在此出生成長，並都取得進士功名，進入仕途做官。從唐至明的 500 餘年，在江西顯赫一時，有江西「半朝彭」之說。如今山口附近幾個村莊都以彭姓居多，他們

都說是彭倜的後裔，彭玕的故里。

（019）**盧陵彭氏千年祖墓**：在山口村附近的城鄉有彭氏祖墓五塚，即 3 世祖彭倜，4 世祖彭輔，7 世祖彭師奭，8 世祖彭德顯，9 世祖彭壽。如彭倜墓，與夫人郭氏合葬本都佐護鐵芒碭，旗形令字穴，面對金山、華山二峰；彭輔墓，與夫人李氏合葬五十八都七里相公坪，坐北向南；彭師顯墓，與夫人郭氏合葬本都山口北山，五龍吐珠形，即今威德靈侯正殿亭大石下。

（020）**彭玕修築的贛江大堤**：彭氏 5 世祖彭玕（安定王），唐朝時任家鄉父母官「吉州刺史」十八年。他爲了避免水患，使人民安居樂業，爲首修築了贛江大堤。此堤經過千餘年的風雨侵蝕，至今還雄風依舊，這是彭玕造福一方的歷史功績。除此，吉州城也是在他任上修築的，奠定了今天吉安市的基礎，爲家鄉的建設作出了開創性的貢獻。

（021）**「老彭世第」彭玕祠與閱武台**：順帝至正八年（1341 年），彭玕第 18 世孫彭晉起發起，在彭氏族人的捐資下興建的。現祠已塌毀，只留遺址。除此，在吉安鄰縣的永豐縣山口村還建有彭玕祠。這是明正統十三年（1448 年），山東按察副使彭勖則倡議，由彭氏族人捐資修建而成，因彭玕成年後遷居永豐沙溪。還有，在今江西永豐縣東北 45 公里處的仁壽鄉王嶺，有彭玕閱武台。因當年彭玕守吉州時，拒絕楊吳的招撫，退出吉州城，移駐王嶺。這裏面臨深谷，地勢險要，上有一塊大石，平鋪於地，可以屯兵數萬。彭玕經常登臨絕頂巨石閱兵，後人因稱之爲「閱武台」。

（022）**江西樂安「龍頭學士」牌樓**：中國古代營建的牌樓與牌坊，大體上有木質結構，石質結構兩種，他是權貴和財富的象徵，只有比較顯赫的家族或忠烈之門才有。在今天的江西省樂安縣羅陂鄉水口村的彭家就擁有兩座，這是不可多見的古迹。先看「龍頭學士」牌樓。「龍圖學士」，系五代後唐明宗皇帝（926～933 年在位）敕贈給彭氏江西 6 世祖唐代工部尚書彭彥昭的榮膺。而牌樓則始建於元至正二十八年（1368 年），是彥昭第 8 世孫彭世臣，爲光宗耀祖而興建的。維修于

明成化十三年（1477 年），即如今的現存物。牌樓呈平面八字形，構成中門和兩側門。兩側用磚砌翼牆。樓頂爲單簷歇山式。正脊上有一壺形寶頂，頂下有蓮花座。坊額有題記、圖像雕刻。中門上題「龍圖學士」四個大字。落款兩行，一行爲「皇明成化十三年拾月立」；一行爲「賜進士及第恩江羅倫題」。羅倫系成化三年（1466 年）狀元，江西永豐人，與彭姓是世交。柱上對聯爲：「龍圖世德冠裳古；學士芳馨禮樂新。」

　　（022）**樂安羅陂鄉「刺史傳芳」牌坊**：這是彭姓後裔爲紀念和表彰江西 5 世祖彭玕而建的。彭玕曾任吉州刺史，政績卓著，封安定王。生 11 子彥武、彥暉、彥昭等，皆爲後唐和馬楚的名臣名將。牌坊建於清乾隆年間（1736～1795 年），經歷代修葺，至今保存完好。牌坊爲磚石結構，高 8 米，寬 7 米餘，兩側有八字翼牆。兩層 8 個飛簷角上，有鼇魚、獅子、花鳥圖案等泥塑裝飾。橫額題有「刺史傳芳」四個大字。落款爲「大清乾隆」等字樣。它深爲彭姓裔孫和訪古者所青睞。

三、永順彭氏土司的銅柱、城殿與土王廟

　　（024）**湖南永順王村溪州銅柱**：原在永順野雞坨下的酉水河岸。1971 年，因建鳳灘水庫而遷至王村花果山上，並建有保護亭，是全國重點保護文物之一。其實永順縣的王村古鎮，是史稱「溪州」的治所。彭氏土司的子孫在此世襲溪州刺史，土家族人稱之爲「土司王」，當時的王村鎮實際就是彭家土司的王都。它三面環水、一面靠山，古老的青石板長街仍像當年一樣，從河碼頭依山勢蜿蜒而上，長達 5 華里。土家吊腳樓順坡而建，參差錯落，土家風情令人沈醉。20 世紀 80 年代初，謝晉導演在這裏拍攝了電影《芙蓉鎮》，讓古鎮獨具特色的風光深入人心，王村也因此改名爲「芙蓉鎮」。銅柱爲五代後晉天福五年（940年），楚王馬希範與溪州刺史彭士愁一次戰後的罷兵盟約所立。其柱高 4 米，入地 2 米，八面，重 2500 公斤，柱上盟刻《復溪州銅柱記》2000

多字，楷書，字體秀麗，規定楚王管銅柱下方各州，士愁管銅柱上方地盤。士愁歸楚。楚王不得在彭氏轄區任意征派差稅。現存字刻爲宋人續刻。它是研究我國民族關係的重要實物史料。它默默見證和清晰記錄著土、漢兩族文化交流的歷史。也是彭姓祖宗爲和解民族矛盾，消弭戰爭災難所建樹的功勳。其主要內容爲：

推誠奉節宏義功臣天策府都尉武安軍節度副使判內外諸司事、永州團練使光祿大夫檢校太傅使持節永州諸軍事、行永州刺史兼禦史大夫上柱國扶風縣開國侯食邑一千戶馬希廣，奉敕監臨鑄造。天福五年正月十九日，溪州刺史彭士愁與五姓歸明，衆具件狀，飲血求誓，楚王略其詞鐫於柱之一隅。右據狀：

溪州靜邊都，自古以來，代無違背。天福四年九月，蒙王庭發軍收討不順之人。當都願將本管諸團百姓軍人及父祖本分田場土產，歸明王化。當州大鄉三亭兩縣，苦於稅課，歸順之後，請只依舊額供輸，不許管界團保軍人百姓，亂入諸州四界劫掠，詃盜逃走戶人。凡是王庭差綱收買溪貨，並都幕採伐土產，不許輒有庇占。其五姓（彭、田、龔、覃、朱）主首州縣城職掌有罪，本都申上科懲，如別無罪名，請不降官軍攻討，若有違誓約者，請准前差發大軍誅伐。一心歸順王化，永事明庭，上對三十三天明神，下將宜只爲證者。王曰：爾能恭順，我無科徭。本州賦租，自可爲供贍。本都兵士，亦不抽差。永無金革之虞，克保耕桑之業。皇天後土，山川鬼神，吾之推誠，可以元鑒……

（下爲以彭士愁爲首的五姓土司官員 69 名戴官銜簽名，略）

（025）湖南永順老司城：又名「舊司城」，在永順縣城關東 15公里處的麻岔鄉司城村。因爲溪州之戰後，雖有「溪州銅柱」爲證，但畢竟是彭氏土司兵敗臣服，加上地處水陸要津的王村經常遭受兵災的侵擾，成了土司王心中一道難以治癒的傷痛。西元 1135 年（南宋紹興五年），彭士愁的第八代孫彭福石寵終於忍痛割愛，捨棄了經營多年的王村，將王都遷到了今天的司城村，重建了一座土司城。土司王的統治在這裏又延續了 23 代，歷時 600 多年。到清雍正六年（1728 年），

城始廢。老司城前有溪流險阻，四周萬山環拱，林木參天，契合了土
司王偏安一隅的要求。老司城的面積不大，城中九條暗紅色的鵝卵石
大街仍能清晰地勾勒出當年的城垣格局，但城內的大多數建築已不復
存在，僅剩彭氏宗祠、「溫涼洞」、德政碑、翼南牌坊等遺址。遺址附
近還有觀音閣、祖師殿等古代建築和歷代彭氏土司王的墓葬，均被列
爲湖南省重點保護文物。

　　（026）**永順祖師殿**：殿在老司城東南 1 公里的山腰間。殿西向，
臨溪，山勢陡峭，是土家族彭氏現存的最早的古代建築。它建於五代
後晉天福五年（940 年），正是楚王馬希範與溪州刺史彭士愁交戰的那
一年。此後，在明代重建。主要建築爲正殿、後殿和玉皇閣。正殿面
闊 5 間，進深 4 間，重簷歇山頂。此殿柱子配列與一般堂殿不同，明
間二縫用「減柱法」，去分心柱，擴大空間以滿足宗教活動的需要。據
清《永順府志》載，祖師殿爲彭翼南（重）建。翼南爲明嘉靖時（1522
～1566 年）永順宣慰使。因此，祖師殿爲明代遺存的建築物。

　　（027）**湘西土家族土王廟與彭公爵主**：在湖南湘西土家族、苗族
自治州的土家族聚居的村寨，都立有「土王廟」。每年春節後，土家族
在土王廟裏舉行隆重祭祀，跳擺手舞，成爲一種民族風俗的節日活動。
土王廟又稱土王祠、擺手堂，是湘西土家族崇奉的祖先神廟。他們供
奉的神爲五代溪州刺史彭士愁和向老官人、田好漢三人。因土王自稱
本爵，故土民稱士愁爲「彭公爵主」。

四、粵東彭園與彭氏文化古村廣東舊縣村

　　（028）**粵東第一座私家園林—彭園**：據 1996 年 5 月 10 日《南方
農村報》報道，在廣東揭陽市榕城區梅雲鎮厚洋（原浦口）村，有一
座重建于清同治十二年（1878 年）的彭氏宗祠，前臨清溪，雙橋橫跨，
舟系竹蔭，古榕蓊鬱，陌上稻香魚肥，金柑盈累。有詩贊道：震峰彭
公在何方？廣東浦口有祠堂。長堤碧草含春色，義井甘泉噴異香。躍

馬揮刀除倭寇，解囊治水救饑腸。潮民攔首相留苦，長使英雄住揭陽。
「這宗祠奉祀的第一人，就是詩中所描述的彭氏南粵始祖、北宋潮州
知軍彭震峰，到廣東當官後，政績卓著。他晚年辭官隱居異鄉揭陽浦
口村後，受皇帝所賜，在浦口村興建一座精美的私家居宅，於是他便
傾爲官數十年的積蓄，創建了這粵東第一座私家園林。創建時，他親
自選址、設計，並從老家江西廬陵請來同族石匠施工。園址選在距縣
城 5 公里多的彭氏宗祠東邊興建。這兒遠近有山，北臨榕彙，東連田
疇，周圍煙村散落，鬧中有靜。在 1 萬多平方米的土地上，建有四望
樓、碧漣亭、藥圃、東堂、書齋、武館、水榭、假山等建築，配以松
竹梅等花木，構成宋代典型的文人園林景觀。主要的大型建築四望樓，
高 3 層，樓上挂有書畫名家的作品。登樓仰望，流雲星月，意境開朗。
園中假山疊石，九曲回欄，水榭涼亭，別有洞天。小池有渠與園前小
溪相通，清流不息。整座園林，佈局嚴謹，疏密有致，抗震性強，簡
遠、疏朗、雅致、天然，達到情景與哲理交融境界。構築物件，融中
原氣派與潮汕特色於一體，精巧細緻，色彩鮮明。尤其是潮汕的金漆
木雕，花木、人物、動物，造型生動，鮮活淡雅，耐人尋味。連從廬
陵請來負責施工的著名匠人彭大匠，也讚賞不已。彭園建成，他特地
要了一份圖紙帶回老家。而後彭園不幸遭元軍焚毀，僅存遺址。幸喜
當年彭大匠帶走的彭園建築圖紙尚存，幾經轉折，已在 20 世紀 90 年
代初回到浦口村彭氏後裔手上，又重建彭園。並由旅台後裔、著名學
者、百歲高齡的彭精一老人書寫」彭園「園額，俊逸蒼勁的書法，實
爲難得。

　　（029）**彭氏特色文化古村廣東舊縣村**：據 2003 年《彭氏通訊》
第 9 期成功、張立臣報道：在廣東湛江湖光岩正南 1 公里處，有一個
具有明清風格的古宅群，人們稱之爲」湖光岩彭家大宅院「。在這裏
居住的彭姓村民有 6000 多人，仍然保留著古樸的民風民俗。這裏隨處
可見幾個世紀前的先人們用勤勞和智慧所創造的文明痕迹，這就是彭
氏文化古村湖光鎮舊縣村。在約兩平方公里的地盤上，井然有序、縱

横有致的街巷，規範方正的具有中原特色的四合院，雕工細膩的門墩、門檻和堅實精美的瓦檔和屋脊飛簷，風吹雨蝕、剝落殘損的磚牆。走進村裏，不同歷史時期的印記在這些房子的屋牆上都能找到：剝落的屋檐，牆頭上精美的花卉、雲紋浮雕比比皆是；那口被列爲國家保護文物的古井已有 800 多年的歷史；一處兩米多高的磚牆被一顆榕樹吞食，猶如龍蛇盤繞，甚爲奇觀，成了村童遊戲之所和遊人駐足之處；散落在村中廣場大榕樹下的堆雕工精湛的石雕，顯示著古人的工藝水平和建築風格；村裏上年歲的老人仍然衣著古樸，與舊宅院和諧地融爲一體。據史料稱：」舊縣在湛江市霞山區西南 15 公里處，屬湖光鎮，人口 6200 人。「另據《遂溪縣誌》載：」隋開皇十年（590 年）置鐵鈀縣。唐天寶二年（743 年）改鐵鈀縣爲遂溪縣，縣治在二十二都舊縣村。村以在舊縣城得名，村落沿鐵鈀水（現名舊縣河）自西向東呈帶狀，建築多爲四合院。古跡有泰山府古廟和宋鹹淳六年（1270 年）重修的舊縣井及衙前石獅、石鼓等。

　　（030）**宋朝古井龍眼井（市文物保護古井）和西井（八角井）：**兩井並列，相距 30 米，形似龍眼，故名。據許多專家鑒定爲舊縣府內水井。

　　（031）**隋朝古石獅：**隋唐時代縣衙門前門獅，現搬擺在彭氏宗祠門口。這對門獅相貌不同，據說有雌雄之別。這是舊縣城遺留下來最珍貴的文物。

　　（032）**唐代古塔遺石：**這些遺石中，有蓮花石、化寶石、茶几石等，都是古塔遺留下來的。塔的位置在現今正泰公（大公）廟後右邊。現在稱爲「塔園」正是這個意思。塔亦稱爲「文筆」，意思是文化發達的地方。這對鐵鈀具有重大考古意義。

　　（033）**泰山府古廟：**廟內有康、班侯王活動神像與碑刻群。此廟最遲是唐代所建，此後曆代都有所修繕。依據是廟裏的儺舞的兵將面具，因爲這種面具在唐代就有了；還有正月十五元宵節的「班主公」神像，是廟中最古老的一個，這在神像刷新時（開光），可見其主體只

剩下一支朽木，其表面的袍甲面容等，全是用紙漿塑造起來，以年代推算起碼是唐代或以前的，故舊縣村「泰山府」被列爲湛江市重點文物保護單位；

　　（034）**湖光岩「鄉賢祠」**：祠門前的對聯曰：「鄉人亦樂此；賢者皆好之。」「鄉賢祠」三個大字爲羅鼎書寫。祠裏殿上有三個神牌，中間李剛，左邊紀應炎，右邊彭更。

　　（035）**彭氏宗祠與湖岩公祠**：兩祠都是明代所建。湖岩公祠門聯曰：「長江綿世澤；平地起樓臺。」內有《彭族祠堂碑誌》，巨型石碑文爲進士彭更撰書。

　　（036）**棍川巡檢司遺址**：據考古證實，其總部設在壇坡（現在海軍農場）練兵場，有其「旗杆壇」（暗坐洋）。過去的巡檢司相當於現在的海軍司令部。

　　（037）**宋代狀元橋**：由下埠村通往郡城，也是下江港口通往縣城的主要橋梁，即現在的東壇橋仔。過去橋側有碑文豎立。

　　（038）**紀應炎的繡球樓**：在下埠後的東北部。

　　（039）**千年古樹烏賊樹**：經植物研究所作標本鑒別，無法辨別其名稱。故古人見形狀似烏賊而命名。

　　2004 年 1 月 15 日，由湛江市麻章區湖光鎮三級政府派員到舊縣村舉行「湛江市首批特色文化村」的挂牌儀式，並贈送電視機、圖書、桌凳等物件，促進村莊的文化建設和精神文明建設，全村幹部村民及彭姓人家都非常珍惜這一殊榮，表示要發揚光大。

五、彭時故里安福松田村與彭華功德刻石群

　　地處江西安福縣城東 7.5 公里，與楓田鎮隔河相距 1.5 公里。東臨瀘水河，南連東陽峰，西與石屋山、新屋場、黃牛嶺相接，北靠安福火車站至吉安的公路，與新屋下、梅林、坊下毗鄰。總面積爲 7.5 平方公里，轄松田、洲上、對面、戴家、下頭 5 個自然村。有耕地 2154

畝，其中水田 1160 畝，旱地有 994 畝。現有人口 1139 人，是個從元末至今聚族而居的彭姓村莊，爲明代狀元少保彭時的故里。據 1995 年出版的《松田村志》記載的「名勝古迹」有 8 處之多。

（041）**松田石屋洞**：座落在村西南石屋山上，分爲光洞、暗洞。光洞高敞明亮，洞內可容數百人。洞內有小洞名「園應岩」，門窗儼然，四壁刻有精彩的畫面。暗洞又名「思元洞」，洞口有一石，長年滴水，飲之清爽甘甜。進去是崢嶸崎嶇的「七星洞」，洞內深而昏暗，高舉火把進洞，洞頂有如夜空。更有趣的是，在「星星」中有一條五彩長虹直貫南北。在石壁下有石床、石鍋、石缸。洞口右側，有一石塊形似躺臥的「母豬」，旁有幾隻「豬崽」正在吃奶，形象逼真。另一塊石壁下似一張方桌，四周宛如有四個姑娘在玩牌。左側地上平放著半邊「豬肉」。洞的四壁有了岩、牧岩、無犀岩、翠岩，甚至還有風穴、「牡丹」等勝景清泉，有如仙境，美不勝收。明朝正德年間（1506～1521 年），靖州太守彭簪辭官歸來，曾隱居石屋山，自號「石屋山人」。他築「玩易」草堂，設尋樂園，建臥雲亭，辟池塘，在洞的四周栽花種樹。文人墨客劉球、鄒守益、程文德等都曾慕名前來石屋山遊覽。彭簪曾撰編《石屋山志》，著名文學家唐順之爲之作序曰：「石屋山者，安成山水之勝處也。彭君隱焉而樂之。既官于四方，而恨不能與俱。於是纂爲圖志若干卷。凡岩洞之嶔奇，飛泉之噴薄，草木禽魚之窈窕，朝霞夕暉之變化，不假登頓，不勞騁望，而宛然坐得於此。不離乎軒裳圭組之間，而渺然自縱乎幽遐詭異蕭散之觀。雖人之未嘗至石屋者，亦將於是焉，可以神遊而意到也。」

（042）**松田黃牛嶺**：位於村西北，原稱「龍山」。相傳有一天傍晚，神農騎一條黃牛路過此山。忽然，黃牛一驚，止步不前。神農正奇怪時，又見龍山腳下一老農手執香燭、供果在祭龍山。神農走上前去，問農夫：「何故拜山？」老農愁苦地答道：「我有耕牛病了，吃藥全不見效。若牛病死，耕田不成，全家就要餓死。我來祭拜山神菩薩，保佑耕牛病好平安。」神農聽了點點頭，並對自騎的黃牛說：「你就在

這山上爲神吧！好好保佑這地方的耕牛，爲農家造福！」黃牛點頭問：「我何時回天庭呢？」神農指著腳下的土說：「待這些松土變硬了，你再回天庭！」從此，黃牛就在龍山爲神，保佑農家耕牛平安無災。村民感激萬分，就把龍山稱「黃牛嶺」。嶺上蒼松翠柏，四季常青。龍潭清泉，長流不息。景色秀麗，幽靜宜人。從山腳到山頂，有 78 級石臺階。沿階而上，山腰上有石人、石馬，還有石門。進石門登上山頂，一座七層古塔矗立其上，頗爲壯觀。塔頂有顆晶瑩的明珠，到夜晚光芒四射。塔後建有庵堂，清朝年間復建有雙泉庵。四周還有無塵、觀妙、飛仙、白鶴、黃牛、雲仙等樓群。庵內菩薩很多，成了佛教聖地，四方朝拜者往來不絕。可惜庵堂早毀，僅存古塔。

　　（043）**松田東陽峰**：又名「屏風山」，山形如屏風聳立，故稱。山勢高峻磅礴，山腰有 3 層巨石環繞，有如三道鐵箍。傳說原先該山每年長高 3 尺，天上的玉皇大帝怕它長得撐破天，就下三道鐵箍壓之，從此山就不再長高了。山上有巨石，每臨降雨時，有霧氣從石上升，村民觀之可預知晴雨。山上樹木成蔭，花草繁盛。山下溪水長流，碧綠澄沏。山後有五嶺，名尖峰、喜嶺、芙峰、白馬、寶華。遠遠望去，有如五馬奔騰，且有回頭之勢。民間稱此景觀，爲「五馬回朝」，東陽峰側爲「吊馬椿」。

　　（044）**松田東陽井**：座落在村的東南。井口平面呈正方形，邊長1.5 米，四周嵌有 4 塊大青石板，井壁以青磚砌築而成，深 8 米。井水四季清澈見底，夏涼冬溫，清爽可口。井邊有棵梧桐樹，自築井至今有 600 年之久，第一代枯老被風吹倒，現今第二代粗壯挺拔，屹立于井邊，猶如一個綠裝衛士守護著古井。

　　（045）**松田狀元樟**：村的四周和瀘水河舊河道岸邊，有一條環抱式古樟樹林帶，由上百株古樟組成。樹齡有五、六百年，大棵樹莖兩人牽手都難相抱，至今仍蒼勁挺拔，翠綠欲滴，生機勃勃，千姿百態。村莊猶如建在一隻大綠盆中，環境格外優雅。相傳這片樟樹林是明朝正統十三年（1148 年）狀元、宰相彭時的父親有鑒於樟樹「紋理成章」，

寓意「文章」之兆，就在彭時赴考前，種下了這片樟林，希冀兒子金榜奪魁，後果遂其心意。就在彭時走馬上任前，又親手在這片樟樹林裏栽下了幾棵樟樹，意在借用樟樹蒼勁挺拔，百折不撓，傲岸不屈的品格以自勉明志。後來彭時爲官果然以樟樹風格成爲明朝的一代名宦。不僅如此，沿續至今樟樹品格仍在教育激勵彭姓族人及村民後代做人的道理。

（046）**松田狀元祠**：又稱中溪彭氏宗祠，座落在村前的正中央。它始建於明景泰庚午年（1450 年），由彭琉負責建造，歷時五載。祠前是狀元坊，坊前有狀元坪，坪前有兩口大水塘。水塘前有條小溪，長年流水不息。宗祠構築由三棟相連而成，長 46.5 米，寬 23 米，總面積爲 1070 平方米，規模巨大。前棟中間有大天井，兩邊是廂房。中棟正中較高，兩邊廂房與前棟相連，樓上曰「鐘鼓樓」，風吹則鳴。樓下爲正堂，後邊板壁上雕有《二十四孝圖》，如王祥臥冰、孟宗哭竹、董永賣身……等。後棟寬敞，是春秋或盛事祭祀祖先之堂，有 8 根大柱豎立於廳。正中上首懸挂「敦敘堂」金色大牌匾。正堂那 8 根大屋柱上挂有四副楹聯。第一聯爲：「兄狀元，弟會元，六年間壓兩京一十三省豪傑；左太師，右少師，二房下開四鄉千百萬代書香」。第二聯爲：「一門雙柱石，兵部、禮部、吏部；三科四狀會，戊辰、丙辰、庚戌」。第三聯是：「仕曆四朝雙宰相；恩榮三代六尚書。」第四聯是：「源遠流長，永推古梅分兩派；勳賢理學，世仰安成第一家。」在中、後棟之間有個小天井，正中綴著個大石龜，龜背上豎有一大理石碑，其上刻有「孝悌和睦」4 個大字。祠前的狀元坊與宗祠的主體建築相呼應，坊爲花崗石構建，寬 10 米，高 12 米，坊有三間四柱，下設 3 門。坊上正門頂嵌有「相府」兩個大字，中層畫有戲劇故事和花卉圖案。下層左邊嵌「狀元」，右邊嵌「會元」4 個大字，在正門兩邊的門的門額之上。坊上雕龍塑鳳，工藝精細，坊正中頂端設有五彩瓷塔。坊上 3 門的兩邊分別各有一副對聯：一聯爲「松柏乃故，廬舍依然，從茲堂構聿新，春露秋霜隆祀事；田隴綴青，峰巒簪翠，佇看人文蔚起，螽

斯麟趾振家聲」；二聯爲「中天換碧桃，景仰丞相祠堂，毋忘祖訓；溪水映綠柳，要知狀元門第，仍是漢家」；三聯爲「赫赫元魁第；堂堂宰相家」。

（047）松田禦史坊：也稱長房祠，位於洲上村前正中，一直行分前後兩棟，中間用天井分隔，坊高 8 米，長 30 米，寬 23.5 米，總面積爲 705 平方米。建于明天順庚辰年（1460 年），爲彭頎鄉試中舉後，官南京河南、貴州兩道監察禦史而建。坊的上層正中雕有花板，嵌「元相世家」4 字。中層中央刻有「都禦史」3 個大字，兩邊有副對聯：「門對陽峰層層高；戶靠瀘水涓涓流。」前棟有正門，兩邊是廂房。後棟是正堂，爲清明、冬至祭祀祖先之處所。

（048）松田節孝坊：在村東土壟中心通往楓田鎮的大路上。明正德丁卯年（1507 年），爲表彰村人邑庠生彭帷耀之母李氏而建。李氏丈夫 20 歲逝世，留下幼小的兒女和年邁多病的翁姑。李氏一人，頂天立地。她對丈夫貞節，對公婆孝敬，對兒女克盡教養之責，曆盡甜酸苦辣，勞累一生。兒子取得功名後，立「節孝坊」紀念她，並借此教育後代。坊用青石構成，4 柱 3 間，石柱圓形。每層梁坊都雕刻有各種不同紋飾，工藝精湛。中央橫額刻有「節孝」兩個大字。

上述勝迹，大多是明代建築，由於時間久遠，跨越近 600 年，再加之維修保護不善，特別是在文化大革命十年浩動中橫遭人爲破壞，有的已成斷壁殘垣，亟待修復。尤其是東陽峰、石屋山、白馬峰三景，由於地質結構富含石灰石，近年正在大力開發，爆炸之聲，地動山搖。石屋山暗洞已被炸掉，光洞與東陽峰也岌岌可危。「白馬」、「黃牛」，也可能厄運難逃。狀元祠的中、後棟改建爲國家的糧食倉庫，前棟在不同時期辦過松田初級小學和夜校，現爲村上幼稚園。這是筆者 1995年 11 月訪問故里時所見，深爲惋惜。

（049）江西安福彭華功德刻石群：據 1995 年 7 月 29 日《中國青年報》報道：1992 年初夏，江西省文物工作者在江西安福縣山莊鄉大智村境內，發現了延綿近 3 華里，計有 1 萬餘字，總面積達 200 多平

方米的明代岩刻群。刻石中面積最小的不到 1 平方米，最大的「還德亭」刻石高 4.5 米，寬 6.7 米，陰刻 6 釐米大小的文字近 3000 個。經考證，這群岩刻爲明代成化年間（1465～1487 年），入閣參預機務的禮部尙書、翰林學士彭華的功德刻石群。題鐫者中，有先後擔任內閣宰輔的李賢、彭時，奉政大夫李紹、劉定之，奉訓大夫柯潛，駙馬都尉周景等數十名朝中重臣。其中彭時、柯潛分列正統十三年（1448 年）、景泰二年（1451 年）殿試狀元，劉定之位居正統元年（1436 年）京都會試會元、殿試榜眼。刻石囊括了贊文、詩章、詞賦、賀表、題辭等文體；還有彭華之父彭貫（正統進士，曾任浙江按察司僉事）鐫刻的挽詩、墓表、祭文等。許多詩文詞章，不僅彌補了佚失的缺陷，還可補正《明史》等史籍的疏漏。據有關資料表明，這樣大面積的古代功德刻石群，迄今爲止，尙屬首次發現。

　　這群岩刻雖歷經 500 多年的風雨侵蝕，絕大部分字迹仍依稀可辨，爲研究明代社會的政治、歷史、文化，提供了極其寶貴的實物資料。1993 年 3 月，大智村又發現了一塊雕琢精美、造型奇特的黑白雙色大理石材質，落款爲成化十八年（1482 年）的「奉天誥命」殘碑，碑文現存 75 字，記載了明憲宗朱見深對彭華及其父母的旌表敕命。從而，爲揭開這一大型功德刻石群的鐫刻紀年和起因之謎，提供了確切的佐證，它確實是彭華的功德刻石群。

六、河南鄧縣彭公祠及其他彭家文化遺址

　　（050）**河南鄧縣彭公祠**：它座落在今鄧州市城南。這個「彭公」是指的鄧縣人彭而述。而述，字禹峰，明崇禎間（1628～1644 年）進士。曾授陽曲（今太原市）知縣、貴州巡撫，後調雲南布政使，翰林院大學士，做過清康熙帝少年時代的老師，人們尊稱他爲「彭公」。他逝世後，康熙爲了紀念這位老師，不忘他的教誨之恩，特差人在老師的故鄉鄧縣城南修了這座彭公祠，還在彭公的塑像前塑了一尊自己跪

拜老師的像，以表達康熙帝尊師重教之情。

（051）**福建武夷山五夫鎮彭氏宗祠**：古鎮五夫鎮，位於福建省武夷山市東南 50 公里，因唐宋年間出了五位大夫而得名。五夫彭氏源自八閩第一祖彭遷。約 1127 年，彭遷第 13 世孫彭龘（字子占），由武夷山崇安縣遷居開耀鄉，至今已傳 42 代，2000 餘人。五夫彭氏 15 世祖彭時中，字明運，謚中輔，明洪武戊午科（1378 年）進士，初任三原縣令，後升兩廣鎮海將軍。世人贊之爲：「聲名垂竹冊，大半蠹魚蟲，惟有三原令，堂階日月同。」因其有功于國，有功于族，後人于清康熙五十年（1711 年）把大興寺右邊經閣改建爲彭氏宗祠，內塑彭中輔像，供彭氏子孫祭拜。後經清同治年間重修，保存至今。曾受到不同程度的損壞。爲拯救文化古迹，在彭墩道（34 世）的倡議下，族人捐資重修宗祠，經幾年努力，現已修葺一新，恢復原貌，並塑武夷山第一祖彭遷公妣寶像於內。經武夷山市宗教事務局審核認定，彭氏宗祠與大興寺一道成爲五夫鎮四大旅遊聖地之一。自 1997 年起對外開放，遊人不斷，香火旺盛。2003 年，福建省文化廳還頒發八閩祠堂紀念匾，懸挂于彭氏祠堂中央。

（052）**湖南桂陽龍渡嶺彭家**：據《桂陽彭氏族譜》記載（彭德馨整理），桂陽彭氏聚居的龍渡嶺，是體連五嶺、黛秀一方的桂陽一絕。唐《輿地紀勝》中叫它「神渡山」，位於桂陽縣清和鄉南境，離桂陽城 10 公里外，是縣城的南陲屏障，蓉城八景之一，如今已辟爲龍渡嶺林場。傳說此嶺曾住著九條龍，故山頂又稱「九龍寨」。九條龍中有條白龍，經千年修煉，已成靈物。它不甘屈居於這方寸之地，想奔往騎田嶺，獨霸一方。一天，它騰空飛渡，頓時飛沙走石，雨暴風狂，卻驚動了天神，致使玉帝派員下界，對白龍揮鞭呵斥，迫使它落下雲霄，盤旋山岡，急得它喘氣爲雲，吐沫成瀑，自此這山就叫龍渡嶺了。嶺上雜木蔥郁，鮮花如繡，雲氣蒸騰，清泉飛瀑，且能預報晴雨。據清康熙《桂陽州志》記載：山腰若白雲系挂，則天必晴朗；若見白雲帽蓋，則天必下雨。故此便有「龍渡晴雲」的美稱。山頂有怪石，石下

泉分二竅，左右而下，似玉龍流淌山麓，潤澤阡陌。而北面山麓一泉，從石壁伸出的石坊上流出，很像是龍嘴吐珠。彭姓人請來能工巧匠，鑿石坊爲龍頭，泉水從龍口中流出，人稱「龍泉」。出口下立有石碑一塊，書刻三尺見方的「龍泉」二字，遒勁有力。水成小溪，向北流淌，溪中生長著一種奇特的螺，屁股平齊而無螺紋，不作荤肴，卻可藥用，專治小兒疳疾，拾取者甚多。

（053）**龍渡廟與方池**：唐時，在桂陽龍渡嶺山上建有靈潤侯廟，以敬奉龍的飛雲吐液功德，俗稱「龍渡廟」。此後宋、明、清三朝，有皇帝賜的「廟額」和州官刻寫的「廟記」、「廟碑」。廟前有口奇特的池，天生石界，方正如田，稱「方池」。池冒泉水，一般情況下終年不涸不溢。每當三月，上山觀池，如見溢水，這年必遭大旱；如若乾涸，並池旁草木莖葉被蟲吃食，當年必見蟲災。因此，人們又叫方池爲「神田」，或叫「靈池」。因山上風狂雷激雨傾，明正德年間，彭姓人等將龍渡廟遷至山麓。廟宇建築雄偉，工藝精湛，棟梁簷柱，全被雕龍纏繞。廟裏供奉的全是龍的神象。前殿是龍公龍母，正殿供著龍王，千姿百態，栩栩如生。明代瀘州知州何銳曾在此題《龍渡晴雲》一詩，以志勝概。詩雲：「山擁遊雲氣若飛，翠微千疊映空奇。氣通回雁連天遠，光射金烏渡影遲。五嶺瘴銷春掩藹，九嶷晴見碧參差。於今海內懸林望，莫曳殘虹飲碧池。」

（054）**貴州貴陽市香紙溝彭氏宗祠**：屬貴陽市香紙溝風景區，距市中心區 42 公里，距貴開路 8 公里。現有旅遊專線車輛直達，起點站在貴陽市黔靈公園門口。這所景區，其淵源與彭氏有著很大的關係。600 多年前，明皇朱元璋「調北征南」時，有彭氏祖先封湖南侯爺越國汪公的，率領一支軍隊來到這裏屯駐。爲祭祀陣亡將士，彭汪在此伐竹造紙做冥品，采香葉做香。爲表達對湖南故鄉的思念，把這裏定名爲「湘紙溝」。沒想到香紙卻逐漸成爲這裏的特產行業，此處地名也演變成了「香紙溝」。生產香紙的造紙作坊用的仍是中國最古老的造紙法。在這裏，可以真實地看到《天工開物》中記載的 72 道造紙工序。

住在這裏的彭姓後裔所建的彭氏宗祠，至今還供奉著「越國汪公彭氏宗祖之位」。溝內林木茂盛，河溪蜿蜒，鳳尾竹姿影婆娑，彭姓農舍和古老的水車散落其間，風景清幽，如詩如畫。景區內的農家床位有八百多個，賓館床位 300 多個。農家賓館 30 餘家，以農家包穀飯、小豆湯、家常炒菜爲主，獨具特色，價廉物美。

（055）江蘇蘇州古建築彭定求故居：位於今江蘇蘇州市古城區東南十金街 67 號，又名「南畇草堂」，因定求字南畇故名，是定求的讀書處。後來定求的著作亦刊行爲《南畇全集》。彭氏誼莊（義莊）亦構建於此，故又稱「彭義里」。後來定求的狀元孫子彭啓豐，也住在這裏，故也稱「尙書里」。這裏更是彭氏在明代遷居來蘇州的世代聚族而居的市井。如今還在十梓街 168 號，保留了一幢彭氏宅第，稱爲「彭宅」。這兩處，現今都是蘇州市區古建築的保護單位之一，實屬難得。除此，定求和弟子們在相門內講學的文星閣，俗稱鐘樓，現今在蘇州大學本部校區，亦有幸保護完好，也屬蘇州市文物保護單位之一。

（056）長沙泉嘶井彭六安公館：彭六安（1912～1991 年），湖南湘陰人，長沙航運業巨頭，中華人民共和國建立後，任湖南省工商聯名譽主席，中國工商聯執委。公館爲民國年間建築的雙層樓房，位於泉嘶井街。泉嘶井位於天心區，南起西文廟坪，北止上黎家坡。此地原有古井，傳說晚間井中發出嘶鳴之聲故名。泉嘶井街今存有古代大石磨，麻石上刻槽尙完整。有副街名趣對，把「泉嘶」嵌入聯內，很工整。聯曰：「東西紅木四牌樓，樓中走馬；彭左陳洪伍家井，井內泉嘶。」

七、現代彭家烈士與彭德懷元帥等的紀念地

（057）武昌三烈士街彭劉楊路：位於武漢市武昌城區中部，是我國用三姓聯合命路的唯一街道，是爲紀念和頌揚辛亥革命武昌首義三烈士的壯舉而命名。三烈士爲彭楚藩、劉復基和楊洪勝。楚藩，原名

家棟、潭藩、字青雲，湖北鄂城人。因向往日本明治維新，遂立志變革。宣統三年（1911 年），先後加入文學社和共進會，任憲兵營革命代表。後文學社與共進會聯合成立湖北革命軍總指揮部，被推爲軍事籌備委員。10 月 9 日得知漢口機關暴露，與蔣翊武等決定當夜起義，後因孫武在漢口試製炮彈失慎爆炸、起義機關暴露而被捕。審訊時，他英勇不屈，視死如歸，怒斥清政府媚外投降、喪權辱國的罪行，當即於 10 月 10 日清晨被害于總督衙門前。1948 年，爲紀念武昌首義三烈士，特將武昌平閱路改爲彭劉楊路，是武昌城區幹道之一，中段與解放路交彙處是繁華的商業區。

（058）**鄂州彭楚藩烈士墓**：因楚藩是湖北鄂城人，故被害後遺體被運回故鄉，安葬在鄂州市區的西山。現爲省級文物保護單位。

（059）**四川成都彭大將軍專祠**：在今成都青白江區城廂鎮（原屬金堂縣）公園內。系 1938 年按孫中山大總統生前指令修建。祠爲一幢三間中式平房，庭院約 10 畝，綠蔭修竹，幽靜宜人。彭家珍，號席儒（1887～1912 年），四川金堂人，青年時畢業于成都陸軍武備學堂，後去日本考察軍事，曾參加同盟會。1912 年初，在北京炸死清軍諮使良弼，自己也受傷犧牲。同年三月，革命黨人追認爲大將軍。1953 年中央人民政府毛澤東主席簽發彭家珍烈士光榮紀念證。1980 年「彭大將軍專祠」被列爲四川省文物保護單位。1985 年以來，由彭大將軍專祠管委會和烈士堂弟彭家祥收到海內外人士捐贈的人民幣 35 萬元。新建彭大將軍專祠及紀念堂、匾額、碑廊、塑像、墓園等烈士紀念建築物，占地面積 10250 平方米。1995 年彭大將軍專祠被列爲成都市愛國主義教育基地。

（060）**成都彭大將軍紀念堂**：是一座新修的歇山式仿古建築，綠瓦紅柱。紀念堂四周懸挂有孫中山、章太炎、蔣中正、宋子文、孔祥熙、陳立夫、陳誠、于右任、馮玉祥、孫科、李宗仁、孫惠芳等要人題贈的 12 幅金匾。紀念堂側壁上懸挂有彭大將軍遺像，在日本參加同盟會時合影，彭家珍革命的行蹤圖，遺囑摘抄，遺體照片；孫中山先

生親率要人參加彭家珍墓遷葬儀式，及黃興、陳英士、宋教仁、譚延闓等憑吊彭家珍墓的照片。在紀念堂八個展櫃中陳列有 300 餘件彭家珍先烈的史料、文獻、照片、遺物和書報。有彭家珍在成都陸軍武備學堂的地理課筆記及其使用過的硯臺、銅墨盒、銅鎮子及家書。還有 1912 年 1 月彭家珍向同盟會所寫的八條意見書，有彭家珍正義凜然的遺囑，以及彭家珍致同盟會趙鐵、黃以鏞的訣別信。有 1913 年印製的彭大將軍榮哀錄等。1986 年新建碑廊，青瓦紅柱走廊，鐫刻有孫穗芳、馬萬祺、王寬誠、霍英東、胡厥文、許德珩、楚圖南、鬍子昂、王昆倫等海內外知名人士題贈的百餘件珍貴墨寶。

（061）**成都彭大將軍雕像**：1986 年建成彭家珍先烈的漢白玉全身雕像，連基座高 6 米。雕像基座正面有孫中山先生題寫的「我老彭收功彈丸」七個大字。底後面還有孫穗芳、彭家祥、彭傳直撰寫的《彭家珍大將軍事略》。

（062）**廣東海豐彭湃故居**：在廣東海豐縣海城鎮東部龍舌埔。彭湃於 1896 年 10 月 22 日誕生於此。1925 年 3 月，國民革命軍第一次東征攻克海豐後，周恩來曾在此與彭湃研究工作，革命軍顧問鮑羅庭、加倫將軍曾在此住宿。1925 年 6 月革命軍回師廣州，國民黨軍閥陳炯明殘部重陷海豐城時，故居遭焚毀。現僅存牆基。

（063）**彭湃得趣書室**：在廣東海豐縣城內。原是彭湃讀書處。1922 年夏，彭湃開展農民運動，在這裏與赤山、龍山的張媽安、李思賢等青年農民首先成立海豐「六人農會」。常在書室接待來訪的農民群眾，研究農會工作。1925 年 3 月，第一次東征勝利後，周恩來在這裏幫助建立了中共海陸豐特別支部。年底，中共海豐地委成立後也在此辦公（不久遷往鹽湖）。1928 年 3 月海豐蘇維埃失敗後，此室被國民黨燒毀。1953 年，按原貌重建。

（064）**彭德懷等領導的平江起義舊址**：在湖南平江縣城東北郊，舊址原為天嶽書院，建於 1867 年，坐南朝北，磚木結構，有大門、中廳、後廳和東、西齋等建築物，占地面積 3000 平方米。1928 年，彭

德懷率國民革命軍獨立第一師第一團到平江，其一團駐紮在此。7 月 22 日，彭德懷、滕代遠、黃公略等在此發動了起義，一舉攻克平江縣城。翌晨，起義軍在縣城召開祝捷大會，宣告中國工農紅軍第五軍成立，彭德懷任軍長，滕代遠任政治委員。隨後，部隊撤離縣城到達黃金洞一帶，開拓了湘贛邊根據地。舊址保持完整。現爲平江縣第一中學使用。當年彭、滕、黃的住房、會議室等均按原貌陳列。現已辟爲旅遊景點。

　　（065）**平江彭德懷巨型坐騎銅像**：人民緬懷彭元帥的功績，紀念起義 60 周年時，在紀念館前的廣場上，鑄塑了一尊彭德懷元帥騎在駿馬上的巨型銅像。像高 4.12 米，座高 7.12 米，重 3.7 噸。氣勢磅礴，造型優美，鑄工精良。彭總勒馬炯視前方，坐騎昂首翹尾，前蹄大有臨空飛奔之狀，再現了當年元帥橫刀立馬，指揮千軍的英雄氣概。紀念起義 70 周年時，在銅像鑄塑的對面再建造了一座大型浮雕石碑，用紅色花岡岩精心刻制四幅浮雕，反映波瀾壯闊的人民革命鬥爭的情景。

　　（066）**彭德懷元帥故里湘潭烏石寨**：從湘潭市西站乘車西南行，距市區約 40 公里的地方，有一座直插雲天的險峰，名叫烏石峰。在烏石峰的東麓，有一個風景優美的山村，這就是人民共和國元帥彭德懷將軍的故里 —— 湘潭縣烏石寨。這裏因誕生了這位舉世聞名的彭大元帥而揚名天下，遂成爲著名的革命紀念地和旅遊勝地，致使瞻仰者和觀光者絡繹不絕。

　　（067）**烏石彭德懷故居**：故居原爲幾間茅草房。在 1925 年至 1927 年間由彭德華（即彭德懷）的弟弟金華、榮華用他在湘軍當營、團長時的薪金，蓋起了如現在所見到的這棟坐西北朝東南的粉牆青瓦平房。1938 年曾在這裏建立了中共彭家圍子黨支部，彭金華任支部書記。同年，金華的妻子周淑身、榮華的妻子龍國英也先後入黨。1940 年金華兄弟遇害，葬在故居後山。1983 年夏，王震將軍題「彭金華、彭榮華烈士之墓」於其上。1958 年 12 月 16 日，彭德懷回故鄉視察時，在故居住了一晚。1961 年 11 月 5 日，彭德懷又一次回到故居，在這

裏住了一個月零 5 天，白天接待來訪群眾，外出調查研究或參加生産勞動，晚上坐在煤油燈前，親手寫下了 4 個農村調查報告。彭德懷兩次回鄉，都住在故居的東正房。這裏原是彭榮華、龍國英夫婦的臥室。現在室內的用具，是按 1961 年彭德懷住時的原貌陳設，床鋪、櫃子、書桌、坐凳、洗臉架等均系原物，其他東西是按原樣複製的。堂屋間額上懸挂有鄧小平題寫的「彭德懷同志故居」橫匾。

（068）**烏石昭雪樹**：彭德懷故居院內有一顆柑子樹，樹冠亭亭如蓋，是彭德懷回家鄉時親手所植。據傳，在彭德懷蒙冤期間，此樹曾枯槁，昭雪之後又重發新枝，而今枝葉繁茂，秋天果實累累，人們稱之爲「昭雪樹」。

（069）**彭德懷墓**：1974 年 11 月 29 日，彭元帥病逝于北京。當時化名王川，火化後骨灰盒存放在成都東郊火葬場。1978 年 12 月 24 日，彭德懷平反昭雪，骨灰盒安放在八寶山革命公墓。1996 年 12 月，彭德懷親屬遵照其本人遺願，請求中央批准，將其骨灰從八寶山革命公墓遷烏石故里。1999 年 12 月，經中央同意，彭德懷骨灰安葬在烏石峰麓。蒼松翠柏，莊重蕭穆。墓牆爲巨型花崗岩長城造型，墓體爲黑色花崗岩棱形造型。

（70）**烏石德懷亭**：位於烏石峰虎形山之背脊，亭高 10 米，八角重簷，雕龍畫菊，背依觀景台，前眺紀念館。亭址原在山麓，1988 年新加坡華人陳成福先生捐幣 1 萬 5 仟元，縣人黃半耕先生捐幣 5 仟元所建，亭高 8 米，六角重簷。

（071）**黃荊坪元帥樹**：黃荊坪流葉橋畔有棵生長了 500 年的重陽木，高 22 米，徑 1.2 米。在 1958 年 12 月 16 日，彭德懷回鄉考察到此，喝退利斧，將樹保留至今。1998 年 10 月 24 日，國家林業局等單位舉辦的「中華 100 棵名樹」公選養護活動，將此樹確立爲「中華名樹」，並命名爲「元帥樹」。

（072）**楠木沖水庫**：1958 年彭德懷回鄉視察時倡議所修，大壩高築，水清如玉，四周青山環抱，翠峰白雲倒映其中，令人留連忘返。

農田灌溉受益，水旱無憂。

（073）**烏石寨與烏石廟**：烏石峰海拔 377.5 米，是南嶽 72 峰之一。山勢連綿，巍峨聳峙。清代著名書法家趙啓霖撰聯雲：「烏飛將近月；石破欲撐天」，以形容其山勢的險峻。元末，大將軍易華屯兵烏石，在峰頂及周圍建 48 寨，以抗明軍。此寨即爲烏石寨，遺址尚存。後人爲祭祀這位疏財仗義的大將軍，在山頂立一廟，叫「烏石廟」。清代學者趙啓霖爲此題聯曰：「保障一方，有功德於民則祀；巍峨萬仞，想英靈厥濯如生。」在烏石峰東南的平川上，有九座山丘，向烏石峰簇擁。荷花盛開之季，似九條采蓮之船，蕩漾在蓮鄉荷海。故人們名之曰：「九船采蓮」，爲烏石一大優美景觀。尤其是雨時觀烏石峰，煙雨嫋嫋，霧靄朦朦，忽隱忽現，猶如人間仙境。故人們又名之曰：「烏峰煙雨」，令人陶醉。

（074）**烏石彭德懷立身銅像**：他聳立在德懷故居對面的臥虎山上，銅像身著元帥服，高 5.1 米，基座高 3 米，爲花崗岩石造型，總高 8.1 米。威武凜然，昂首挺胸，再現了彭總無限忠於黨、忠於人民、無私無畏的一代偉人形象。

（075）彭德懷紀念館：它建成於 1998 年彭德懷誕辰百周年前夕，金碧輝煌的仿古牌樓，坦蕩康莊的德懷大道，巍巍矗立的彭德懷銅像，玲瓏別致獨具風格的彭德懷紀念館，座落在翠綠的烏石峰麓，淋漓地展示了大自然美與人文環境美的和諧統一。該館被列爲全國文物系統十佳陳列展覽精品之首，建築面積 3100 平方米。它採用中國傳統的庭院式佈局，疏密有致地設立 4 個大展廳共 8 個大展室。序廳爲一個寬敞的八角形，正牆由三組紅色浮雕組成，分別表現的是：血戰羅霄、百團大戰、抗美援朝。正中一座半身圓雕，塑造了解放戰爭中的彭德懷。後面是兩副壁畫，主題爲「致力於軍隊建設」、「和人民群衆心連心。」紀念館陳列分 4 個部分，用 3400 多張照片，300 多件文物和一大批珍貴藝術展品，採用了聲、光、電多種表現手段，生動、藝術地再現了彭德懷偉大、光輝、戰鬥的一生。江澤民主席題寫館名。

第八章　彭姓名賢

　　彭姓從始祖彭鏗公至今，已經歷了近 4 千年的文明史，在這條隨著歷史年代推移的長河中，她也和中華民族的其他姓氏一樣，在其特定的歷史條件下和特殊的人物活動中，曾湧現過許多傑出的人物。也是名賢輩出，燦若群星，數以千計。現根據《中國人民大辭典》、《古今圖書集成》、《中國叢書綜錄》、《古今同姓名大辭典》、《中國地方誌集成》等著作及其他史錄，萃選不同歷史時期的彭姓名賢 126 人，載諸簡策，希圖用他們所創造的業績，激勵後人，讓人們從祖先的業績中接受精神營養，吸取奮鬥力量，與時俱進去開創更美好的明天。

一、先秦兩漢名賢

　　（001）**彭　鏗**：（生卒年未詳）字籛，名鏗，俗稱彭祖。一說姓籛名鏗。唐堯時彭城人，爲彭姓始祖。養生學家。相傳他享年八百，爲長壽明星，曆唐虞夏商和西周五個時代。唐堯時受封彭城爲方伯，在商爲守藏史，在周爲柱下史。娶 49 妻，生 54 子。

　　（002）**彭　壽**：（生卒年未詳）夏啓時彭城人，受封伯爵，稱彭伯壽。夏啓十五年，奉命帥師征西河，平定了武觀的叛亂，贏得了天下太平。

　　（003）**彭　宗**：（生卒年未詳）字法先，西周時彭城人，藥物學家。青年時代拜藥物學家杜仲爲師，誦《丹經》五千言，能治跌打損傷及蛇毒，年高百五而不衰老。周厲王曾遣仙官迎宗進宮，敕敕爲「太清真人」，住赤城宮，作厲王禦醫。

（004）**彭仲爽**：（生卒年未詳）春秋時楚人。爲楚文王令尹（相當宰相）。「相楚有功，能滅申息二國爲郡縣，廣楚封畛，至於汝水，而陳蔡之君皆入朝，故仲爽家世爲大夫」（鄧名世《古今姓氏書辨證》）。

（005）**彭　名**：（生卒年未詳）春秋時泰安人。爲楚共王駕戰車的將領。前575年，晉楚鄢陵之戰，共王被射傷眼睛，但終究被彭名護駕脫險。

（006）**彭　生**：（生卒年未詳）春秋時楚人，楚大夫。前538年的吳楚戰爭中，曾奉命率軍隊去賴地築城以禦吳，後因發生水災而未果。

（007）**彭　更**：（生卒年未詳）戰國時潛山人。儒學家，孟子高徒。曾隨孟子遊說諸侯。並提出「後車數十乘，從者數百人，以傳食諸侯，不以泰乎？」的問題，與孟子討論。

（008）**彭　越**：（？－前0196年）字仲，今山東諸城縣人。常漁鉅野澤中，以撈魚蝦爲業。爲人具有組織才幹，辦事果斷善謀，豪壯勇敢而富有魄力。秦末天下大亂，仿陳勝吳廣揭竿而起。後聚衆數萬與漢高帝劉邦會合，擊滅楚王項羽於垓下。劉邦封越爲梁王，建都定陶（今山東定陶縣西北）。前196年（漢高祖十一年），被部下陷害，以陰謀發動叛亂罪，爲呂後所誅，且滅其家族。

（009）**彭　宣**：（？－0004年），字子佩，諡號頃侯，淮陽國陽夏（今河南淮陽縣）人。年少時習《周易》，拜張禹爲師，被推薦爲博士和東平國太傅。後張禹爲帝師，被繼續推舉於朝，曆仕漢元帝、漢成帝、漢哀帝，漢平帝及漢末帝劉嬰五個朝代。官終大司空，封長平侯致仕。爲人恭順、儉樸有法度。在官位上有起有落，是個善於知足而止步的人。晚年遇王莽執政，立即致仕。史學家班固評價他說：「彭宣發現危險，及時止步，是不同於那種失掉官位的人。」

（010）**彭　威**：（生卒年不詳），長平侯彭宣次子。從小飽讀詩書，明經理，任南郡太守。當時外戚王莽代漢室建新朝，威與東郡太守翟義、嚴鄉侯劉信謀劃誅王莽，立劉信爲天子，要爲正統的漢代劉家爭

天下，聚兵十餘萬，奪城池，占車驛，聲勢浩大。最後被王莽彈壓，死於非命。

（011）**彭　弘**：（？－0007年）亦作宏，今河南南陽人，漢哀帝時爲漁陽太守。他不僅身材高大，體魄魁梧，儀錶堂堂，食量很大，引爲當地人注目，而且清廉耿直，辦事公正能幹。他在保衛邊疆地區的安全、維護人民生活穩定等方面，政績卓著，在老百姓中享有崇高威望。但遇王莽攝政時，大力排除異己，誅殺不服從自己的人，他與何武、鮑宣一同遇害，還有南陽彭偉及郡國中豪傑受牽連，被處死者有幾百人。

（012）**彭　寵**：（？－0029年），字伯通，河南南陽人。年輕時爲郡吏，新王莽地皇中期（20～22年）爲大司空士。後歸附光武帝劉秀，封建忠侯，賜號大將軍，負責軍務後勤供應，轉運糧草軍需物品，爲劉秀奪取天下建立政權作出了較大貢獻。由於劉秀（光武帝）賞罰不公，激起了彭寵的懷恨情緒，以致自命爲燕王與劉秀抗衡而遭來橫禍，被家奴所害。

（013）**彭　修**：（生卒年不詳），字子陽，東漢時淮陽陽夏人，彭宣曾孫。以義舉孝行聞名鄉里。15歲時隨父從東郡太守任上回毗陵（今江蘇常州），在途被強人劫持，他挺身而出爲父親替死，致使強人感化而父子脫險。後被徵召爲州從事。州里幾百農民聚衆造反，郡守請修擔任吳縣縣令，與他一同進剿。進剿中，彭修用自己的身子掩護太守，被飛箭射死。造反者向來聽說彭修是個義舉孝行的人，馬上用箭射殺了那個射中彭修的人。而後投降的投降，散夥的散夥。他們高喊著「我們是因爲彭修君的恩義而放下武器，而不是歸順了你郡守！」

（014）**彭　翼**：（生卒年不詳），東漢末年江西宜春人。在亂世中，他歷官建平、長沙、北海三郡太守。建平治所在今福建建陽縣東南建溪東岸，長沙治所在今湖南長沙市，北海治所在今山東昌樂縣西。他連任三郡太守，有政績，被封爲宜春侯，爲老百姓所擁戴。但由於漢獻帝劉協九歲登基，是個傀儡，朝政大權旁落在相國董卓手中。董卓

本性錢忍，殺人無度，貪得無厭，縱兵搶劫，任人唯親。彭翼迫於這種情勢，只得及早引退回鄉。

（015）彭　虎：（生卒年未詳），東漢末年時江西鄱陽人，爲東漢農民起義軍領袖。他在很短時間裏，在鄱陽湖地區聚衆數萬人與官軍戰鬥，殺貪官，濟貧困。他採用與敵人迂回作戰的遊擊戰術，望見敵軍的旌旗便散走，乘敵軍少的地方就聚衆合殲。但因寡不敵衆而失敗，被孫權部隊所鎮壓。

（016）彭　羕：（生卒年未詳），字永年，東漢末年三國初時廣漢（今四川射陽縣南）人。他身高8尺，體態魁偉，容貌端莊，但生性高傲，不愛理睬人。唯敬重同鄉郡人秦子勅，在他的推薦下，做了州里書佐類的小官。後遭衆人攻毀，把他告到州牧劉璋那裏，劉璋罰羕剃了光頭服苦役。這時已是211年12月，正逢蜀先主劉備入蜀，在龐統的幫助下，羕被推舉到劉備手下，作了傳達軍令行動和指導諸位將領的工作，幹得出色，很合劉備心意。劉備賞識他的才幹，214年任益州牧時，提拔彭羕爲治中從事。後來，由於諸葛亮在劉備跟前密進彭羕「心大志高，難保以後他會作出什麼來」的讒言，致使劉備疏遠了他，外調他作了江陽（今四川瀘州市）太守。彭羕內心不快，因降職而說了劉備的一些怪話，召來殺身之災，下獄被除，時年僅37歲。

二、魏晉南北朝名賢

（017）彭　祈：（生卒年未詳）西晉時甘肅襄武（今隴西縣東南）人。初爲州別駕從事。後曆官西郡、酒泉、弘農、略陽四郡太守。西郡治所在今甘肅永昌縣西北，酒泉治所在今甘肅酒泉，弘農治所在今河南靈寶縣東北故函谷關城，略陽治所在今甘肅秦安縣東南。因治四郡有功，最終被封爲晉侯。

（018）彭　抗：（生卒年未詳）字武楊，東晉至南朝時人，居蘭陵。南朝宋武帝時舉孝廉，累遷尚書左丞。以長女嫁許遜，得許遜仙

術，宋武帝永初二年辛酉（421年）六月十六日，舉家合計42口，白日升天，被傳爲「神話」，壽136歲。北宋徽宗勅封其人爲「潛忠眞人」。

（019）**彭 樂**：（生卒年未詳）字子興，南北朝（齊梁）時人，居安定。官北齊（550～577年）左命功臣，東魏並州刺史，神武勇悍，屢戰屢勝，助北齊神武帝高歡打敗西魏，有功進大都督，封陳留王，遷任太尉。天保二年（551年），陰謀反叛而被誅。

三、隋唐五代名賢

（020）**彭景直**：（生卒年未詳），盛唐時河北河澗人。陳留王彭樂的6世孫。唐中宗永昌元年（689年）己醜科狀元。這時正值周聖神皇帝武則天主持朝政，在宮廷內廣招文辭優士，密令景直參與政要，處理百司奏章，被稱「北門學士」，協助宰相工作。後又任禮部尚書多年。到中宗重定後的景龍二年（708年），出任禮部郎中，負責管理國家典章制度、祭祀、學校、科舉和接待四方賓客等事務。

（021）**彭 雲**：（生唐玄宗開元三年乙卯，715年），又號構雲，盛唐時江西宜春人。自少努力向上，潛心研讀陰陽圖緯有關風水環境科學的書籍而著迷，不願入仕作官而隱居鄉里。唐玄宗李隆基（712～756年在位），曾遣使者用蒲輪一種專爲迎接「新賢士」的車子，將彭雲請到朝廷，再按程式命任他爲官，可他自認爲不合意，還是堅決把官辭了，回到自己的家鄉隱居，直至命終。

（022）**彭 伉**：（生卒年不詳），字維嵩，中唐時宜春人，彭雲之孫。與弟儀同登唐貞元七年（辛未791年）進士，歷官石泉（今四川北川縣）縣令、岳州（今湖南岳陽市）銀參，有學識才幹，以能稱職，有政績。

（023）**彭彥章**：（？－919年）唐末五代時江西吉安人，吉州刺史彭玕之侄。904年8月，朱溫叛唐，遣將殺死了唐昭宗，扶立唐哀宗，操持朝政大權。這時彥章任袁州（今江西宜春市）刺史。他與撫

州（今江西杭州市）危全諷等連兵攻洪州（今江西南昌市）。大將周本繼被擊敗。危全諷又乘勝攻袁州，控制彥章共同歸附吳宣帝楊隆演。吳帝署他們為百勝軍使。武義元年（919 年），吳越兵自東洲入侵，吳宣帝命其與裨將陳汾迎敵，戰鬥在浪山江。彥章先拒敵軍，敗下陣來，陳汾為保存自己的實力，按兵不動，致使彥章戰死沙場。楊隆基立即殺了陳汾，並沒收其家產的一半賜予彥章家小以終身。

（024）彭　佘：（生卒年不詳），唐末江西婺源人。黃巢起義時，佘得到當地老百姓的擁戴，也毅然豎起了婺源彭王的造反大旗，率農民起義軍捍衛自己的家鄉，不幸與官兵作戰中壯烈犧牲。老百姓懷念他的功德，為他立廟祭奠他的亡靈。直至南宋理宗趙昀主政的開慶（1259 年）年間，蒙古的蒙哥帶兵「親征」四川重慶，受圍的南宋官兵中，有人假託彭佘的威望，舉起婺源彭王的大旗，高高擎舉在空中。在彭王大旗的感召下，個個奮勇抗擊蒙古侵略軍，並擊斃了蒙哥首領而獲大捷。帥兵將領李遇龍以「彭佘顯靈」事上報朝廷，宋理宗對彭佘大加讚賞，正式封他為「婺源王」。

（025）彭世昌：（生卒年不詳），唐末五代時江西宜春人。為人謹慎，辦事認真，很注重自我的品德修養，常以名節嚴格要求自己，行為端莊，有學問。唐末吳王楊行密稱帝時，被封為長史，為之羽翼，輔佐楊行密管理好國家。他十分重視農業的發展和減輕農民的負擔，多次下令招集流亡農民定居耕種，實行輕徭薄賦政策，促進了江淮楚地經濟的恢復和發展，呈現出一派繁榮景象。楊行密逝世後，世昌也因病謝官歸家，隱居于宜春修仁鄉不再仕。

（026）彭　偃：（生卒年不詳），據《古今圖書集成》記載，偃銳子進取，有學問，善辭令，自稱為宰相，常情緒有所抑鬱，言行不謙而隱匿田家耕種。建中四年（783 年）十月，涇原駐軍叛唐，擁立朱泚為王，趁唐德宗李適離開京都之機，朱泚宣佈以親王身份代理主持朝政，登上皇位，自稱大秦皇帝，改年號為應天，並委任彭偃為中書舍人，負責起草朝廷的文件。彭偃為朱泚草擬詔書說：「在我（指朱泚）

被軟禁的時候（781年朱泚因弟朱滔叛唐受牽連而被軟禁），天子玉璽自己跑來了，難道我這薄德的人能夠憑著謀劃強求得來的麼！」彭偃圓了他作宰相的夢，輔佐朱泚當了年多皇帝，而失敗告終。

（027）**彭　曉**：（生卒年不詳），字秀川，五代後蜀時永康（今四川崇慶縣）人。廣政初（938年），後蜀後主孟昶（934年～965年在位）任曉為朝散郎，守尚書祠，後為祠部員外郎，賜紫金魚袋。然而他意不在作官，志在寫作和修煉養生之道，時人以別號稱他「貞一子」。他曾把道家魏伯陽的《修同契》分為九十章，並為之作注。有《明鏡圖》傳世。

（028）**彭　璫**：字武仲，五代南唐時崇安（今福建崇安縣）人。祖父彭遷，官至千牛衛上將軍。父彭漢，為台州（治所在今浙江臨海縣）軍事判官。璫少年好學，通達經史，家很富饒，有財產。性喜釋道經典，與扣泳禪師很友好，常與之講經論道，並在家居的東廂修建一精舍給禪師居住。南唐中（937～975年）出仕為連州（今廣東連縣）兵馬都監，最後被提升為殿中監。後人以他奏請家鄉溫嶺鎮改崇安場有功，為他立祠以示紀念。在縣城立了三個丈多高的「三丈王」，他就是其中的一個。他的子孫歷來為官者居多，在崇安是個顯赫的家族。

四、遼宋金元名賢

（029）**彭　戩**：（生卒年不詳），四川渠縣人，北宋元豐中（1078～1085年）舉進士。那時正值王安石變法時期，新舊兩派勢力鬥爭劇烈。一批讀書人不願捲入政治旋渦，而放棄仕途，彭戩可說是這類知識份子的代表。他舉進士後，雖為兩浙提舉，伺奉祠廟，但他不願作官，他效仿當時一些士大夫蓄了一對鶴，在逗樂動物和讀書生活中消磨時光。他辭官歸隱時，江左士大夫為他送行，在餞行詩中就有「扁舟載雙鶴，萬卷貯群書」兩句詩表明他的心跡。

（030）**彭　乘**：（生卒年不詳），字利建，北宋益州華陽（今四川

成都市）人。年少以好學稱州里，生性純樸。進士及第後，嘗與同年生登相國寺閣，皆瞻顧鄉關，有從宦之樂。惟乘獨西望悵然曰：「親老矣！安敢舍晨昏之奉，而圖一生之榮乎！」第二天，奏乞侍養。居數日，授漢陽軍判官，遂得請以歸。天禧初（1017 年），因寇準薦，爲館閣校勘，後改天平軍節度推官。參與校正《南北史》、《隋書》，改秘書省著作佐郎，遷本省丞、集賢校理。懇求方便養親，授四川普州知州，蜀人得守鄉郡，自彭乘始。普州文教不發達，他積極興辦學校，培養人才。乘父卒，既葬，有甘露降于墓柏，人以爲孝行感動了天地。服除，知荆門軍，改太常博士。召還同判尙書刑部，出知安州，徙提點京西刑獄，改夔州路轉運使。會土賊田忠霸誘下溪州蠻將內寇，乘適按郡至境，大集邊吏，勒兵下山以備賊，賊遁去。因遣人間之，其黨斬忠霸，夷其家。召修起居注，擢知制誥，累遷工部郎中，入翰林爲學士，領吏部流內銓、三班院，爲群牧使。乘性質重、寡言、純孝，不喜事生業，聚書萬餘卷，皆手自刊校，蜀中所傳書多出於乘，而從不張揚自己。初修起居注缺中書舍人，而乘在選中，帝指乘曰：「此老儒雅，有恬退名，無以易之。」及召見，諭曰「卿先朝舊臣，久補外，而未嘗自言。」對曰：「臣生孤遠，自量其分，安敢過有所望。」帝頗嘉之。晚歲，曆典贊命，而文辭少工雲。既病，仁宗賜太醫診視，賜以禁中珍劑。卒，賜白金三百兩。禦史知雜何郯請贈官，不許，詔一子給奉終喪。

宋時另外一位彭乘，江西高安人，生於神宗（1067～1085 在位）時，所著《墨客揮犀》。于宋代遺聞軼事，以及詩話文評。徵引頗詳洽。

（031）彭　任：（生卒年不詳），北宋四川廣安軍岳池人，是個傑出的外交人員。宋仁宗慶曆初（1041～1048 年）契丹在北邊境駐劄軍隊，並遣大臣到宋，前來索要關南土地，不給就要動武力發動戰爭，情況危急。富弼在朝選擇聘答人員，大臣們都懼怕契丹，不敢任聘前去。唯彭任自告奮勇，入朝叩見仁宗說：「人主憂慮，臣下恥辱，臣下豈敢愛惜生命，貪生怕死！」即派彭任與富弼同行，出使契丹。在行

道中，彭任是個細心人，他問富弼：假若朝廷所給的國書，與皇上口授的有差異，又如何處置呢？在彭任的提醒下，富弼趕緊把國書拿出來閱讀，果如其言。富、彭立即躍馬回京師，連夜求見皇上，改換國書，從而保證了這次出使契丹的成功。由於彭、富二人的努力，契丹不再提議索取土地與婚配的事，一心只要增加歲幣，這就達到了仁宗授予出使者要求達到的目的，爲國家避免了一場戰爭的災難。

另有一彭任，明末清初江西寧都人。字中叔。一字遜仕。諸生，鼎革後，結廬三巘山，名所居曰「一草亭」，足不履城市。後居翠微峰，爲易堂九子之一，論朱陸異同，爲學者之病，不在辨之不明，而在行之不篤。卒年八十有四，著有《禮法類編》、《草亭文集》，收入《彭中叔文鈔》。

（032）**彭汝礪**：（生卒年不詳），字器資，北宋時江西鄱陽人。治平二年（1065年）乙巳科狀元，官終樞密都承旨。中狀元後，歷官保信軍（治所在今安徽合肥市）推官、武安軍（治所今湖南長沙市）掌書記、潭州軍事推官、國子直講、大理寺丞、太子中允、監察禦史里行、江西轉運判官、京西提點刑獄等。元祐二年（1087年）召用爲起居舍人，三年晉升爲中書舍人，賜金魚紫袋，後加官集賢殿修撰，入權兵、刑二部侍郎。他認爲有獄案應寬大，執政大臣以特旨殺的，汝礪堅持不殺，因而激怒了執政大臣，使之懲罰汝礪的部下。汝礪嚴辭辯說：「皇帝的制書有不便的地方，允許奏論，這是制度，部下又有什麼罪？」於是自我彈劾請求去職，奏章四次上呈。結果，皇帝詔令免去對汝礪部下的懲罰，而移汝礪任職禮部，又轉吏部侍郎及代理吏部尚書。言官認爲他曾依附劉摯，以寶文閣直學士身份爲成都知府，沒有去赴任，多次上奏章，又降爲待制，知江州，到達江州幾個月後，因病去世，時在哲宗趙煦朝，終年54歲。這時朝廷正任命他爲樞密都承旨，掌管兵部與吏部要務，只得將此消息告賜其家人。汝礪一生讀書爲文，志向遠大，表述明白，言行取捨，必定合符義理，與人交往，必盡誠意。著有《鄱陽集》、《易義》、《詩義》、《詩文》五十卷傳世。

　　（033）**彭汝霖**：（生卒生不祥），字岩老，北宋狀元彭汝礪之弟。中進士後，以曾布推薦爲朝庭秘書丞，又擢升爲殿中侍禦史。身爲右仆射（宰相）的曾布在用人爲戶部侍郎的問題上，選了女婿之父陳佑甫，蔡京挑唆宋徽宗說：「爵祿是陛下的爵祿，怎能讓宰相私自授予他的親信呢？」此事曾布被罷相爲觀文殿大學士、潤州知州，並牽連及彭汝霖，也隨之罷去了侍禦史，調知秦州。蔡京取代了曾布的相位，仍不甘心，又羅織罪名陷害曾布，再次降官，汝霖亦再次受貶爲濮州團練副使。直至蔡京受貶，汝霖才又調回京都升任顯謨閣待制，卒于任上。

　　（034）**彭汝方**：（？－1121年），字宜老，北宋狀元彭汝礪之弟，進士出身。宣和初（1119～1125年）因向朝廷上書論治理國家大事，由通判衢州（今浙江衢縣）使者而提升爲衢州知州事。當時北宋王朝正處在滅國的風雨飄搖之中，皇帝宋徽宗爲戀書畫而朝政荒疏，以媚事蔡京而得官的朱勔（miǎn　免），投宋徽宗花石之好，在吳中地區大肆搜取奇石異卉運往京師進獻，致使百姓苦不堪言。宣和二年（1120年）十月，方臘在青溪（今浙江淳安）以誅朱勔爲號召，聚師起義。第二年初，義軍攻陷婺、衢、處三州。因當時國勢衰微，外要對付金兵，州郡無兵可禦，爲官者大都聞風而逃，而憂國憂民的彭汝方，則慨然奮起，組織全家人馬投入守城戰鬥，總奈孤城獨懸，死守幾日後，終因敵不過義軍而以身殉職，全家遇害。卒後賜諡忠毅。

　　（035）**彭思永**：（999－1070年），字季長，北宋時江西吉安人。少年上學時，曾在校門外拾得金釵一枚，訪歸失主，具有拾金不昧的誠實品德。中進士後，累官侍禦史。皇　　NFDC0　　中（1049～1053年），在天子宣明政教的堂上舉行祭典，慶賞百官遷升職位，思永以抗論張堯佐、王守忠升遷不當而被罷侍禦史，外放知宣州（今安徽宣城縣），後又知成都府，再拜禦史中丞。當時有人追崇濮安懿王，朝廷諫官多以罪罷掉與追崇懿王關係密切的人。思永認爲打擊面過寬，力陳這樣處置那些人，對朝廷不利，請召還那些被罷官的人。宋神宗即位

（1067 年），思永出知黃州（今湖北黃岡），熙寧三年（1070 年），以戶部待郎致仕，不久逝於家中，享年 71 歲。思永爲人仁厚待人，廉潔自律，寬恕爲懷。母親逝世時，鄉人前來送禮，他一概拒之不收。兒子彭衛也很孝敬父母，謹以父老需要照顧爲由，棄官十餘年在家侍奉，得眾鄉親的稱頌。

（036）**彭　持**：（生卒年不詳），字知權，北宋時江西分宜人，少年喜學西漢古文字。入縣學時，有知軍州事張顓，接見諸生時，總先令來者作詩賦，認爲此人有才學，他才接見，否則槪不接待，因此很多讀書人想見他，而又不敢面對他作詩賦。而彭持卻說：「我們這地方就沒有能人啊！」於是他鼓起勇氣去拜訪張顓。張顓先令他作《日新之謂盛德，賦藏器待用》一詩。彭持也就按　　NFDC2　　的要求即刻寫成，並作得很出色，讓張顓大加稱讚，彭持也就順利被推薦入太學深造，與當時名士臨江孔仲武齊名。而後擢升進士甲科，元豐間（1078～1085 年）累遷至司農丞，後出爲監司，最終晉升爲奉議郎、江西提舉。

（037）**彭　俞**：（生卒年不詳），北宋時江西宜春人。少年時，隱居於今江西武功山北翼的集雲峰靜僻地，刻苦攻讀，研究學習《周易》等經書，自號連山。于宋哲宗紹聖四年（1097 年）中進士，知江蘇溧陽縣事，負責處理冤獄案件甚多。他辦案深入細緻，從調查研究入手，公平公正地讓百姓滿意，充分表現了他的辦事才能，深得上司賞識，有監司連忙推薦他晉升至朝散郎。有《文集》二百卷傳世。

（038）**彭天益**：（生卒年不祥），北宋時湖南攸縣人。登元祐三年（1088 年）鄉薦，崇寧（1102～1106 年）初，爲太學博士，後因與朝廷議論不合，放任外官，到湖南作提舉。大觀（1107～1110 年）間，他上書朝廷言及權奸誤國的大事，得罪了宋徽宗而受貶，年僅 50 歲就退休回家，隱居於司空山下，寄情於山水間，無拘無束，自由自在地從事寫作，著有《瑞麟集》傳世。

（039）**彭　路**：（生卒年不詳），字通達，北宋時福建崇安人。年

少時苦讀經史，議論寫作，文思清新。獲崇寧三年（1104年）特奏第一名狀元，爲宋徽宗所稱讚，並給予嘉獎。彭路用詩謝皇恩，徽宗又令翰林學士寫詩和答彭路，一時傳爲佳話。

（040）**彭　拯**：（生卒年不詳），字原中，北宋時福建崇安人。年少時與兄並肩赴京趕考，其父朝議公彭侯特作一詩以資勉勵：「送汝趨京邑，休辭馬上塵。人知官祿貴，家爲買書貧。淬勵先修業，軒騰欲奮身。此行偕攬轡，同醉杏花春。」後來，他兩兄弟終入太學，拯登政和二年（1112年）進士及第。調任江西撫州（今臨川）法曹，又爲江蘇真州（今儀征）及浙江婺州（今金華）教授，後又調辟雍（當時的大學）任正職，升辟雍博士。不久又遷睦宗西宅大小學教授，改宗學錄。由於這時他給皇帝上書，言「任子」這種世襲制度選拔人才的弊端，（「任子」是歷朝沿襲的一種選官制度，指二千石以上的官吏，任滿一定年限可以保舉子弟一人爲郎）是濫用皇恩。有關部門壓下奏書，並把他降副職調到湖南沅州（今芷江）爲官。他悲憤交加，卒于任上。有子彭昌言，曾知湖南桂陽軍和作臨武縣的地方官。

（041）**彭　孫**：（生卒年不詳），北宋時廣西岑溪人。年少時勇敢自負，處事動之以情，曉之以理，有主見，很會說服不同觀點的人。北宋仁宗（1022～1064年在位）時，國家積弱積貧，土地兼併嚴重，加之西夏和遼的不斷侵擾，人民無法生存，因而不斷爆發農民起義。彭孫是在這種時代背景下，於皇佑（1049～1053年）間，被招募去討伐起義軍的。他深知下層人民的苦難，憑著他的勇敢和膽識，沒有去血腥鎮壓起義軍，而是單騎深入起義軍中，作耐心細緻的說服教育工作。於是多路起義軍在他的誠心規勸下放下了武器，從而贏得了朝廷的好評。累官山東萊州（今掖縣）防禦使，封隴西郡侯。

（042）**彭仲剛**：（生卒年不詳），字子復，南宋時廣西來賓人。乾道（1165～1173年）進士。最初任浙江金華主簿，後調浙江臨海令。他爲官清廉，辦事公平，深入民衆，排難解紛，深受百姓信賴。召爲勅令所刪定官，遷升國子監丞。後任廣西全州知府，減輕郡費，放寬

商務收稅，積極興辦教育，政績卓著。調離時，老百姓依依不捨地稱頌他說：「何時又能得到像您這樣的太守呢？」後放知安徽豪州，未赴任，特令提舉浙東常平。與鄭玉道同撰《琴堂諭俗編》傳世。

（043）彭　合：（生卒年不詳），南宋江西吉安人。高宗（1127～1162年在位）時爲湖北清江（今恩施縣）主簿。他處處關心百姓疾苦，山區土地貧瘠，而賦稅又收得很重，民不堪命，他向皇帝奏明情況，恩准減免賦稅，讓民休養生息，發展了生產，有政績，升任京西總領。他卒于任上，當靈柩經過清江時，老百姓都相聚而哭，並描像立祠侍奉。生二子，長子彭商老，爲廣東南雄州司理，後又任南安通判。次子彭漢老，知湖南常德府，在任時，有豪民劉庚誣陷當地一老百姓叫仆的爲強盜，要處以死刑，經漢老深入調查取證，證明是劉庚蓄意所謀，立即免除了仆的死刑，遏制了豪強，扶助了弱小，深受百姓擁戴。

（044）彭龜年：（？－206年），字子壽，南宋江西臨江人。他生性聰穎，讀書勤奮，是朱熹、張栻門下的高才生。乾道五年（1169年）中進士後，歷任袁州宜春尉、吉州安福縣丞、後拜爲太學博士、兼任魏王府教授，又升國子監丞、禦史台主簿、改任司農寺丞，進秘書郎兼嘉王府直講、起居舍人。慶元元年（1195年），甯宗即位，遷中書舍人，拜侍講，遷吏部侍郎。他曾極力規勸光宗盡孝道，消除與父親孝宗的隔閡。甯宗時又極言小人竊國的弊端，與權奸作殊死的鬥爭。由於論斥權奸韓侂冑而降職外放，以煥章閣侍制身份出任江陵府知府、湖北安撫使。在與權奸的反復鬥爭中，慶元二年（1196年）被革職，後又三次被除名。直至嘉泰元年（1201年），才官復原職，不久拜爲集英殿修撰，並提舉沖佑觀。開禧二年（1206年）以侍制寶謨閣職務退休。回家不久即去世。儘管當時朱子理學被當成僞學受到壓制打擊，而龜年則始終堅持以理學作學問研究。著有《止堂訓蒙》、《經解》、《祭儀》、《五致錄》、《內治聖鑒》、《止堂集》等傳世。他學識廣博，議論簡明正直，對善惡是非，辨析嚴格。他愛君憂國的誠信，先

見之明的見識，敢言的氣魄，都是人們所難以做到的。甯宗對他的評價是：「彭龜年忠心耿耿可嘉，應該得到諡號。如果人人如此，一定能使君主處於無過錯的境地！」於是贈予寶謨閣直學士，又加贈龍圖閣學士，賜諡號「忠肅」。有子彭欽，恩蔭授予軍器監主簿，有人想刪定其父所編著的《內治聖鑒》，他認爲不可，極力反對。爲此事，他不安心在朝廷當差，請求外放，任浙江嘉興通判。有監司旌表他爲官清廉，平易近人，是受老百姓擁戴的好官。

（045）**彭　蠡**：（lǐ 禮或 lí 離），約生活於 1194～1264 年前後，字師範，號梅坡。南宋江西都昌人。理學家朱熹的得意門生。在朱熹守江西南康（今星子縣）時，他袖出疑義請朱熹解答，深受朱熹器重，尊稱他爲「吾友彭師範勝士」。分析問題精湛有見地，江淮學者都以他爲師，尊敬他，稱他爲「梅坡先生」。官終吏部尙書。晚年回家鄉立精舍于石潭，號石潭精舍進行授徒講學，書院（精舍）負有盛名。

（046）**彭　方**：（生卒年不詳），字季正，號彊齋。南宋時江西都昌人，彭蠡之子。理學家朱熹守南康時，隨父就讀于朱熹門下。少年時在省試中奪魁。紹熙四年（1193 年）中進士，累官至祭酒，執法殿中，後遷兵部右侍郎、龍圖閣學士，諡號文定。晚年回故里創辦寶林書院，授徒講學。著有《彊齋集》傳世。

（047）**彭　億**：（生卒年不詳）字宋延，南宋時福建福州人。是個很有作爲的地方官吏。南宋「紹興和議」後，國勢衰微，宋高宗苟且偷安，投降派壞事做絕，人民處於水深火熱之中，四方盜起，民不聊生。作爲福建尤溪縣知縣的彭億，他辦事精明敏捷，有幹才，他一邊招募勇士，訓練精兵，一邊發展生產，把流竄在外的遊民召集回鄉，和當地老百姓一起度過艱難的歲月。由於有精兵固守城池，鄰近區域的盜賊不敢來尤溪搶劫。因此人們稱他是「保一方平安」的好父母官，深得百姓的愛戴。

（048）**彭　彝**：（生卒年不詳），字武山，南宋時福建崇安人。少年勤學苦讀，學識廣博。爲人謹守節行，注重道德修養。被侍郎劉夔

（kuí 葵）發現，推薦給皇帝。稱他這個讀書人，行爲檢點，品行端莊，是個既有德行，又有才華，誠可稱得上是會稽地方一枝出類拔萃的竹箭，是海灣曲池裏撈到的一顆璀璨的明珠，是個不可多得的優秀人才。從而彭彝被「特招」爲郎。皇帝還以他爲榜樣鼓勵其他有志之士效法他的行爲，時人稱其爲「彭特招」，授士郎，試秘書省校書郎，爲國家選拔人才，最終提升爲大理丞。

（049）**彭春年**：（生卒年不詳），南宋時，浙江黃岩人。著名教育家。少年時讀書刻苦認真，成爲博貫經史的學者。累官至樞密院（國家首腦機關）編修，後在中央國子監領教太學生。他很有敬業精神，爲罷黜浮華不實的文風，推崇樸實雅潔的文風，付出了艱辛的勞動，且卓成有效，改變了當時社會一代文風。

（050）**彭　昱**：（生卒年不詳），南宋時安徽蕭縣人。爲金國懷遠大將軍。1120 年 4 月北宋被金國滅亡。同年 5 月，這個歷史上有名的投降皇帝，他無意與金抗爭，致使金人再次興兵南侵。這時的彭昱，在金統治區是一名副將，由於有功，升授懷遠大將軍。他有 5 個兒子：彭旺爲兩淮鎮守使；彭防爲金兀術元帥議事郎；彭敦爲武州判官；彭端爲蕭縣尹；彭德爲山東金鄉縣主簿。

（051）**彭庭堅**：（1312～1345 年），字永誠，元代浙江溫州端安人。元至正四年（1344 年）進士，授承事郎，沂州同知。任職期間，曾搗毀牛皇神祠、趕走鄰郡馬賊，減輕人民賦稅徭役，深得百姓擁護。後因獄囚平反事而得罪了上司，便棄官回家。至正十年（1350 年），詔選地方官，被再度啓用。因抗禦周良等起義軍進攻閩關有功，四年內被接連提升爲同知建甯路總管府事，兼理僉都元帥府事、同知福建宣慰使司副都元帥、鎮守邵武和節制建甯、邵武二郡諸軍等職。十四年（1354 年），有鎮撫萬戶嶽煥受庭堅指揮，此人素來爲人粗暴，放縱部下作壞事，爲害百姓，庭堅擬繩之以軍法。不料嶽煥先發制人，乘其不備，冒稱起義軍突然進攻謀殺之，時年 42 歲。百姓爲他的英年早逝，特建祠立像，歲時祭禱，以示紀念。朝廷斬首嶽煥，贈庭堅中

奉大夫、福建道宣慰使都元帥，封忠愍侯。

（052）彭　炳：（生卒年不詳），字元亮，元代福建崇安人。著名經學家。一生留心經學，詩效陶柳，喜與海內豪傑遊。至正中（1314～1367年），征爲端本堂說書，不就。著有《元亮集》傳世。

五、明清兩代名賢

（053）**彭與明**：（生卒年不詳），明初時江西萬安人。明洪武（1368～1398）中由貢士授兵科給事中，負責鈔發軍事章疏，稽察違誤，朝權頗大。後又升刑部員外郎，累官大理寺丞，督察江北軍。他身居軍隊要職，工作深入踏實，在督察江北軍的過程中，曾多次潛行私訪，還爲江北軍所逮住，由於機警逃避才得以脫身，圓滿地完成了任務。

（054）**彭　遠**：（生卒年不詳），明初時江西南昌人。明永樂（1402～1424年）初中鄉試爲鄉貢。他歷任鄉官，勤於政務，而升任淮安知府。由於他清廉持政，謹慎殷勤地爲百姓解決問題，有魄力，說幹就幹，一干到底，使他手下的官吏及百姓，既信服他而又佩服他，更是畏懼他，工作不敢馬虎從事。因此他管轄的地方，百姓安居樂業。正統十一年（1446年），進而被遷升爲廣東右布政使，深受百姓仰賴。

（055）**彭　晶**：（生卒年不詳），字祖期，明初時江西永豐人。永樂（1403～1424年）間進士，授南雍府教授。後遷升刑部主事，轉而又任考功郎中多年，被貶謫廣西任柳州府同知，直至退休回家。

（056）**彭汝器**：（生卒年不詳），名璉，以字行，明初時江西安福人。永樂甲申（1404年）進士。入官讀中秘書，直至翰林學士。《永樂大典》總編解縉曾以《鍾山龍蟠》命題讓汝器作文章，測試他的才能。汝器揮筆立就，一氣呵成。解縉讀後，大加讚賞其文筆清新，立意準確，氣勢磅礴，有見地，因而向明成祖朱棣推薦。一天，成祖向他提問「柳宗元的《捕蛇者說》如何？」汝器不僅能熟練地背誦該文，而且能大膽地在成祖面前陳述對該文的己見。成祖稱賞他的根底深

厚，是個奇才，於是任命他與曾棨一道在皇宮講學。後又作爲護駕侍從人員陪伴朱棣北征。最後命他參與纂修《實錄》，卒于任上。

（057）**彭　謙**：（生卒年不詳），明代時湖南湘陰人。永樂四年（1406年）進士。初官浙江僉憲，有政績而遷升四川副使。在蜀時，有個當地富豪，仗著富有，稱霸一方，私設監牢，魚肉人民；又有個出家和尚，不奉行法度，在山廟裏挖掘地洞，拐騙藏匿良家婦女，使其淫樂。這兩件事攪得當地百姓雞犬不寧，怨聲載道。謙到任後，深入調查研究，除掉了這兩個惡魔，安定了民心，維護了社會秩序。老百姓無不爲之歌功頌德。不久被升爲四川左參議，直至退休。

（058）**彭　琉**：（1391～1458年），字毓敬，初號息庵，改慎庵。明初時江西安福人。明永樂十二年（1414年）中鄉舉。十六年（1418年）中進士，授都察院觀政。十九年（1421年）冬調福建政和縣知縣。還未赴任，禦使李寀（cǎi 採）巡視銀場，發現彭琉家屬在銀場套購銀子牟利，彭琉禁之不力而降職爲河北臨西縣教諭。後宰輔楊士奇以文學薦，升翰林院編修。正統元年（1436年），外放廣東按察司僉事，提督學政，後升山西副使。景泰元年（1450年），調任湖廣副使，贊理廣西軍務。他爲人潔身少欲望，甘勞苦，以古人爲榜樣，作官清正廉明，在官員中表率一時，深受百姓尊敬愛戴。他博通經史詩詞，揮筆數百言立成。著有《息庵集》傳世。後因病歸家，曾負責倡修《梅下彭氏家譜》，修建狀元祠，功炳後世。

（059）**彭　森**：（生卒年不詳），字伯，明代時廣東東莞人。永樂乙未（1415年）進士。才思敏捷，終生在皇帝身邊作參議，參加朝政議事，是朝廷的重要幕僚，爲制訂相關的朝政朝綱出謀劃策。

（060）**彭　忠**：（生卒年不詳），明代時湖北竹山人。生來有常人之外的特異形象，從小喜歡讀書，寫得一手好文章。雖然家境貧寒，但爲人聰明能幹，中永樂庚子（1420年）舉人，出任縣令。由於他勤於政事，廉潔奉公，處處以朝廷和百姓的安危爲己任，從而受到上級官員和百姓的好評，被遷升至江蘇常州府知府，政績爲當朝第一，受

到永樂皇帝的賞賜。

（061）**彭　時**：（1416～1475 年），字純道，號可齋，明初時江西安福人。正統十三年（1418 年）狀元及第，授翰林院修撰。第二年即入閣參預機務，這是前所未有的事。同年冬晉侍讀。景泰元年（1450年），升左春坊大學士兼侍讀。天順元年（1453 年），復入閣兼翰林院學士。與他共事多年的朝中大臣都佩服他的誠懇正直，讚譽「彭公，真君子也」。憲宗即位，升吏部右侍郎兼學士，同掌講經筵事務。成化改元後，升兵部尚書，仍兼原有職務。《英宗實錄》修成，加封太子少保兼文淵閣大學士，後改任吏部尚書。成化十一年（1475 年）二月逝世，享年 60。贈太師，諡號「文憲」。對他的評價是：在朝 30 年，孜孜奉國，力持正理，保全大體，居無惰容，無聲樂奉，非義不取，具古大臣風度。著有《彭文憲公筆記》、《可齋雜記》、《彭文憲公文集》等傳世。

（062）**彭　烈**：（生卒年不詳），字肇烈。明代時江西吉安人。景泰辛未（1451 年）進士。歷明代宗（朱祁鈺）、英宗（朱祁鎮）、憲宗（朱見深）三朝，任布政使，管理地方有政績。

（063）**彭　華**：（1432～1508 年），字彥實，號素庵，彭時族弟。明代時江西安福人。自幼聰慧好學，通史博經。景泰元年（1450 年）中鄉舉，五年（1454 年）中進士，授翰林院庶吉士，後任編修。曾主編《寰宇通志》、《大明一統志》等典籍。成化元年（1465 年），《代宗實錄》成，升侍讀、經筵講官。二十年（1484 年），奉命主考會試。二十一年（1485 年），升吏部左侍郎兼翰林院學士，入內閣參預軍機。二十二年（1486 年），晉太子少保、禮部尚書，仍兼翰林院學士。後得風疾去世，諡號「文思」。著有《彭文思公文集》等傳世。

（064）**彭　韶**：（生卒年不詳），字鳳儀，明代時福建莆田人。天順丁醜（1457 年）進士，授刑部主事。歷仕明英宗、憲宗兩朝，官終刑部尚書，贈太子少保，諡號惠安。他為人耿直廉潔，謙虛謹慎，善待父母，友愛兄弟同僚，溫和寬厚待人，能理解別人難處。律己嚴，

常清心寡欲，始終無損聲譽名節。儀銍謙然，不旹寒士，只要他認定是合理合法的事，他就要形之如色，義正詞辭地說出一番道理。有人上疏朝廷，認爲他的謚號惠安，名不副實，要象葉盛、吳訥、魏驥等那樣重新改賜，雖未恩准，但卻代表了士林的心聲。著有《彭惠安集》傳世。

　　（065）**彭　誼**：（生卒年不詳），字景宜，明代時廣東東莞人。天順（1457～1464）初，他以抵觸權貴左右，調紹興府知府。剛上任，就遇上老百姓鬧饑荒，他顧不上個人官位得失，立即開倉賑濟災民。有人勸他先上報朝廷批復後再辦，當時正值「南宮復辟」事，朝廷易主，無暇顧及。他說待朝廷批復後再發糧，輾轉時日拉長了時間，會影響到萬名百姓的生命，他決心頂住壓力，舍小我救百姓，毅然放糧賑災，救活了不少老百姓。他的這種以百姓利益爲重的官品，事後不僅沒有受到朝廷的處罰，而且還擢升爲山東布政使，不久又升爲副都禦使，工部左侍郎，是個臨事毅然有斷的爲民作主的好官。

　　（066）**彭　教**：（1439～1479 年），字敷五，明代時江西吉水瀧頭人。天順三年己卯（1459 年），鄉試第一名解元，七年會試第二。八年殿試第一名狀元，授翰林院修撰。預修《英宗實錄》，書成，升侍講，代官翰林學士。曾任會試同考官，天順鄉試主考官。主試南宮，時稱得人，侍講經筵，銳意輔導。言動不苟，抱負遠大。每以方駕古人自期，惜不究所施。年四十卒於官。著有《彭東瀧集》20 卷傳世。

　　（067）**彭　倫**：（生卒年不詳），明代時湖南大庸人。初任湖廣永定衛（今湖南大庸）指揮使，累功至都指揮同知。成化（1465～1487 年）初，晉升都指揮使，守備貴州清浪（今岑鞏縣）諸處。第二年又提充右參將，仍鎮守清浪。倫專一盡心邊計戎事，有畢節利用妖術造反，從石州（今廣西藤縣）及全州潛入絞洞，號召古州（今貴州溶江縣）苗作亂，被他討平之。後又有湖南靖州苗作亂，他亦與湖廣總兵李震一起合力討平。因錄功晉升都督僉事。弘治（1488～1505 年）初，禦使鄧庠、員外郎費瑄勘事貴州，總兵吳經被彈劾，獨薦彭倫智謀老

成以代之。任貴州總兵四年之後告老還鄉，卒於家。

　　(068) 彭　程：（生卒年不詳），字萬里，明代時江西鄱陽縣東北人。成化末年（1487年）進士，授禦史，巡視京城及鹽業兩淅地方，還代理巡視正一品官員光祿大夫的工作情況，將其功過及時上報朝廷，直接向皇帝負責。他一干就是五年，工作出色，很得明憲宗朱見深器重。弘治五年（1492年）彭程在職權範圍內巡視，發現有光祿臣造皇壇器這件事，就及時向憲宗上疏報告。因爲皇壇是先帝修齋念佛的地方，而這類興造皇壇器的事，早在憲宗即位前就作出決定廢除了的事，如今爲何又有光祿臣去營建皇壇呢？他向憲宗發問，倘若是陛下果有此舉，宜停止萌芽狀態；如無，則要處理辦事的官員。憲帝見疏，大發脾氣，認爲他這樣上疏是暴露了先帝的過失，立即將彭程下錦衣獄，置他於死罪。其子彭尚，三次上疏，乞求代父去死。出於社會輿論的壓力，只得讓彭程受貶去戍守今北京市延慶縣，合家同往。程母李氏叩闕乞留侍養，也沒有得到允許，還是和兒子一起去戍所，彭尚也隨之。後來彭程得主廣西鄉試，第二年憲宗醒悟，念程母年老，又使之舉家搬回京城，不久程母便去世了。就此事，他們全家人都遭受到了當朝皇權勢力的無情打擊。

　　(069) 彭　傑：（生卒年不詳），字景俊，明代時江西吉水人。弘治庚戌（1490年）進士，授朝廷參政。其弟彭桓，字景武，與兄爲同科進士，這爲當時民間不多見的事，讓人佩服羨慕。其弟亦任參政。兄弟兩歷經明孝宗、武宗、世宗三朝，比肩而立，更是傳爲佳話。

　　(070) 彭　澤：（？－1562年），字濟物，明代時甘肅蘭州人。明弘治三年（1490年）進士。初任工部主事，後轉任刑部郎中，徽州知府。正德（1506～1521年）初年任河北真定知府，後升任浙江副使、河南按察使、升右僉都禦史，巡撫遼東。升右副都禦史後，改任保定巡撫。因平叛有功晉升右都禦史、太子少保，蔭封其子爲世襲錦衣百戶。又因維護治安有功，升左都禦史、太子太保。後因給吐魯番增送金幣事，被武宗朱厚照奪官爲民，世宗朱厚熜重定，被任命爲兵部尚

書、太子太保。他爲官廉潔正直，前後平定各處謀反者有功于朝，退休時，傳令乘官方車馬回家養老。然而錦衣百戶王邦奇恨他以前壓過自己，又誣陷其削職爲民，使其閒居家中，鬱鬱不樂而死。逝世後五年（1567年），又爲他平反。恢復官位，賜諡號「襄毅」。

　　（071）彭　簪：（1479～1552年），字世望，號石屋。明代時江西安福人。正德二年（1507年）舉人。官湖廣衡州府衡山縣知縣。三年任滿後，升直隸通判，後調江蘇常州府通判，兼理宜興。歷時五年後，升湖南靖州知府。後辭官歸隱家鄉石屋山，築玩易草堂、建臥雲亭、遊樂園，劈魚塘，栽花種樹。招引不少文人墨客來此論經講學，著書立說。在衡山知縣任上，修有《衡嶽志》。嘉靖二十八年（1549年），倡修《彭氏同衍二溪會譜》。還著有《石屋山志》等傳世。

　　（072）彭汝實：（生卒年不詳），字子光，明代四川樂山人。正德十六年（1521年）進士，授南京吏科給事中。嘉靖三年（1524年）呂柟、鄒守益下獄，汝實抗章相救，又向朝廷上言，數說時政缺失，爲權臣所不容。明世宗朱厚熜繼承伯父孝宗朱祐樘、堂兄武宗朱厚照皇位後，開始爭統系，不願納入孝宗、武宗一系，不願稱孝宗爲皇考，更不願改其父興獻王爲皇叔、其母興獻王妃爲皇叔母，而要自成統系，尊興獻王爲帝、興獻王妃爲興獻後，這件事在當時來說是不符合帝王統系大禮的，汝實與很多官員提出異議，力爭按承繼大禮的規章辦事，而又爲當時贊成世宗不按常規承襲大禮的權臣張璁、桂萼所疾恨。有鑒於此，汝實以父母年老需要照顧爲由，再次上疏，請求回鄉就近安排教職，奏章送到吏部，被張璁、桂萼指爲汝實倡言鼓衆，撓亂大禮，又誣陷他與禦史方鳳、程啓充朋比爲奸，接受賄賂，自認爲不爲朝廷所容，於是想辭掉朝廷命官的尊位，而居近家的卑位任教。不應准奏。免除其吏科職務，遣送回家閒居。他與程啓充、徐文華、安磐是同鄉同僚，時人稱之爲「嘉定四諫」。

　　（073）彭大有：（生卒年不詳），字子謙。明代時河南淮陽人。嘉靖乙未（1535年）進士。明世宗朱厚璁執政期間（1521～1566年），

他在朝任參政。

（074）**彭　範**：（生卒年不詳），字克憲，明代時河南靈寶人。嘉靖乙未（1535年）進士。累官至布政使。

（075）**彭定守**：（生卒年不詳），號一峰，明代時湖南衡陽人。一生好學，知識廣博。嘉靖乙卯（1555年）鄉試錄用後，任四川崇慶州知州。任職期間，能造士惠民，培養人才，推行惠政，嚴厲打擊殘害百姓的邪惡勢力，如組織鄉勇擒妖僧六頂、李么兒；他勞怨不避、安危不顧地深入群衆辨認周汝成偽印等，吏績卓然，受到百姓愛戴。不久被遷升爲烏撒府（今貴州威寧）同知，作爲管理彝族、回族、苗族等少數民族的父母官，政績亦很好。他爲政之餘，還著有《中庸說旨》一書以傳世。

（076）**彭　輅**：（生卒年不詳）字子殷，別號狲溪，明代時上海松江人。少年時聰穎開朗，善作對聯，且有造詣，一時稱絕。成年後，才名藉甚，尤以古文辭傳於世。登嘉靖丁未（1547年）進士，官比部主事，爲朝廷選拔人才。後官南京刑部主事，以察典罷歸。著有《彭比部集》傳世。

（077）**彭遵古**：（生卒年不詳），明代時湖北麻城人。明萬曆十四年（1586年）進士。他與同年生顧允成、褚壽賢上疏彈劾南畿督學禦史房凡，因房凡接連上疏詆毀都禦史海瑞。疏的大意是：「房凡嫉賢妒能，醜化正直的人，不知道人間的廉恥。我等自幼讀書，就知道仰慕海瑞，認爲他是當代偉人。房凡大肆貪污，聽說海瑞的風範，應當羞愧而死，反而敢製造謠言誣陷他，我等深表痛心，因而彈劾他欺君罔上的七條罪狀。」爲此，他們三人被朝廷奪去官服，回家自省，而且還命令九卿約束辦事進士，不要擅自議論朝政。後有南京太仆卿沈恩孝上疏爲他們辯護，亦被貶爲江西副使，且將彭遵古他們三人除去官籍。

（078）**彭　年**：（生卒年不詳），字孔嘉，明代時江蘇蘇州人，著名散文家、書法家。少年時廣交遊，結識名士。與主風雅的文征明及

王寵、陸師道、陳道復、王谷祥、周天球、錢谷之等爲師友。他們都以散文詞翰名於世。彭年既師法他們的長處，而又專心思考鑽研，長時間地閱讀朗誦、寫作，終於使自己的文體獨出一格，他所作的文章象詩一樣風靡一時，爭相拜讀，文征明亦大加讚賞。凡有名於仕途者，沒有人不願與之傾腸而語，總嫌與之交談不夠。部使衡水楊先生聞其名，招去以廩生待遇，即補助他的生活費，預計他有發展前途。而當時社會奉行以經義策士，彭年文章雖寫得雅，但不合宋儒章句，加之他無心作官，也就辜負了楊先生對他的厚意。再加上家貧，又嗜酒成性，不問生產，獨在自家床頭上置一壺酒，朝夕自斟自飲度過了一生。他的書法宗歐顏，遒勁有力，頗具特色，亦貴於當時。著有《林水錄》傳世。

（079）**彭大翼**：（生卒年不詳），字雲舉，又號一鶴，明代時江蘇揚州人，諸生，著作家。著有《山堂肆考》二百餘卷，其內容網羅至富，信息量大。

（080）**彭　慎**：（生卒年不詳），字秀常，明代時江蘇昆山人。爲禦史，執法不阿。得到了明宣宗朱瞻基的賞識。曾有數起大的疑案下獄，其中有個穿紅色衣服的人拿時鈔送人，這是當朝嚴格禁止的事，派慎潛行查訪，終於獲得證實。又傳聞邊疆將領中有人藏匿敵方所送來的馬匹，朝廷也派慎前往察訪取證，並把那個人逮回京師治罪。在執法中，慎也曾被人誣陷下獄得白，宣帝對人笑著說：「小彭禦史不愛錢，哪有此耶！」後被晉升爲福建左參政，享年 90 而終。

（081）**彭天翔**：（生卒年不詳），字鵬義，明代時江蘇揚州人。萬曆癸醜（1613 年）進士，曆官副總兵。他分析當時軍事形勢，寫下了遼東戰爭五不可勝的奏摺，違背了當朝意旨，被逮下獄。旋即遼東師潰，才得以獲釋，官復原職。並授命去山東征討白蓮教獲大捷。天啓五年（1625 年），慶陵完工而大賞魏忠賢。次年有巡撫浙江的僉都禦史潘汝楨上奏爲其建生祠，准奏。於是魏忠賢生祠幾遍天下。天翔上司魏瑺建了魏忠賢的生祠，天翔有意見不往拜，而再次被削職。直到

魏瑞敗，天翔又才復職原官。其子彭以功，明崇禎辛未（1631 年）進士，有功晉都督同知。

（082）彭克濟：（生卒年不詳），字明舟，明代時湖南邵陽人。萬曆丙辰（1616 年）進士，授工部營繕司主事，有業績，被提升爲兵部武庫司員外郎及主考武進士的郎中。擢升江西按察副使，後又守備安徽池州、安慶府、湖北黃梅、蘄春及江西九江等州縣，卓有成效，致使江防無警，而移調隴西參政。又遷升爲河南按察使，並分管巡視河南汝州。不久又升陝西布政使，守備臨洮。當時甘肅巡撫缺職，朝廷首以推薦克濟任之，然而被同鄉同僚誣陷而削職回原籍，待朝廷查實，還予他清白之後沒多久就逝世了。

（083）彭汝南：（生卒年不詳），字伯棟，文質孫。明代時福建莆田人。萬曆丙辰（1616 年）進士，授浙江紹興知縣。以辦事精明能幹，有德行，而被提升爲禮科給事中。當時正是權閹魏忠賢專權，他上疏論「紅丸案」（指鴻臚寺丞李可灼夥同鄭貴妃毒殺皇帝朱常洛一事）一事，觸犯了新任皇帝明熹宗朱由校，險些遭來殺身之禍。不久調任巡視京營，極力整頓積弊，連細小的地方他都不放過，把自己管轄的地域整治一新。政績卓著，轉調吏科，隨後又任命爲海外役官。在辭別熹宗時，他關心國事，提到楊漣參魏忠賢一疏，還沒有得到陛下的明旨，很不放心，希望將魏忠賢一切罪狀窮追到底，以明正法紀。當汝南在完成海外役職歸來之後，再拜見熹宗時，又上疏請求減輕刑法，薄收賦稅，捕人不要先系枷戴鎖，要定罪後該戴的才戴，對那些九門鹽稅及很多門類的苛捐要減輕。熹宗很賞識他的才幹，晉升其爲禮科都復，並率六科。謝恩時，他又上疏，請求在全國推行省刑薄稅的政策，給人民帶來好處。這下觸怒了魏忠賢，假詔奪去了汝南的職位，還差點把自己整死。直到崇禎改元（1628 年）才再次啓用他，爲大理寺丞，轉太常卿，升兵部右侍郎。他又屢上疏議，都一一被採納，於是再升爲兵部左侍郎。當時內憂外患頻仍，當政者意見又難合，再加上自己年老體弱多病，遂毅然辭官而歸，不久離世，享年 60。

（084）**彭國光**：（生卒年不詳），字秀南，明代時江西九江人。萬曆庚辰（1640 年）進士。初任晉江知府，有惠政，被提升爲吏科給事，在組織人事部門任職。他辦事精幹，有原則，從不徇私情。《通志》上對他的評價是：凡利害興革對國家有益的事，他都盡力去幹好，不利於國計民生的事則百般抵制，爲人直言不避。後遷升爲江蘇通州副使，不久又晉升爲巡撫宣府。卒于任上。

（085）**彭期生**：（？－1643 年），字觀我。明末時浙江海鹽人。舉萬曆四十四年（1616 年）進士，授徽州教授，後遷國子博士，歷任都水主事員外郎中，又知南昌。崇禎（1628～1643 年）初，以父母故離職。孝滿補職濟南，在此任職期內有因犯逃跑而貶謫布政司照磨量，後移應天推官，再轉南京主事郎中。十六年（1643 年），張獻忠在南方起義，危及江西，他奉命遷湖西兵備僉事，駐守吉安城。後義軍破城去贛州，唐王加太常寺卿仍命其重視兵備事，然而起義軍來勢猛，追到贛州，城已破，期生已無起死回生之力，在戰鬥中自縊身亡，全家大小自沈于水以殉國。

（086）**彭文炳**：（生卒年不詳），字太嚴，明末時山東臨沂人。由沂州衛指揮，升任順天（今北京大興縣）巡撫標下遊擊將軍，駐守河北遵化。崇禎二年（1629 年），邊徼之變，清兵大舉進入遵化。彭文炳及巡撫都禦史王元雅戰死沙場。時文炳弟文偉、文炯、文燦、子遇颿、遇颸、闔家均死於這場戰爭災難中，無一人倖免。

（087）**彭　謨**：（生卒年不詳），明末時湖北麻城白果人。少年時家貧，常受人侮辱，年長激勵向上從軍。崇禎辛未（1631 年），他組織部隊救援山東蓬萊立大功，被授予副總兵。後回家鄉居，到處農民起義，又清兵深入內地，他雖然再組織義軍自衛，終因寡不敵衆，爲挽救明朝的滅亡而戰死沙場。

（088）**彭　耀**：（？－1646 年），明末時廣東順德人。官南明王朝給事中。隆武二年（1646 年）十一月，隆武朝大學士蘇觀生與顧元鏡、林察等人在廣州擁立朱聿鐭爲帝襲唐王，與同日稱帝于廣東肇慶

的桂王朱由榔爭奪正統地位而攻戰不已。朱由榔派彭耀帶上金錢，到廣州去說服唐王朱聿鐭聯合起來，不要爲爭奪正統地位作皇帝而相互攻戰，而應共同對付滿清貴族，恢復失地，光復明朝。彭耀到廣州後，他以王禮拜會諸王，肯切地陳述應以天理倫序及監國先後來緩解雙方矛盾，及聯合抗清的重大意義。卻遭到蘇觀生等人的堅決反對而被害，成了南明王朝內部爭權奪利的犧牲品。

（089）**彭敬叔**：（生卒年不詳），字叔儀，明末時山東章丘人。一生在當朝監察首腦機關任職，最後在湖北監察部門退休。在歸途中被起義亂兵所抓。他寧死不屈，義軍剖其腹，仍罵不絕口而逝，朝廷追贈他爲兵部尚書隴西侯。

（090）**彭行先**：（生卒年不詳），字務敏，一字貽令，號竺里。明末清初時江蘇蘇州人。明崇禎中以貢生授知縣，世亂未赴。明亡則隱居授徒，教授晉、唐兩代書。他與當時的金俊明、鄭敷教齊名，世稱「吳中三老」，有名望。身體健康，享年 92 歲。逝世時整襟危坐，兩手疊於胸前，表示不再作任何事的狀態，旋即雙目緊閉，告別了人世，世人誇耀他「辭世從容」，無疾而終。像他的名字那樣響亮「行先」。

（091）**彭　瓏**：（生卒年不詳），字雲客，號一庵。明末清初時江蘇吳縣人。清順治進士，授長寧知縣，有惠政，被誣劾歸。蓋力於學，初學釋道書。晚年得無錫高攀龍、顧憲成書，乃反本守約，一以主敬爲宗，自稱「信好老人」，署其室曰：「志矩齋」。及卒，弟子私諡曰「仁簡先生」。有子彭定求、孫彭啓豐、曾孫彭紹升，皆清代名賢。

（092）**彭　任**：（1624－1708 年），字中叔，一字遜仕。江西寧都人，明末諸生，著名學者。明亡後，他曾結廬隱居於三巇山，名所居曰「一草亭」，足不履城市。康熙初年，被聘爲江西白鹿洞書院山長，不就。後居翠微峰，一度講學于甯都，常訪其友謝文洊、甘京，會講于程山，爲「易堂九子」之一。「易堂九子」爲彭任、彭士望、李騰蛟、邱維屏、魏祥、林時益、魏禧、魏禮、曾燦等名士。嘗論朱陸異同，爲學者之病，不在辨之不明，而在行之不篤。卒年 84 歲。著有《禮法

類編》、《草亭文集》、《彭中叔文鈔》等。

（093）**彭士望**：（1610－1684 年），字達生，另字躬庵，人稱樹廬先生，江西南昌人，明末諸生，著名學者。喜交朋結友。曾拜著名教育家黃道周爲師。道周下獄後，他四處奔走，裹糧行謁，傾身營護，周旋緹縈，慷慨不撓，公卿皆敬其行。甲申（1644 年）國變後，史可法督師揚州，他被招爲幕僚，到任即向可法進奇策，請用高、左兵清君側之惡，未果，便急速辭去幕僚職，于南明隆武元年（1645 年）攜妻子同林時益徙居寧都之冠石，以耕讀講學爲務，名其居曰「恥庵堂」。還與李騰蛟、邱維屏、魏祥、魏禧、魏禮、彭任、曾燦爲性命之交，礪名節，講學翠微之易堂。時稱「易堂九子」。並與宋之盛、謝文洊爲至交，相與論學，過往甚密。著有《恥庵集》傳世。

（094）**彭定求**：（生卒年不詳），字勤止，一字南畇，清初時江蘇吳縣人，著名教育家。他幼承家學，又曾拜湯斌爲師。康熙中會試、廷試皆爲第一，授修撰，曆官侍講。後辭官歸家，不再出仕。他爲人爲學，奉守忠實，以不欺爲本，重於實踐慎行，一生從事教育爲最切實務。他以明代七位教育家陳獻章、王守仁、鄒守益、羅洪先、顧憲成、劉宗周、黃道周爲榜樣，作《高望吟七章》以明志。著有《陽明釋毀錄》、《姚江釋毀錄》、《明賢蒙正錄》（輯）、《儒門法語》（輯）、《儒門法語輯要》（輯）、《南畇文集》、《南畇老人自訂年譜》、《不謭錄》、《密證錄》、《真詮（校正）》等。後合爲《南畇全集》傳世。

（095）**彭師度**：（生卒年不詳），字古晉，號省廬，清代時上海松江人。吳偉業稱吳兆騫、陳維崧、彭師度三人爲「江左三鳳」。著有《彭省廬詩文集》傳世。

（096）**彭啓豐**：（生卒年不詳），字翰文，號庭芝，自號香山老人。清代時江蘇吳縣人，彭定求之子，世代書香門第。雍正間廷試第一名狀元，授修撰。乾隆時官至兵部右侍郎退休。他立朝垂 40 年，試士之典，無不在列。歷任滇南、中州、江右、山左、浙東、浙西等主考官。所至皆稱得士。善工畫山水，詩古文具有家法，碑版文尤推重於世。

著有《芝庭詩文集》傳世。

（097）彭　桂：（生卒年不詳），名名椅，字上馨，一字愛琴。清江蘇溧陽人，著名詩人。康熙中薦舉鴻博，以母疾辭不赴。詩文浩瀚淹博，數千言立就。著有《泊庵詩詞》。

（098）彭紹升：（生卒年不詳），字允初，號尺木，又號知歸子。清代時江蘇吳縣人，彭啓豐之子。乾隆進士。善工古文，初慕賈誼之爲人，思赫然樹功烈，後讀先儒書，尤喜陸（九淵）、王（陽明）之學。曾與吳縣汪搢、瑞金羅有高等遊。大量閱讀藏經，居深山習靜，素食持戒甚嚴，欲以撤儒佛之樊，即打破儒佛兩家的界限。不久回家而逝。著有《二林居集》、《良吏述》、《儒行述》和《彭尺木文鈔》等。

（099）彭殿元：（生卒年不詳），字上虎，清代時江西吉安人，教育家。康熙進士，授編修，與修《明史》。主順天鄉試，所取多名士。未幾罷官，構蒳穀小隱，潛心講學數十年。著有《蒳谷稿》傳世。

（100）彭元瑞：（1731～1803年），字掌仍，一字輯五，號雲楣。清代時江西南昌人。乾隆二十二年（1757年）進士。歷任翰林院掌院學士、吏部、工部尚書、協辦大學士等。他才思敏捷，學識豐厚，與《四庫全書》總編、大學者紀曉嵐，同有才人之目，得到乾隆、嘉慶兩朝的恩寵。他尤留意人才，薦舉不遺餘力，還經他選拔的人才，後多爲名臣。著有《恩餘堂稿》傳世。

（101）彭永思：（生卒年不詳），字位存，號兩峰，清代時湖南長沙人。嘉慶進士，任雲南楚雄知縣。他精於研究歷代牢獄的治理，每當升堂聽訟審時，能切中要害，一言折服被審者。就是審訊重大囚犯，他數日不採用重刑，囚犯也不會遁逃。他爲官清廉，掌握法度有分寸，能以禮服人。最終被升任爲戶部員外郎。

（102）彭蘊章：（1792－1862年），字琮達，又字詠莪，清代時江蘇吳縣人，彭啓豐曾孫。道光進士。歷任工部主事、鴻臚寺少卿、通政司副使、左部都禦史。1848年升工部侍郎，1851年在軍機大臣處行走，協同軍機大臣祁雋藻與桂良、花沙納、肅順等，採取增收厘金、

發行官鈔、改鑄鐵錢等辦法，解決財政困難、籌集軍費，用於對太平天國的彈壓。1854 年任禮部侍郎，後升工部尚書。1855 年爲協辦大學士。1856 年拜文淵閣大學士，管理工部、戶部三庫事務，充上書房總師傅。1858 年改武英殿大學士。1861 年署兵部尚書、兼署左都禦史。享壽 70 歲，卒諡文敬。著有《四照堂詩文集》、《讀書記》等傳世。

（103）**彭玉麟**：（1816－1890 年），字雪琴，清代湖南衡陽人。1853 年協助曾國藩創建湘軍水師，1854 年在湘潭戰役中擊敗太平軍，攻陷岳陽，升同知。後配合湘軍陸師，在武昌、漢陽、田家鎮等地連敗太平軍水師，清廷授他廣東按察使。又奪黃州，升巡撫，未到任。1862 年任水師提督，升兵部右侍郎。率水軍陷安慶，圍天京，攻克天京後，加授太子少保。1883 年任兵部尚書，籌辦廣東防務，督師抗法前線。1885 年指揮老將馮子材，率廣軍 40 個營，大敗法軍于鎮南關和諒山一帶，時稱「諒山大捷」，反對清政府對外妥協投降，並向清廷上奏海防善後六事等。同年秋因病致仕回原籍。他一生爲政清廉，執法不阿，「一幅忠君愛國心肝」，人們稱之爲「彭剛直公」。逝世後，朝廷賜諡曰「剛直」。巡撫陳寶箴在悼念他的挽聯中寫道：「不要錢，不要官，不要命，是生平得力語，萬古氣節功名都從此。」這在封建官員中，確實不可多得。

六、現當代名賢

（104）**彭澤民**：（1877－1956 年）字錦泉，號鏞希。廣東四會人，1902 年往馬來西亞謀生教過私塾，當過錫礦場文書。1906 年在南洋加入同盟會。曾任中華革命党雪蘭峨副支部長，組織過反對袁世凱稱帝的華僑討逆軍。組織華僑捐款，支援廣州起義，爲宣傳孫中山的革命主張，發起創辦吉隆坡《益群報》。大革命時期，兼任華僑運動講習所所長，積極推進國共合作，是著名的國民黨左派領導人。1927 年參加南昌起義，被推選爲革命委員會委員，後寓居香港，以行醫所得支援

革命活動。抗日戰爭爆發後，曾創辦《抗戰華僑》報，鼓動抗日。抗戰勝利後，投身領導南方的民主運動，被推爲「反內戰大同盟」的常委。1947 年當選爲農工民主黨中央監察委員會主席。曾任中央人民政府委員、政法委員會副主席、農工民主黨副主席，全國僑聯副主席，中國紅十字會副會長，中醫研究院名譽院長。1956 年 10 月 18 日在北京病逝，享年 79 歲。

（105）**彭一湖**：（1887－1958 年）湖南岳陽人。早年留學日本，于早稻田大學政治系畢業，入同盟會。歷任北京法政專門學校、江蘇教育學院、福州福建學院教授，也曾在湖南第一師範及第六師範學校任校長。還任廣東省政府秘書長。1935 年任湖南衡山實驗縣縣長。1945 年爲中國民主建國會第一屆中委常委。當代曾任湖南省中山圖書館館長，中南軍政委員會委員，中南參事室副主任，武漢市參事室副主任等職，是愛國民主人士。

（106）**彭家珍**：（1888－1912 年），字席儒，清末民初時四川金堂人。民主主義革命家。成都武備學堂炮科畢業。曾任雲南新軍第十九鎮隨營學堂管帶兼教訓官、奉天講武堂學兵營隊官兼教習、天津兵給司令部副官等職。後加入同盟會，積極策劃組織反清起義。1912 年 1 月 26 日，在北京身先力行，深入虎穴，炸死保皇清軍統帥良弼，壯烈殉國，因而逼使清帝迅速退位，以他的血肉身軀爲推翻滿清帝制創建民國起了巨大的作用。孫中山大總統與黃興陸軍部長通電全國紀念烈士文中均高度評價：「我老彭收功彈丸」，追贈爲陸軍大將軍，賜恤崇祀忠烈祠，並令在烈士家鄉金堂建「彭大將軍專祠」以資紀念。專祠被列爲四川省文物保護單位。1995 年該祠被掛牌爲成都市愛國主義教育基地。

（107）**彭顯倫**：（1895－1958 年），廣東南雄縣人。是中共早期黨員。1930 年參加工農紅軍。大革命時期，曾任南雄縣第六區區委書記。土地革命戰爭時期，任紅四軍政治部組織科科員，軍部軍需處科長、軍醫處政委，紅三軍第九師供給處主任，紅四軍第一師二團供給

處主任，紅一軍團供給部出納科科長。參加過二萬五千里長征。抗日戰爭時期，任八路軍 115 師供給部出納科科長、山東軍區供給部政委、濱海軍區後勤部政委。內戰期間，任華東軍區供給部政委，山東軍區供給部政委。建國後任山東軍區後勤部政委。1955 年被授予少將軍銜。

（108）**彭　湃**：（1896－1929 年），原名漢育，清末民初時廣東海豐人。日本早稻田大學畢業。1921 年回國後，從事農民運動。1923 年創建我國歷史上第一個海豐縣總農會，任會長，時稱「農運大王」。1924 年 7 月創辦廣州農民運動講習所，任第一屆主任。後任中央廣東區委委員、農運書記、中共中央農委會委員、全國農會臨時執委會秘書長兼廣東工農討逆軍東路軍指揮。參與組織領導海陸豐武裝起義，創建海陸豐蘇維埃政權。廣州起義時任工農民主政府人民土地委員。1928 年 11 月調上海，任中共中央農委書記、中央軍委委員兼江蘇省委常委、軍委書記。當選過第五、第六屆中共中央委員、「八七會議」上選爲臨時中央政治局委員、六屆一中全會上當選爲中央政治局候補委員。1929 年遇害，時年 33 歲，有《彭湃文集》傳世。

（109）**彭德懷**：（1898－1974 年），原名得華，號石穿。湖南湘潭烏石人。著名軍事家。1916 年入湘軍，1922 年入湖南陸軍講武堂畢業。曾任軍隊營長、團長、旅長、軍長、副總司令、司令、副總理、國防部長、政治局委員、副總指揮、全國人民代表大會代表。是當代中國十大元帥之一的名將。曾參加北伐戰爭、二萬五千里長征、抗日戰爭、解放戰爭、抗美援朝戰爭及中國人民解放軍的建設，功勳卓著。尤其是在參加開創華北抗日根據地、指揮舉世聞名的「百團大戰」，大敗日軍的有生力量，逼使日本從速投降，功蓋全球。指揮抗美援朝戰爭，打敗稱霸世界的美國侵略軍，更建奇功。不幸的是，1957 年 7 月在中共中央政治局擴大會議上，上書毛澤東，陳述大躍進中的左傾錯誤和教訓，結果被錯誤地定爲「右傾機會主義反黨分子」，受到批判，免去一切職務。十年浩劫中，又被誣陷爲「裏通外國分子」，被迫害致死，1978 年 12 月平反昭雪，恢復名譽。

（110）**彭　湖**：（1900.09.18－1962.09.23），名光球，字石年。湖南瀏陽永安鎮彭家沖（現龍井村）人。中學時期曾參與組織發動長沙學運搗毀販賣日貨的「華泰長」大商號和驅逐軍閥張敬堯。1921 年入上海商科大學，後赴廣州參加國民革命軍，先後任唐生智部第 8 軍特別黨部宣傳幹事、第 26 軍師政治部主任。1927 年留美，獲美國斯坦福大學經濟學碩士。1934 年回國歷任國民政府交通部秘書，上海航政局局長、中國銀行總行稽核等職。1937 年應湖南省政府主席張治中之邀，任湖南省銀行行長，兼省糧食管理處處長，並代行湖南省財政廳廳長職務。1939 年中國銀行調任他籌建貴州企業服務有限公司，後任董事兼總經理。1945 年調國民政府行政院駐青島辦事處主任兼山東青島區處理敵偽產業審議委員會主任委員，1946 年任中國銀行南京分行副經理、經理。解放後任上海柴油機廠董事、董事長，任中國國民黨革命委員會上海市秘書處副處長、民革上海市委候補委員等職。

（111）**彭　龓**：（1904－1933 年）湖南岳陽人，畢業于長沙楚怡工業學校。中共早期黨員，曾任岳陽第九區農民協會秘書，參加南昌起義、湘南起義，上井岡山，任中國工農紅軍第四軍第 28 團排長、資興縣赤衛團團長、第四軍軍部參謀、第五軍直屬大隊大隊長、第三軍團第三師師長等職。在第四次反「圍剿」戰鬥中犧牲，年僅 29 歲。

（112）**彭士量**：（1905－1943 年），黃埔軍校第四期政治科畢業生，別號秋湖。湖北明德大學、陸軍大學第 11 期畢業，曾參加過北伐戰爭。歷任國民革命軍第十師排、連、營長。1927 年隨蔡廷鍇參加南昌起義，南下時退出起義軍。1928 年起，任第三十一師副團長，第五軍第八十七師團長，爾後於 1935 年底起，任第八十三師上校參謀處長、軍政部第五新兵補訓處學員團團長，預備第四師少將參謀長、副師長、第六戰區司令長官部高級參謀兼幹訓團教育處長。1941 年底，調任第七十三軍暫編第五師師長，參加鄂西會戰、湘北會戰、長沙會戰和常德會戰，英勇無畏地打擊日本侵略軍。最後他壯烈殉國在常德會戰的沙場上，被譽爲抗日「陣亡第一將」，並追認爲中將。

　　（113）**彭克明**：（1905－1990），河北晉縣人。植物營養學家。1929
年河北大學農科畢業。1936年赴美留學，先後在伊利諾大學研究院獲
碩士、博士學位。1947年學成回國。曾任河北農學院、北京大學農學
院、北京農業大學教授，並兼任中國農科院土壤肥料研究所研究員。
長期從事農業、土壤化研的教學與研究，主持創建了我國首批肥料長
期定位試驗點和滲濾水裝置研究，爲我國農業科學作出了貢獻，堪稱
中國農業化學科學的奠基人之一。他曾提出土壤粘土礦物固定銨的科
學預見，而後被科學實驗所證實其預見的準確性。他主持了北京農業
大學與德國霍恩海姆大學關於「土壤 —— 作物測試系統的建立與施肥
建議」的國際合作研究專案。他所獲得的重要研究成果有「鉀在土壤
中的固定和釋放」、「中國的堆肥」、「土壤粘土礦物對鉀和銨的固定」
等並撰著有《農作物土壤固定態鉀的利用》。

　　（114）**彭紹輝**：（1806－1978），湖南湘潭人。一生戎馬生涯，經
歷了從1926年參加農民協會及自衛隊、加入中國共產黨、平江起義、
上井岡山、走過雪山草地、八年抗日、三年內戰，帶著戰爭留給他的
斷臂肢體，由一個普通的農民自衛戰士到高級將領。具有超人的勇敢
與毅力。曾任中國人民解放軍第七軍軍長、西北軍區副司令員兼參謀
長、總參謀部訓練總監部副部長、軍事科學院副院長、中共第九至第
十一屆中央委員會委員、第二至第四屆全國人大代表、常委、中共中
央軍事委員會委員，第一至第二屆國防委員會委員、中國人民解放軍
副總參謀長等職。1955年被授予上將軍銜。1978年4月病逝於北京，
享年72年。

　　（115）**彭雪楓**：（1907－1944年），原名彭修道，乳名隆興。軍
事家。河南鎮平縣七里莊人。自動跟隨剛強善良的老祖父，苦心練武，
騎馬耍槍，養成了不畏強暴，敢於鬥爭的性格。1925年加入共青團。
1926年轉入中國共產黨。1928年考入北平民國大學。1930年夏參加
紅軍，歷任大隊政委、師政委、軍區政委等職。1934年10月參加長
征，任師長、師政委等職。並參加直羅鎮戰鬥和東征、西征。抗日戰

爭時期，任八路軍總部參謀處處長兼駐晉辦事處處長。1938 年起歷任新四軍駐河南確山竹溝留守處處長，中共河南省委軍事部部長，新四軍六支隊司令員，八路軍四縱隊司令員，新四軍四師師長兼淮北軍區司令員。參與領導創建豫皖蘇根據地的鬥爭。主持創辦拂曉劇團和《拂曉報》。領導建立淮北抗日民主根據地。1944 年 9 月 11 日在河南夏邑八里莊指揮作戰時犧牲。

　　（116）**彭信威**：（1907－1967 年），江西安福人。經濟學家。青年留學日本和英國倫敦政治經濟學院。回國後，畢生從事高等學校教學和貨幣、信用實踐的經濟研究，曾在重慶大學、上海復旦大學、上海財經學院、上海社會科學院任教授和研究員。他勤于實踐金融行業，曾在中國銀行無錫分行任襄理及貿易委員會任稽核，對金融行業有獨到建樹，著有《中國貨幣史》、《銀行學》、《各國預算制度》、《戰後世界金融》等。

　　（117）**彭　慧**：（1907－1968 年）原名漣清，筆名慧中。湖南長沙人。女翻譯家、教授。早年就讀於湖南省立第一女子師範學校，1925年入北京女子師範大學，再入莫斯科中山大學。1930 年學成回國，在武漢、上海等地作文化界婦女界的組織領導工作，加入左翼作家聯盟。發起並參與成立中華全國文藝界抗戰協會。後轉入教育戰線，曾任教於廣東中山大學、桂林師范學院、長春東北師範大學、北京師範大學。是中國作家協會會員，著有《還家》、《不盡長江滾滾來》；譯作有《草原》、《歌薩克》、《愛自由的山人》、《白樺樹》等。1968 年 7 月 12 日病逝於北京。

　　（118）**彭迪先**：（1908－1991 年），四川眉山人。經濟學家。早年留學日本，先入慶應大學經濟系預科，後畢業于九州帝國大學經濟系本科，並在該校任助教，入研究生院讀研究生。1937 年學成回國。曾任西北聯合大學教授、生活書店總管理處館外編審，武漢大學教授、四川大學經濟系教授、兼系主任、直至校長、成華大學校長。他又是社會活動家，歷任第一屆至第七屆全國人民代表大會代表，四川省政

協副主席、四川省副省長及第六屆全國人大常委、四川省人大常委會副主任、中國民主同盟中央執行委員會五屆中委副主席等職。撰著豐碩，其代表作有：《戰時的日本經濟》、《民辦經濟史綱》、《實用經濟學大綱》、《新貨幣學講話》、《貨幣信用論大綱》等。

（119）**彭柏山**：（1910－1968 年），湖南茶陵人，作家。青年時就讀上海江灣勞動大學政治經濟系。1934 年開始創作生涯，刊出《篾邊》等短篇小說。受魯迅關懷，入中國左翼作家聯盟，同年 11 月被國民黨政府逮捕入獄。在獄中加入中國共產黨，仍堅持創作。因抗日爆發而獲釋。曾在新四軍政治部民運部、蘇北聯合抗日軍政治部等處工作。後任解放軍團政委、師政治部主任、軍副政委等職。1949 年 10 月後，任華東軍政委員會文化部副部長，中共上海市委宣傳部部長。1956 年被錯誤開除黨籍，赴廈門大學任教。1965 年調河南農學院。1968 年 4 月 3 日逝世于河南鄭州。1980 年爲他平反昭雪，恢復黨籍。有長篇小說《戰爭與人民》傳世。

（120）**彭　康**：（1910－1968 年），江西萍鄉人。教育家。青年留學日本，畢業於京都帝國大學哲學系。倡導新文化運動，主辦《文化批判》月刊，曾任「創造社」理事、黨組委員、中共中央文委委員，代理書記。1930 年入中國左翼作家聯盟，被國民黨政府逮捕，在牢獄中呆了七年半。由於抗戰爆發，國共合作，而被獲釋。出獄後，追隨陳毅戰轉南北。曾任中共安徽工委書記，中共華東局宣傳部長、華東黨校副校長，華中建設大學校長等職。1949 年以後至逝世前，大部分時間精力是致力於高校工作，曾任職上海交大，並主持了交大部分西遷，創建西安交通大學任黨委書記兼校長，陝西省科協主席，中科院陝西分院院長。撰有《前奏曲》、《伯格森哲學和唯生哲學》，翻譯有《費爾巴哈－德國古典哲學的終結》。1968 年 3 月 28 日病逝于西安。

（121）**彭克立**：（1910.04.16－2003.10.09），輩名運幄，字勝，號子房。系今長沙市望城縣雷鋒鄉推子山彭姓始祖彭壽的 22 世。出身仕宦世家，祖父彭瑞霖，清五品銜。早年在鹹嘉湖就讀至高小畢業。1925

年至 1927 年先後肄業于長沙廣雅中學和第 1 中學。1927 年秋考入 4 集團軍教導團學生隊。1929 年秋任第 15 師 45 團 1 營 3 連少尉排長。1932 年 6 月，被保送到湖南 4 路軍幹部教導總隊工兵隊受訓。1933 年畢業留該總隊工兵隊，任中尉分隊長。1934 年春調任軍士隊第 4 隊上尉分隊長。1936 年 6 月，被選送至中央軍校（即黃埔軍校）洛陽分校軍訓班第 5 期學習。1938 年春，任稅警總團緝私總隊工兵隊 3 連上尉連長。1940 年春任該營副營長、代營長。1941 年，工兵營改編爲學兵團第 1 營，任少校營長。1942 年 4 月至 1944 年 6 月，新 38 師 114 團 1 營隨孫立人部進入印度、緬甸，配合美英的印緬聯軍和中國遠征軍對日作戰。曾先後參加過臘戍、野人山、于幫、孟養河、孟拱等戰役，重創日軍，並升任新 38 師 114 團副團長、團長。1945 年從緬甸回國，參加了日軍受降工作。1947 年任新 7 軍新 38 師少將副師長。1948 年 10 月，代表國民黨新 7 軍與解放軍洽降，參與、組織了著名的長春和平起義。1950 年 4 月到臺灣，被孫立人任命爲臺灣陸軍總部少將高參兼教官隊隊附，後改任 206 師少將副師長。1950 年 6 月被臺灣國民黨軍法局傳訊扣押。1971 年，以「意圖以非法之方法顛覆政府」罪，判無期徒刑。1975 年獲釋出獄。1988 年 4 月獲准回大陸探親，並就此定居長沙，並任湖南省人民政府參事。

　　（122）**彭　濤**：（1913－1961 年），江西波陽人。少年在家鄉任兒童團長。青年在張家口參加抗日同盟軍，曾任張家口團工委書記。後轉戰于北京、天津等地，在學生和工人中宣傳鼓動，曾任中共北平市委宣傳部長，北平學生聯合會黨團書記。親身領導經歷了偉大的「一二·九」愛國學生運動，並以總指揮部黨團書記的身份組織帶領平津學生南下傳播革命火種。在太行山區曾任過冀西地委書記、第三地委書記、民運部長及宣傳部長等職，堅持了大別山區開展的遊擊戰爭。1949 年後，曾任中共川南區第二書記、重慶市委第二書記等職。1953 年後任國家計委副主任、化學工業部部長，是共中中央第八屆侯補委員。1961 年 11 月 14 日病逝於北京。

（123）**彭　鐸**：（1913－1985 年），字靈乾。湖南湘潭人。語言學家。1938 年畢業于中央大學文學院中國文學系。畢生從事教學工作，曾任重慶中央大學、湖南國立師範學院、西北師範學院中文系等校教授，善長古籍語言、文字學。曾兼任古籍整理研究所所長，中國語言學會理事，甘肅省語言學會會長，中國訓詁學研究會常務理事及學術委員會委員。撰有《潛夫論箋校正》、《唐詩三百首詞典》、《群書序跋舉要》、《論造字時的漢字簡化》、《古籍校讀法》、《呂氏春秋校補》、《傳統的語文學習法簡介》等。

（124）**彭　飛**：（1914－1991 年），河北灤縣人。心理學家。中央大學法律系畢業。早年加入中国共產黨，從事高校教學工作，曾在華北聯合大學、華北大學、北京師範大學教育系、中國人民大學任教授。對創建中國心理學體系作出了一定的貢獻，並兼任中國心理學會北京分會副理事長。教學之餘從事心理學基本理論研究，撰寫有《人的心理實質》、《關於心理形式和心理內容的關係》、《個性心理學中的幾個基本理論問題》等論文，並主編有中等師範學校《心理學》課本，參與編著《中國心理學史》等。

（125）**彭加木**：（1925－1980 年），原名家睦。廣東番禺人。生物化學家。南京中央大學畢業，曾任教於北京大學農學院，1956 年參加國家綜合考察委員會工作，又先後在中國科學院生理生化研究所、上海生物化學研究所、中國科學院新疆分院任研究員及副院長等職。他的研究領域較廣，對植酸酶、膠原蛋白、肌肉蛋白、植物病毒均有涉足，且具有一定成就，曾發表與這些研究課題相關論文 40 餘篇，獲得同行者的重視。1957 年發現縱膈障惡性腫瘤，仍以頑強毅力和意志戰勝病魔，曾受到中共上海市委表彰，樹爲共產黨員學習標兵，另召廣大科技工作者學習他的精神。考察期間，他的足迹曾到甘肅、陝西、內蒙、雲南、廣東、廣西、福建等省，並先後 15 次親歷新疆考察，3 次進入自然條件惡劣異常的羅布泊地區調查自然資源、自然條件，探討人類活動對自然環境的影響，這爲協助當地開闢科學基地、建設科

技系統提供了有力的科學依據，也爲後學者的進一步考察奠定了基礎，積累了相關的文字材料。不幸的是，1980 年 4 月 17 日在他最後一次進入羅布泊開展科考時失蹤。1981 年 10 月被上海市人民政府授予「革命烈士」稱號，並在他遇難的羅布泊建碑立傳以資永久紀念其英靈。

（126）**彭志忠**：（1932－1986 年），湖北天門人。礦物學、晶體學專家。清華大學地質系畢業後，任教於北京地質學院直至教授。他結合教學對礦物學、晶體學有較深研究。尤對香花石的複雜晶形、礦物晶體結構分析及其晶體的化學成分研究，引起了國內外同行者的關注。撰寫有《晶體測量》、《晶體的 X 射線分析》、《葡萄石的晶體結構》、《包頭礦的晶體結構》、《香花石的晶體形態》等著作。他熱心社會活動，曾任第三、五、六屆全國人大代表。

〔附注〕

主要參考譜牒與書刊

（以出版或印刷時間先後爲序。凡已在文
前引出或在文後夾註的古代書刊從略。）

01. 湖南長沙高倉《彭氏統宗譜》：彭毓光等纂修。1737 年（清乾隆
　　二年丁巳）印。

02. 湖南長沙《彭氏續宗譜》（《彭氏大宗譜》）：彭會文等彭氏子孫合
　　修。1739 年（清乾隆四年）印。

03. 湖南望城推子山《信述堂彭氏五修族譜》：彭晢初等纂修。1925
　　年（民國十四年）印。

04. 湖南長沙青山《彭氏大宗譜》：彭大文、彭善文等纂修。1937 年
　　（民國二十六年）印。

05. 湖南郴州、桂陽、嘉禾《三瑞堂彭氏族譜》：郴、桂、嘉三縣彭氏
　　子孫合修。1992 年印。

06. 湖南桂陽《述古堂彭氏族譜》（八修）：彭鍾謨等纂修。1995 年印。

07. 江西安福《松田村志》：彭任主編，彭淼官執筆。1995 年 4 月印。

08. 廣東豐順《子順公系彭氏族譜》：彭其源主編。1996 年 12 月印。

09. 廣東羅定《彭華公族譜》：彭有光主編。1997 年印。

10. 湖南寧鄉金紫山《彭氏六修族譜》：本支彭姓子孫修。1997 年印。

11. 四川榮昌《彭氏源流族譜》：彭俊修主編。2002 年 8 月印。

12. 四川、重慶《彭氏宗族譜》：彭天富等主編。2003 年 5 月印。

13. 廣西陸川、博白、浦北《益公系彭氏族譜》：彭會資、彭際澄主編。

2003 年 9 月印。

14. 臺灣《中華彭氏源流譜》：彭建方等主編。2004 年印。

15. 湖南瀏陽官橋《彭家墢彭氏族譜》：彭建方等主編：2004 年 2 月印。

16. 《古今圖書集成》：明倫彙編氏族典 314 卷彭姓部第 363 冊（55～59 頁）。中華書局影印本。

17. 《湖南通志》：府學宮尊經閣藏版。1885 年（清光緒十一年）重修。

18. 《中國人名大辭典》：（1149～1155 頁）臧勵龢等編。商務印書館刊印。1927 年（民國十六年）初版。

19. 《中國名勝詞典》：國家文物事業管理局主編。上海辭書出版社，1981 年 10 月版。

20. 《古代彭部族的繁衍與遷徙》：何光岳著。徐州師範學院學報（哲學社會科學版），1982 年第 4 期刊。

21. 《古今同姓名大辭典·卷四》：（776～780 頁）彭作楨輯著。上海書店印刊，1983 年 10 月版。

22. 《清代七百名人傳》：蔡冠洛編著。北京市中國書店印刊，1984 年 6 月版。

23. 《中國神話傳說詞典》：袁珂編著。上海辭書出版社，1985 年 6 月版。

24. 《抗美援朝紀實》：柴成文、趙勇田記。北京中共黨史資料出版社，1987 年版。

25. 《錢歌川文集第四卷·樂享天年》：錢歌川著。遼寧大學出版社，1988 年 2 月版。

26. 《中國歷史地名辭典》：復旦大學歷史地理研究所《中國歷史地名辭典》編委會編。江西教育出版社，1988 年 8 月版。

27. 《中國近現代人名大辭典》：李盛平主編。中國國際廣播出版社，1989 年 4 月版。

28. 《萬年曆譜》：鞠德源編著。山西人民出版社，1989 年 7 月版。

29. 《義烈千秋 —— 彭家珍大將軍》：宋海常主編。成都出版社，1991 年 9 月版。

30. 《連雲港民間文學集成·彭祖之死》：張萬泉講述，張義壯採錄。江蘇文藝出版社，1992 年 7 月版。

31. 《江西古代書院研究》：李才棟著。江西教育出版社，1993 年 10 月版。

32. 《彭祖》：朱浩熙編著。作家出版社，1994 年 9 月版。

33. 《中國帝王大全》：何光岳主編。海南出版社，1996 年 8 月版。

34. 《彭氏寶典》：彭援軍著。雅園出版公司，2000 年 3 月版。

35. 《臺灣百家姓考》：彭桂芳編著。成信文化事業股份有限公司總經銷，臺灣蘭台出版社，2001 年 4 月版。

36. 《中國姓氏·群體遺傳和人口分佈》：袁義達、張誠著。華東師範大學出版社，2002 年 2 月版。

37. 《中華姓氏譜·彭姓卷》：李學勤主編，吳建華編著。現代、華藝出版社，2002 年 4 月版。

38. 《瀘瀟夜譚·錢幣學家彭信威》：姚義興著。江西宜春資料印務有限公司，2002 年 6 月印。

39. 《中國姓氏尋根遊》：中國姓氏尋根遊編輯部編。黃利總編輯。陝西師範大學出版社，2002 年 12 月版。

40. 《彭氏通訊》（第 1 期至第 15 期）：華夏彭氏聯誼會籌委會主辦，彭援軍主編。2000 年 7 月至 2004 年 8 月分期印刷。

41. 《彭氏五千年簡明族譜》：彭世軒、呂梅清（夫婦）編校，2004 年 6 月印刷。

42. 《彭氏資料彙萃》：彭宜甦主編，2004 年 7 月印刷。

附：中華民族彭姓源流直系表（一）　　　　彭伯良編製

中華民族彭氏源流直系表（一）

一、開派始祖（神農氏，少典世代 1～10）

神農氏王朝祖名	神農氏朝代	開派始祖	少典世代	關係
少典始於烈山氏曰烈山氏	不在帝位	少典	1	世爲儲候
長子姜軌(石年)	炎帝　一	勗其	2	次子
長子姜臨魁	炎帝　二	炎居	3	之子
姜承(慶甲)座	炎帝　三	節並	4	之子
臨魁之子姜明	炎帝　四	戲器	5	之子
姜明之子姜直	炎帝　五	祝庸	6	之子
姜直之子姜釐	炎帝　六	共工	7	之子
姜釐之子姜衰	炎帝　七	勾龍	8	之子
哀帝生子姜節莖	不在帝位	噎鳴	9	長子
節莖生子克	不在帝位	啓昆	10	勗其九世孫
克生子姜盧即帝榆罔(止)	炎帝　八			

二、黃帝世系（彭祖世代始／妥姓始祖）

歷代先祖 祖名	彭祖世代	黃帝世代	少典世代	啓昆
黃帝		1	11	之子
昌意		2	12	長子
顓頊		3	13	次子
稱		4	14	十子
卷章		5	15	之子
吳回		6	16	次子
陸終		7	17	之子
老彭	妥姓始祖 1	8	18	三子
湿	2	9	19	三子
伯壽	3	10	20	次子
振禧	4	11	21	三子
僦康	5	12	22	之子
華廉	6	13	23	長子
獻	7	14	24	之子
遷帆	8	15	25	三子
夢熊	9	16	26	之子

三、（彭祖世代 33～47）

歷代先祖 祖名	彭祖世代	黃帝世代	少典世代	輝彩
圭	33	40	50	之子
咸	34	41	51	長子
祖壽	35	42	52	次子
寶雲	36	43	53	之子
士懷	37	44	54	次子
治	38	45	55	次子
類祖	39	46	56	之子
篤達	40	47	57	之子
自昭	41	48	58	長子
程	42	49	59	長子
和	43	50	60	之子
觀寂	44	51	61	長子
丁	45	52	62	長子
黃	46	53	63	之子
能進	47	54	64	之子

四、（彭祖世代 71～82）

歷代先祖 祖名	彭祖世代	黃帝世代	少典世代	金和
紹更	71	78	88	之子
宣吾	72	79	89	次子
文輩	73	80	90	之子
令昭	74	81	91	之子
紳	75	82	92	長子
越	76	83	93	長子
緞華	77	84	94	次子
斐然	78	85	95	之子
佑奎	79	86	96	長子
世瓊	80	87	97	之子
維	81	88	98	三子
戀勳	82	89	99	長子

五、淮陽始祖（宣公世代）

歷代先祖 祖名	宣公世代	彭祖世代	黃帝世代	少典世代	金和
宣	1	83	90	100	之子
聖	2	84	91	101	三子
閼	3	85	92	102	次子

彭氏源流直系表（一）依據
中華民國九年西元1920年冬月有江右
族士携宗譜一冊草稿數本來湘訪查宗
親，退邊湘始祖淥公即旭湖府君一世之
卅五世諱係名述字好古號百鈞，述披閱
江右族土譜稿，所錄宣公公以上八十二世
源流甚而且悉，述比鈔之，述宿銅壩尋宗
故參究歷史子集及各支新舊族譜，查對

№	№	№	名	排行
3	85	102	閎	次子
4	86	103	修	之子
5	87	104	賈	之子
6	88	105	端鑑	次子
7	89	106	淮	之子
8	90	107	煇文	之子
9	91	108	仕恭	長子
10	92	109	慎	長子
11	93	110	永昌	次子
12	94	111	鑑	長子
13	95	112	隆商	次子
14	96	113	沿	之子
15	97	114	進	長子
16	98	115	抗	次子
17	99	116	赴	之子
18	100	117	佳	次子
19	101	118	樂	之子
20	102	119	能輯	次子
21	103	120	著用	次子
22	104	121	隱黃	次子
23	105	122	坤元	次子
24	106	123	明遠	次子
25	107	124	景昌	長子
26	108	125	構臺（江西始祖）（運臾始祖）	之子

№	№	№	名	排行
47	54	64	能運	之子
48	55	65	黃山	三子
49	56	66	和美	長子
50	57	67	友陵	之子
51	58	68	賂	四子
52	59	69	大郎	長子
53	60	70	榮	之子
54	61	71	忽	之子
55	62	72	仲爽	次子
56	63	73	建夏	次子
57	64	74	俊宜	之子
58	65	75	西林	長子
59	66	76	名	之子
60	67	77	宏徹	長子
61	68	78	益開	次子
62	69	79	元果	長子
63	70	80	謂鎵	長子
64	71	81	放	三子
65	72	82	黃	次子
66	73	83	嗣慎	之子
67	74	84	時梁	長子
68	75	85	君寶	之子
69	76	86	更	長子
70	77	87	金和	次子

№	№	№	名	排行
9	16	26	夢熊	之子
10	17	27	集	長子
11	18	28	可愛	長子
12	19	29	積古	長子
13	20	30	頌新	之子
14	21	31	團	次子
15	22	32	靖忠	次子
16	23	33	奇瑞	之子
17	24	34	道琮	之子
18	25	35	繼崧	之子
19	26	36	景敷	次子
20	27	37	恕商	之子
21	28	38	伯	次子
22	29	39	欽保	長子
23	30	40	度韋	次子
24	31	41	爾質	之子
25	32	42	榮施	次子
26	33	43	端肅	之子
27	34	44	列	次子
28	35	45	東候	之子
29	36	46	才華	長子
30	37	47	佐商	之子
31	38	48	晉	之子
32	39	49	輝彩	次子

校參究經史子集暨各支新舊族譜，查對清晰，訛者正之，闕者增之，溯本清源，追述祖跡歷八寒暑，完成「隴西彭氏源流圖」巨著共五卷二萬餘言。

西元1928年湘陰高高新堂重新校刊，侄兒子珂（現住高雄）助校，見證伯父百鈞氏主編再版續修有「青山彭氏教陸譜」恩澤全球。

這部跨越古今的史不絕書，確證我中華民族有六千年以上的文化歷史古蹟藏源遠流長，如伏羲氏王朝傳16君與第一位君主大吳出生西元前4471年於甘肅秦縣原名成紀庚寅歲。

神農氏王朝始自開派始祖少典一世出生西元前3329年，長子石年即炎帝（現址湖南炎陵縣）從此以以立國，傳八君十世至帝榆罔止。再由黃帝傳國父孫中山先生領導推翻滿清創建民國西元1912年合計6384年，中國祗有改朝換代，而中華民族嗣孫世代代承沒有中斷，直到永遠。著後之繼起續修者將遺斯圖重刊焉。西元2006年勞動"文藝"節湘陰波公之37世嗣孫延杞名伯良老成遊舉，敬記於長沙。

後 記

　　《中華彭姓通志》，從收集資料到成書，整整經歷了十個嚴寒酷暑，還叨蒙上百名彭姓宗親鼎力相助，到此才喘一口氣，勉強畫個句號。真是十年辛苦不尋常，謝天謝地謝祖先謝親友！

　　十年前，我深刻地記得，海南國際新聞出版中心（即海南出版社），爲了繼承和發揚百姓祖先的豐功偉業和中華民族的優良傳統，激發愛國愛鄉感情，增強海外赤子與祖國的聯繫，促進海峽兩岸的和平統一，於1993年特約邀我夫婦倆及滿女特英，趕寫《中華姓氏通書·楊姓》（下簡稱《楊姓通書》），並在1994年6月出版，且被作爲1994年8月全球董楊宗親總會和華夏楊氏歷史文化研究中心赴河南開封、靈寶及陝西華陰祭祖的獻禮。我們在調研、發掘和收集楊姓資料的同時，有些彭姓史料，也不時跳露在眼端。我出於對本姓彭氏族源的情感，也想探個來龍去脈，因而也就順帶作爲出版《楊姓通書》的副產品而收集了一些彭姓資料。當時我並沒有想到要寫本什麼彭姓的書，因爲海南出版社另約了他人撰寫，並在封三作了「彭姓（即出）」的廣告。

　　《楊姓通書》發行後，不料火爆得很，一銷即空。許多楊姓朋友紛紛來電來函，或向我們購書，或找我們尋根，應接不暇。爲了滿足八千萬楊姓宗親的要求，我們決定撰寫一部百萬字的楊姓源流方面的書（擬收一百支楊姓）。爲表明我們繼續研究楊姓族史的心迹，特地於1995年春節致函問候各地楊姓宗親，並希求諸位大力支持和提供楊姓資料，還附帶請打聽和收集彭姓譜牒。

　　拜年信發出去以後，果真得到了楊彭二姓宗親以及其他姓氏朋友的大力支持和無私援助。其中最爲突出者有如：湖南桂陽起嶺彭家的

彭汝華宗親，自己掏錢費時，從本家那裏借來大疊桂陽彭氏族譜，不遠千里，專程送到長沙，此情此景，深受感動；廣東豐順楊興韶、楊玉清兩位長者，把我們要編彭姓史書的資訊轉告給了當地的彭其源宗長，不久便寄來了新編精裝本《豐順子順公彭氏族譜》，十分感謝；1995年11月7日，借去江西參加白鷺洲書院學術研討會之機，順道瞻仰了老家安福彭時狀元祠，受到安福縣誌辦姚義興先生和彭淼官宗長等的熱情接待，並送給我們新編《松田村志》一本，我們萬分高興；我70多歲的堂叔彭治國老人爲我們四處奔波，尋找家譜，終於在1996年4月26日，帶我們到望城縣黃金鄉永興村彭俊榮家找到了《望城推子山·彭氏五修族譜》，真是如獲至寶；2002年5月中旬，我們又在江蘇豐縣楊峻峰先生的陪同下考察了徐州一帶的彭姓，特具紀念意義的是16日去銅山夾河鄉瞻仰了彭祖廟、彭祖墓、彭祖井，還遊覽了新建的徐州市彭園，對原始初祖彭祖的豐功偉業，無限崇拜，無限敬仰，沒齒難忘。就如此彭氏譜牒和史料源源不斷而來。先後有友人和宗親羅文華、劉志盛、何光岳、莊巨川、楊吉照、朱浩熙、彭任、彭家祥、彭援軍、彭會資、彭顯和、彭家華、彭俊修、彭天富、彭清海、彭郁良、彭士覺、彭慶華、彭石泉、彭海秋、彭春申、彭運曉、彭炳炎、彭吉昌、彭紹富、彭有光、彭雪九、彭世軒、呂梅清、彭格林、彭石平、彭愛學、彭君惠等學者專家、譜牒學愛好者爲我們提供了大量的彭姓譜牒、通訊和有關專著。尤以臺北的彭建方、彭伯良老先生等編纂的千餘萬字的《中華彭氏源流譜》，對我們幫助特大，建方宗老還特意爲《彭姓通志》作序。在此，我們謹對上述友人及宗長們致以最誠摯的謝意，並將你們所賜書刊譜牒銘刻在《主要參考譜牒與書刊》目中，掠美之處，敬希諒解！

在本書寫作過程中，特別值得提出的是我時年八旬有餘的老父壽文公，戴著老花眼鏡，幫我抄摘了不少譜牒材料，今雖已作古，但手澤猶存，不勝懷念；還有，我僑居日本的滿女特英，在家讀大學時，或抄或寫，亦給我幫忙不少，永志不忘；尤其是彭門女婿楊氏布生君，

與我通力合作，淬盡才華，不計名利，才把「女中賢能」的桂冠戴在我的頭上，其功與《通志》共始終。真乃不勝感激之至。甲申中秋，於湖南師範大學學堂坡宿舍，特爲之記。（通訊地址：長沙市岳麓山二里半，湖南師範大學離退休處轉彭定國收，郵編　410081，宅電0731-8853494。）

彭定國　鞠躬